비트겐슈타인의 강의
케임브리지 1932-1935

루트비히 비트겐슈타인 | 박정일 옮김

WITTGENSTEIN'S LECTURES
Cambridge, 1932-1935

P 필로소픽

루트비히 비트겐슈타인Ludwig Wittgenstein은 1889년 4월 26일, 오스트리아 철강 산업 부호의 여덟 자녀 가운데 막내로 태어났다. 열네 살까지는 집에서 가정교육을 받았으며, 그 후 오스트리아 공립학교에서 수학과 자연과학을 공부했고, 그다음 2년 동안은 독일 베를린에서 공학을 공부했다. 1908년에는 영국에서 항공학을 연구했다. 맨체스터대학교에서 연구생으로 등록해 공학 실험실에서 연구했다. 버트런드 러셀의 책《수학의 원리들The principles of Mathematics》(1903)에 깊은 영향을 받은 비트겐슈타인은 케임브리지에서 러셀과 수리 논리학을 연구하기 위해 1911년에 맨체스터대학교를 떠났다.

비트겐슈타인은 1913년까지 케임브리지에 머물다가 노르웨이의 숄덴으로 거처를 옮겨 은둔하면서 논리학 연구를 계속했다. 제1차 세계대전이 발발하자 오스트리아 육군에 입대했으며, 이후 동부 전선과 서부 전선에서 포병 장교로 복무했다. 전쟁 기간 내내 비트겐슈타인은 자신의 생각을 노트에 기록하며 철학과 논리학의 문제들에 관해 계속 연구했다. 전쟁이 끝났을 때, 그는 원고를 러셀에게 보냈고 러셀은 그 저작을 출간할 출판사를 주선했다.

1921년에 출판된《논리-철학 논고Tractatus Logico-Philosophicus》는 일반적으로 감탄의 대상이 되어 왔다. 이 저작은 언어의 본성, 말해질 수 있는 것의 한계들, 논리학, 윤리학, 그리고 철학, 인과성과 귀납, 자아와 의지, 죽음과 신비한 것, 선과 악 등의 광범위한 주제들을 망라하고 있다.

1919년 제대 후 민간인으로 복귀하자마자 비트겐슈타인은 아버지에게서 물려받은 거대한 재산을 나누어 주고는 검소하고 단순한 삶을 살았다.《논고》출판 후에 자신이 철학에 더 기여할 수 있는 것은 아무것도 없다고 느끼면서 새로운 천직을 찾아 나섰고, 처음 몇 년 동안은 오스트리아에 있는 초등학교에서 가르치는 일을, 그다음에는 정원사와 건축가 일을 했다.

1929년 비트겐슈타인은 자신이 다시 한번 철학에서 창조적인 작업을 할 수 있다고 느꼈다. 1929년 케임브리지로 복귀하였고, 트리니티 컬리지의 특별 연구원이 되었다. 그의 강의들이 알려지고 학생들이 받아 적은 노트들이 널리 유포되면서, 그는 점차 영어권 세계 전역의 철학 사상에 막강한 영향력을 발휘하게 되었다. 1936년 그는 두 번째 주요 저작《철학적 탐구Philosophical Investigations》를 집필하기 시작했다.

1939년 비트겐슈타인은 케임브리지대학에서 철학 교수로 임명되었다. 제2차 세계대전 동안 케임브리지를 떠나 런던에 있는 가이 병원에서 수위로 일했으며 그다음에는 왕립 빅토리아 병원에서 실험 조수로 일했다. 1944년 철학 교수로 케임브리지에 복귀했지만, 1947년에 교수직을 사임했다. 그는 1949년에《탐구》를 완성했지만, 자신이 죽은 뒤에 출판되어야 한다고 지시했다.

말년에 자주 아팠던 비트겐슈타인은 1949년 암 진단을 받았다. 그는 1951년 4월 29일, 영국 케임브리지에서 사망했다.《철학적 탐구》는 1953년에 출판되었다.

모리스를 위하여

‖ 차례 ‖

비트겐슈타인이 케임브리지대학교에서 강의를 처음 시작한 날은 1930년 1월 20일, 17세 어린 지도교수이자 동료이며 첫 번째 제자라고 할 수 있는 램지가 사망한 다음 날이었다. 《논리-철학 논고Tractatus Logico-Philosophicus》는 1921년에 출판되었고, 램지는 《논리-철학 논고》 출판 후 채 2년이 안 된 1923년, 〈비판적 서평Critical Notice〉에서 소위 "색깔 배제 문제"를 제기한다. "한 점은 빨갛고 파랗다"가 과연 진리 함수적 모순으로 해명될 수 있는가 하는 지적이었다. 같은 해 9월 17일 램지는 푸흐베르크에 있는 비트겐슈타인을 방문했고 2주일가량 머물면서 매일 다섯 시간씩 비트겐슈타인과 함께 《논리-철학 논고》를 한 줄 한 줄 검토하고 토론했다. 그 후 램지가 발표한 일련의 논문들은 이 토론에 기반한 것이었다. 비트겐슈타인은 1929년 다시 철학을 하기 위해 케임브리지로 돌아온다. 그해 그는 아리스토텔레스 학회에서 발표하기 위해 〈논리적 형식에 관한 몇 가지 소견Some Remarks on Logical Form〉이라는 짧은 논문을 썼는데, "가치 없는" 것이라고 하면서 발표를 포기하였다. 이 논문에서 다루었던 가장 중요한 문제가 색깔 배제 문제이다. 그 한 해 동안 비트겐슈타인과 램지는 일주일에 몇 번씩 만나 하루에 몇 시간씩 수학의 기초와 논리학의 본성에 관해 토론을 했다. 색깔 배제 문제도 한 가지 주제였을 것이다. 램지의 갑작스러운 요절을 뒤로한 채 다음 날 첫 강의를 해야 했던 비트겐슈타인의 심정은 어떠했을까.

비트겐슈타인의 강의는 특이한 방식으로 진행되었다고 알려져 있다. 강의는 소수의 학생들과 함께 철학적 문제에 대해 생각하고 토론하면서 진행되었다. 모든 강의는 강의 노트 없이 진행되었다. 그렇다고 해서 강의가 즉흥적으로 이루어졌다고 오해하면 안 될 것이다. 일련의 강의들은 치밀하게 구상되었을 것이고, 강의할 내용도 모두 사전에 강의 준비 노트에서 점검했을 것이다. 강의가 진행되면서 자신의 생각을 정확하게 표현하지 못하거나 논점이 만족스럽지 않으면 그는 깊은 침묵 속에서 한동안 허공을 응시하곤 하였다. 1930년에서 1932년까지 행해진 비트겐슈타인의 강의는 데즈먼드 리가 편집해서 1980년에 출간한 *Wittgenstein's Lectures, Cambridge, 1930-1932*에서 확인할 수 있다. 또 2016년에 출간된 *Wittgenstein: Lectures, Cambridge 1930-1933*에서 확인할 수 있는데, 이 책은 G. E. 무어가 직접 강의에 참석해서 기록한 것이다.

대략 1930년에서 1933년에 이르는 기간은 비트겐슈타인에게는 철학적 과도기였다. 《논리-철학 논고》로부터 비롯된 수많은 철학적 문제들에 대해서 치열한 철학적 반성이 전개되었다. 그 당시 비트겐슈타인의 철학적 사유를 알 수 있는 저작들은 《철학적 소견들Philosophische Bemerkungen》, 《비트겐슈타인과 빈 학파Wittgenstein and the Vienna Circle》, 《비트겐슈타인의 음성들The Voices of Wittgenstein》, 《큰 타자원고The Big Typescript》, 《철학적 문법Philisophische Grammatik》이다.

이 책은 비트겐슈타인이 케임브리지대학교에서 1932년부터 1935년까지 강의한 것을 앨리스 앰브로즈가 편집한 *Wittgenstein's Lectures, Cambridge, 1932-1935*를 번역한 것이다. 《청색 책The Blue Book》과 《갈색 책The Brown Book》은 1933년에서 1935년 사이에 등장한 비트겐슈타인의 새로운 스타일의 저작이다. 비트겐슈타인이 《철학적 탐구》를 집필하기 시작한 것은 1936년이었다. 그러니까 비트겐슈타인은 1929년에 다시 철학을 하기 위해 케임브리지로 돌아온 후 치열하게 철학적 문제와 싸웠고, 자신의 생각을 정리하는 단계를 거친 후에, 1936년 그의 대표작 《철학적 탐구》를 집필하기 시작했는데, 이러한 과도기 단계와 《철학적 탐구》 집필 이전까지의 생각이 이 책의 주요 내용인 것이다. 요컨대 우리는 이 책에서 중기 비트겐슈타인 철학의 진면목을 볼 수 있으며, 이 책을 통해 《논리-철학 논고》, 《청색 책·갈색 책》, 《철학적 탐구》를 이해하는 중요한 실마리를 얻을 수 있다.

이 책은 4부로 이루어져 있다. I부와 IV부는 1932년-1933년에 진행된 강의로, 둘 다 미클머스 학기(1932년 9월 중순-12월 중순)와 렌트 학기(1933년 1월 중순-3월 중순), 그리고 메이 학기(1933년 5월 중순-6월 중순)에 행해진 것이다. I부는 "철학"이라는 제목의 강좌이고, IV부의 강좌명은 "수학자들을 위한 철학"이다. 동일한 기간에 비트겐슈타인은 두 강좌를 동시에 진행했는데, 무어는 "철학" 강좌에만 참석했고 "수학자들을 위한 철학"에는 참석하지 않았다. I부에 비해 IV부의 내용이 짧은 것으로 보아 IV부는 편집자 앰브로즈가 강의의 내용을 선별해서 부분만 기록한 것임을 알 수 있다.

제목이 "황색 책The Yellow Book"인 II부는 이 책에서 가장 독특한 부분이라고 할 수 있다. 〈황색 책〉은 정식으로 출판된 책이 아니다. "황색 책"이라는 이름은 비트겐슈타인의 강의와 토론을 학생들(앰브로즈와 맥도널드 등)이 기록한 노트의 색깔이 노란색이어서 붙여진 이름이다. 앰브로즈가 편집한 〈황색 책〉은 두 부분으로 이루어져 있다. 전반부는 《청색 책》을 구술하기 전에 비트겐슈타인이 강의한 것을 학생들이 기록한 것이고, 후반부는 《청색 책》을 구술하면서 중간 휴식 시간에 이루어진 비공식적인 토론을 기록한 것이다. 전반부는 아마도 비트겐슈타인이 《청색 책》을 구술하기 전에 받아 적는 학생들에게 쉽게 접근할 수 있도록 강의를 한 것이며, 따라서 이 부분은 《청색 책》의 도입부라고 말할 수 있다. 후반부는《청색 책》을 구술하고 학생들이 받아 적는 과정에서 아마도 휴식 시간에 학생들이 질문한 것에 대해 비트겐슈타인이 대답하면서 강의한 것이다.

이 책의 III부는 미클머스 학기(1934년 9월 중순-12월 중순), 렌트 학기(1935년 1월 중순-3월 중순), 이스터 학기(1935년 4월 중순-6월 중순) 강의로 이루어져 있다. 이 강의들은 편집자의 말대로 강의 순서대로 배열되어 있다. 이는 I부가 전반적으로 전체 강의 순서를 따르고 있지만 주제별로 순서를 재배치한 것과 대조된다. 미클머스 강의에서 비트겐슈타인은 철학의 방법에 대해 언급하고 있는데, 독자는 대단히 인상적이라는 느낌을 받게 될 것이다. 무엇보다도 여기서 제시되는 "부정의 수수께끼", 즉 "사실이 아닌 것이 어떻게 생각될 수 있는가?"에 대한 해결책은 흥미롭다. 렌트 학기 강의에서는 등식과 동어반복의 관계가 논의되면서 러셀의 수의 정의에 대한 비판으로 나아간다. 이스터 학기 강의에서 논의되는 "측면aspect이 수학적 증명에서 하는 역할"은 이 책에서 아주 흥미로운 부분이다.

이 책에서 우리는 비트겐슈타인이 자신의《논리-철학 논고》를 치열하게 비판하고 있다는 것을 확인할 수 있다.《논리-철학 논고》에서 그는 대상은 이름의 의미이며 의미로부터 규칙이 따라 나온다는 프레게의 의미 이론을 받아들였고, 요소 명제와 대상에 도달하는 완전한 분석이 가능하다고 보았으며, 명제를 사실의 그림이라고 간주하면서 명제의 일반 형식을 제시했고, 수를 연산의 지수라고 정의하면서 무한을 하나의 수라고 간주하였으며, 일반 명제가 무한 연언 명제나 무한 선언 명제가 될 수 있다고 생각했다. 더구나 그는 한 점이 동시에 빨갛고 파랗지 않다는 것을 동어반복이라고 보았고, 명제 태도적 진술(가령 "나는 밖에 비가 온다고 믿는다")에서 일정한 심리적 과정(믿음)이 동반된다고 보았으며, 유아론이 뜻하는 것은 전적으로 옳다고 여겼고, 논리학이 수학의 기초라는 생각, 즉 프레게와 러셀의 논리주의를 따르고 있었다. 이러한 모든 생각을 비트겐슈타인은 철저하게 반성하고 비판한다. 그러나 그러한 비판은 단순히 양자택일 방식의 거부로 주어지지 않는다. 오히려 왜 자신이 그 저작에서 그러한 오류를 범하게 되었는지 그 이유와 연원을 이해하고 파악하는 것이 중요하다. 가령 유아론에 대해 성찰할 때에도 어떤 점이 유아론에 대해서 옳고 어떤 점이 옳지 않은지를 분명하게 밝히는 것이 결정적으로 중요하다.

이러한 비판과 함께 이 책에서는 비트겐슈타인 고유의 철학과 사상이 제시되고 있다. 의미체 비유와 함께 프레게의 의미 이론은 거부된다. 의미로부터 규칙이 따라 나오지 않으며, 오히려 규칙들이 의미를 구성한다. 의미는 규칙과 사용이라는 관점에서 조명되고, 규칙과 사용이 전면에 등장함으로써 언어놀이라는 새로운 개념이 제시된다. 모든 놀이에 공통적인 것은 없으며 중첩하는 것만 있을 뿐이다. 놀이들은 가족 유사성을 지닌다. 마찬가지로 모든 명제에 공통적인 것은 없다. 명제의 일반 형식과 같은 것은 없으며 완전한 분석은 오도된 생각일 뿐이다. 명제를 정의할 필요가 없는 것과 마찬가지로 수 또한 정의할 필요가 없다. 프레게와 러셀의 일반성에 대한 표기법은 어떤 점을 명료하게 하지만 혼란을 양산한다. 그들의 수에 대한 정의가 무익하다는 것은 일대일 대응의 개념에 대해 면밀하게 검토하면 알 수 있다. 이와 함께 프레이저의 《황금가지》, 다윈의 진화론, 프로이트의 정신분석학에 대한 비판, 미학과 윤리학적 명제에 대한 논의, 브라우어, 데데킨트, 하디의 수학철학에 대한 비판, 프레게와 러셀의 논리주의 비판, 아우구스티누스의 언어관에 대한 비판, 데카르트의 자아 개념에 대한 비판, 윌리엄 제임스의 심리철학에 대한 비판 등이 제시된다.

이 책을 옮기는 과정은 쉽지 않았다. 이 책은 최소한 8학기에 걸쳐 비트겐슈타인이 강의한 것을 편집자의 관점에서 핵심적인 내용을 압

축해서 정리한 것이기 때문에, 내용이 다소 난해하다. 더구나 원문에 있는 적지 않은 오자와 오기들, 그리고 압축된 내용 속에서 등장하는 수많은 지시 대명사들은 이해를 어렵게 한다. 제대로 된 번역이 이루 어지기 위해서는 그 핵심적인 아이디어를 정확하게 파악해야만 했다. 그러기 위해서는 이 책뿐만 아니라 (위에서 언급한) 비트겐슈타인의 여러 저작과 다른 강의 기록(데즈먼드 리와 무어의 기록)을 꼼꼼하게 살피는 것이 필요했다. 읽어 나가면서 이해하기 어려웠던 부분, 불명확하거나 부정확한 부분, 의심의 여지가 있는 부분 등 독자의 관점에서 의문이 들 수 있다고 판단되는 경우, 옮긴이 주를 첨가하였다. 또한 가독성을 높이기 위해 본문에는 이중 대괄호([[   ]])를 첨가하였다. 이 번역 과정에서 필로소픽 편집부의 도움이 대단히 컸다. 자연스럽고 매끄러운 우리말 표현으로 다듬는 과정과 필요한 곳에 옮긴이 주를 다는 경우 대부분은 편집부의 노력에 힘입은 것이다. 이러한 작업의 의의를 이해하면서 시간을 충분히 내어준 필로소픽 편집부에 깊이 감사드린다.

2024년 3월
박정일

편집자 서문

이 노트들은 내가 비트겐슈타인의 강의에 참석했던 1932년에서 1935년까지 받아 적은 것들이다. 이 노트들을 편집하는 것은 쉽지 않은 일이었는데, 특히 그 강의에 참석했던 다른 수강생들의 노트를 구할 수 없어서 어려움이 배가되었다. 내 노트와 대조해 볼 수 없었기 때문이다. 1934-35년은 예외였는데 당시 나는 마거릿 맥도널드 박사와 노트를 공유하고 있었다. 케임브리지를 떠나면서 내가 만들었던 제1 초고는 그해의 강의들을 기록한 맥도널드 박사의 노트들과 나의 노트들을 편집한 것이었다. 그녀가 적은 노트들의 원본은 러시 리스Rush Rhees 씨의 친절한 후원 아래 사용할 수 있었는데, 리스 씨는 1934-35년 이스터 학기 강의 당시에 비트겐슈타인이 쓴 흩어진 노트들도 함께 주었다. 내가 케임브리지에서 보낸 첫 해인 1932-33년 강의들에 대해서는 오직 나의 노트들과 기억에만 의존해야 했다. 그 강의들은 "수학자들을 위한 철학"이라는 제목이 붙은 강의와 그해 내내 진행된 더 많은 수강생을 위한 강좌였다.

이른바 〈황색 책〉은 마거릿 매스터먼Margaret Masterman 씨와 내가 1933-34년에 기록한 강의 노트들과, 비트겐슈타인이《청색 책》을 구술하고 우리가 받아쓰면서 중간 휴식 시간에 나누었던 비공식적인 토론을 적은 노트들로 이루어져 있다. 이 책 제Ⅱ부의 내용은 나의 노트들만을 포함하고 있으며, 매스터먼 씨의 노트들은 들어 있지 않다. 동일한 자료에 대해서 고故 프랜시스 스키너Francis Skinner가 기록한 노트들도 〈황색 책〉에 포함되었지만 전체의 일부일 뿐이다. 내가 책임질 수 있는 노트만을 사용하는 것이 대체로 더 좋을 것이라 생각했기 때문이다.

나의 관심사는 비트겐슈타인이 말했던 것에 대해 일관되고 신빙성 있는 설명을 제시하는 것이었다. 나의 노트들을 대조해 볼 수 있는 노트를 제공해 이와 관련해 도움을 줄 만한 몇몇 사람은 지금은 세상을 떠났다. 그 강의에 참석했던 다른 사람들의 노트들은 너무 빈약해서 사용할 수 없었다. 비트겐슈타인의 출간된 저작 가운데 내 노트들과 겹치는 자료가 있다면, 그 저작은 이 책의 내용을 확인해 줄 것이다. 출판된 비트겐슈타인의 원고에서 다루어지지 않는 자료의 경우에는, 철학자들이 관련 텍스트를 활용할 수 있도록 단순히 내가 가지고 있는 것을 기록했다. 몇몇 기록들은 너무 혼란스럽고 불명료해서 이해 가능하게 재구성할 수 없어서 제외했는데, 이는 비트겐슈타인의 강의들이 잘못된 게 아니라 내가 기록을 잘못했기 때문이다. 또한 비트겐슈타인의 《논고》에서 이미 출판된 잘 알려진 자료들과 중복되는 기록들을 생략했다. 나는 비트겐슈타인이 이에 동의했을 것이며, 그 자신은 훨씬 더 많이 삭제했을 것이라고 생각한다.

"수학자들을 위한 철학"이라는 제목의 IV부 강의들이 《철학적 소견들》과 《철학적 문법》에 실린 자료들과 상당히 유사하다고 생각하는 것은 합리적이다. 왜냐하면 이 일련의 강의들은 1932-33년에 행해졌고, 그 무렵 비트겐슈타인은 이 두 권의 책을 이미 썼거나 쓰고 있었기 때문이다. 이 강의 노트들은 1934-35년 이스터 학기의 주제와 연관되기 때문에 (연대순이 아니라) 이스터 학기 뒤에 배치했다. 두 분의 수학자, 런던 베드포드대학교의 G. T. 니본G. T. Kneebone 박사와 토론토대학교의 H. S. M. 콕세터H. S. M. Coxeter 교수의 도움에 깊이 감사드린다.

예상할 수 있는 바와 같이, 〈황색 책〉에서 다루는 문제들은 대부분 《청색 책》에서 다루어진 것들인데, 때때로 《청색 책》 구술에서보다 더 좋게 진술되어 있다는 점에서 가치가 있다. 하지만 내가 중요하다고 생각하여 포함시킨 어떤 것들은 이 책을 제외한 다른 곳에서는 발견되지 않을 것이다. 매스터먼 씨와 나는 1933-34년 강의들을 기록하는 것 외에도, 휴식 시간에 이루어졌던 비트겐슈타인의 비공식적인 토론들을 토론이 끝나고 나중에 기록했다. 비공식적 토론 중에는 그의 말을 아무것도 기록하지 않았는데, 비트겐슈타인은 후에 이를 후회하면서 휴식 시간 중에도 기록해도 된다고 허락해 주었다.

나는 몇몇 경우를 제외하고는 어떤 특정 주제에 대해서 내가 가지고 있는 것과 비트겐슈타인의 출판된 저작들을 대조하고 확인하려는 시도를 거의 하지 않았다. 또한 나는 그가 강의에서 말한 순서를 그대로 따르려고 시도하지도 않았다. 그의 강의 스타일을 아는 사람은 어떤 주제가 다음 강의에서 요약으로 되풀이된다는 것을, 심지어 한 강의에서도 그 수업과 관련성이 분명하지 않은 어떤 문제에 대해 언급하다가 멈추거나 때때로 나중에 다시 다루기도 했다는 것을 기억할 것이다. 나는 처음에는 한 학기 내내 나타난, 또는 다른 해에 다른 수업에서 진행된 강의들에서 나타난 몇몇 반복되는 내용들을 삭제하려고 생각했지만, 대부분 그렇게 하지 않았다. 어떤 경우에는, 예를 들어 존재 증명들과 형식주의에 관한 당시 토론에서 필수적이지 않았던 광범위하게 분산된 언급들을 한데 모았다. 이 책 전반에 걸쳐 나는 특정 문제를 다루는 데 다른 노트들을 가져왔을 경우 이를 명시했다. 강의 자료 내에서 내용 사이에 연관성이 부족해 보일 때 몇몇 군데에서 나의 논평을 삽입했는데, 이럴 때는 대괄호([ ])로 표시했다. 이 책에서 처음 두 해의 자료들은 대개 비트겐슈타인이 다룬 순서대로이다. 번호는 그 순서를 나타내며 참조하기 편리하도록 단 것이다. 마지막 해의 기록에서 강의들을 구분한 것은 각 학기에 행해진 연속적인 강의들의 순서와 일치한다.

내가 생각하기에 선별하여 수정한 후에 남은 것은 상당히 정확하다. 내가 케임브리지에서 보낸 첫 몇 주 동안인 1932-33년 초반의 강의에 대한 기록들, 즉 "수학자들을 위한 철학"이라는 제목의 강의들과 다른 수업에서 진행된 "철학"이라는 제목의 강의들에 대한 기록들이 가장 만족스럽지 않다. 내가 케임브리지를 떠나자마자 곧바로 온전한 문장들로 그 대부분의 기록을 작성했다는 사실만이 그 기록들이 이렇게 여러 해가 지난 후에 겪었을 수도 있는 부정확성을 해소해 준다. 3년의 기록들을 최종적으로 모으고 편집하면서 나는 모리스 라제로비츠Morris Lazerowitz 교수의 도움을 받는 행운을 누렸고, 그 덕분에 초고의 가독성과 명료성이 높아졌다. 그에게 깊이 감사드린다.

이 강의들을 편집하는 작업은 나에게 특별하고 개인적인 측면에서 보람 있는 일이었다. 이 작업을 하면서 나는 강의를 듣거나 휴웰관에 있는 비트겐슈타인의 연구실에서 구술을 받아 적으면서 보낸 시간들에 대한 추억으로, 그리고 체스터턴가 86번지에 있는 무어G. E. Moore 의 연구실에서 종종 비트겐슈타인이 논의했던 주제들에 관해 그와 함께 했던 토론의 시간들에 대한 추억으로 되돌아갈 수 있었다. 이를 통해 그 시절의 분위기를 가득 채웠던 지적 흥분의 일부를 되찾을 수 있었다.

매사추세츠 콘웨이에서

| 일러두기 |

1. 이 책은 *Wittgenstein's Lectures, Cambridge, 1932–1935: From the Notes of Alice Ambrose and Margaret Macdonald*(Prometheus Book, 2001)를 번역한 것이다.
2. 이 책을 편집한 앨리스 앰브로즈 Alice Ambrose의 주석은 기호 *와 †로, 옮긴이의 주석은 번호로 표시했다.
3. 본문의 이중 대괄호([[ ]])는 옮긴이가 넣은 것이다.

제I부
철학

비트겐슈타인의
1932-33년 강의
앨리스 앰브로즈의 노트에서

Philosophy

철학
1932-33

1. 나는 경험에 의해 대답되는 물음들을 우리의 토론에서 배제하려고 한다. 철학적인 문제들은 경험에 의해 해결되지 않는다. 왜냐하면 우리가 철학에서 이야기하는 것은 사실들에 관한 것이 아니라 오히려 사실들이 어떤 것들에 유용한지에 관한 것이기 때문이다. 철학적인 난점은 규칙들의 한 체계를 보면서 어떤 것들이 그 체계에 맞지 않는다는 것을 볼 때 일어난다. 이는 한 나무의 그루터기 앞으로 다가갔다가 뒤로 물러나면서 다른 것들을 보는 것과 같다. 우리는 더 가까이 가서, 규칙들을 기억하고, 만족감을 느끼고, 그런 다음 뒤로 물러서면서 불만족을 느낀다.[1]

---

1 무어는 다음과 같이 기록하고 있다: "철학적 난점은 본질적으로 이러하다: 우리는 한 체계를 보는 것 같지만, 사실들은 그 체계에 맞는 것처럼 보이지 않고, 어느 사실을 포기해야 하는지 모른다. 가까이에서 [[보면]] 그것은 그루터기와 닮았고, 그러다 한 사람 같고, 또다시 그렇다."(Wittgenstein(2016), *Wittgenstein: Lectures, Cambridge 1930-1933, From the Notes of G. E. Moore*, ed. D. G. Stern, B. Rogers, G. Citron, Cambridge University Press, p. 200.) 또한 참고: "나는 어떤 사람이 나무들에 대해서뿐 아니라 나무의 그림자나 반영들에 대해서도—그것들을 나무로 간주하고서는—경탄하는 일을 생각해 볼 수 있다. 그러나 일단 그가, 그것들은 전혀 나무가 아니며, 그것들이 무엇인지 또는 그것들과 나무들의 관계는 무엇인지 하는 것이 그에게 문제가 된다고 말한다면, 그 경탄은 비로소 치료되어야 할 틈새를 갖게 된다."(비트겐슈타인(2006), 이영철 옮김,《문화와 가치》, 책세상, p. 125.)

2. 낱말들과 체스 기물들은 유사하다. 한 낱말을 어떻게 사용하는지를 아는 것은 한 체스 기물을 어떻게 움직이는지를 아는 것과 같다. 이제 체스의 규칙들은 그 놀이를 하는 것 안으로 어떻게 들어오는가? 체스 놀이를 하는 것과 목적 없이 그 기물들을 움직이는 것 사이의 차이점은 무엇인가? 나는 차이가 있다는 것을 부정하지 않는다. 하지만 나는 한 기물이 어떻게 사용되어야 하는지를 아는 것은 체스가 진행될 때 일어나는 어떤 특정한 마음의 상태가 아니라고 말하고 싶다. 한 낱말의 의미는 낱말들에 수반되는 느낌에 의해서가 아니라, 그 낱말의 사용 규칙에 의해 정의되어야 한다.

"그 낱말은 어떻게 사용되는가?"와 "그 낱말의 문법은 무엇인가?"를 나는 동일한 물음으로 간주할 것이다.

[지시적 정의ostensive definition에서 가리키는 것을 나타내는] "그 낱말의 소지자"라는 말과, "그 낱말의 의미"는 전적으로 다른 문법을 지니고 있다. 그 둘은 동의어가 아니다. "빨강" 같은 낱말을 어떤 것을 가리키면서 설명하는 것은 그 낱말의 사용에 대해 딱 한 가지 규칙을 제시하며, 가리킬 수 없는 경우에는 다른 종류의 규칙이 제시된다. 모든 규칙들이 함께 의미를 부여하며, 이 규칙들은 지시적 정의로 고정되지 않는다. 문법의 규칙들은 전적으로 상호 독립적이다. 두 낱말은, 만일 그 사용 규칙이 동일하다면, 같은 의미를 갖는다.

규칙들, 예를 들어 부정否定에 대한 규칙 $\sim\sim p = p$는 한 낱말의 의미에 책임이 있는가?[2] 아니다. 규칙들은 의미를 구성하지, 의미에 책임이 있지 않다. 의미는 규칙들 중 하나가 변할 때 변한다. 만일, 예를 들어

---

2 무어는 다음과 같이 기록하고 있다: "추론 규칙들은 모종의 실재에 책임이 있는가? = 추론 규칙들은 어떤 점에서는 자연법칙들과 같은가? 그것들은 중력 법칙이 그런 것처럼 경험에 의해 **정당화**되는가?"(Wittgenstein(2016), *Wittgenstein: Lectures, Cambridge 1930-1933*, p. 194.)

체스 놀이가 그 규칙들에 의해 정의된다면, 기물을 움직이는 규칙이 변하면 그 놀이가 변한다고 우리는 말할 수 없다. 오직 그 놀이의 내력에 관해서 말할 때만 우리는 변화에 관하여 말할 수 있다. 규칙들은 모종의 실재로부터 따라 나오지 않는다는 뜻에서 임의적arbitrary이다. 규칙들은 자연법칙과 비슷하지 않으며, 그 낱말이 이미 갖고 있는 어떤 의미로부터 따라 나오지 않는다. 부정은 $\sim\sim p = \sim p$ 같은 것이 될 수 없기 때문에 부정의 규칙들은 임의적이지 않다고 누군가가 말한다면, 그 말이 의미할 수 있는 전부는 그 거론된 규칙[3]은 한국어[4] 낱말 "부정"에 대응하지 않으리라는 것이다. 규칙들이 임의적이지 않다는 이의는 규칙들이 의미로부터 따라 나온다는 느낌에서 비롯된다. 그러나 만일 규칙들에 의해서가 아니라면 "부정"의 의미는 어떻게 정의되는가? $\sim\sim p = p$는 "아니다"의 의미로부터 나오는 게 아니라 의미를 구성한다. 이와 유사하게, $p.p \supset q. \supset .q$[5]는 "그리고"와 "함축한다"의 의미에 의존하지 않는다. 그것은 "그리고"와 "함축한다"의 의미를 구성한다. 만일 부정의 규칙들은 서로 모순되면 안 되기 때문에 임의적이지 않다고 누군가가 말한다면, 이에 대한 대답은 만일 그 규칙들 사이에 모순이 있다면 우리는 단순히 그중 일부를 더 이상 규칙이라고 부르지 않아야 한다는 것이다. ["만일 'p'가 규칙이라면 '$p. \sim p$'가 규칙이 아니라는 것은 '규칙'이라는 낱말의 문법에 속한다."*][6]

---

3   $\sim\sim p = \sim p$를 말한다.
4   원문에 나오는 표현은 "영어English"이다. 이후에도 "영어"가 등장하는 경우 맥락에 따라 "한국어" 또는 "영어"로 옮겼다.
5   $\{p \& (p \supset q)\} \supset q$로 표기할 수 있다.
*   *Philosophische Grammatik*, Oxford and New York, 1969, p. 304.
6   비트겐슈타인은 여기에서 기호의 의미와 규칙들 사이의 관계를 문제 삼고 있다. 《논리-철학 논고》를 쓸 당시 그는 "규칙들은 기호들의 지시체로부터 반드시 따라 나온다"는 프레게의 생각을 받아들였지만, 힐베르트와 바일의 형식주의를 비판적으

3. 논리학은 물리학이 그러한 것과 마찬가지로 전제들로부터 나아간다. 그러나 물리학의 원초적 명제들은 매우 일반적인 경험의 결과들이며, 반면에 논리학의 명제들은 그렇지 않다. 물리학의 명제들과 논리학의 명제들을 구분하기 위해서는 '**경험적**'이나 '**자명한**'과 같은 술어들을 제시하는 것 이상을 해야 한다. 한 문법적 규칙이 하나에 대해서 성립하며 다른 것에 대해서는 성립하지 않는다는 것을 보여주어야 한다.

4. 무슨 뜻에서 추론의 법칙은 사유의 법칙인가?
우리가 하는 것처럼 생각하는 것에 대해 이유가 제시될 수 있는가?[7] 이는 추리 놀이 바깥에서 대답을 요구할까? "이유reason"에는 두 가지 뜻이 있는데, …에 대한 이유와 원인이다. 이유와 원인은 사물의 상이한 두 가지 질서이다. 이유와 원인이 구분될 수 있으려면 먼저 어떤 것이 이유인지에 대한 기준을 정해야 할 필요가 있다. 추리는 실제로 행해진 계산이고, 이유는 계산에서 한 단계 뒤로 간다. 이유는 오직 놀이 안에서만 이유이다. 이유를 대는 것은 계산의 과정을 거치는 것이고, 이유를 요구하는 것은 어떻게 우리가 그 결과에 도달했는지를 묻는 것이다. 이유들의 사슬은 끝에 다다른다. 즉 우리는 이유에 대한 이유를 언제까지나 댈 수는 없다. 하지만 이것이 추리를 덜 타당하게 만들지는 않는다. 왜 너는 두려워하는가 하는 물음에 대한 대답에 만일 어떤 원인이 제시된다면, 그 대답은 가설을 포함한다. 그러나 계산

.

로 수용한 후 그러한 프레게의 생각을 거부한다. 바로 그러한 지시체, 또는 《논고》의 '의미'가 《철학적 탐구》 559절에서 단 한 번 나오는 '의미체Bedeutungskörper'이다. 이 주제는 제Ⅱ부 5 강의와 제Ⅲ부 미클머스 학기 강의 Ⅵ에서 다시 논의되고 있다. 참고: 박정일(2020), 《**논리-철학 논고 연구**》, 한국문화사, 5장(비트겐슈타인의 '의미체'에 관하여), pp. 114-147.

7   무어는 다음과 같이 기록하고 있다: "왜 우리는 우리가 생각하는 것처럼 생각하는가?"(Wittgenstein(2016), *Wittgenstein: Lectures, Cambridge 1930-1933*, p. 203.)

에는 가설적인 요소가 없다.

어떤 이유 때문에 어떤 일을 한다는 것은 여러 가지를 의미할 수 있다. 어떤 사람이 강의가 있다고 말하면서 자기가 강의실에 들어가는 이유를 댈 때, 우리는 그것이 그의 이유라는 것을 어떻게 아는가? 그 이유는 그저 질문을 받고 대는 이유에 불과할 수도 있다. 또한 이유는 우리가 한 결론에 도달하는 방법일 수도 있다. 예컨대 13과 25를 곱할 때 말이다. 그것은 계산이고, 결과 325에 대한 정당화이다. 특정 날짜를 정하는 이유는 어떤 사람이 자신의 일정을 확인해 빈 시간을 찾는 놀이를 하는 것에 있을지도 모른다. 여기에서 이유는 그가 수행하는 행위에 포함되어 있다고 말할 수도 있을 것이다. 원인은 이 뜻에서는 포함될 수 없을 것이다.

우리는 지금 "이유"와 "원인"이라는 낱말의 문법에 관해 이야기하고 있다. 어떤 경우에 우리는 어떤 것을 하는 이유를 댔다고 말하고, 어떤 경우에 원인을 제시했다고 말하는가? 만일 우리가 "왜 너는 팔을 움직였는가?"라는 물음에 대해 움직임에 관련된 설명을 하면서 대답한다면, 우리는 한 원인을 명시한 것이다. 원인은 실험에 의해 발견될 수도 있지만 실험은 이유를 산출하지 않는다. "이유"라는 낱말은 실험과 연관되어 사용되지 않는다. 하나의 이유가 실험에 의해 발견된다고 말하는 것은 뜻이 없다senseless. "수학적 논증이냐 경험적 증거냐?"라는 선택은 "이유냐 원인이냐?"에 대응한다.

5. f에 의해 정의된 집합이 열거, 즉 목록에 의해 주어지는 경우, $(x)fx$는 단순히 논리곱이고 $(\exists x)fx$는 논리합이다.[8] 예컨대 $(x)fx .= . fa . fb$

---

8 $(x)fx$는 "임의의 x에 대해서, x는 f하다"를 뜻하고, $(\exists x)fx$는 "어떤 x가 존재해서, x는 f하다"를 뜻한다. 가령 "x는 죽는다"를 "Mx"로 나타내면 (x)Mx는 "모든 것은 죽는다"를 뜻하고, $(\exists x)$Mx는 "어떤 것은 죽는다"를 뜻한다. "(x)"와 "$(\exists x)$"는 프레게

$.fc^9$이고 $(\exists x)fx.=.fa \lor fb \lor fc^{10}$이다. 원색들의 집합과 옥타브의 음들의 집합이 그 예다. 그러한 경우에 "그리고 f들인 것은 a, b, c…뿐이다"를 덧붙이는 것은 필요하지 않다. 진술 "이 그림에서 나는 모든 원색을 본다"는 "나는 빨강과 초록과 파랑…을 본다"를 의미하며, "그리고 이것들은 모든 원색이다"를 덧붙이는 것은 "나는 모든 [[원색]]을 본다"보다 더 많이 말하는 것도 더 적게 말하는 것도 아니다. 반면에 "a, b, c는 그 방에 있는 사람들이다"에 a, b, c가 그 방에 있는 사람 전부라는 것을 덧붙이는 것은 "$(x)x$는 그 방에 있는 사람이다"[11]보다 더 많은 것을 말하며, 그것을 빠뜨리는 것은 덜 말하는 것이다.[12] 만일 일반 명제가, 어떤 경우에 그러하듯이, 한 논리곱이나 논리합에 대한 약칭shorthand이라고 말하는 것이 옳다면, 그 논리곱이나 논리합에서 이름 붙여진 사물들의 집합은 문법에서 정의되며, 속성들에 의해서 정의되지 않는다. 예를 들어 **옥타브의 한 음임**being a tone of the octave은 한 음표의 성질이 아니다. 한 옥타브의 음들은 목록이다. 세계가 "a", "b", "c" 등의 이름이 주어진 "개별자들"로 이루어져 있다면, 음의 경

가 발명한 것이며, 전자를 보편 양화사, 후자를 존재 양화사라고 부른다. 또한 $(x)fx$와 $(\exists x)fx$와 같은 명제를 "일반 명제"라고 부른다.

9 $(x)fx \equiv (fa \& fb \& fc)$로 표기할 수 있다.

10 $(\exists x)fx \equiv (fa \lor fb \lor fc)$로 표기할 수 있다.

11 이 표기법이 정확한지는 의문이다. 맥락을 살펴보면 이 표현은 "a, b, c는 그 방에 있는 사람들이다"를 의도하고 있다.

12 이 강의에 참석한 무어는 이와 관련된 내용을 다음과 같이 기록하고 있다: "이 방에 있는 모든 사람은 모자를 가지고 있다"는 설령 오직 스미스, 존스, 로빈슨만이 이 방에 있는 사람들일지라도, "스미스는 모자를 가지고 있고, 존스는 모자를 가지고 있고, 로빈슨은 모자를 가지고 있다"와 같지 않다. 후자에 "그리고 스미스, 존스, 로빈슨만이 이 방에 있는 사람이다"가 첨가될 때 비로소 이로부터 전자가 따라 나온다. 참고: Wittgenstein(1993), *Philosophical Occasions*, ed. J. C. Klagge and A. Nordmann, pp. 88-89. 박정일(2020), 《논리-철학 논고 연구》, 4장(《논리-철학 논고》의 일반성 개념에 관하여), pp. 87-113.

우와 마찬가지로, "그리고 이것들은 모든 개별자들이다"라는 명제는 없을 것이다.

일반 명제가 논리곱의 약칭인 경우, $(x)fx$로부터 특수한 명제 fa를 연역하는 것은 간단하다. 그러나 그렇지 않은 경우에는, 어떻게 [[$(x)fx$로부터]] fa가 따라 나오는가? 논리곱이 특수한 종류인 것과 마찬가지로 "따라 나옴"은 특수한 종류이다. 그리고 비록 $(\exists x)fx\,.\,fa\,.=.\,fa$[13]가 $p \vee q\,.\,p\,.=.\,p$[14]와 유사할지라도, fa는 $(\exists x)fx$가 논리합의 약칭인 경우와 그렇지 않은 두 가지 경우에 상이한 방식으로 "따라 나온다." 우리는 $(\exists x)fx$가 논리합이 아닌 경우 다른 계산체계를 지닌다. fa는 p가 T와 F의 계산체계에서 $p \vee q\,.\,p$[15]로부터 연역되는 것과 같이 연역되지 않는다. 나는 한때 따라 나옴이 모든 경우에 동일한 계산체계를 만들었다. 그러나 이는 오류였다.

선언 "$fa \vee fb \vee fc \vee \cdots$"에서 점들[[기타 등등]]은 상이한 문법을 지닌다는 것을 주목하라. (1) "기타 등등"은 그 선언이 논리합의 약칭일 때, 그 관련된 집합은 열거에 의해 주어지므로 태만함[[건성으로 말함]]을 나타낸다. (2) "기타 등등"은 그것이 어떤 열거에도 대응하지 않을 때, 예컨대 "2는 짝수다 $\vee$ 4는 짝수다 $\vee$ 6은 짝수다 $\cdots$"와 같을 때 새로운 규칙들을 갖는 전적으로 다른 기호이다. (3) "기타 등등"은 수학적 연속체의 수에 대응하는 위치와 대조적으로, 시각적 공간에서의 위치를 가리킨다. (3)의 한 예로서 "그 정사각형에는 원이 있다"를 생각해 보자. 여기서는 우리가 논리합을 지니고 있고 그 논리합의 항들은 관찰에 의해 결정될 수 있는 것처럼, 즉 하나의 원은 시각적 공간에서 차지할 수 있는 다수의 위치가 있고 그 위치들의 수는 실험에 의해,

---

13 $[\{(\exists x)fx\} \& fa] \equiv fa$로 표기할 수 있다.

14 $\{(p \vee q) \& p\} \equiv p$로 표기할 수 있다.

15 $(p \vee q) \& p$로 표기할 수 있다.

가령 그 위치들을 측미기micrometer의 회전들과 대응시킴으로써, 결정될 수 있는 것처럼 보일 수도 있다. 그러나 시각적 공간에서 위치들은 어떤 수도 지니지 않으며, 이는 여러분이 보는 빗방울들이 어떤 수를 지니지 않는 것과 같다. "빗방울을 몇 개 보았는가?"라는 물음에 대한 적절한 대답은 **많이**이며, 이는 어떤 수가 있는데 몇 개인지 모른다는 것이 아니다. 만약 그 정사각형에 원이 20개 있고 측미기가 그 원들에 대응되는 그 위치들의 수를 부여하더라도, 시각적으로 여러분은 20을 보지 못할 것이다.

6. 나는 두 종류의 경우, 즉 (1) "이 멜로디에서 그 작곡가는 그 옥타브의 모든 음을 사용했다"와 같은 경우(그 모든 음들은 열거될 수 있다)와 (2) "그 정사각형에 있는 모든 원은 가위표가 있다"와 같은 경우를 지적했다. 러셀Bertrand Russell의 표기법은 모든 일반 명제에 대해 "**어느 것?**"("**무슨 종류?**"와 대조되는)이라는 물음에 답으로 제시될 수 있는 이름들이 있다고 가정한다. "그 섬에는 사람들이 있다"에 대한 표기법으로, 그리고 "그 정사각형에는 원이 있다"에 대한 표기법으로 $(\exists x)fx$를 생각해 보자. 이제 이름을 사용하는 사람의 경우에는 "어느 사람들?"이라는 물음은 의미를 지닌다. 그러나 그 정사각형 안에 원이 있다고 말하는 것은 원들에 "a", "b" 등의 이름이 없기 때문에 "어느 것?"이라는 물음을 허용하지 않을 것이다. **어떤** 경우에는 "어느 원?"이라고 묻는 것은 뜻이 없다. 비록 "어떤 종류의 원이 그 정사각형 안에 있는가, 빨간 것? 큰 것?"이 뜻이 있다 해도 말이다. "어느 것?"과 "어떤 종류?"라는 물음은 혼동된다[그리하여 우리는 둘 다 항상 뜻이 있다고 생각한다].

"그 정사각형에는 원이 있다"에 대한 러셀의 표기법에 대해 그가 내놓을 해석, 즉 "그 정사각형에는 원인 것이 있다"에 대해 생각해 보자.

여기서 **것**은 무엇인가? 어떤 사람들은 다음과 같이 대답할 것이다: 내가 가리키고 있는 **반점**patch. 그렇다면 우리는 "세 개의 반점이 있다"를 어떻게 써야 할 것인가? 반점임being a patch이라는 속성에 대한 기체substrate란 무엇인가? "모든 것들은 그 정사각형에 있는 원들이다" 또는 "그 정사각형에는 원인 것이 있지 않다" 또는 "모든 반점은 벽에 있다"라고 말하는 것은 무엇을 의미하는가? 여기서 **것**들은 무엇인가? 이 문장들은 의미를 지니지 않는다. "그 정사각형에는 원인 것이 있다"에 어떤 의미가 부여될 수도 있지 않은가 하는 물음에 나는 사람들이 그 문장으로 그 정사각형에 있는 수많은 형태 중 하나가 원이라는 것을 의미할 수도 있다고 대답할 것이다. 그리고 만일 몇몇 반점들이 어딘가 다른 데 있다는 진술과 대조된다면, "모든 반점은 벽에 있다"는 무언가를 의미할 수도 있다.

7. 숨은 모순을, 또는 모순이 존재하지 않는다는 증명을 찾는다는 것은 무엇인가? "…을 찾다"는 "북극에서 어떤 것을 찾다"와 "문제에 대한 해답을 찾다"라는 문구에서 상이한 두 가지 의미를 갖는다. 발견하기 위해 북극을 탐사하는 것과 수학적 해답을 찾으려는 시도 사이의 한 가지 차이는, 전자에서는 찾으려는 것을 미리 기술하는 것이 가능하지만, 반면에 수학에서는 그 해답을 기술하는 것이 그 탐사를 하는 것이고 찾던 것을 찾아낸다는 점이다. 증명을 기술하는 것은 증명 자체이지만, 북극에서 어떤 것을 찾아내기 위해서는 [그것을 기술하는 것으로는 충분하지 않다]. 여러분은 그 탐사를 해야만 한다. 알려진 해결 방법이 있는 경우를 제외하면 수학에서는 해답이 무엇일지 미리 기술할 수 있다고 말하는 것은 의미가 없다. 예를 들어 방정식은 푸는 방법에 따라 전적으로 다른 놀이에 속한다.

숨은 모순이 존재하는지를 묻는 것은 애매한 질문을 하는 것이다.

물음의 의미는 물음에 대답하는 방법이 있는지 없는지에 따라 변할 것이다. 만일 우리가 모순을 찾는 방법을 갖고 있지 않다면, "모순"은 정의되지 않는다. 무슨 뜻에서 우리는 "모순"을 기술할 수 있을까? 우리는 $a \neq a$라는 결과를 제시함으로써 "모순"을 명확하게 한 것처럼 보일지도 모른다. 그러나 $a \neq a$가 하나의 결과인 것은 오직 $a \neq a$가 그 구성과 유기적인 연관 속에 있을 때만 그러하다. 모순을 찾는 것은 모순을 구성하는 것이다. 만일 우리가 모순을 찾아내는 방법을 가지고 있지 않다면, 모순이 있을 수 있다고 말하는 것은 무의미하다. 우리가 할 수 있는 것과 계산체계가 할 수 있는 것을 혼동하지 말아야 한다.[16]

8. 문제가 정오각형의 작도[[방법]]를 찾아내는 것이라고 하자. 교사는 학생에게 컴퍼스로 길이들을 구획함으로써 정오각형이라는 일반 관념 idea을 주고, 또 정삼각형, 정사각형, 정육각형의 작도를 보여준다. 이 도형들은 기수基數들과 짝을 이룬다. 학생은 기수 5, 자와 컴퍼스에 의한 작도라는 관념, 그리고 정다각형 작도의 예를 가지고 있지만, 법칙은 가지고 있지 않다. 이것을 곱셈을 배우는 것과 비교해 보라. 우리는 곱셈의 모든 결과를 배웠는가, 배우지 않았는가? 우리는 61×175를 배우지 않았을 수도 있지만, 우리는 배운 규칙에 따라 그것을 곱한다. 일단 규칙을 알면 새로운 사례는 쉽게 계산된다. 열거적인 뜻에서

---

16 무어는 다음과 같이 기록하고 있다: "수학적 정리의 증명은 문법의 규칙들을 변화시킨다. "숨은 모순"은 무엇을 의미하는가? 만일 우리가 그것을 찾는 방법을 가지고 있지 않다면, "모순"으로 우리가 의미하는 것은 정의되지 않는다. "찾음"은 [[다음의 경우에]] 다른 것들을 의미한다. (1) 통상적인 뜻에서 "찾음"에 관해 본질적인 것은 ─예컨대 북극을 찾아내기─우리가 찾아낼 때 일어나는 모든 것을 미리 정확하고 확실하게 기술할 수 있다는 것이 생각 가능하다는 점이다. 그러나 이 기술을 제시하는 것은 북극을 찾아내는 것이 아니다. (2) 그러나 수학에서는, 만일 우리가 한 증명을 찾으면서 그것을 기술했다면, 그것을 찾아낸 것이다."(Wittgenstein(2016), *Wittgenstein: Lectures, Cambridge 1930-1933*, p. 228.)

모든 곱셈이 주어져 있지는 않지만, 한 가지 뜻, 즉 어떤 곱셈도 규칙에 따라 수행될 수 있다는 뜻에서 **모든** 곱셈이 주어져 있다. 곱셈의 법칙이 주어지면 어떤 곱셈이든 할 수 있다. 이제 학생들에게 정오각형이 무엇인지 말하고 자와 컴퍼스로 하는 작도가 무엇인지 보여주면서, 교사는 그 문제를 완전히 정의하는 듯 보인다. 그러나 아니다. 왜냐하면 정다각형들의 계열은 하나의 법칙이지만, 우리가 정오각형의 작도를 찾아낼 수 있는 법칙이 아니기 때문이다. 정오각형을 작도하는 방법을 알지 못할 때 보통 우리는 결과는 분명하지만 결과에 이르는 방법은 그렇지 않다고 느낀다. 그러나 그 결과도 분명하지 않다. 작도된 정오각형은 하나의 새로운 관념이다. 그것은 우리가 이전에는 가진 적이 없던 어떤 것이다. 우리를 오도하는 것은 작도되는 정오각형과 측정된 정오각형의 유사성이다. 우리는 우리의 작도를 정오각형의 작도라고 부르는데, 왜냐하면 지각적으로 길이가 같은 다섯-변 도형과 작도되는 정오각형의 유사성 때문이다. 정오가형은 다른 정다각형과 유사하지만, 어떤 사람에게 주어진 작도들과 유사한 작도를 찾으라고 말하는 것은 그에게 정오각형의 작도에 대한 어떤 관념도 제공하지 않는다. 실제로 작도하기 전에 그는 그 작도라는 관념을 지니지 않는다.

　어떤 사람이 소수素數의 분포 법칙이나 그 법칙을 찾아내는 방법이 알려져 있지 않다는 사실에도 불구하고 소수의 분포 법칙이 틀림없이 있다고 말할 때, 우리는 그 사람이 옳다고 느낀다. 그것은 우리 안에 있는 어떤 것에 호소한다. 우리는 유한한 구간에 있는 소수들의 분포로부터 소수의 분포라는 관념을 받아들인다. 아직 우리는 소수의 분포에 대한 분명한 관념이 없다. 짝수의 분포 경우에 우리는 그것을 1, **2**, **3**, 4, **5**, 6…으로 보여줄 수 있고, 대수적으로 쓸 수 있는 법칙을 언급함으로써도 보여줄 수 있다. 소수의 분포 경우에 우리는 단지 1, **2**, **3**, 4, **5**, 6, **7**…을 보여줄 수 있을 뿐인데[법칙을 찾으면 분포에 대한 새로운 관념을 얻게 될 것이다], 이는 직선 자와 컴퍼스로는 각을 삼등분하는 것이 가능하지 않다는 것이 증명될 때 각의 삼등분에 관한 새로운 관념이 주어지는 것과 같다. 수학에서 새로운 방법을 찾는 것은 그 놀이를 변화시킨다. 만일 우리에게 일련의 증명이 주어짐으로써 증명의 관념이 주어진다면, 새로운 증명을 요구하는 것은 증명의 새로운 관념을 요구하는 것이다.

어떤 사람이 그가 상상하는 대로, 각의 삼등분을 보여주기 위해서 원 위에 있는 점들을 구획했다고 하자. 우리는 만족하지 않을 것이고, 이는 그가 **우리의** 삼등분 관념을 지니지 않았다는 것을 의미한다. 자기가 한 것이 삼등분이 아니라는 것을 그가 받아들이게 하려면 우리는 그를 새로운 것으로 이끌어야 할 것이다. 우리가 오직 이등분의 조작만을 허용하는 기하학을 가지고 있다고 하자. 이 기하학에서 삼등분이 불가능하다는 것은 유클리드 기하학에서 각을 삼등분하는 것이 불가능하다는 것과 정확하게 같다. 그리고 이 기하학은 불완전한 유클리드 기하학이 아니다.

9. 수학에서의 문제들은 **난이도로** 비교할 수 없다. 그것들은 전적으로 **상이한** 문제들이다. 일단의 공리들이 모순이 없다는 것을 증명하라는 지시를 받았는데 증명하는 방법이 제공되지 않았다고 하자. 또는 어떤 사람이 그것을 증명했다고, 또는 π의 전개에서 7이 [[연속해서]] 일곱 개 나오는 것을 발견했다고 누군가 말했다고 하자. 이는 이해될 것인가? 일곱 개의 7이 있지만 그것들이 어디에 있는지 특정할 방법이 없다는 증명이 있다고 말하는 것은 무엇을 의미할까? 7들을 찾아내는 수단이 없다면 π의 개념은 일곱 개의 7이라는 관념과는 연관이 없는 어떤 구성의 개념이다. 이제 "처음 100자리에 일곱 개의 7이 있다"라고 말하는 것은 뜻을 지닌다. 그리고 비록 "그 전개에 일곱 개의 7이 있

다"가 저 고딕체 문장과 동일한 것을 의미하지는 않지만, 우리는 그럼에도 그것이 뜻을 지니는 어떤 것에서 따라 나오기 때문에 뜻이 있다고 주장할지도 모른다. 설령 여러분이 이것을 규칙으로 받아들일지라도, 그것은 단지 **한 가지** 규칙일 뿐이다. 만일 여러분에게 일곱 개의 7이 나오지만 그것들이 어디에 있는지 말해 주지 않는 증명이 있다면, 나는 그 존재 정리에 대한 문장은 7들을 찾는 수단이 주어진 존재 정리와 전적으로 다른 의미를 지닌다고 말하고 싶다. 한 모순이 숨겨져 있지만 그것을 찾아내는 방법이 있을 경우, 모순이 숨겨져 있다고 말하는 것은 뜻이 있다. 하지만 찾아내는 방법이 없을 때 숨겨진 모순이 있다고 말할 경우, 그 뜻은 무엇인가? 다시, n차 대수 방정식이 n개의 근을 갖는다는 증명(이 증명과 연관해서 근사치를 얻는 방법이 있는)과 그러한 방법이 존재하지 않는 증명을 비교하라. 왜 우리는 후자를 **존재** 증명이라고 부르는가?

어떤 존재 증명은 특정한 수학적 구조를 제시하는 것에, 즉 "한 존재자를 구성하는 것"에 있다. 만일 증명이 이것을 하지 않는다면, "존재 증명"과 "존재 정리"는 다른 뜻으로 사용되고 있는 것이다. 수학에서 각각의 새로운 증명은 "증명"의 의미를 넓힌다. 예를 들어 페르마의 정리에서 우리는 그 정리가 증명되는 것이 어떤 것일지 모른다.*

"존재"가 의미하는 것은 증명에 의해 결정된다. 한 증명의 끝-결과는 증명으로부터 분리되는 것이 아니라 고체의 맨 바깥 표면과 같은 것이다. 증명의 끝-결과는 그것의 몸체인 증명과 유기적으로 연결되어 있다.

증명에서와 마찬가지로 작도에서 우리는 먼저 결과를 제시하고 그 다음에 작도나 증명을 찾아내는 것처럼 **보인다**. 그러나 우리는 작도를

---

* 이 단락은 〈황색 책〉에서 가져온 것이다.

제시하지 않고서는 그 작도의 결과를 지적할 수 없다. 작도는 그 결과에 이르는 수단이라기보다는 활동의 끝이다. [[작도의]] 결과, 가령 정오각형은 그것이 어떤 조작을 하게끔 하는 자극제인 경우에만 중요하다. 그 작도는 쓸데없는 일이 아닐 것이다. 예를 들어 어떤 사람에게 무지개 너머의 색깔을 찾아내라고 말한 교사는 자기의 생각을 부정확하게 표현한 것이겠지만, 그가 말한 것은 자외선을 찾아낸 사람에게는 유용한 자극을 주었을 것이다.

10. 만일 한 원자 명제가 **그리고, 또는**, 혹은 외관 변항들[18]을 포함하지 않는 것이라면, 원자 명제들과 분자 명제들을 구분하는 것은 가능하지 않다고 말할지도 모른다. 왜냐하면 p는 $p.p$[19] 또는 $\sim\sim p$, 그리고 fa는 $fa \lor fa$로 또는 $(\exists x)fx.x=a$로 표기될 수 있기 때문이다. 그러나 "그리고", "또는", 그리고 외관 변항들은 규칙에 따라 이 표현식에서 제거될 수 있는 방식으로 사용된다. 따라서 우리는 분자 표현식으로 알려진 이 표현식들[20]을 무시할 수 있다. 예를 들어 낱말 "그리고"는 그것이 제거될 수 있는 경우에는 제거될 수 없는 경우와 다르게 사용된다. 한 명제가 원자 명제인지 아닌지는, 즉 한 명제가 다른 명제들의 진리 함수인지 아닌지는 엄격하게 설정된 분석 방법을 적용해 결정되어야 한다. 그러나 우리가 방법을 갖고 있지 않을 때, 숨겨진 논리적 상항[21]이 있을 수 있다고 말하는 것은 아무런 뜻도 없다. 외관상 "비가 온다"와 같은 원자 명제가 분자 명제인가 하는, 가령 그것이 논

---

18 보편 양화사((x))와 존재 양화사($(\exists x)$)에 나오는 변항 x를 뜻하며, 지금은 속박 변항이라고 부른다.

19 $p \& p$로 표기할 수 있다.

20 "$p.p$", "$\sim\sim p$", "$fa \lor fa$", "$(\exists x)fx.x=a$"를 말한다.

21 "$\&$", "$\sim$", "$\lor$", "(x)", "$(\exists x)$" 등을 가리키는 말이다.

리곱인가 하는 물음은, 그 물음에 대답하는 방법이 없을 때 숨겨진 모순이 존재하는가를 묻는 것과 같다. 우리의 방법은 정의를 찾아보는 것에 있을 수도 있다. 우리는 예를 들어 "궂은 날씨다"가 "춥고 습하다"를 의미한다는 것을 발견할지도 모른다. 한 명제를 분석하는 수단을 갖고 있다는 것은 곱 25×25에 6이 있는지를 알아내는 방법을 갖고 있다는 것, 또는 한 명제가 동어반복tautology인지를 볼 수 있게 하는 규칙을 갖고 있다는 것과 같다.

러셀과 나는 둘 다 논리적 분석에 의해 최초의 요소들 또는 "개별자들"을 발견할 수 있을 거라고, 그리하여 가능한 원자 명제들을 발견할 수 있으리라고 기대했다. 러셀은 예를 들어, 주어-술어 명제들과 2항 관계들이 최종적 분석의 결과일 것이라고 생각했다. 이는 논리적 분석이라는 잘못된 관념을 보여준다. 논리적 분석이 화학적 분석과 같은 것으로 간주되는 것이다. 그리고 우리는 원자 명제들이나 개별자들의 예를 제시하지 않는 잘못을 범했다. 우리는 둘 다 다른 방식으로 예들을 제시하는 문제를 제쳐놓았다. 우리는 이렇게 말하지 말았어야 했다: "그것들을 제시할 수 없는 이유는 분석이 충분히 멀리 나아가지 않았기 때문이다. 하지만 시간이 지나면 우리는 거기에 도달할 것이다." 원자 명제들은 아직 이루어지지 않은 분석의 결과가 아니다. 만일 겉으로 보기에 "그리고", "또는" 등을 포함하지 않는 것을 의미한다면, 또는 규정된 분석 방법에 따라 이것들을 포함하지 않는 것을 의미한다면, 우리는 원자 명제들에 관해 말할 수 있다. 숨겨진 원자 명제는 없다.

11. 사물을 가리키고 그 사물에 대한 낱말을 발음하면서 어린아이에게 언어를 가르칠 때, 명제의 사용은 어디에서 시작되는가? 만일 그아이에게 여러분이 "빨강"이라는 낱말을 말할 때 특정 색깔을 만지라고 가르친다면, 여러분은 분명히 그 아이에게 문장을 가르치지 않은

것이다. 낱말 "명제"의 사용에는 애매성이 있는데, 이는 특정한 구분을 함으로써 제거될 수 있다. 나는 용법을 묘사하려 하기보다는 "명제"를 임의로 정의하는 것을 제안한다.[22] 소위 문장을 이해한다는 것은 어린 아이가 색깔 낱말을 듣자마자 색깔을 가리킬 때 그 아이가 하는 것과 그렇게 다르지는 않다. 이제 색깔 낱말을 배우는 언어놀이에 의해 시사되는 온갖 종류의 언어놀이가 있다. 지시와 명령 놀이, 물음과 대답 놀이, 물음과 "예" 그리고 "아니오" 놀이. 어린아이에게 그러한 언어놀이들을 가르칠 때 우리는 아이에게 한 언어를 가르친다기보다는 오히려 그 언어를 가르치기 위해 아이를 준비시키고 있다고 생각할지도 모른다. 그러나 이 놀이들은 완전하다. 아무것도 결여하고 있지 않다. 내가 "책 좀"이라고 말했을 때 나에게 책을 가져다준 어린아이는, 성인이 이해하는 것처럼 그 말이 "나에게 책 한 권을 가져오라"를 뜻한다는 것을 이해하지 못할 것이라고 말할지도 모른다. 그러나 이 온전한 문장은 "책"보다 더 완전한 것은 아니다. 물론 "책"은 우리가 문장이라고 부르는 것이 아니다. 한 언어에서 문장은 특정한 종류의 소리 jingle를 지닌다. 그러나 "책"이, 그 말이 이해될 때 한 사람의 마음속에 있을 수 있는 더 긴 어떤 것의 축약이라고 가정하는 것은 오도적이다. 낱말 "책"은 생략형 문장을 들어본 적이 없는 사람의 경우를 제외하면 어떤 것도 결여하지 않을 수 있는데, 그 사람은 한쪽에는 생략 표현이, 다른 쪽에는 문장이 있는 표가 필요할 것이다.

---

22 무어는 다음과 같이 기록하고 있다: ""언어"와 "명제"의 사용에는 애매성이 있는데, 이는 물론 정의를 함으로써, 예컨대 "명제"는 진리 함수들이 들어올 때만 사용되어야 한다고 말함으로써 제거될 수 있다. 이는 나쁜 방법이 아니다. 하지만 한 개념 둘레에 선을 그을 수 있을지라도, 여러분은 그것이 그 개념을 정확하게 묘사한다고 주장할 수 없다."(Wittgenstein(2016), *Wittgenstein: Lectures, Cambridge 1930-1933*, p. 255.)

이제 그러한 언어놀이에서 참과 거짓은 무슨 역할을 하는가? 아이가 색깔들을 가리키면서 응답하는 놀이에 참과 거짓은 들어오지 않는다. 놀이가 물음과 대답으로 이루어져 있고 아이가 가령, "의자 몇 개?"라는 물음에 수를 말하면서 응답하는 경우에도 참과 거짓은 들어오지 않을 수 있다. 만일 그 아이가 "여섯 개의 의자는 실재와 일치한다"라고 대답하도록 배웠다면 참과 거짓은 들어올 수도 있지만 말이다. 만일 그 아이가 "예"와 "아니오" 대신에 "참"과 "거짓"의 사용을 배웠다면, 참과 거짓은 물론 들어올 것이다. 아이가 빨강이 나타날 때 "빨강"이라고 외치도록 배우는 놀이와 아이가 날씨를 추측해야 하는 놀이 안에 "거짓"이라는 낱말이 얼마나 다르게 들어오는지를 비교해 보라. 이제 우리가 낱말 "거짓"을 다음 상황에서 사용한다고 가정해 보라. 어떤 빨간 것이 나타나자 아이가 "초록"이라고 외칠 때, 그리고 그 아이가 날씨에 관해 그릇된 추측을 할 때. 첫 번째 경우에 아이는 놀이를 파악하지 못했고 규칙들을 위반했다. 두 번째 경우에 아이는 실수를 했다. 이 두 가지는 규칙을 어기면서 체스를 두는 것, 그리고 체스를 두고 지는 것과 같다.

여러분이 "빨강" 등을 말하면 색깔들을 가져오도록 어린아이를 가르치는 놀이에서, 여러분은 "나에게 빨강을 가져오라"와 "나는 네가 빨강을 가져오기를 바란다"가 "빨강"과 동등하다고 말할지도 모른다. 사실 아이가 "빨강"을 그 색깔을 지시하는 사람의 마음의 상태에 관한 정보로서 이해하기 전에는, 아이는 그것을 전혀 이해하지 못한다. 그러나 "나는 네가 빨강을 가져오기를 바란다"는 이 놀이에 아무것도 덧붙이지 않는다. "빨강"이라는 지시는, 마음의 상태에 대한 기술을 포함하는 놀이의 일부가 아니라면, 마음의 상태, 예컨대 "소망"을 기술한다고 말해질 수 없다. 만일 소망을 표현하는 두 사람이 있다면 "나는 …을 바란다"는 더 큰 놀이의 일부이다. 그렇게 되면 낱말 "나"는

"존"으로 대체할 수 없다. 새로운 다수성은 또 다른 놀이를 하는 것을 의미한다.

　나는 우리가 "언어", "명제", "문장"을 사용하는 모호한 방식을 언어 놀이를 통해 보여주고자 했다. 지시처럼, 우리가 명제들이라고 부를 수도 있고 그러지 않을 수도 있는 많은 것들이 있다. 오직 하나의 놀이 만 언어라고 불릴 수 있는 것은 아니다. 언어놀이는 논리학을 이해하 기 위한 실마리이다. 우리가 명제라고 부르는 것은 다소 임의적이기 때문에, 우리가 논리학이라고 부르는 것은 러셀과 프레게Gottlob Frege 가 가정한 것과는 다른 역할을 한다. 우리는 "명제"라는 말로 온갖 종 류의 것을 의미한다. 그리고 명제에 대한 정의에서 출발해 그로부터 논리학을 세우는 것은 잘못이다. 만일 "명제"가 진리 함수라는 생각을 언급함으로써 정의된다면, 산수의 등식들 또한 명제들이다. 그러한 정 의는 등식들을 "그는 건물 밖으로 뛰어나왔다"와 같은 명제와 동일한 것으로 만들지 않는다. 프레게가 논리학으로부터 수학을 전개하려고 시도했을 때 그는 논리학의 계산체계가 유일한the 계산체계라고 생각 했으며, 그리하여 그로부터 따라 나오는 것은 올바른 수학이 될 것이 라고 생각했다. 이와 동등한 또 다른 관념은 모든 수학은 기수의 산수 에서 파생될 수 있다는 것이다. [[프레게에게]] 수학과 논리학은 한 건 물이고 논리학은 그 기초이다. 나는 이를 부정한다. 러셀의 계산체계 는 다른 것들과 마찬가지로 하나의 계산체계이다. 그것은 수학의 한 부분이다.

12. 특정 낱말들, 예컨대 "낱말", "명제", "세계"는 독특하고 다른 낱말 들과 지위가 다르다는 것은 프레게의 생각이었다. 그리고 나는 한때 특정 낱말들은 그것들의 철학적 중요성에 따라 구분될 수 있다고 생 각했다. "문법", "논리학", "수학" 말이다. 나는 중요한 것처럼 보이는

바로 이러한 생각을 파괴하고 싶다. 그렇다면 나의 탐구에서 특정 낱말들이 반복해서 나타나는 것은 어째서인가? 그것은 내가 언어에, 언어의 특정한 사용들로부터 생겨나는 골칫거리들에 관여하고 있기 때문이다. 우리가 다루고 있는 그 특유한 골칫거리는 우리가 문법의 규칙들에 대해 생각하지 않은 채 언어를 자동적으로 사용하는 데서 연유한다. 일반적으로 우리가 발화하고 싶은 문장들은 실제 상황에서 떠오른다. 하지만 우리가 문장들을 발화하고 싶은 다른 방식이 있다. 우리가 언어를 바라볼 때, 의식적으로 우리의 주의를 언어로 향할 때 말이다. 그리고 그렇게 되면 우리는 뜻 또한 지녀야 한다고 말하는 문장들을 형성한다. 이러한 종류의 문장은 어떤 특정한 사용도 지니지 않을 수 있지만, 그 문장은 한국어처럼 들리기 때문에, 우리는 그 문장이 뜻이 있다고 여긴다. 그리하여 예컨대 우리는 강에 유비해 시간의 흐름에 관해 이야기하고, 시간의 흐름에 관해 이야기하는 것이 뜻이 있다고 생각한다.

13. 만일 번호 매긴 통나무들이 떠내려가는 강을 바라본다면, 우리는 이 통나무들과 관련하여, 예컨대 "105번째 통나무가 지나갈 **때** 나는 저녁을 먹었다"처럼, 땅에서 일어나는 사건들을 기술할 수 있다. 통나무가 나를 지나는 순간에 꽝 하는 소리를 낸다고 하자. 우리는 이 꽝 소리들이 같거나 같지 않은 간격으로 떨어져 있다고 말할 수 있다. 우리는 또한 일단의 꽝 소리들이 다른 일단의 소리보다 두 배 빨랐다고 말할 수도 있을 것이다. 그러나 그렇게 측정된 간격들의 같음이나 같지 않음은 시계로 측정된 것과는 전적으로 다르다. "간격의 길이"라는 말은 우리가 그것을 결정하는 방식 때문에 뜻을 지니며, 측정 방법에 따라 다르다. 따라서 지나가는 통나무들 사이의 간격들의 같음에 대한 기준과 시계로 측정된 간격들의 같음에 대한 기준은 다르다. 우리는 2

초 간격으로 떨어진 두 꽹음이 한 시간 간격의 두 꽹음과 정도에서만 다르다고 말할 수 없다. 왜냐하면 간격의 길이가 한 시간이라면 우리에게는 리듬의 느낌이 없기 때문이다. 그리고 꽹음들의 한 리듬이 다른 리듬보다 더 빠르다고 말하는 것은 이 두 꽹음 간의 간격이 다른 쌍 간의 간격보다 훨씬 더 느리게 지나갔다고 말하는 것과는 다르다.

지나가는 통나무들이 같은 거리로 떨어져 있는 것처럼 보인다고 하자. 우리는 (비록 시계로 측정된 것은 아닐지라도) 이 통나무들의 속도라고 불릴 만한 것의 경험을 갖는다. 이러한 뜻에서 강물이 일정하게 흐른다고 말하자. 그러나 만일 우리가 1번 통나무와 100번 통나무 사이가 100번 통나무와 200번 통나무 사이에서보다 **시간**이 더 빨리 지나갔다고 말한다면, 이는 단지 유비일 뿐이다. 실제로는 아무것도 더 빨리 지나가지 않았다. 시간이 더 빨리 지난다고, 또는 시간이 흐른다고 말하는 것은 흘러가는 **어떤 것**을 상상하는 것이다. 그리고 우리는 그 비유를 확장하고 시간의 방향에 관해 이야기한다. 사람들이 시간의 방향에 관해 이야기할 때, 분명히 강의 유비가 그들 앞에 있다. 물론 강은 흐름의 방향을 바꿀 수 있지만, 우리는 시간이 역전됨에 관해 이야기할 때 현기증의 느낌을 지닌다. 그 이유는 **어떤 것**의 흐름이라는, 그리고 그 흐름의 방향이라는 생각이 우리의 언어에 구현되어 있기 때문이다.

특정 간격들에서 상황이 반복되고 어떤 사람이 시간은 순환한다고 말했다고 하자. 이는 옳은가 아니면 그른가? 어느 쪽도 아니다. 그 말은 또 다른 방식의 표현일 뿐이며, 우리는 순환적 시간에 관해 이야기하는 편이 나을 수도 있다. 그렇지만 흘러가는 것으로서, 방향을 지니는 것으로서 시간의 그림은 아주 강렬하게 떠오르는 것이다.

어떤 사람이 통나무들이 떠내려가는 강은 시작을 지니고 끝을 지닐 것이며, 100개의 통나무가 더 있을 것이고 그것이 마지막일 것이라고 말했다고 하자. 이 진술들을 검증할 **경험**이 있다고 말할지도 모른다. 이것을 시간이 멈춘다고 말하는 것과 비교하라. 시간의 멈춤 또는 시간의 계속 감에 대한 기준은 무엇인가? "강 시간Time River"이 멈출 때 시간이 멈춘다고 말할지도 모른다. 우리에게 "시간"이라는 명사가 없고, 그래서 통나무들의 지나감에 관해서만 이야기했다고 하자. 그러면 우리는 어떤 명사 "시간" 없이도 시간을 측정할 수도 있을 것이다. 또는 통나무들이 마지막에 다다랐다고 의미하면서, 끝에 다다르는 시간에 관해 이야기할 수도 있다. 우리는 **이러한 뜻**에서 끝에 다다르는 시간에 관해 이야기할 수도 있다.

시간은 사건들과 별개로 계속 갈 수 있는가? "사건들은 100년 전에 시작했고 시간은 200년 전에 시작했다"에 포함된 시간에 대한 기준이란 무엇인가? 시간은 창조되었는가, 아니면 세계는 시간 속에서 창조되었는가? 이 물음들은 "이 의자는 만들어졌는가?"의 유비 다음에 제기되며 순서("전"과 "후")가 창조되었는지를 묻는 것과 같다. 명사로서 "시간"은 끔찍하게 오도적이다. 우리는 놀이를 하기 전에 놀이의 규칙들을 만들어야만 한다. "시간의 흐름"에 대한 논의는 어떻게 철학적 문제들이 일어나는지를 보여준다. 철학적 골칫거리들은 언어를 실천적으로 사용하지 않고 언어를 바라보면서 확장함으로써 야기된다. 우리는 문장들을 형성하고 나서 그 문장들이 무엇을 의미할 수 있는지를 궁금해한다. 일단 명사로서 "시간"을 의식하면, 그다음에 우리는 시간의 창조에 관해 묻는다.

14. 만일 내가 여러분에게 어제 한 일들을 기술하라고 요구하고 여러분이 나에게 하나의 설명을 제시한다면, 이 설명은 검증될 수 있다. 여러분이 어제의 설명으로서 제시한 것이 **내일** 일어났다고 하자. 이는 가능한 사태이다. 여러분은 미래를 **기억했다**고 말하겠는가? 아니면 과

거를 기억했다고 말하겠는가? 아니면 두 진술 모두 뜻이 없는가?[23]

여기에는 사건들의 두 가지 독립적인 순서가 있다. (1) 우리의 기억 속에 있는 사건들의 순서. 이것을 기억 시간이라고 부르자. (2) 다른 사람에게 물어서 정보를 얻는 순서, 5—4—3시.[24] 이것을 정보 시간 이라고 부르자. 정보 시간에서는 어떤 특정한 날에 관해 과거와 미래 가 있을 것이다. 그리고 기억 시간에서는, 사건과 관련하여 과거와 미 래가 또한 있을 것이다. 이제 만일 여러분이 정보의 순서는 기억 시간 이라고 말하고 싶다면, 여러분은 그럴 수 있다. 그리고 만일 정보 시 간과 기억 시간 둘 다에 관해 이야기하려고 한다면, 여러분은 여러분 이 과거를 기억한다고 말할 수 있다. 만일 어느 것이 **정보 시간**에서 미 래인지를 기억한다면, 여러분은 "**나는 미래를 기억한다**"라고 말할 수 있다.[25·26]

---

23 무어는 다음과 같이 기록하고 있다: "어셀Ursell이 나에게 내가 어제 한 일을 기술하 라고 요청했고, 나는 A와 함께 점심을 먹었고, B와 함께 차를 마셨다고 말하면서, 기억을 떠올리며 기술을 받아쓰게 한다고 상상해 보라. 어셀은 A와 B에게 물어보고 그런 일은 일어나지 않았다는 것을 알게 된다. 항상 이러하다는 것을, 하지만 내가 어제 일어났다고 말한 것이 항상 그다음 날 일어난다는 것을 어셀이 알게 되었다고 하자. 여러분은 내가 미래를 기억했다고 말하겠는가? 아니면 내가 과거를 기억했다고? 아니면 둘 다 아닌가? 이는 확실히 기술될 수 있고 가능한 현상이다."(Wittgenstein (2016), *Wittgenstein: Lectures, Cambridge 1930-1933*, p. 264.)

24 비트겐슈타인은《큰 타자원고》에서 다음과 같이 말한다. "우리의 기억의 자료들은 순서가 있는데, 우리는 이를 기억-시간이라고 부르고, 이와 대조해서 물리적 세계 속에서의 사건들의 순서를 물리적 시간이라고 부른다."(Wittgenstein(2013), *The Big Typescript: TS 213*, edited&translated by C. G. Luckhardt and M. A. E. Aue, Wiley-Blackwell, p. 364.) "5—4—3시"라는 표현은 아마도 세계에서의 사 건들의 순서를 설명하면서 비트겐슈타인이 칠판에 표기한 내용일 것이다.

25 무어는 다음과 같이 기록하고 있다: "여러분은 한 가지 뜻에서 그가 미래를 기억했다 고 말할 **수도** 있다. 우리는 사건들의 두 가지 독립적인 순서를 갖고 있다. (1) 나의 기억 속에서. 그리고 여기에는 여러 순서가 있다. 예컨대 나는 문안으로 들어갔고, 벽난로로 걸어갔다 등. 이것은 나의 기억 속에서 사건들의 순서이며, 이를 나는 **기억- 시간**이라고 부를 것이다. (2) 정보-시간에서의 순서가 있다. (1)에서는 하나의 특정

15. 세계가 시간이 지남에 따라 계속 더 무질서해진다disorganized는 것은 **선험적**이지 않다. 해체disorganization가 더 이른 시간보다 나중에 일어난다는 것은 경험의 문제다. 예를 들어 초콜릿 통에 있는 견과류와 건포도를 살짝 흔들었을 때 그것들이 고루 섞이지 않는 것은 상상할 수 있다. 그러나 확 흔들면 견과류와 건포도들의 분포가 균등하게 나타나**야만 한다**는 것은 경험의 문제가 아니다. 필연적으로 일어나는 어떤 것에 대한 경험은 없다. 만일 균등한 분포가 일어나지 않는다면 견과류와 건포도의 무게 차이가 **반드시 있을** 거라고 말하는 것은, 설령 무게를 재지 않았다 해도, 고루 섞이지 않는 것을 설명하기 위해 어떤 다른 힘을 가정하는 것이다. 우리는 만일 균등한 분포가 일어나지 않으면 어떤 설명이 있어**야만 한다**고 말하는 경향이 있다. 이와 비슷하게, 우리는 한 행성의 특이한 행태가 관찰된 것에 관해 그 행성에 인력을 행사하는 어떤 행성이 있어야만 한다고 말한다. 이것은 만일 사과 두 개에 사과 두 개가 더해졌는데 사과가 세 개인 걸 발견하면, 하나가 사라졌음이 틀림없다고 말하는 것과 유사하다. 또는 주사위는 여섯 개의 면 중 하나가 바닥에 닿게 떨어져야만 한다고 말하는 것과 같다. 주사위가 모서리로 떨어지는 가능성이 배제될 때, 그리고 [[이렇게 배제되는 것은]] 주사위가 면으로만 떨어지는 것이 경험의 문제이기

한 사건에 관해서 과거와 미래가 있을 것이며, (2)에서는 어떤 특정한 날에 관해서도 그러하다. 기억-시간에서는 과거를 기억하는 것과 미래를 기억하는 것에 관해 이야기하는 것은 뜻이 없다. **오직** 이전과 이후가 있을 뿐이며, 과거와 미래는 없다. '나는 어느 것이 정보-시간에서 미래인지를 기억한다'고 말하는 것은 뜻이 있다." (Wittgenstein(2016), *Wittgenstein: Lectures, Cambridge 1930-1933*, p. 264.)

26 거칠게 말하면, '기억-시간'은 직접적인 경험과 관련된 시간(현상학적 시간)이고, '정보-시간'은 공적인 일상생활과 관련된 물리적 시간이다. 기억-시간과 정보-시간의 구분은 공간과 관련해서는 시각적 공간과 물리적 공간의 구분에 대응한다. 참고: Jaakko Hintikka(1996), *Ludwig Wittgenstein, Half-Truths and One-and-a Half-Truths*, Kluwer Academic Publishers, pp. 241-274.

때문이 아닌데, 우리는 어떤 경험도 논박하지 않을 진술—문법의 진술—을 갖는다. 우리가 어떤 것이 성립해**야만 한다**고 말할 때마다 우리는 표현의 규범을 사용하고 있다. 헤르츠H. R. Hertz는 어떤 것이 그의 법칙들을 준수하지 않을 때는 언제나 그것을 설명하는, 보이지 않는 질량이 존재해야만 한다고 말했다.[27] 이 진술은 옳거나 그른 것이 아니라 실용적이거나 비실용적일 수 있다. "보이지 않는 질량", "무의식적인 정신적 사건"과 같은 가설들은 표현의 규범들이다. 그 규범들은 언어 안으로 들어와서 원인이 존재해**야만 한다**고 우리가 말할 수 있게 해준다. (그것들은 원인이 결과에 비례한다는 가설과 같다. 만일 공이 떨어질 때 폭발이 일어난다면, 우리는 그 원인이 그 결과에 비례하게끔 만드는 어떤 현상이 분명 일어났을 거라고 말한다. 그 현상을 찾아 나서지만 발견하지 못할 때, 우리는 현상이 아직 발견되지 않았을 뿐이라고 말한다.) 우리는 **선험적인** 자연법칙을 다루고 있다고 믿지만, 실은 우리 자신이 고정한 표현의 규범을 다루고 있다. 어떤 것은 성립해야만 한다고 말할 때마다 우리는 우리의 표현의 규제를 위한 규칙을 언급한 것이다. 마치 "모든 사람은 실제로 파리에 가려고 한다. 그렇다, 어떤 사람들은 파리에 가지 않는다. 하지만 그런 사람들의 모든 움직임은 예비적이다"라고 말하는 것처럼 말이다.

원인이 존재해야만 한다는 진술은 우리가 언어의 규칙을 가지고 있

---

27 헤르츠의 법칙은 1894년 H. R. 헤르츠가 세운 역학 체계의 원리이다. 헤르츠는 실제로 관찰할 수 있는 것만을 토대로 물리적 현상을 설명하려고 했다. 그리하여 그는 시간·공간·질량의 개념만을 기초로 현상을 설명하고, 힘·포텐셜·에너지 등의 개념은 모두 제거한다. 헤르츠의 역학의 원리는 관성의 법칙과 최소구속의 원리를 결합한 것이다. 자유로운 물체는 직선운동을 하지만, 일반적으로는 질량 사이의 결합에 의해 가능한 한 직선에 가까운 운동을 하는데, 이것이 최소구속의 원리이다. 때로는 '보이지 않는 질량' '보이지 않는 운동' 등을 도입할 필요가 있다. ('사이언스올 〉 과학백과사전'을 참고함.)

다는 것을 보여준다. 보이지 않는 질량을 가정함으로써 모든 속도가 설명될 수 있느냐 하는 것은 수학의 물음이거나 문법의 물음이며, 경험에 의해서는 해결되지 않는다. 그 물음은 사전에 해결된다. 그것은 설명에 대한 수용된 규범의 물음이다. 예를 들어 역학의 체계에는 원인들의 체계가 존재한다. 다른 체계에는 원인이 없을 수 있지만 말이다. "나의 실패에는 원인이 없다"라는 표현을 사용하게 될 체계를 구성할 수도 있을 것이다. 만일 우리가 천칭에서 한 물체의 무게를 재고 여러 번에 걸쳐 다른 값을 읽는다면, 우리는 절대적으로 정확한 무게 재기와 같은 것은 없다고 또는 무게 재기는 각각 정확하지만, 무게가 설명할 수 없는 방식으로 변한다고 말할 수 있다. 만일 우리가 그 변화들을 설명하지 않을 거라고 말한다면, 우리는 원인들이 없는 체계를 갖게 될 것이다. 우리는 본래 원인들이 없다고 말해서는 안 되며, 그저 원인들이 없는 체계를 가지고 있다고 말해야 한다. 결정론과 비결정론은 임의로 정한 체계의 속성이다.[28]

16. 어떤 다른 사람이 가지고 있는 치통이 내가 가지고 있는 치통과 같은 것인가 하는 물음으로 시작하자. 그의 치통은 단지 겉으로 보이는 행동인가? 또는 그는 내가 지금 가지고 있는 것과 같은 치통을 가지고 있는데, 나는 다른 사람에 관해서 그가 어떤 행동을 보이고 있다고만 말할 수 있기 때문에 그걸 모르는 것인가? 개인적인 경험에 대해서 일련의 물음들이 생겨난다. 내가 어떤 다른 사람 이에서 치통을 갖

---

28 무어는 다음과 같이 기록하고 있다: ""결정론적"과 "비결정론적"은, 이 뜻에서는, 내가 임의로 정한 체계의 속성이다. 나의 체계가 모든 가능성을 기술할 수 있느냐 하는 것은 수학적 물음이며, 관찰의 물음이 아니다. 그것은 문법의 물음, 설명에 대한 수용된 규범의 물음이다."(Wittgenstein(2016), *Wittgenstein: Lectures, Cambridge 1930-1933*, p. 264.)

는 것은 생각할 수 있지 않은가? 내가 치통이 있으려면 나의 입이 필요하다고 주장할지도 모른다. 그러나 **내가** 치통을 갖는다는 경험은 그 아픈 이가 어디에 있든, 그리고 누구의 입에 있든 같은 것이다. 고통의 부위는 한 소유자를 명명하는 것에 의해 주어지지 않는다. 더 나아가서, 내가 평생 거울을 들여다보면서 살고 있고, 거울 속에서 얼굴들을 보았는데 어느 것이 나의 얼굴인지 알지 못하며, 어떻게 나의 입이 어떤 다른 사람의 입과 구분되는지를 모른다는 것은 상상할 수 있지 않은가? 만일 실제로 그렇게 된다면, 나는 내가 **나의 입**에 치통을 갖고 있다고 말하게 될까? 거울 속에서 나는 어떤 다른 사람의 입으로 말할 수도 있을 것인데, 이 경우에 우리는 무엇을 나라고 부를까? 내가 몸을 바꾸는 것, 그리고 어떤 다른 사람이 그의 팔을 올리는 것과 연결된 느낌을 갖는 것은 생각할 수 있지 않은가?

　"치통을 갖고 있음"의 문법은 "분필 조각 하나를 갖고 있음"의 문법과는 아주 다르다. 마찬가지로 "나는 치통을 갖고 있다"의 문법은 또한 "무어는 치통을 갖고 있다"와 아주 다르다. "무어는 치통을 갖고 있다"의 뜻은 그 문장의 참에 대한 기준에 의해 주어진다. 왜냐하면 한 진술은 그 진술의 검증으로부터 그 뜻을 얻기 때문이다. 내가 치통을 갖고 있을 때와 어떤 다른 사람이 치통을 갖고 있을 때 "치통"이라는 낱말의 사용은 다른 놀이에 속한다. (한 낱말이 무슨 의미로 사용되는지를 알아내기 위해 **여러 가지** 탐구를 하라. 예를 들어 낱말 "전"과 "후"는 어떤 한 사건의 시간을 밝히기 위해 우리가 기억에 의존하느냐 아니면 서류들에 의존하느냐에 따라 다른 것을 의미한다.) "그는 치통을 갖고 있다"와 "나는 치통을 갖고 있다"에 대한 기준이 그렇게 다르기 때문에, 다시 말해 그것들의 검증은 다른 종류이기 때문에, 그가 치통을 갖고 있다는 것을 내가 부정하는 것처럼 보일지도 모른다. 그러나 나는 그가 실제로 치통을 갖고 있지 않다고 말하는 것이 아니다. 물론 그는 치통을 갖고 있다. 그가 치통을 갖고 있는 것처럼 행동하지만 실제로는 갖고 있지 않은 것이 아니다. 왜냐하면 우리에게는 치통을 가장하는 것과 대조되는 바 그가 치통을 실제로 갖고 있는 것에 대한 기준들이 있기 때문이다. 그럼에도 나는 그가 치통을 갖고 있는지 알지 못한다고 말해야 할 것 같다.

그의 경우는 간접적으로 알고 나의 경우는 직접 안다는 것을 제외하면, 그가 치통을 갖고 있을 때 그는 내가 가지고 있는 것을 가지고 있다고 내가 말한다고 하자. 이것은 그르다. 그가 치통을 갖고 있다고 판단하는 것은, 그가 돈을 갖고 있는데 내가 그의 지갑을 볼 수 없을 뿐이라고 판단하는 것과 같지 않다. 나는 **그의** 고통을 느낄 수 없기 때문에 간접적으로 판단해야 한다고 생각한다고 하자. 자, 이 생각에는 무슨 뜻이 있는가? 그리고 "나는 나의 고통을 느낄 수 있다"에는 무슨 뜻이 있는가? "그의 고통은 나의 고통보다 더 심하다"라고 말하는 것은 뜻이 있지만, "나는 **나의** 치통을 느낀다"와 "두 사람은 같은 고통을 가질 수 없다"라고 말하는 것은 뜻이 없다. 어떤 두 사람도 결코 같은 감각 자료를 볼 수 없다는 진술에 대해 생각해 보자. 만일 다른 사람과 같은 위치에 있다는 것이 어떤 사람이 그 다른 사람이 보는 것과 같은 감각 자료를 본다는 것에 대한 기준으로 간주된다면, 우리는 가령, 어떤 사람이 어떤 [[다른]] 사람의 머리를 통하여 봄으로써 같은 감각 자료를 보는 것을 상상할 수도 있다. 그러나 만일 같은 감각 자료를 본다는 것에 대한 기준이 없다면, "내가 보는 것을 그가 본다는 것을 나는 알 수 없다"는 뜻이 없다. 우리는 반박의 여지가 없는 사실의 진술과 문법적 진술을 혼동하기가 쉽다. 사실의 진술과 문법적인 진술을 혼동해서는 안 된다.

내가 치통을 갖고 있을 때 가지고 있는 것을 어떤 다른 사람이 갖고 있느냐 하는 물음은 의미가 없을 수도 있다. 비록 일상적인 상황에서는 그것이 사실의 물음일 수도 있고 그 대답, "그는 갖고 있지 않다"가 사실의 진술일지라도 말이다. 그러나 어떤 다른 사람에 관해서 "그는 내가 갖고 있는 것을 갖고 있지 않다"라고 말하는 철학자는 사실을 진술하고 있지 않다.* 그 철학자는 사실상 어떤 다른 사람이 치통을 갖고 있지 않다고 말하고 있지 않다. 어떤 다른 사람이 치통을 갖고 있을지도 모른다. 그리고 그가 치통을 갖고 있다는 진술은 그 진술에 주어진 의미를 지닌다. 즉 어떤 뜻이든 그 기준에 의해 주어진다. 어려움은 "치통을 **갖고 있음**"의 문법에 놓여 있다. 아무 뜻이 없는 말은 한 명제에서 우리 언어의 문법에 속하는 어떤 것을 표현하려고 시도하는 것에서 만들어진다. "나는 그의 치통을 느낄 수 없다"라는 말로 나는 **시도**할 수 없다는 것이 의미 된다. 시도할 수 없다는 것은 논리적 **할 수 없다**의 특징이다. 물론 이는 우리가 시도하기를 시도할 수 있는지를 물을 수 있을 만큼 우리를 멀리까지 데려가지 않는다. 관념론자들과 실재론자들의 논쟁에서는 어디엔가 항상 "할 수 있다", "할 수 없다", "여야만 한다"라는 낱말들이 등장한다. 경험으로 그들의 교설을 증명하려는 어떤 시도도 행해지지 않는다. "가능성"과 "필연성"이라는 낱말들은 문법의 일부를 표현한다. 비록 그 낱말들이 "물리적 가능성"과 "물리적 필연성"과의 유사성을 본따 형성되었을지라도 말이다.

"나는 치통을 갖고 있다"와 "그는 치통을 갖고 있다"의 문법은 또 다른 방식으로 다르다. 즉 "나는 치통을 갖고 있는 것처럼 보인다"라고 말하는 것은 뜻이 없지만, 반면에 "그는 치통을 갖고 있는 것처럼 보인다"라고 말하는 것은 뜻이 있다. "나는 치통을 갖고 있다"와 "그는

---

* "형이상학자가 하는 주장이 우리의 문법에 대한 불만족을 표현한다는 것은, 이 주장을 담은 말이 경험의 사실을 진술하는 데도 역시 쓰일 수 있을 때는 발견하기가 특히 어렵다."—*The Blue Book*, Oxford and New York, 1969, pp. 56-57.(번역서: 비트겐슈타인(2006), 이영철 옮김, 《청색 책·갈색 책》, 책세상, p. 102.—옮긴이)

치통을 갖고 있다"라는 진술은 상이한 검증들을 지니고 있다. 하지만 "검증"은 그 두 경우에 동일한 의미를 지니지 않는다. 내가 치통을 갖고 있다는 것에 대한 검증은 치통을 가짐이다. "어떻게 당신은 당신이 치통을 갖고 있다는 것을 아는가?"라는 물음에 "내가 치통을 느끼기 때문에 안다"라고 대답하는 것은 아무런 뜻도 없다. 사실상 그 물음에는 뭔가 잘못된 것이 있으며 그 대답은 불합리하다. "나는 그것을 검사inspection를 해서 안다"라는 대답도 마찬가지이다. 검사의 과정은 바라봄looking이지, 봄seeing이 아니다.[29] "바라봄으로써 치통이 있다는 것을 나는 안다"라는 진술은 뜻이 있을 **수 있다**. 예컨대 고통이 있는지 여러 손가락 중 하나에 주의를 집중하면서 말이다. 그러나 우리가 "고통"이라는 낱말을 사용하는 방식에 따르면 내가 치통을 찾는다고 말하는 것은 아무런 뜻도 없다. 나는 나의 이를 가볍게 툭 쳐서 내가 치통을 갖고 있는지 알아낼 것이라고 말하지 않는다. "그는 치통을 갖고 있다"에 관해서 "당신은 어떻게 아는가?"라고 묻는 것은 뜻이 있으며, 기준들이 제시될 수 있는데, 그 기준들은 자기 자신의 경우에는 적용될 수 없다. 자기 자신의 경우에 "나는 어떻게 아는가?"라고 묻는 것은 뜻이 없다.

내가 "그는 치통을 갖고 있는 것처럼 보인다"라고 말하는 것은 뜻이 있지만 나에 대해 그와 유사하게 말하는 것은 뜻이 없으므로, 따라서 나는 계속해서 "이 점은 그에게는 그렇지만 나에게는 그렇지 않다"라고 말할 수 있다고 생각할지도 모른다. 그렇다면 내가 언급하고 있는 사적인 언어, 그가 이해할 수 없고 그리하여 내가 치통을 갖고 있다는 나의 진술을 그가 이해할 수 없는 사적인 언어가 존재하는가? 만일 그

---

29 비트겐슈타인에 따르면 "해석한다는 것은 하나의 행위이고 본다는 것은 하나의 상태이다."(《철학적 탐구》, 제2부, xi.) "바라봄"은 행위이고, "봄"은 상태이다.

렇다면, 그가 이해할 수 없다는 것은 경험의 문제가 아니다. 그는 정신적인 결함 때문이 아니라 문법적 사실 때문에 이해하지 못한다. 만일 어떤 것이 **선험적**으로 불가능하다면, 그것은 언어에서 배제된다.

때때로 우리는 한 문장의 사용 규칙들을 보여주어야 한다는 것을 깨닫지 않은 채 그 문장을 우리 언어에 도입한다. (체스 놀이에 세 번째 킹을 도입했는데 그 킹에 규칙을 부여하지 않았다면 우리는 아무것도 하지 않은 것이다.)[30] 어떻게 나는 어떤 다른 사람에게 "나는 **나의** 고통을 느낀다"가 뜻이 없다는 것을 납득시킬 수 있을까? 만일 그가 그 말이 뜻이 있다고 고집한다면 그는 아마도 "나는 그것이 뜻을 지닌다는 것을 하나의 규칙으로 삼는다"라고 말하는 셈이 될 것이다. 이것은 세 번째 킹을 도입하는 것과 같고, 그렇게 되면 나는 많은 물음을, 예를 들어 "내가 치통을 갖고 있는데 하지만 그것을 느끼지 못한다고 말하는 것은 뜻을 지니는가?"와 같은 물음을 제기하게 될 것이다. 뜻을 지닌다고 대답한다고 하자. 그러면 나는 우리가 치통을 갖고 있지만 느끼지 못한다는 것을 어떻게 아는지 물을 수 있을 것이다. 이 사실을 우리는 거울을 들여다봐서 찾아내고 충치를 발견할 때 치통을 갖고 있다는 것을 알 수 있을까? 어떤 한 진술이 무슨 뜻을 지니는지 보여주기 위해서는 그 진술이 어떻게 검증될 수 있는지, 그리고 그것으로 무엇을 할 수 있는지 말하는 것이 필요하다. 한 문장이 어떤 한 모형에 따라 구성된다고 해서 그 문장이 놀이의 일부가 되는 것은 아니다. 우리는 적용의 체계를 제공해야만 한다.

"그것의 검증은 무엇인가?"라는 물음은 "어떻게 우리는 그것을 알 수 있는가?"의 좋은 번역이다. 어떤 사람들은 "어떻게 우리는 그런 것을

---

30 체스에서는 킹이 체크메이트되면 게임이 끝난다. 흑과 백 모두 킹은 하나뿐이다. "세 번째 킹"을 규칙과 함께 체스에 도입하는 것은 새로운 게임을 만드는 것이다. 그러나 이것이 "체스 게임"인가 하는 문제는 열려 있다.

알 수 있는가?"라는 물음이 "그 의미는 무엇인가?"라는 물음과 관련이 없다고 말한다. 그러나 [[그 물음에 대한]] 대답은 그 명제와 다른 명제들의 관계를 보여줌으로써 그 의미를 제시한다. 다시 말해 그 대답은 무엇으로부터 그 명제가 따라 나오고 그 명제로부터 무엇이 따라 나오는지를 보여준다. 그 대답은 "그 명제가 참이라는 것은 어떤 상황일까?"라는 물음이 요구하는, 그 명제의 문법을 제시해 준다. 예를 들어 물리학에서 우리는 한 진술의 의미를 검증의 관점에서 찾는다.

  나는 "나는 치통을 갖고 있는 것처럼 보인다"라고 말하는 것은 뜻이 없다고 언급했다. "나는 치통을 갖고 있는 것처럼 보인다"는 내가 치통을 갖고 있음을 의심할 수 있다고, 또는 의심할 수 없다고 말하는 것이 뜻을 지닌다고 전제한다. 여기에서 "할 수 없다"라는 낱말의 사용은 "나는 그 석탄통을 들어 올릴 수 없다"에서 그 낱말의 사용과 전혀 같지 않다. 이는 우리를 '한 문장이 뜻을 지닌다는 것에 대한 기준은 무엇인가?'라는 물음으로 이끈다. "한 문장은 문법의 규칙들에 따라 구성된다면 뜻이 있다"라는 대답에 대해 생각해 보자. 그러면 이 물음은 다음 중 어느 것이든 의미한다: 한 문장에 뜻을 부여하기 위해 규칙들은 어떠해야 하는가? 만일 문법의 규칙들이 임의적이라면, 왜 문법의 규칙들을 변경해서 그 문장이 뜻이 있게끔 하지 않는가? 왜 단순히 "나는 이 문장이 뜻이 있다는 것을 하나의 규칙으로 삼는다"라고 말하지 않는가?

17. 문법의 어떤 규칙들이 명제 놀이를 구성한다고 말하기 위해서는 명제들의 특징들, 명제들의 문법을 제시해야 할 것이다. 우리는 그리하여 "명제란 무엇인가?"라는 물음에 이르게 된다. 나는 "명제"의 일반적 정의를 내리려고 시도하지 않을 것이다. 왜냐하면 그렇게 하는 것이 불가능하기 때문이다. 이는 "놀이"라는 낱말의 정의를 제시하는

것이 불가능한 것과 마찬가지이다. 왜냐하면 우리가 그을 수 있는 어떤 선도 임의적일 것이기 때문이다. 명제들에 관해서 우리가 이야기하는 방식은 항상 특정한 예를 드는 것이다. 왜냐하면 우리는 특정한 놀이들에 관해서보다 더 일반적으로 명제들에 관해 이야기할 수 없기 때문이다. 우리는 "칠판에 위에서 2인치, 옆면에서 5인치에 원이 하나 있다"와 같은 명제의 예들을 제시하는 것으로 시작할 수 있다. 이것을 "(2, 5)"로 나타내기로 하자. 이제 아무런 뜻도 지니지 않는다고 말하게 될 것을 구성하자. "(2, 5, 7)". 이것은 설명되어야만 할 것이고(그리고 여러분은 그것에 뜻을 부여할 수도 있다), 아니면 여러분은 그것은 실수이거나 농담이라고 말할 수 있을 것이다. 그러나 만일 여러분이 그것은 뜻이 없다고 말한다면, 여러분은 그것이 사용되지 않는 놀이를 설명함으로써 그 이유를 설명할 수 있다. 무의미는 점점 더 문장과 같지 않아 보이고, 점점 더 언어의 일부가 아닌 것처럼 보인다. "좋음은 빨갛다"와 "S 씨는 오늘의 빨강에 도착했다"는 무의미하다고 여겨질 것이며, 반면에 우리는 휘파람이 무의미하다고는 말하지 않을 것이다. 의자들의 어떤 한 배열이 언어로 간주될 **수도** 있으며, 그리하여 어떤 배열들은 무의미하게 될 것이다. 이론적으로 여러분은 언제든 한 상징 symbol에 대하여 그것이 뜻이 있다고 말할 수 있지만, 만일 그렇게 한다면 그 상징의 뜻을 설명해 주기를, 다시 말해 여러분이 그 상징에 부여한 사용을, 그 상징을 조작하는 방식을 보여 달라고 요청받을 것이다. 낱말 "무의미nonsense"와 "뜻sense"은 특정한 경우에만 의미를 지니며 [[그 의미는]] 경우에 따라 달라질 수도 있다. 우리는 "뜻"에 분명한 의미를 부여하지 않은 채 **뜻**에 관해 여전히 말할 수 있는데, 우리가 승리나 패배에 관해 이야기하지만 그 용어들의 의미가 절대적으로 분명하지 않은 것과 마찬가지이다.

철학에서 우리는 난점에 직면할 때마다 문법의 규칙들을 제시한다.

{철학에서 우리가 무엇을 하는지를 보여주기 위해 나는 규칙들에 따라 놀이를 하는 것과 놀이를 그저 하는 것을 비교한다.}* 완전한 논리적 분석이 한 낱말의 완전한 문법을 제시할 거라고 느낄지도 모른다. 그러나 완전한 문법 같은 것은 없다. 그렇지만 규칙을 제시하는 것은 만일 어떤 사람이 우리가 따르고 싶지 않은 반대 규칙을 만들 때 쓸모가 있다. 이미 알려진 용어의 사용 규칙들을 발견한다고 해서 그 용어의 사용에 대한 지식이 완전해지는 것은 아니며, 마치 사람들이 그 용어를 사용하는 방법을 모르고 있었다는 듯이 사람들에게 사용법을 말해주지는 않는다. 논리적 분석은 해독제이다. 논리적 분석의 중요성은 누군가가 낱말들을 곱씹을 때 생겨나는 혼란을 멈추는 것이다.

18. "나는 치통을 갖고 있다"와 "그는 치통을 갖고 있다"의 문법이 다르다는 주제로 돌아가자. 이는 그 진술들을 검증하는 방법이 다르다는 사실에서, 또한 후자의 경우에는 "나는 이것을 어떻게 아는가?"라고 묻는 게 유의미하지만, 전자의 경우에는 그렇지 않다는 사실에서 드러난다. 유아론자는 이 둘이 수준이 다르다는 것을 함축한다는 점에서 옳다.[31] 나는 우리가 "나는 분필 조각을 갖고 있다"와 "그는 분필 조각을 갖고 있다"를 "나는 고통을 갖고 있다"와 "그는 고통을 갖고 있다"와 혼동한다고 말했었다. 첫 번째 쌍의 경우에 검증 방법은 유사하지만, 두 번째 쌍의 경우에는 그렇지 않다. 함수 "x는 치통을 갖고 있다"는 [[x의 값으로]] 다양한 값들, 즉 스미스, 존스 등을 갖는다. 그러나

---

* 〈황색 책〉에서 가져왔음을 나타내기 위해 중괄호를 사용한다.

31 비트겐슈타인은 《논고》 5.62에서 "유아론이 **뜻하는** 것은 전적으로 옳다"라고 주장한다. 반면에 그는 이 일련의 강의와 《청색 책》에서 유아론이라는 철학적 함정에 빠지는 것이 어떻게 가능한지, 어떻게 유아론을 극복할 수 있는지 논의하고 있다. 참고: 박정일(2022), "형이상학적 주체와 유아론", 《철학》, 제150집, pp. 247-277.

나는 아니다. 나는 단독으로 한 집합 안에 있다. 낱말 "나"는 "나는 담배를 갖고 있다"에서 사용될 때와는 달리, [[직접적]] 경험과 관련된 문장들에서는 소유자를 가리키지 않는다. 우리는 개인적 경험을 기술하는 문장들에서 "나"가 생략되는 언어로 말할 수도 있을 것이다. {"나는 생각한다" 또는 "나는 고통을 갖고 있다"라고 말하는 것 대신에, 우리는 "생각이 있다It thinks"라고("비가 온다It rains"와 같이) 말할 수도 있을 것이며, "나는 고통을 갖고 있다" 대신에 "여기에 고통이 있다"라고 말할 수도 있다. 어떤 상황들에서 우리는 "나"의 단순한 사용을 버리려는 유혹을 강하게 느낄지도 모른다. 우리는 우리에게 익숙한 언어의 관점으로부터 어떤 한 언어를 끊임없이 판단하며, 그리하여 만일 인칭대명사를 빠뜨리면 현상을 불완전하게 기술하는 거라고 생각한다. 다시 말해 "나"라는 낱말이 한 사람을 가리키는 것으로 보이기 때문에 우리가 어떤 것을 가리키는 것을 빠뜨린 것처럼 보인다. 그러나 우리는 낱말 "나"를 생략하고서도 여전히 이전에 기술했던 현상을 기술할 수 있다. 우리의 상징체계에서 어떤 변화들이 실제로 [[어떤 것들의]] 누락이라는 것은 사실이 아니다. 하나의 상징체계는 사실상 다른 것과 마찬가지이며, 어떤 하나의 상징체계도 필연적이지 않다.}

19. "오직 나의 경험만이 실재한다"라고 말하는 유아론자는 자신의 경험 외에 경험들이 실재한다는 것이 **생각 불가능**하다고 말하고 있다.*
이 진술은 사실에 대한 진술이라고 보면 불합리하다. 이제 {만일 다른 사람이 치통을 갖는 것이 논리적으로 불가능하다면, 내가 치통을 갖는 것은 똑같이 불가능하다. "오직 나만이 진정한 치통을 갖는다"라고 말하는 사람에게는 다음과 같이 대답해야 할 것이다. "만일 오직 당신만

---

* *The Blue Book*, p. 59를 보라.

진정한 치통을 가질 수 있다면, '오직 나만 진정한 고통을 갖는다'라고 말하는 것에는 어떤 뜻도 없다. 당신에게는 '나'가 필요하지 않거나 '진정한'이 필요하지 않다. … '나'는 이제 어떤 것과도 대조되어 있지 않다. 당신은 '치통이 있다'라고 말하는 것이 더 나을 것이다." "오직 나만 진정한 치통을 갖는다"라는 진술은 상식적인 의미를 지니고 있거나, 만일 그것이 문법적인 명제라면, 규칙의 진술임을 뜻한다. 유아론자는 "'나는 진정한 치통을 갖고 있다'라는 표기법을 '치통이 있다'로 대체하고 싶다"라고 말하기를 원한다. 유아론자가 원하는 것은 자아가 독점권을 갖는 표기법이 아니라, 오히려 자아가 사라지는 표기법이다.*}

[유아론자가 자신의 표기법에서 "진정한"이라는 별칭을 우리가 그의 경험이라고 불러야 하는 것에 한정하고 "A는 진정한 치통을 갖고 있다"(여기에서 A는 그 유아론자가 아니다)를 배제하고자 한다면, 이는 "스미스(그 유아론자)는 치통을 갖고 있다" 대신에 "진정한 치통이 있다"를 사용하는 것이 될 것이다.†] {유아론적 화법mood 안으로 들어간다는 것은 개인적 경험을 기술할 때 "나"라는 낱말을 사용하지 않는다는 것을 뜻한다.} [그러한 변화를 받아들이는 것은 매력적인데] 왜냐하면 감각을 기술하는 것은 어떤 한 개인이나 감각 기관에 대한 지칭을 포함하지 않기 때문이다. 여러분 자신에게 물어보라. 나, 개인은 어떻게 들어오는가? 예를 들어 어떻게 한 개인이 시각적 감각의 기술 안으로 들어가는가? 우리가 시야를 기술할 때 개인이 반드시 시야 안으로 들어오는 것은 아니다. 시야가 어떤 내적인 속성들을 지니고 있으며, 시야가 **나의 것**이라는 점은 시야를 기술하는 데 본질적이지 않다고 우리는 말할 수 있다. 즉 어떤 사람에게 속한다는 것은 시각적 감각이나 고통의 본래적 속성이

---

* 마거릿 매스터먼Margaret Masterman이 작성한 〈황색 책〉의 메모들에 기초함.
† *The Blue Book*, p. 59를 보라.

아니다. **나의** 이미지[[표상]] 또는 어떤 다른 사람의 이미지 같은 것은 없을 것이다. 한 고통의 부위는 그 고통을 갖고 있는 사람과는 아무런 관련이 없다: 고통은 소유자를 명명하는 것에 의해 제시되지 않는다. 신체나 시각 기관도 시야의 기술에 필수적이지 않다. 청각적 감각의 기술도 마찬가지이다. "그 소리가 나의 오른쪽 귀에 가까워지고 있다"라는 명제의 참은 **신체의** 귀의 존재를 필요로 하지 않는다. 그 명제는 청각적 경험의 기술이고, 그 경험은 내 귀의 존재와 논리적으로 독립적이다. 청각적 현상은 청각적 공간 안에 있고, 듣는 주체는 인간의 신체와는 아무런 관계도 없다. 이와 비슷하게, 우리는 어떤 치아도 존재하지 않는데도 치통에 관해 이야기할 수 있고, [[생각과]] 관련된 머리가 존재하지 않는데도 생각함에 관해 이야기할 수 있다. 고통은 청각적 경험과 시각적 자료들이 그런 것처럼, 움직일 공간이 있다. 시야가 시각 기관이나 시각 기관을 지닌 인간 신체에 본질적으로 속한다는 관념은 보이는 **것**에 기초해 있지 않다. 그것은 눈을 감는 것이 시야에서 일어난 사건에 동반된다는 것 같은 경험적 사실들, 또는 팔을 눈쪽으로 올리는 경험에 기초해 있다. 눈이 본다는 것은 경험적인 명제이다. 우리는 우리에게 익숙한 것과는 아주 다른, 인체와 시야 사이의 관계들을 설정할 수 있다. 내가 눈 대신에 몸으로 본다든지, 내가 다른 사람의 눈으로 볼 수 있고 그의 이에서 치통을 느낀다는 것은 상상할 수 있다. 만일 우리의 눈들에 하나의 관이 있고 우리가 거울을 들여다본다면, 지각하는 기관이라는 관념은 불필요해질 수도 있다. 모든 인간의 몸이 거울에 보이고 입들이 움직일 때 소리를 내는 하나의 확성기가 있다면, 말하고 보는 자아라는 관념은 매우 달라질 것이다.

20. [유아론자는 "나" 또는 "진정한"이 삭제된 표기법을 관철하지 않는다.] 그는 "오직 **나의** 경험만이 진정한 것이다"라거나 "오직 나만이 진정한

치통을 지니고 있다"라거나 "유일한 진정한 고통은 내가 느끼는 고통이다"라고 말한다. 이는 어떤 [[다른]] 사람이 틀림없이 자기의 고통은 실재한다고 반대하게끔 부추긴다. 그리고 이는 실재론자가 관념론자를 논박하지 않는 것과 마찬가지로 그 유아론자를 실제로 논박하지 않을 것이다. 돌멩이를 걷어차는 실재론자는 만일 그가 "실재하지 않는"과 대조해서 낱말 "실재하는"을 사용하고 있다면 그 돌멩이가 실재한다고 말한다는 점에서는 옳다. 그의 대꾸는 "그것은 실재하는 것인가 아니면 환각인가?"라는 물음에는 대답하지만, 그의 반대에 불복하는 관념론자를 논박하지는 않는다. 그들은 여전히 동의하지 않을 듯하다. 유아론자는 "나는 치통을 갖고 있다"를 "그는 치통을 갖고 있다"와는 다른 수준에 있는 것으로 다룬다는 점에서는 옳지만, 그가 어떤 다른 사람도 갖고 있지 않은 어떤 것을 갖고 있다는 진술과 그 진술을 부정하는 사람의 진술은 똑같이 불합리하다. "오직 나의 경험만 실재적이다"와 "모든 사람의 경험은 실재적이다"는 똑같이 무의미하다.

21. 다른 문제를 다루기로 하자. "이것은 **나의 신체다**"에 대한 기준은 무엇인가? "이것은 나의 코다"에 대한 기준은 존재한다: 그 코는 그 코가 붙어 있는 신체가 소유할 것이다. 신체가 속하는 영혼이 존재한다고, 그리고 나의 신체는 나에게 속하는 신체라고 말하고 싶은 유혹이 있다. 모든 신체가 거울에 보이고, 그리하여 모든 신체가 동일한 수준에 있다고 하자. 나는 A의 코와 **나의** 코에 관하여 같은 방식으로 이야기할 수 있다. 그러나 만일 내가 한 신체를 나의 것으로 지목한다면, 그 문법은 바뀐다. 거울에 비친 신체를 가리키면서 "이것은 **나의 신체다**"라고 말하는 것은, "이것은 A의 코다"가 A의 신체와 A의 코 사이의 소유 관계를 주장하는 것과 같은, 나와 내 신체 사이의 소유 관계를 주장하지 않는다. 신체들 중 하나가 나의 신체라는 것에 대한 기

준은 무엇인가? 내가 어떤 느낌이 있었을 때 움직인 신체가 나의 것일
거라고 말할지도 모른다. ("나는 느낌을 갖고 있다"에서의 "나"가 소유자
를 지칭하지 않는다는 것을 상기하라.) "이것들 중 어느 것이 나의 신체
인가?"를 "나의"가 "A의"로 대체된 "이것들 중 어느 것이 A의 신체인
가?"와 비교하라. 후자에 대한 대답이 참이라는 것에 대한 기준은 무
엇인가? 이에 대한 기준은 있는데 "어느 것이 나의 신체인가?"에 대한
대답의 경우에는 기준이 없다. 만일 모든 신체가 거울에 보이고 신체
들 자체는 투명해지지만 그 거울상들은 남아 있다면, 나의 신체는 그
거울상이 있는 곳에 있을 것이다. 그리고 어떤 것이 내 코라는 것에
대한 기준은 그 코가 붙어 있는 신체에 속한다는 것과는 매우 다를 것이
다. 거울 세계에서, 어느 신체가 나의 것인지를 결정하는 것은 어느
신체가 A의 것인지를 결정하는 것과 같을까? 만일 후자가 그 신체와
대응된 "A"라고 불리는 목소리를 가리킴으로써 결정된다면, 만일 내
가 비트겐슈타인이라고 불리는 목소리를 가리킴으로써 "어느 것이 나
의 신체인가?"에 대답한다면, 어느 것이 나의 목소리인지 묻는 것은
아무런 뜻도 없을 것이다.

낱말 "나"가 "누가 치통을 갖고 있는가?"라는 물음에 대한 대답에서
등장할 때 그 낱말은 두 가지 종류로 쓰인다. "나"라는 대답은 대개 어
떤 신체로부터 오는 기호이다. [만일 사람들이 말할 때, 소리들이 항상
하나의 확성기에서 나오고 목소리들이 항상 같다면, "나"라는 낱말은 전혀
쓸모가 없게 될 것이다: "나는 치통을 갖고 있다"라고 말하는 것은 불합리
해질 것이다. 말하는 사람들은 그 말[["나는 치통을 갖고 있다"]]로 인지될
수 없을 것이다.]* "누가 치통을 갖고 있는가?"라는 물음에 "나"라고 대
답하는 것이 한 신체, 심지어 나의 이 신체를 지칭한다는 것에는 뜻이

---

* 마거릿 매스터먼의 〈황색 책〉 노트들로부터.

있지만, 내가 치통을 갖고 있느냐는 물음에 대한 나의 대답은 어떤 **신체**도 지칭하지 않는다. 나는 어떤 기준을 가질 필요가 없다. 나의 신체와 치통은 독립적이다. 따라서 "누구?"라는 물음에 대한 한 가지 대답은 한 신체를 지칭함으로써 주어지고, 다른 대답은 그러지 않는 것으로, 그리고 다른 종류인 것으로 보인다.

22. "실재하는 모든 것은 나의 경험이다"와 관련 있는 견해, 즉 현재 순간의 유아론, "실재하는 모든 것은 현재 순간의 경험이다"로 넘어가 보자. (생각의 주체를 그 경험과 동등한 것으로 만드는 윌리엄 제임스의 언급 "현재의 사유는 그 유일한 사유자이다"를 참고하라.)[32] {우리는 현재의 경험만을 "경험"이라고 부르도록 우리의 언어를 만들려는 경향이 있을 수 있다. 이것은 유아론자의 언어일 것인데, 하지만 물론 우리는 우리의 기존 언어에서 "현재"를 의미했던 그 낱말로 정확하게 무엇을 의미하는지를 말하지 않고서 유아론자의 언어를 만들어서는 안 된다.} 러셀은 기억한다는 것은 기억된 것이 실제로 일어났다는 것을 증명할 수 없다고, 왜냐하면 기억한다는 작용은 온전히 그대로인데 세계는 5분 전에 갑자기 생겨났을 수도 있기 때문이라고 말했다.[33] 우리는 세계는 1분 전에 창조되었을 수도 있다고, 최종적으로는, 세계는 지금 이 순간에 창조되었는지 모른다고 계속해서 말할 수도 있을 것이다. 후자가 성립한다면 우리는 "실재인 모든 것은 현재 순간이다"와 동등한 것을 갖게 될 것이다. 이제 만일 세계가 5분 전에 창조되었다고 말하는

---

32 참고: 윌리엄 제임스(2014), 정양은 옮김, 《심리학의 원리 1》, 아카넷, pp. 702-705. 윌리엄 제임스(2014), 정명진 옮김, 《한 권으로 읽는 심리학의 원리》, 부글북스, pp. 281-282.

33 B. Russell(1927), *An Outline of Philosophy*, George Allen & Unwin(Publishers) Ltd., p. 5.

것이 가능하다면, 세계가 5분 전에 소멸했다고 말할 수 있는가? 이는 유일한 실재가 5분 전에 있었다고 말하는 것이 될 것이다.

왜 우리는 "유일한 실재는 현재이다"라고 말하고 싶은 유혹을 느끼는가? 이 유혹은 오직 **나의** 경험만이 실재한다고 말하고 싶은 유혹만큼이나 강하다. 과거와 미래는 여기에 있지 않기 때문에 오직 현재만이 실재한다고 말하는 사람은 움직이는 어떤 것의 이미지를 염두에 두고 있다. 과거 ←현재──미래 이 이미지는 오도적이다. 시야가 경계가 없어서 우리가 시야에 관해 그리게 될 흐릿한 이미지가 오도적이듯이 말이다. "오직 현재의 경험만이 실재한다"라는 진술이 무언가를 의미하는 것처럼 보이는 것은 우리가 그 진술과 연관 짓는 친숙한 이미지, 공간에서 우리를 지나가는 사물들의 이미지 때문이다. {철학에서 현재에 관해 이야기할 때, 우리는 일종의 유클리드[[기하학]]의 점을 가리키는 것처럼 보인다. 그렇지만 현재의 **경험**에 관해 이야기할 때 현재를 그러한 점과 동일시하는 것은 불가능하다. 난점은 "현재"라는 낱말에 있다.} 여기에는 문법적 혼동이 있다. 현재의 경험만이 실재한다고 말하는 사람은 S 씨는 항상 갈색 옷을 입는다는 사실에 견줄 만한 경험적 사실을 진술하고 있지 않다. 그리고 현재만이 실재한다는 주장에 대해 "확실히 과거와 미래는 그만큼 실재한다"며 반대하는 사람은 어떤 식으로든 논점을 충족하지 않는다. 두 진술 다 아무것도 의미하지 않는다.

세계가 5분 전에 창조되었다는 러셀의 가설을 검토하면서, 그 가설이 무의미하다고 말할 때 내가 의미하는 것이 무엇인지 설명하고자 한다. 러셀의 가설은 어떤 것도 그것을 확증하거나 논박할 수 없게끔 배열되어 있다. 우리의 경험이 무엇이든, 그 가설은 경험과 일치할 것이다. 어떤 일이 일어났다고 말하는 것의 요점은 그 말이 참이라는 것에 대한 기준이 있다는 것으로부터 도출된다. 5분 전에 일어난 일에 대한 증거를 정하는 것은 측정을 하기 위한 규칙을 정하는 것과 같다. 어떤 증거가 있을 수 있느냐에 관한 물음은 문법적인 물음이다. 그 물음은 그 진술을 검증할 행동들과 명제들의 종류에 관한 것이다. 경험과 일치하게 될 진술을 구성하는 것은 단순한 문제이다. 왜냐하면 그 진술[[경험과 일치하게 될 진술]]은 "어떤 관찰이나 검증이 수행되지 않을 때마다 두 의자 사이에는 하얀 토끼 한 마리가 있다"와 같이, 어떤 명제로도 논박할 수 없는 그러한 진술이기 때문이다. 어떤 사람들은 이 진술이 "그 의자들 사이에는 어떤 하얀 토끼도 없다"보다 더 많은 것을 말한다고 할 것이다. 어떤 사람들이 세계가 5분 전에 창조되었다고 말하는 것은 무언가를 의미한다고 말할 것처럼 말이다. 그러한 진술들이 만들어질 때 그 진술들은 어떻게든 한 그림, 가령 창조의 그림과 연결되어 있다. 이 때문에 그러한 문장들은 무언가를 의미하는 것처럼 보이는 것이다. 그러나 그 문장들은 쓸데없는데, 이는 쓸모없어 보이지는 않지만 어떤 기능도 없는 시계의 톱니바퀴들과 같다.

이 문장들은 무의미하다는 말로 내가 의미하는 것이 무엇인지 두 평면 위에 있는 도형을 기술하면서 계속 더 설명해 보겠다. 평면 I 위의 도형은 투영될 것이고, 평면 II 위의 도형은 투영[[된 것]]이다.

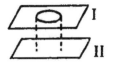

이제 평면 I 위에 있는 원을 투영하는 방식이 정사영正射影이 아니라고 하자. 그리하여, "평면 II에 원이 하나 있다"라고 말하는 것은 평면 I에 원이 하나 있다고 말하는 것과 아주 같지는 않을 것이다. 그 원이 투영되는 각도의 범위에 대해서, 평면 II 위에 있는 도형들은 모두 **다소**

원형이다. 그런데 이제 그 투영을 방출하는 빛의 광선들이 **어떤** 범위의 각도로**든** 변경되는 것이 허용되었다고 하자. 그러면 평면Ⅱ에 원들이 있다고 말하는 것은 무엇을 뜻하는가? 우리가 투영의 방법에 그러한 자유를 줄 때, 그 투영에 관한 주장들은 무의미해진다. 비록 우리는 여전히 마음속에 원의 그림을 간직하지만 말이다. 세계의 창조에 관한 러셀의 주장은 이와 같다. 평면Ⅰ 위에 한 그림이 있다는 사실은 평면Ⅱ 위에 검증 가능한 투영을 만들지 않는다. 우리는 어떤 한 주어진 방식으로 투영된 어떤 그림들에 익숙하다. 그러나 우리가 이러한 투영의 방식을 떠나자마자 진술들은 그것들의 통상적인 의의significance를 지니지 않는다. 내가 "그것은 아무것도 의미하지 않는다"고 말할 때 의미하는 것은 여러분이 여러분의 투영 방식을 변경했다는 것이다. 그것이 무언가를 의미하는 것처럼 보이는 것은 잘 알려진 것들의 이미지 탓이다.

23. "생각할 수 있는"과 "상상할 수 있는"이라는 낱말은 비슷한 방식으로 사용되어 왔는데, 상상할 수 있는 것은 생각할 수 있는 것—예컨대 명제와 그림—의 특수한 경우이다. 이제 우리는 시각적 이미지를 채색된 그림으로 대체할 수 있고, 그 그림은 낱말들로 기술될 수 있다. 그림들과 낱말들은 서로 번역될 수 있다. 예를 들어,

A(5, 7), B(2, 3)처럼 말이다. 명제는 그림과 같거나, 그림과 같은 어떤 것이다. 우리의 논의를 방안에 있는 대상들의 분포를 기술하는 명제들로 제한하기로 하자. 그 분포는 채색 그림으로 그려질 수도 있다. 어떤 명제들의 체계가 그 채색된 그림들에 대응한다고 말하는 것과

다른 명제들, 예를 들어 어떤 사람이 휘파람을 불고 있다는 명제가 그림들에 대응하지 않는다고 말하는 것은 뜻이 있을 것이다. 우리가 상상할 수 있는 것을 그림 그릴 수 있는 것이라고 부르고, 또 오직 생각할 수 있는 것만을 상상할 수 있는 것이라고 부른다고 하자. 이는 낱말 "생각할 수 있는"을 그림 그릴 수 있는 것으로 제한하게 될 것이다.[34] 이제 물론 우리는 그림 그리기 방식을, 예를 들어 어떤 사람의 휘파람 불기로 확장할 수 있다.

이것은 새로운 방식의 그림 그리기인데, 왜냐하면 "높아지는" 음은 공간에서 수직으로 상승하는 것과 다르기 때문이다. 이러한 새로운 방식으로 우리는 더 상상할 수 있다, 즉 더 **생각**할 수 있다. "오직 현재만이 실재한다"와 같은 형이상학적 주장을 하는 사람들은 어떤 다른 그림에 대조해서 하나의 그림을 만드는 체한다. 나는 그들이 하나의 그림을 만들었다는 것을 부정한다. 그러나 이것을 어떻게 증명할 수 있는가? 내가 그들과 내가 그림 그리기에 관해 같은 제한을 두고 있다고 가정하지 않는다면, 나는 "이것은 어떤 것의 그림이 아니다. 그것은 생각할 수 없다"라고 말할 수 없다. 만일 내가 낱말들이 암시하는 그림을 가리키고 그들이 동의한다면, 나는 그들에게 그들이 오도되고 있다고, 그들이 떠올리는 심상imagery은 그들을 그러한 표현들로 이끌지 않는다고 말할 수 있다. 그들이 한 그림을 만들었다는 것은 부정될 수

---

34 무어는 다음과 같이 기록하고 있다: ""상상할 수 있는" = "그림 그릴 수 있는"이라고 부르자. 그러면 명제는 그림 그릴 수 없다면 무의미하다고 우리는 말할 수도 있다." (Wittgenstein(2016), *Wittgenstein: Lectures, Cambridge 1930-1933*, p. 302.)

없지만, 우리는 그들이 오도되었다고 말할 수 있다. 우리는 "이 체계에서 그것은 아무런 뜻도 없으며, 나는 이것이 당신이 사용하고 있는 체계라고 믿는다"라고 말할 수 있다. 만일 그들이 새로운 체계를 도입해 대답한다면, 나는 묵인해야만 한다.

나의 방법은 시종일관 언어에서 오류들을 지적하는 것이다. 나는 그러한 오류들을 지적하는 활동에 "철학"이라는 낱말을 사용할 것이다. 플라톤의 활동 또한 철학이라고 부르는데, 왜 나는 우리가 지금 하고 있는 활동을 철학이라고 부르고자 하는가? 아마도 그것들 사이의 어떤 유사성 때문이거나 그 주제의 연속적인 전개 때문일 것이다. 또는 새로운 활동이, 기존의 활동이 없애려 했던 정신적 불안을 제거함으로써 기존의 것을 대신할 수 있기 때문일 것이다.

24. 외부 세계에 대한 명제나 수학의 명제에 관하여 우리는 "어떻게 당신은 그것을 아는가?"라고 빈번하게 묻는다. 여기에는 이유와 원인 사이의 애매성이 있다. 우리가 원하지 **않는** 해석은 "어떻게, 인과적으로, 당신은 그 결과에 도달했는가?"이다. 무엇이 당신이 그 결과에 이르도록 초래했는가 하는 것은 문제가 되지 않는다. 이것은 무관하다. 중요한 것은 알고 있다고 할 때 **무엇**을 아는지를 결정하는 것이다. 이유와 원인의 차이를 예증하기 위해, '우리는 한 기체의 분자들이 운동 중이라는 것을 어떻게 아는가?'라는 물음을 고려해 보자. 예를 들어 만일 충분히 많이 먹으면 그것들[[운동 중인 기체의 분자들]]이 보일 거라는 심리적인 대답이 있을 수 있다. 만일 [[기체분자]]운동론이 옳지 않다면, 어떤 경험도 그 이론에 대응할 필요가 없다. 그러나 동시에 한 기체의 분자들의 운동에 대한 기준이 **있을 것이다.** 그 이론의 발명가는 "나는 그러그러한 것을 기준으로 간주하고자 한다"라고 말할 것이다. 따라서 이론에서 믿음의 이유로 간주되는 것은 경험의 문제가

아니라 약정convention의 문제이다. 만일 내가 맑은 수프를 먹은 후에 그 이론을 믿는다면, 이는 나의 믿음의 원인이지 이유가 아니다. 내가 그 믿음에 대한 이유를 질문받을 때 그 대답의 일부로 기대되는 것은 내가 믿는 **것**이다.

"어제 비가 왔다"를 검증하는 상이한 방법들은 그 의미를 결정하는 데 도움이 된다. 이제 우리는 "…의 의미임"과 "…의 의미를 결정함"을 구분해야 한다. 내가 어제 비가 왔다는 것을 기억한다는 사실은 "어제 비가 왔다"의 의미를 결정하도록 돕지만, "어제 비가 왔다"가 "나는 … 라는 것을 기억한다"를 **의미한다**는 것은 참이 아니다. 우리는 비가 옴에 대한 일차적인 기준과 이차적인 기준을 구분할 수 있다. 만일 어떤 사람이 "비란 무엇인가?"라고 묻는다면, 여러분은 빗방울이 떨어지는 것을 가리키거나 물뿌리개로 물을 부어 [[보일]] 수 있다. 이것들은 일차적인 기준을 형성한다. 젖어 있는 포장도로는 이차적인 기준을 형성히고 덜 중요한 방식으로 "비"의 의미를 결정한다.

두 가지 물음이 제기되었는데, 이제 대답해야 한다. (1) 과거에 관한 문장의 의미가 어떻게 현재에 관한 문장에 의해 제시될 수 있는가? (2) 과거에 관한 명제의 검증은 현재와 미래 시제를 포함하는 일단의 명제이다. 만일 검증이 의미를 부여한다면, 의미의 일부는 배제되는가? 나의 대답은 검증이 의미를 **부여한다**는 것을 부정하는 것이다. 검증은 단지 의미를 **결정한다**. 즉 그 명제의 사용 또는 문법을 결정한다.[35]

---

35 무어는 다음과 같이 기록하고 있다: ""비가 왔다"를 검증하는 "포장도로가 젖어 있다는 것"은 "비가 왔다"의 의미를 고정하는가? "포장도로가 젖어 있다는 것"은 징후이다. 검증은 의미를 결정하며, 오직 그럴 때 검증은 문법을 제시하고, 이[[포장도로의]] 경우 문법을 거의 제시하지 않는다."(Wittgenstein(2016), *Wittgenstein: Lectures, Cambridge 1930-1933*, p. 314.)

25. 한 진술을 이해할 때 우리는 종종 그 진술과, 그 진술이 포함하는 낱말들과 연결된 어떤 특징적인 경험을 한다. 그러나 우리의 언어에서 어떤 한 상징의 의미는 그 상징이 불러일으키는 느낌들이 아니며 그 상징이 우리에게 주는 순간적인 인상도 아니다. 한 문장의 뜻은 일련의 느낌들도 아니고 한 가지 확정적인 느낌도 아니다. 만일 여러분이 한 문장의 의미를 알기를 원한다면, 그 문장의 검증에 관해 물어보라. 나는 한 상징의 의미는 계산체계에서의 그 상징의 위치, 그 상징이 사용되는 방식이라는 점을 강조한다. 물론 만일 그 상징이 달리 사용되었다면 다른 느낌이 있을 수도 있지만, 그 느낌은 우리의 관심사가 아니다. 한 상징의 의미를 안다는 것은 그 상징의 사용을 아는 것이다.

  한 상징의 의미를 한눈에 파악할 때 우리는 그 상징을 이해하는 것은 직관적이라고 간주할 수 있다. 또는 그 상징을 이해한다는 것은 추론적discursive인 것, 즉 그 상징의 사용을 앎으로써 그 상징의 의미를 아는 것일 수도 있다. 한 기호의 사용[[방법]]을 알고 있다는 것은 일정 시간 동안 지속하는 어떤 상태가 아니다. (만일 체스를 두는 방법을 알고 있다는 것이 어떤 마음의 상태라고 말한다면, 우리는 그 상태는 가설적 상태라고 말해야만 한다.)

  한 문장의 의미가 설명되는 방식에 주의하면 의미와 검증 사이의 연관이 분명해진다. 케임브리지가 보트 경기에서 이겼다는 기사를 읽는 것은 "케임브리지가 이겼다"를 검증하지만, 명백하게도 그[[케임브리지가 이겼다]] 의미가 아니며, 오히려 그 의미와 관련이 있다. "케임브리지가 이겼다"는 "나는 그 경기를 보았거나 나는 그 결과를 읽었거나…"와 같은 선언選言이 아니다. 그것은 더 복잡하다. 그런데 만일 우리가 그 진술을 검증하는 수단 중에서 어느 것이든 하나를 제외한다면 그 의미를 바꾸는 것이다. 만일 우리가 승리에 항상 동반하는 어떤 것을 검증에서 배제한다면 이는 우리의 문법을 뒤집는 것이다. 그리고 만일 우리가 그 진술을 검증하는 모든 수단을 제거한다면 그 의미를 파괴하는 것이다. "케임브리지가 이겼다"를 검증하기 위해 모든 종류의 검증이 실제로 사용되지도 않으며, **어떤** 검증**이든** 그것만으로 그 의미를 부여하지 않으리라는 점은 분명하다. 보트 경기를 이김에 대한 상이한 검증들은 "보트 경기를 이김"의 문법에서 상이한 위치를 차지한다.

의미와 검증 사이의 연관에 관한 나의 견해를 오해하는 경우가 있는데, 이러한 오해는 내 견해를 관념론으로 바꾼다. 그 오해는 **보트 경기 = 보트 경기의 관념**이다. 여기에서 오류는 어떤 것을 어떤 다른 것으로 설명하려 한다는 것에 있다. 그 오류는 수에 대한 러셀의 정의 배후에 놓여 있는데, 우리는 그 정의가 우리에게 수가 **무엇인지**를 말해 줄 거라고 기대한다. 이러한 어떤 다른 것에 의한 설명이 지니는 난점은 그 어떤 다른 것이 완전히 다른 문법을 가질 수도 있다는 점이다. "의자"라는 낱말에 대해 생각해 보자. 만일 의자의 시각적 그림이 있을 수 없다면, 그 낱말은 다른 의미를 지니게 될 것이다. 우리가 의자를 볼 수 있다는 것은 그 낱말의 의미에 본질적이다. 그러나 의자의 시각적 그림은 의자가 아니다. 의자의 시각적 그림 위에 앉는다는 것은 무엇을 의미할까? 물론 우리는 의자가 무엇인지 의자 그림들을 보여줌으로써 설명할 수 있다. 그러나 이는 의자가 시각적 그림들views의 복합체라는 것을 의미하지 않는다. "의자란 무엇인가?"라고 묻는 경향이 있지만, 나는 "의자"라는 낱말이 어떻게 사용되는지를 묻는다.[36]

---

36 무어는 다음과 같이 기록하고 있다: "만일 관념론자가 "의자는 의자의 시각적 그림visual picture이다"라고 말한다면, 이 말은 명백히 헛튼소리다. "의자는 시각적 그림들의 집합이다"라고 말하는 것도 마찬가지이다. 여기에서 오류는 어떤 것을 어떤 다른 것으로 설명하려 한다는 것이다. 말해야 했던 것은 이렇다: "의자"와 "의자의 시각적

이와 긴밀하게 연결된 고찰은 낱말 "시간"과 "길이"와 관련이 있다. 사람들은 측정되는 방식과 시간이 별개라고 느낀다. 이는 우리가 그 낱말을 설명하기 위해서 무엇을 해야만 하는지를 잊는 것이다. 시간은 시계에 의해 측정되는 것이다. "그 콘서트는 한 시간 동안 계속되었다"를 검증하기 위해서 여러분은 여러분이 시간을 어떻게 측정했는지를 말해야만 한다. 시간과 길이가 둘 다 측정과 별개라는 것은 오해이다. 만일 우리가 모순되지 않는 여러 측정 방법들을 갖고 있다면, 우리는 이 낱말들[["시간"과 "길이"]]을 설명할 때 어떤 하나의 측정 방법을 가정하지 않는다. 한 용어의 의미와 관련 있는 측정은 정확하지 않다. 비록 물리학에서 때때로 측정자의 온도를 명시할지라도 말이다. 만일, 예를 들어 "정확한 시간"이라는 개념을 더 정확하게 만들려고 시도할 때, 우리는 그다지 잘 해내지 못하는데, 왜냐하면 "정각 4시 30분"에 시계가 종을 치는 것에는 시간이 걸리기 때문이다. 그리고 "정각 4시 30분에 **여기에** 있음"도 정확하지 않다: 우리는 그 문을 열고 있어야 하는가 아니면 그 안에 있어야 하는가? 마찬가지로 "색깔이 같음"도 그러하다. "이것들은 색깔이 같다"의 검증은 그것들이 나란히 놓여 있을 때 색깔의 변화를 볼 수 없다는 것일 수도 있고, 그것들이 떨어져 있을 때 차이를 말할 수 없다는 것, 또는 하나로 다른 것을 대신했을 때 구별할 수 없다는 것일 수도 있다. 이 검사 방법들은 "색깔이 같음"에 대해 각각 다른 의미를 부여한다.

26. 만일 한 낱말의 의미가 그 낱말의 사용에 대한 규칙들에 의해 결정된다면, 이는 그 낱말의 의미가 그 규칙들의 목록이라는 것을 뜻하

그림"은 완전히 다른 문법을 지닌다."(Wittgenstein(2016), *Wittgenstein: Lectures, Cambridge 1930-1933*, p. 310.)

는가? 아니다. 그 의미는 [때때로 소지자를 지니는 경우와 같이] 우리가 가리킬 수 있는 **어떤 것도** 아니다. 돈의 사용과 낱말의 사용은 유사하다. 가리킬 수 있는 것을 사는 데 돈이 항상 사용되지는 않는다. 예컨대 돈으로 극장에서 좌석에 앉을 권리, 직함, 또는 한 사람의 인생을 살 때 말이다.[37]

의미와 뜻이라는 관념은 쓸모없다obsolete. "뜻"이 "이것은 뜻이 없다"나 "이것은 저것과 같은 뜻을 지니고 있다"와 같은 문장들에서 사용되지 않는다면, 우리에게 뜻은 관심사가 아니다.*[38]

어떤 경우에는 한 진술이 경험적인지 아니면 문법적인지 분명하지 않다. 한 명제의 검증을 제시한다는 것은 어느 정도로 그 명제에 관한 문법적 진술인가? [[한 명제의 검증을 제시하는 것이 그 명제에 관한 문법적 진술인 한에서]] 검증은 그 명제의 용어들의 의미를 설명할 수 있

---

37 무어는 다음과 같이 기록하고 있다: "돈의 사용에 관해 이야기하면서, 여러분은 그 사용은 사물들을 사는 것이라고 말할 수 있다. 그러나 여러분은 가리킬 수 없는 것들, 예컨대 극장의 좌석에 앉을 권리나 여러분의 인생을 살 수 있다. 어떤 때는 여러분이 가리킬 수 있는 암소를 살 수 있는 것과 마찬가지로 어떤 때는 여러분이 가리킬 수 없는 권리를 살 수 있다. 마찬가지로 어떤 때는 한 이름이 대표하는 것을 가리킬 수 있고, 어떤 때는 가리킬 수 없다."(Wittgenstein(2016), *Wittgenstein: Lectures, Cambridge 1930-1933*, p. 313.)

* 이 진술은 다듬어지지 않았다. 무어의 논평을 보라. *Philosophical papers*, (London and New York, 1959), p. 258.; first published in *Mind*, LXIII, 1954: "Wittgenstein's Lectures in 1930-33".

38 무어는 다음과 같이 기록하고 있다: ""의미"와 "뜻"이라는 관념은, 우리가 그 낱말들을 "이것은 저것과 같은 것을 의미한다"와 같은 문구에서, 또는 "이것은 뜻이 없다"에서 사용하지 않는다면 어떤 면에서는 쓸모없다."(Wittgenstein(2016), *Wittgenstein: Lectures, Cambridge 1930-1933*, p. 314.) 참고: ""뜻함"은 우리의 언어에서 임시적인 일을 갖고 있다고 말할 수 있는 낱말들 가운데 하나이다. 대부분의 철학적 골칫거리를 야기하는 것은 이러한 낱말들이다. (…) 철학에서 대부분의 골칫거리를 야기하는 것은, 우리가 중요한 '임시적 일'을 하는 낱말들의 사용을 마치 그것들이 정규 기능들을 갖고 있는 낱말들인 양 기술하려는 유혹을 받는다는 것이다."(비트겐슈타인(2006), 이영철 옮김, 《청색 책·갈색 책》, 책세상, p. 82.)

다. 한 징후를 명명할 때와 같이, 검증이 경험의 문제인 한, 그 의미는 설명되지 않는다.

27. 의미에 관한 우리의 논의와 연결된 문제가 있다: 그러한 논의는 내가 의미를 철학적 주제라고 생각하고 있다는 것을 시사하는가? 우리는 의자들 따위보다 더 일반적인 중요한 것에 관해 이야기하고 있고, 그리하여 의미의 물음들이 철학의 중심적인 물음이라고 간주할 수 있는가? 의미는 메타-논리적 관념인가? 아니다. 왜냐하면 철학에는 "의미"의 의미와 관련되지 않은 문제들이 있기 때문이다. 아마도 다른 낱말들—예컨대 "시간"—의 의미와 관련된 문제들이 있을지라도 말이다. "의미"라는 낱말은 이 낱말들보다 더 높은 위치를 차지하지 않는다. "의미"라는 낱말에 다른 지위를 부여하는 것은 우리의 탐구가 언어와 언어의 사용에서 일어나는 수수께끼들에 관한 것이라는 사실이다. 그리하여 "문법", "명제", "의미"는 다른 낱말들보다 더 자주 등장하는데, 낱말 "의미"에 관한 탐구가 낱말 "시간"에 대한 문법적 탐구와 수준이 같은데도 그렇다.

철학적 문법은 "하양"의 몇몇 적용과 "하양"을 대응시키는 지시적 정의, 러셀의 기술 이론 등을 포함한다. 그러나 그렇다 하더라도 철학적 문법이 일상적인 한국어 문법보다 더 완전한 것은 아니며, 그러한 철학적 문법과 일상적인 한국어 문법이 존재하는 것은 물론 아니다. 지시적 정의, 러셀의 기술 이론 등은 통상적인 문법책에서는 발견될 수 없지만, 이는 중요한 차이가 아니다. 중요한 차이는 언어학자와 철학자가 추구하는 문법 연구의 목적에 있다. 한 가지 명백한 차이는 언어학자는 역사와 문어적 성질들literary qualities에 관여한다는 것인데, 어느 것도 우리의 관심사가 아니다. 게다가 우리는 문법학자들은 관심이 없는 어떤 수수께끼들, 예컨대 "시간은 흐른다"라는 표현에서 일어나는 수수께끼들을 풀기 위하여 우리 자신의 언어를 구성한다. 우리는 그러한 문장에 대한 우리의 논평들을 문법이라고 부르는 것을 정당화해야만 할 것이다. 만일 우리가 시간이 흐른다는 것을 물이 흐른다는 것과는 다른 뜻에서, 그리고 지시적 정의로 이를 설명하면서 말한다면, 우리는 그 낱말을 설명하는 한 가지 방식을 시사한 것이다. 우리의 목적은 어떤 수수께끼들을 제거하는 것이다. 문법학자들은 이것들에는 전혀 관심이 없다. 문법학자의 목표와 철학자의 목표는 다르다. 우리는 일상적인 문법을 조각조각 찢고 있다.

28. 윤리적 용어들과 "신", "영혼", "마음", "구체적", "추상적"과 같은 용어들의 문법에 대해 살펴보기로 하자. 주요한 난점 중 하나는 우리가 한 명사를 한 사물과 대응한다고 간주한다는 것이다. 일상적인 문법은 우리가 한 명사를 마치 그것이 한 물리적 물체를 나타내는 것처럼 사용하는 것을 금지하지 않는다. 낱말 "영혼"과 "마음"은 마치 그것들이 어떤 것, 어떤 기체적인gaseous 것을 나타내는 것처럼 사용되어 왔다. "영혼이란 무엇인가?"는 오도적인 물음이다. 그리고 낱말 "구체적"과 "추상적"에 관한 물음도 마찬가지인데, 이 물음은 의자와 좌석에 앉을 권리의 유비 대신에 고체와 기체의 유비를 암시한다. 또 다른 혼란은 "다른 **종류**의 의자"의 유비를 따라 "다른 **종류**"라는 문구를 사용하는 데 있다. 예컨대 초한수는 유리수와 다른 종류라거나, 무의식적 사고는 의식적인 사고와 다른 종류의 사고라는 것 말이다. 후자의 경우 그 둘의 차이는 우리가 보는 의자와 우리에게 보이지 않는 의자 사이의 차이와 유사하지 않다. "사고"라는 낱말은 이 형용사들이 앞에 나올 때 다르게 사용된다. 낱말 "신"과 "영혼"에 일어나는 것은 낱말 "수"에도 일어난다. 설령 우리가 이 낱말들을 지시적으로ostensively 가리키면서 설명하는 것을 포기할지라도, 우리는 그 낱말들을 명사적 용어들

로 설명하는 것을 포기하지 않는다. 사람들이 수는 칠판 위에 있는 표시라고 말하는 이유는 어떤 것을 가리키려는 열망 때문이다. 가리키는 일련의 과정이 "극장에서 좌석에 앉을 권리"를 설명하는 것과 관련이 없는 것처럼, 그러한 과정은 "수"를 설명하는 것과 관련이 없다.

루터Martin Luther는 신학은 낱말 "신"의 문법이라고 말했다. 나는 이 말이 그 낱말의 탐구가 문법적인 탐구라는 것을 의미한다고 해석한다. 예를 들어 사람들은 신에게 팔이 몇 개 있는지 논쟁할 수도 있으며, 어떤 사람은 우리가 신의 팔에 관해 이야기할 수 있다는 것을 부인하면서 그 논쟁에 참여할지도 모른다. 이는 그 낱말의 사용을 설명하는 데 이바지할 것이다. 우스꽝스럽거나 불경스러운 것은 또한 그 낱말의 문법을 보여준다.

29. 한 낱말의 의미를, 예컨대 "모세"의 의미를 마지못해 다르게 설명해야만 할 때, 그 의미를 바꾸는 것은 그 낱말이 이전에는 아무런 의미도 지니지 않았다는 것을 보여주는 것이 아니다. 한 낱말의 새로운 사용과 기존의 사용 사이의 유사성은 정확한 경계선과 흐릿한 경계선 사이의 유사성과 같다. 우리가 언어를 사용하는 것은 규칙에 따라 놀이를 하는 것과 같다. 때로 언어는 자동적으로 사용되고, 때로 우리는 규칙들을 찾는다. 그런데 우리는 우리 자신이 규칙을 따르고 있다고 믿을 때 곤경에 처한다. 우리는 우리가 [[규칙을]] 따르고 있는지를 알기 위해 검사를 해야 한다. 우리는 "놀이"라는 낱말을 모든 놀이가 공통으로 지니는 무언가를 의미하면서 사용하는가? 그렇다는 결론은 나오지 않는다. 설령 우리가 그 모든 놀이들의 어떤 공통점을 발견할지라도 말이다. 또한 "놀이들"이라고 불리는 것들의 별개의 모둠들이 존재한다는 것은 참이 아니다. "좋은"이라는 낱말을 사용하는 이유는 무엇인가? 이를 묻는 것은 왜 우리는 어떤 주어진 명제를 문제에 대한

해답이라고 부르는지를 묻는 것과 같다. 한 가지 난점이 다른 난점에 자리를 내주고, 두 번째 난점의 해결이 첫 번째 난점과 관련 있을 뿐일 수도 있다. 예를 들어 각 삼등분을 시도하는 사람은 "그게 가능할까?"라는 물음에 의해 제기된 다른 난점으로 나아간다. 각 삼등분이 불가능하다는 증명은 첫 번째 탐구를 대신한다. 탐구가 바뀐 것이다. 한 사물이 좋은지에 관한 논쟁이 있을 때, 그 토론은 우리가 이야기하고 있는 것이 무엇인지를 보여준다. 그 논쟁의 과정에서 그 낱말은 새로운 문법을 얻기 시작할지도 모른다. 우리가 낱말 "좋은"을 배웠던 방식에 비추어 볼 때, 만일 "좋은"이 그 낱말이 적용되는 모든 경우를 망라하는 일반적인 의미를 지니고 있다면 놀라울 것이다. 나는 그 낱말이 네다섯 개의 다른 의미들을 지니고 있다고 말하고 있지 않다. 그것은 상이한 맥락들에서 사용되는데, 왜냐하면 "좋은"이라고 불리는 유사한 것들 사이에 이행이 존재하고, 그 이행은 그 계열에서 앞에 나오는 항들과 어떤 유사성도 지니지 않는 것들로 계속될 수도 있기 때문이다. 우리는 "만일 우리가 '좋은'의 의미를 알아내기를 원한다면 '좋은'의 모든 경우들이 공통으로 지니는 것을 찾도록 하자"라고 말**할 수 없다**. 그것들에는 어떤 공통점도 없을 수 있다. 낱말 "좋은"을 사용하는 이유는 "좋은"이라고 불리는 일단의 것들로부터 다른 것으로 이어지는 연속적인 이행이 있기 때문이다.

30. 내가 비판하고 싶은 한 가지 유형의 설명이 있는데, 이는 한 현상을 **하나의** 원인으로 설명한 뒤 그 현상이 "실제로는" 다른 원인 때문임을 보여주려 하는 경향에서 비롯된다. 이 경향은 엄청나게 강하다. 사람들이 처벌은 복수, 제지, 개선, 이 세 가지 중 하나일 수밖에 없다고 말하는 것도 이 때문이다. 사물을 바라보는 이러한 방식은 "사람들은 왜 사냥을 하는가?", "왜 그들은 높은 건물을 짓는가?"와 같은 물음들

에서 나온다. 다른 예들은 격노해 탁자를 내리치는 일을 한때 사람들이 [[다른 사람들을]] 때려 처 죽였던 시대의 자취로 설명하는 것, 혹은 인형을 불태우는 일을 한때 인간을 불태웠던 것과의 유사성 때문이라고 설명하는 것이다. 프레이저J. G. Frazer는 사람들이 한때 불태워졌기 때문에, 불태우기 위해 인형에 옷을 입히는 것이 그러한 관행으로 남은 것이라고 결론 내린다. 그럴 수도 있지만, 이러한 이유로 그렇게 결론을 내릴 필요는 없다. 이런 방법의 기본 관념은 **매**번 요구되는 것은 **그** 동기라는 것이다.[39] 사람들은 한때 좋은 농작물을 수확하기 위해 한 사람을 죽여 풍요의 신에게 바치는 것을 유용하다고 생각했다. 그러나 어떤 일이 유용하기 때문에 언제나 그 일이 행해진다는 것은 옳지 않다. 최소한 이는 유일한 이유가 아니다. 인형을 훼손하는 것은 고대의 관행이나 유용성과 무관하게 그 자체의 복합적인 느낌들을 포함할 수도 있다. 이와 유사하게, 한 대상을 내리치는 것은 그저 분노에 찬 자연적 반응일 수도 있다.[40] 현대 과학과 함께 유행하기 시작한 풍조는 진화로 어떤 것들을 설명하는 것이다. 다윈은 감정이 오직 한 가지, 즉 유용성 utility에서 그 중요성을 얻는다고 생각한다. 아기는 화가 날 때 이를 드러내는데 조상들이 물기 위해서 그렇게 했기 때문이다. 여러분의 머리카락은 여러분이 두려워할 때 곤두서는데 왜냐하면 동물들에게는 털이 쭈뼛하게 서는 것이 어떤 목적에 이롭기 때문이다.[41] 이러한 관점의 매

39 무어는 다음과 같이 기록하고 있다: "이런 종류의 설명의 기본 관념은 각각의 행동의 경우에, 그 동기인 어떤 한 동기가 있다는 것이다. (…) 그 관념이란, 행동은 유용한 것을 얻기 위한 동기를 갖고 있는 것으로 설명될 수 있을 뿐이라는 것이다." (Wittgenstein(2016), *Wittgenstein: Lectures, Cambridge 1930-1933*, p. 327.)

40 참고: J. G. 프레이저(2017), 신상웅 옮김, 《황금가지 1, 2》, 동서문화사, 32장(아도니스 의식), 62장(유럽의 불 축제), 63장(불 축제에 대한 해석).

41 참고: 찰스 다윈(2014), 김홍표 옮김, 《인간과 동물의 감정 표현》, 지식을 만드는 지식, 10장(증오와 분노), 12장(놀라움, 경악, 두려움, 공포).

력은 중요성을 유용성으로 환원한다는 것이다.[42]

31. **좋음**에 대한 논의로 화제를 바꾸자. 윤리학에서 **좋음**에 관한 물음들을 바라보는 한 가지 방식은 좋다고 말해지는 모든 것들이 공통으로 어떤 것을 지닌다고 생각하는 것이다. 우리가 놀이라고 부르는 모든 것들이 어떤 공통점이 있다고 생각하는 경향이 있는 것처럼 말이다. 사물의 본질을 찾는 플라톤의 논의는, 마치 성질이 사물의 구성요소인 것처럼 혼합물에 있는 **구성요소들**을 찾는 논의와 아주 비슷하다. 그러나 한 혼합물, 가령 빨간색과 초록색의 혼합물에 관해 이야기하는 것은 빨간 물감과 초록 물감을 구성요소로 지니는 물감의 혼합물에 관해 이야기하는 것과 같지 않다. 여러분이 "**좋음**은 인간 행위들과 사건들이 지니는 성질이다"라고 말한다고 하자. 이것은 외견상 이해할 수 있는 문장이다. 만일 내가 "어떻게 우리는 한 행동이 이 성질을 지니고 있다는 것을 아는가?"라고 묻는다면, 여러분은 검사하면 알게 될 것이라고 말할지도 모른다. 이제 나는 그 행동을 구성하는 동작들을

---

42 무어는 다음과 같이 기록하고 있다: "감정들의 표현에 대한 다윈의 설명을 참고하라: 왜 우리는 화가 날 때 이빨을 드러내는가? 왜냐하면 우리 조상들이 물려고 했기 때문에. 왜 두려워할 때 우리의 머리카락은 곤두서는가? 왜냐하면 다른 동물들과 마찬가지로, 우리 조상들이 더 크게 보이게 함으로써 적들을 무섭게 했기 때문에. 슬플 때 왜 눈물샘은 눈물을 방출하는가? 여러분은 어느 신경들이 눈물샘에 작용하고 무엇이 신경들을 작용하게 하는지 알아낼 수 있다. 그러나 왜 우는 것이 유용했는지 이유를 제시하는 것은 아주 다른 것이다. 예컨대 모래를 던지고 나서 모래를 씻어내는 데 눈물이 유용했던 관습이 있었다는 것. 그리고 이러한 종류의 설명을 원하게끔 하는 것은 무엇인가? 왜 다윈은 그런 설명 없이는 우리의 행동을 이해할 수 없으리라고 생각하는가? (…) 그런데 다윈은 우리 신체에 관하여 모든 세부사항이 요구되는 이러한 종류의 설명을 생각하지 않았을 것이다. 다윈은 감정 표현들에 그런 설명이 필요하다고 생각하는데, 왜냐하면 그는 그 표현들이 아주 중요하다는 것을 발견하고, 그리고 나서 유용할 때만 중요할 수 있다고 생각하기 때문이다. 그 논변의 매력은 어떤 중요한(우리에게 인상적이라는 뜻에서 중요한) 것을 유용성으로 환원한다는 것이다.(Wittgenstein(2016), *Wittgenstein: Lectures, Cambridge 1930-1933*, p. 331.)

탐구해야 하는가, 아니면 그 동작들은 단지 좋음의 징후들일 뿐인가? 만일 그 동작들이 징후라면 어떤 독립적인 검증이 필요하며, 그렇지 않으면 낱말 "징후"는 의미가 없다. 이제 좋음에 관하여 일어나는 중요한 물음이 있다: 우리는 어떤 행동을 낱낱이 상세하게 모두 알면서도 여전히 그것이 좋은지 아닌지를 알 수 없는가? 이와 유사한 물음이 아름다움에 관해서도 일어난다. 아름다운 얼굴에 대해 생각해 보자. 얼굴의 모든 형태와 색깔들이 결정되면 아름다움도 결정되는가? 아니면 이것들은 아름다움의 한갓 징후일 뿐이고, 아름다움은 달리 결정되어야 하는가? 여러분은 아름다움은 정의할 수 없는 성질이고, 특정한 얼굴이 아름답다고 말하는 것은 그 얼굴이 그 정의할 수 없는 성질을 지닌다고 말하는 것과 같다고 말할 수도 있다. 우리가 그 얼굴을 유심히 보는 것은 한 얼굴이 이 정의할 수 없는 성질을 지니고 있는지를 알아내는 것을 의도하는가, 아니면 단지 그 얼굴이 어떤 모습인지를 알아내려고 하는 것인가? 만일 전자라면, 그 정의할 수 없는 성질은 색깔들의 한 특정한 배열에 귀속될 수 있다. 그러나 그럴 필요는 없으며, 우리는 어떤 독립적인 검증을 해야만 한다. 만일 독립된 탐구가 필요 없다면, 아름다운 얼굴이라는 말로 우리가 의미하는 것은 어떤 색깔들과 형태들의 배열일 뿐이다.

32. 아름다움이라는 성질은 아름다운 모든 것들이 공통으로 지니는 것으로 분석되어 왔다. 그러한 한 가지 속성인 마음에-듦에 대해 생각해 보자. 나는 화성학 책에서 화성의 법칙들이 논의될 때 "마음에-듦"에 대한 언급이 전혀 없다는 사실을 환기하고자 한다. 심리학은 배제된다. 《리어왕》이 마음에 든다고 말하는 것은 어떤 비-기술적인non-descriptive 것을 말하는 것이다. 그리고 많은 것들에 이 [['마음에 드는'이라는]] 형용사는 전적으로 적용 불가능하다. 따라서 계산체계를 구성하기 위한

어떤 기초도 없다. 예를 들어 "아름다운 색"이라는 문구는 우리가 그것을 사용하는 상황에 따라 백 가지 의미를 지닐 수 있다.

우리가 꽤 흔히 사용하는 형용사는 한 사람의 얼굴에 적용될 수 있다. "아름다운"과 "추한"이 그러한데, 우리가 어떻게 그러한 낱말들을 배우는지를 생각해 보자. 우리는 어렸을 적에 **얼굴**에서 아름다움이나 추함의 성질을 발견하지 않으며 아름다움이나 추함이 얼굴과 **나무가** 공통으로 지니는 성질이라는 것을 발견하지 않는다. 낱말 "아름다운"과 "추한"은 그것들이 수식하는 낱말과 밀접한 관련이 있으며, 얼굴에 적용될 때에는 꽃과 나무에 적용될 때와 같지 않다. 우리는 후자의 경우 **유사한** "놀이"를 갖는다. 예를 들어 형용사 "어리석은"은 석탄에는 적용할 수 없다. 여러분이 석탄에서 얼굴을 보는 경우를 제외한다면 말이다. 한 얼굴이 어리석다는 말로 우리는 그 얼굴이 실제로 어리석은 사람에게 속하는 종류의 얼굴이라는 것을 의미할 수도 있지만, 보통은 그러지 않는다. 그보다 그것은 한 얼굴의 특정한 표정의 특성이다. 이는 그것이 선들과 색깔들의 분포가 지니는 특성이라고 말하는 것이 아니다. 만일 그렇다면 우리는 그 분포가 어리석은지를 어떻게 알아낼 수 있는지 물을지도 모른다. 어리석음은 그 분포의 **부분**인가? 손에 적용된 낱말 "어리석은"은 여전히 또 다른 놀이이다. "아름다운"의 경우도 마찬가지이다. 그것은 어떤 특정한 놀이와 밀접하게 관련이 있다. 그리고 이와 마찬가지로 윤리학에서 낱말 "좋은"의 의미는 그것이 수식하는 행위와 밀접한 관련이 있다.

어떻게 행동이나 사건에 좋음의 성질이 있는지 알 수 있는가? 그리고 그 행동을 낱낱이 모두 알지만 그 행동이 좋은지 아닌지를 모르는 것은 가능한가? 다시 말해, 그 행동이 좋다는 것은 독립적으로 경험되는 어떤 것인가? 아니면 그 행동이 좋다는 것은 그 사물의 속성들로부터 따라 나오는가? 만일 내가 어떤 막대기에 탄력성이 있는지 알고 싶다면, 나는 현미경으로 그 막대기 입자들의 배열을 보면서 그 배열의 본성이 그 막대기의 탄력성 또는 비탄력성의 징후인지를 알아낼 수 있다. 또는 경험적으로 시험할 수 있다. 예컨대 그 막대기가 얼마나 당겨질 수 있는지를 볼 수 있다. 행동의 좋음에 관한 윤리학의 물음과 얼굴의 아름다움에 관한 미학의 물음은 그 행동의 특성, 그 얼굴의 선과 색깔이 입자들의 배열과 같은 것인가, 즉 좋음이나 아름다움의 **징후**인가 하는 것이다. 아니면 행동의 특성, 얼굴의 선과 색깔은 좋음이나 아름다움을 구성하는가? b에 관한 가능한 독립적인 탐구가 존재하지 않는다면, a는 b의 징후일 수 없다. 만일 어떤 독립적인 탐구도 할 수 없다면, 우리는 "얼굴의 아름다움"[[이라는 표현]]으로 색깔과 공간의 특정 배열을 의미한다. 그런데 어떤 배열도 그 자체로 아름답지 않다. "아름다움"이라는 낱말은 천 가지 다른 것들에 대해 사용된다. 얼굴의 아름다움은 꽃과 동물의 아름다움과 다르다. 우리가 완전히 다른 놀이를 하고 있다는 것은 각각의 논의에서 등장하는 차이를 보면 명백하다. 우리는 낱말 "아름다움"의 의미를, 우리가 그 낱말을 어떻게 사용하는지를 봄으로써 확인할 수 있을 뿐이다.

33. "아름다운"에 대해 말한 것은 단지 약간 다른 방식으로 "좋은"에 적용될 것이다. 후자에 관해서 일어나는 물음들은 아름다움에 관해서 제기되는 물음들과 유사하다. 아름다움은 색깔들과 형태들의 어떤 한 배열에 내재된 것인지, 즉 그 배열을 기술하자마자 우리가 그것이 아름다운지 아닌지를 알게 되는 그런 것인지, 또는 이 배열은 아름다움의 한 징후이고 이로부터 그것의 아름다움이 **귀결되는** 것인지 하는 물음들 말이다.

　실제의 미학적인 논쟁이나 연구에서는 여러 물음이 생긴다: (1) 어떻게 우리는 "아름다운"과 같은 낱말들을 사용하는가? (2) 이 연구들은 심리학적인가? 왜 그것들은 그렇게 다르며, 그것들은 심리학과 무슨 관계인가? (3) 어떤 것이 이상적이라고, 예를 들어 우리가 이상적인 그리스인 옆모습Greek profile이라고 말할 때 그 특징은 무엇인가?

미학적 논쟁에서 낱말 "아름다운"은 거의 사용되지 않는다는 것을 주목하라. "정확한", "부정확한", "옳은", "잘못된"과 같은 다른 부류의 낱말이 사용된다. 우리는 "이것은 아주 아름답다"라고 말하지 않는다. 우리는 "보라, 얼마나 아름다운지"라고 말하면서, 다시 말해 어떤 것에 주의를 불러일으키기 위해 그 낱말을 사용할 뿐이다. 낱말 "좋은"도 마찬가지이다.

34. 왜 우리는 특정 변화가, 예컨대 문을 더 낮게 만들거나 음악에서 낮은음을 더 고요하게 만드는 것이 사물을 어떤 한 이상ideal에 더 가깝게 만든다고 말하는가? 우리가 여러 다른 경우에 같은 효과, 즉 마음에 드는 느낌을 산출하기를 원하는 것은 아니다. 무엇이 이상적인 그리스인 옆모습을 하나의 이상으로 만들었는가, 무슨 성질이? 사실 우리는 사람들의 생활에서 이상적인 그리스인 옆모습이 차지하는 매우 복잡한 어떤 역할 때문에 그것[[이상적인 그리스인 옆모습]]이 이상이라고 말한다. 예를 들어 가장 위대한 조각가들이 이 양식을 사용했는데, 사람들은 그것을 배웠고, 아리스토텔레스는 이상적인 그리스인 옆모습에 관해 썼다. 그 이상적인 옆모습은 그리스 예술의 정점에서 등장한 것이라고 혹자가 말했다고 하자. 이는 무엇을 뜻할까? 낱말 "정점"은 애매하다. "이상"이 무엇을 의미하는지를 묻는 것은 "정점"과 "쇠퇴"가 무엇을 의미하는지를 묻는 것과 같다. 여러분은 모종의 연속물serial grouping에서 이상적인 것의 사례들을 기술할 필요가 있을 것이다. 그리고 낱말 "이상"은 항상 한 가지 특정한 것과 관련되어 사용되는데, 왜냐하면 로스트비프roast beef, 그리스 예술, 그리고 독일 음악

간에는 어떤 공통점도 없기 때문이다. 낱말 "쇠퇴"는 특정한 예들 없이는 설명될 수 없으며, 시와 음악, 조각의 경우에는 다른 의미들을 지닐 것이다. 음악에서 쇠퇴가 무엇을 의미하는지를 설명하는 것은 음악에 대해 상세하게 논의할 필요가 있다는 것을 의미한다. 다양한 예술은 각각 서로 어떤 유사성을 지니고 있고, 그 공통적인 요소가 **이상**이라고 말할지도 모른다. 그러나 이것은 "이상"의 의미가 아니다. 이상은 어떤 한 특정한 놀이로부터 얻어지며, 예컨대 그리스 조각과 같은 어떤 특정한 연관 속에서 설명될 수 있을 뿐이다. 모든 것이 공통으로 지니는 것을 말하는 방법은 없다. 물론 우리가 두 조각품을 연구해 공통되는 점을 말할 수는 있겠지만 말이다. 그것들의 아름다움은 이상에 근접한다는 진술에서, 낱말 "이상"은 가리킬 수 있는 어떤 것을 나타내는 낱말 "물"이 사용되는 것처럼 사용되지 않는다. 그리고 어떤 미학적 탐구도 낱말 "이상"의 어떤 의미를, 즉 여러분이 이전에 지니지 않았던 의미를 주지 않을 것이다.[43]

우리가 음악의 배열에 생긴 변화를 부분들의 배열을 이상에 더 가깝게 하기 위한 것으로 기술할 때, 그 이상은 우리 앞에 있지 않다. 한 직선을 그리려고 시도할 때 그 직선이 우리 앞에 있지 않듯이 말이다.

---

43 무어는 다음과 같이 기록하고 있다: "이상적인 그리스인 얼굴의 옆모습에 대해 생각해 보자. 무엇 때문에 그것이 이상이라고 말하는가? 나는 어떤 사람들의 삶에서 행해지는 어떤 역할 때문이라고 말한다. 그 옆모습이 이상이라는 것은 많은 것을 의미한다: 그것이 조각에서 사용되었다는 것, 사람들이 그것을 참조해서 배웠다는 것, 그것이 그리스 조각의 정점에서 사용되었다는 것. 그러나 예컨대 독일 음악의 "정점"은 1800년경이었다고 말할 때 "정점"은 무엇을 의미하는가? 명백하게도 "정점"과 "쇠퇴"는 "이상"과 같은 낱말들이다. "그리스인 얼굴의 이상"과 "로스트비프의 이상"에서 이상은 다른 것을 의미한다. (…) 그러나 독일 음악의 쇠퇴, 그리스 조각의 쇠퇴, 영국 시의 쇠퇴는 각각 아주 다른 것을 의미한다. 의심의 여지 없이 어떤 유사성이 있지만 말이다."(Wittgenstein(2016), *Wittgenstein: Lectures, Cambridge 1930-1933*, pp. 340-341.)

(뭐 하고 있느냐는 질문을 받으면 우리는 그 이상에 가깝지 않다고 생각했던 다른 곡조를 예로 들지도 모른다.) 어떤 사람들은 우리가 색깔을 인지할 때 기억 이미지를 지니는 것과 같은 방식으로 우리가 하나의 이상을 염두에 두고 있다고 말한다. 여러분이 한 그림을 마음속에 지니고 그 그림과 인지된 색깔을 비교하는 것은 일어날 **수도** 있지만, 이런 일은 드물다. 가령 낮은음을 더 고요하게 만들 때 이상이 어떻게 들어오는지를 보기 위해서, 낮은음을 더 고요하게 만들 때 행해지는 것과 또 그 음악 그대로에는 우리가 만족하지 않는다는 것을 살펴보라. 우리는 낮은음을 더 고요하게 만드는 이 "행동"을 탐구라고 부를 수 있는가? 아니다. 과학적 탐구라는 뜻에서는 말이다. 내가 그 결과에 만족한다는 심리학적 사실을 제외하면 어떤 진리도 발견되지 않는다.

무슨 뜻에서 미학적 탐구는 심리학의 문제인가? 색깔들의 아름다운 배열—꽃, 초원, 또는 얼굴—에 관해 우리가 가장 먼저 말할 수 있는 것은 그 배열이 우리에게 쾌락을 준다는 것이다. 이것들이 모두 쾌락을 준다고 말할 때 우리는 마치 그 쾌락들이 종류가 다르다기보다는 정도가 다르다는 것처럼 말한다. 고통과 쾌락은 하나의 척도에 속하지 않는데, 이는 아주 뜨겁게 끓는 것에서 아주 차갑게 어는 것까지의 척도가 한 가지 정도가 아닌 것[[정도로 표현될 수 없는 것]]과 마찬가지이다.[44] 그 쾌락들은 종류가 다르다. 어떤 사람이 경찰과 마주치느니

---

[44] 무어는 다음과 같이 기록하고 있다: "항상 사람들은 가장 많은 쾌락을 주는 것을 한다고, 항상 두 가지 선택지 중에 덜 불쾌한 것을 선택한다고 많은 사람들은 말한다. 여기서 기묘한 일이 일어난다. 물리학에서 우리는 뜨거움과 차가움을 제거하고 정도만을 부여할 수 있다는 것을 알고 있다. 즉 더 뜨겁다는 것은 덜 차갑다는 것이다. 그러나 감각의 경우에, 추위는 더위와 아주 다른 감각이다. 단지 정도에서 다른 것이 아니다. 동일한 뜻에서 "고통"과 "쾌락"은 동일한 척도에 속하지 않는다. 따라서 만일 내가 창문 밖으로 뛰어내린다면, 나는 더 큰 쾌락을 선택하고 있는 것이 아니다. 나는 더 적은 고통을 선택하고 있는 것이다. 때로는 여러분은 더 많은 쾌락 때문에 한 선택지를 고르지만 대부분은 그러지 않는다."(Wittgenstein(2016),

차라리 창문 밖으로 뛰어내릴 때 그가 "더 마음에 드는"것을 선택하고 있는 것은 아니다. 물론 우리가 어떤 영화를 볼지 고를 때처럼 쾌락을 재는 경우가 있다. 그러나 항상 그런 것은 아니다. 그리고 우리가 [[당장은]] 더 적은 고통이나 더 큰 쾌락을 주지 않지만 결국엔 그런 결과를 가져오는 선택을 하는 경우는 가끔 있다. 어떤 것이 좋은가 또는 아름다운가 하는 것은 전적으로 심리학적 문제라고, 예를 들어 음악적 배열들을 비교할 때 우리는 어느 것이 더 즐거운 효과를 초래하는지 결정하기 위해서 심리학적 실험을 하고 있다고 말할지도 모른다. 만일 이것이 참이라면, 아름다움은 쾌락을 주는 것이라는 진술은 경험적인 진술이다. 그러나 이 말을 하는 사람들이 말하려는 것은 아름다움이 쾌락을 준다는 것은 경험의 문제가 아니라는 것이다. 그들의 진술은 실제로 일종의 동어반복이다.

미학적 탐구에서 우리가 관심을 두지 **않는** 것은 **인과적 연관들**이지만, 반면에 심리학적 탐구에서는 인과적 연관들이 관심사이다. 이것이 그 차이의 **요점**이다. 우리는 "**왜** 이것은 아름다운가?"라는 물음에 대해 **이유** 대신 **원인**을 끌어들이는 대답에 만족하는 데 익숙하다. 인과적 연관들을 명명하는 것은 가설을 제시하는 것이다. 원인을 제시하는 것은 무엇이 어떤 것을 아름답게 만드는지를 질문받을 때 우리가 느끼는 미학적 수수께끼를 제거하지 않는다. 상반되는 물음, "이 시나 멜로디에서 잘못된 것은 무엇인가?"에 주어지는 대답들을 직접 상기해 보는 것은 유용하다. 왜냐하면 [[이에 대한 대답들과]] 첫 번째 물음에 대한 대답은 종류가 같기 때문이다. "이 멜로디에서 잘못된 것은 무엇인가?"에 대한 대답은 진술 "너무 소리가 크다"와 같은 것이지, [[멜로디 때문에]] 피에서 유황이 생긴다는 진술 같은 것이 아니다.

Wittgenstein: Lectures, Cambridge 1930-1933, pp. 336-337.)

사람들이 좋아하는 것들과 싫어하는 것들을 발견하기 위해 우리가 수행하는 모종의 실험은 미학적인 것이 아니다. 만일 그러하다면, 여러분은 미학은 취향의 문제라고 말할 수도 있을 것이다. 미학에서 물음은 "당신은 그것을 좋아하는가?"가 아니라 오히려 "왜 당신은 그것을 좋아하는가?"이다. 우리의 물음이 취향의 물음인 지점에 이를 때마다, 그것은 더 이상 미학이 아니다. 미학적 토론에서 우리가 하는 것은 오히려 수학적 문제를 해결하는 것에 더 가깝다. 그것은 심리학적 문제가 아니다. 미학적 토론은 좋고 싫음의 범위 안에서 이루어지는 것이다. 그것은 어떤 취향의 물음이든 그 물음이 생기기 전까지 진행된다. 시각적 또는 청각적 인상에 관한 진술은, 그 인상을 초래하는 것과 대조해서, 심리학적 필요가 없다. 슬픔에 찬 얼굴이 입이 아래쪽으로 처질수록 더 슬퍼진다는 것은 심리학의 진술이 아니다. 미학에서 우리는 인과적 연관들이 아니라 어떤 것에 대한 기술에 관심이 있다.

35. 예술 작품에서 어떤 한 특징을 정당화하는 것은 무엇인가? 나는 "뭔가 다른 거였다면 적절하지 않은 효과를 일으켰을 것이다"라는 대답에 동의하지 않는다. 일단 그 난점을 제거하는 무언가가 발견되면 만족한다는 것인가? 만족하고 있음에 대해 우리는 무슨 이유를 댈 수 있는가? 그 이유는 부연되는 기술들이다. 미학은 기술적descriptive이다. 미학이 하는 것은 어떤 특징들에 **우리의 주의를 끌어들이는** 것이고, 이 특징들을 드러내기 위해 사물들을 나란히 놓는 것이다. 한 사람에게 "이 부분이 절정이다"라고 말하는 것은 "이 사람이 그 퍼즐 그림 속 남자다"라고 말하는 것과 같다. 우리의 주의는 어떤 특징으로 이끌리고, 우리는 그 시점부터 계속해서 그 특징을 본다. 우리가 만족감의 이유로 드는 것들은 심리학과는 아무런 관계가 없다. 이것, 즉 미학적인 이유는 법정에서처럼 사물들을 나란히 놓음으로써 주어진다. 만일

우리가 비유를 선택하는 것에 **심리학적** 이유를 댔다면, 그것은 미학에서의 이유가 아닐 것이다. 그것은 원인이지, 이유가 아닐 것이다. 한 원인을 진술하는 것은 한 가설을 제공하는 것이 될 것이다. 문이 균형이 안 맞아서 마음에 들지 않는다는 느낌에 대한 해결책이 두통을 치료하는 것과 같은 한, 어떤 치료법이 처방되어야 하는가 하는 물음은 미학의 물음이 아니다. 불만족스러운 느낌에 대한 미학적 이유는, 그것의 원인과 대조적으로, 심리학의 명제가 아니다. 가령 어떤 사람이 왈츠를 연주하는 방식에 대해 내가 가질 수도 있는 불만족에는 원인이 있을 터인데, **원인**의 좋은 예는 내가 왈츠 춤을 본 적이 있고 그것이 어떻게 연주되어야 하는지를 안다는 것이다. 이것은 내가 만족하지 않는 이유가 되지 않는다. 왈츠를 연주하는 사람과 나는 왈츠에 대해 다른 이상을 지니고 있고, 내가 [[그 연주에]] 만족하지 않는 이유를 대는 것은 한 **기술**description을 요구한다. 어떤 곡의 종결부가 잘못되었다고 느껴지는 경우도 마찬가지이다.

36. 나는 프로이트가 말하는, 태아의 자세와 수면 사이의 모종의 관련성에 관해서 언급하고자 한다. 그 연관은 인과적인 것으로 보이지만, 심리학적 실험이 수행될 수 없는 한, 그렇지 않다. 그의 설명은 미학이 하는 일, 즉 두 요소를 함께 놓는 것이다.

　프로이트가 심리학적으로 다루지만 그의 탐구가 미학적인 성격을 지니는 또 다른 문제는 농담의 본질이다. "농담의 본질은 무엇인가?"라는 물음은 "서정시의 본질이란 무엇인가?"라는 물음과 같다. 나는 프로이트의 이론이 어떤 방식으로 가설적이고 어떤 방식으로 그렇지 않은지를 검토하고자 한다. 그의 이론의 가설적인 부분, 즉 잠재의식은 만족스럽지 않은 부분이다. 프로이트는 가령 어떤 사람을 비방하려는 욕망을 감추는 것, 그럼으로써 잠재의식이 그 자신을 표현하도록 하는 것이 농담의 주요 메커니즘의 부분이라고 생각한다. 그는 잠재의식을 부정하는 사람들은 실제로는 최면 후 암시나, 자발적으로 일상적이지 않은 시간에 깨어나는 것에 대처할 수 없다고 말한다. 우리가 왜 웃는지를 알지 못하면서 웃을 때, 프로이트는 우리가 왜 웃는지를 정신분석학으로 알아낼 수 있다고 주장한다.[45] 나는 여기에서 원인과 이유의 혼동을 본다. 왜 웃는지가 명확하다는 것은 **원인**에 관해서 명확하다는 것이 아니다. 만일 그렇다면, 왜 웃는지 설명하는 것과 마찬가지로 농담에 관한 특정한 분석에 동의하는 것은 그 원인을 찾아내는 방법이 아닐 것이다. 그 분석이 성공했는지는 당사자의 동의로 드러날 것이다.[46] 물리학에는 이것과 대응되는 것은 아무것도 없다. 물론 우리는 우리의 웃음에 대해 **원인**을 제시할 **수 있지만**, 그것이 사실상 그 원인인지는 당사자가 그러하다고 동의하는 것으로 드러나지 않는다. 원인은 실험으로 발견된다. 왜 사람이 웃는지를 발견하는 정신분석학적 방법은 미학적 탐구와 유사하다. 왜냐하면 미학적인 분석이 옳기 위해서는 그 분석을 들은 사람의 동의가 있어야만 하기 때문이다.[47] 이유와 원인의 차이는 다음과 같이 표현된다: 이유에 관한 탐구는 본질적으로 그 [[탐구에 의해 제시된]] 이유에 대한 우리의 동의를 수반하지만, 반면에 원인에 관한 탐구는 실험적으로 수행된다. ["환자의 동의가 그의 웃음의 **원인**에 대한 **가설**일 수 없으며, 오히려 그러

---

45 참고: 지그문트 프로이트(2018), 임인주 옮김,《농담과 무의식의 관계》, 열린 책들, 4장(농담의 쾌락 기제와 심리적 기원), 5장(농담의 동기들: 사회적 과정으로서의 농담), 6장(꿈과 무의식에 대한 농담의 관계).

46 참고: 지그문트 프로이트(2010), 임홍빈, 홍혜경 옮김,《정신분석 강의》, 열린 책들, 5장(여러 가지 어려움들과 첫 번째 접근), 6장(꿈-해석의 전제들과 해석의 기술).

47 무어는 다음과 같이 기록하고 있다: "미학적인 분석의 옳음의 기준은 내가 그 분석을 하는 사람의 동의여야만 한다."(Wittgenstein(2016), *Wittgenstein: Lectures, Cambridge 1930- 1933*, p. 363.)

그러한 것이 그가 웃었던 **이유**라는 것이다.”*] 물론 그 이유에 동의하는 사람은 그것이 이유인지 당시에는 의식하지 않았다. 그러나 그 이유가 잠재의식적이었다고 말하는 것은 말하기의 한 방법이다. 이 방식으로 말하는 것이 편리할 수도 있지만, 잠재의식은 이러한 명제들이 지니는 검증에서 의미를 얻는 가설적 실체이다.[48] 프로이트가 잠재의식에 관하여 말하는 것은 과학인 것처럼 들리지만, 사실상 그저 **묘사의 수단**일 뿐이다. 그의 저작들이 암시하듯이, 영혼의 새로운 영역들은 발견되지 않았다. 꿈의 요소들의 표명display은, 예를 들어 모자는 (이는 사실상 어떤 것이든 의미할 수 있는데) 비유들의 표명이다. 미학에서처럼, 사물들은 어떤 특징들을 제시하기 위해 나란히 놓인다. 이 특징들은 꿈을 바라보는 우리의 방식에 단서를 준다. 그것들은 그 꿈에 대한 이유이다. [그러나 꿈을 분석하는 그의 방법은 복통의 원인을 찾는 방법과 유사하지 않다.†] 이유가 내부에서 보이는 원인이라고 말하는 것은 혼동이다.[49] 원인은 안에서나 밖에서 보이지 않는다. 그것은

---

* G. E. Moore, “Wittgenstein's Lectures in 1930-33”, *Philosophical Papers*, p. 317.

48 무어는 다음과 같이 기록하고 있다: “천체들이 에피사이클로이드 궤도로 움직이는 것을 우리가 관찰했고, 어떤 사람이 이는 우리가 보지 못하는 천체들이 **있다**는 것을 보여준다고 말한다고 하자. 이것은 잠재의식적 사고와 같다. 만일 의식적인 사고와 잠재의식적인 사고에 관해 이야기한다면, 여러분은 우리가 보는 물체와 있기는 하지만 숨어 있는 물체에 대해 생각하고 있는 것이다. (⋯) 잠재의식은 [[숨어 있는]] 물체에 대한 가설과 같다. 잠재의식적 사고와 마찬가지로 [[숨어 있는]] 물리적 물체는 가설적 실체들이다.”(Wittgenstein(2016), *Wittgenstein: Lectures, Cambridge 1930-1933*, pp. 363-364.)

† G. E. Moore, “Wittgenstein's Lectures in 1930-33”, *Philosophical Papers*, p. 316.

49 무어는 다음과 같이 기록하고 있다: “웃음의 **원인**을 아는 것과 웃음의 **이유**를 아는 것을 혼동함으로써 정신분석학은 굉장히 해로운 결과를 초래했다. 그렇게 해서 프로이트의 제자들은 끔찍한 혼란을 만들었던 것이다. 이는 프로이트가 말하는 것이 마치 과학인 것처럼 **들리기** 때문인데, [[그가 말하는 것은]] 실은 훌륭한 묘사이다.” (Wittgenstein(2016), *Wittgenstein: Lectures, Cambridge 1930-1933*, p. 365.)

실험으로 발견된다. [우리가 웃음의 이유를 발견할 수 있게 해줄 때, 정신분석학은] 단지 과정들의 묘사를 [제공할 뿐이다.]

제II부

황색 책(선별한 부분들)

비트겐슈타인의 강의와
《청색 책》구술 중간에 진행된 비공식적 토론
1933-34년
앨리스 앰브로즈의 노트에서

The Yellow Book

(Selected Parts)

《청색 책》 구술 이전의 강의

1. 철학이 유기체이며, 시작과 끝이 있는 철학책은 일종의 모순이라는 쇼펜하우어의 견해에는 진리가 담겨 있다.[1] 철학을 할 때 한 가지 어려움은 개관적 견해synoptic view[2]가 없다는 것이다. 우리는 지도가 없거나 단편적인 지도 조각들만 있는 나라의 지리에 대해 겪게 될 종류의 어려움에 직면한다. 우리가 이야기하고 있는 나라는 언어이며, 지리는 언어의 문법이다. 우리는 그 나라를 아주 잘 걸어 다닐 수 있다. 그러나 지도를 만들어야만 할 때는 문제를 겪게 된다. 지도는 한 나라를 통과하는 다른 도로들을 보여줄 것이고, 우리는 그 도로 중, 두 개는 아니라 해도, 어느 것이든 하나를 택할 수 있다. 바로 이와 마찬가지로 철학에서 우리는 비록 각각의 문제가 다수의 다른 문제들로 이어

---

1 참고: 아르투어 쇼펜하우어(2015), 홍성광 옮김,《의지와 표상으로서의 세계》, 을유문화사, 제1판 머리말.

2 참고: "그는 한번은 리스에게 자신을 '프로이트의 학생'으로 묘사했고, 여러 시기에 걸쳐 그 자신과 프로이트가 성취한 것을 놀라울 정도로 비슷하게 요약했다. 그는 프로이트의 연구에 관한 강의에서 "그것은 모두 훌륭한 비유"라고 말했다. 그 자신이 철학에 기여한 것에 대해서는 "내가 발명하는 것은 새로운 **비유들**"이라고 말했다. 설명에 사용되는 비유들과 은유들을 만듦으로써 개관적synoptic 견해를 형성하는 능력은 그에게는 정신의학에도 기여할 수 있는 것처럼 보였다."(레이 몽크(2019), 남기창 옮김,《비트겐슈타인 평전》, 필로소픽, p. 510.)

질지라도, 문제들을 하나씩 선택해야만 한다. 우리는 다른 영역으로 나아갈 수 있을 때까지, 다시 말해 공격한 문제를 처리하거나 다음 문제로 넘어갈 수 있을 때까지, 출발점으로 돌아오기를 기다려야만 한다. 철학에서 문제들은 우리가 "대강의 생각을 얻자"라고 말할 만큼 단순하지 않다. 왜냐하면 도로들 사이의 연결을 아는 것 외에 우리는 그 나라를 모르기 때문이다. 따라서 나는 연결들을 조망하는 수단으로 반복을 제안한다. 나는 이해함, 생각함, 뜻함meaning[3]과 연결된 문제들에 관해 이야기하는 것으로 시작할 것이다. 나의 탐구는 심리학적이지 않을 것이다. 문장은 이해되기까지 어떤 뜻에서는 죽어 있지만 말이다. 문장은 이해되기 전에는 종이 위의 잉크이다. 우리는 오직 이해하는 존재에게만 문장이 의미를 지닌다고 말할 수도 있다. 만일 그 기호들을 이해하는 사람이 아무도 없다면 우리는 그 기호들을 언어라고 부르지 않을 것이다.

2. 낱말 "의미meaning"는 철학에서 거대한 역할을 한다. 의미의 중요성은 수학의 본질에 관한 토론에서 명백하다. 프레게는 중요한 것은 "1", "2", "3" 등 기호의 의미이지 종이 위의 표시들이 아니라는 것을 알지 못하는 사람들을 조소했다.[4] 하지만 명사 "수 1"을 들을 때, 스미스가 이름 "스미스"에 대응하는 방식으로, "1"의 의미는 그 기호 너머의 어떤 것이고 그 기호에 대응한다고 생각하는 경향이 사람들에게 있다는 것은 기묘한 일이다. 물론 어떤 뜻에서는 우리는 그 의미에 관해 이야기할 수 있지만 그러한 뜻으로는 "1"이라는 표시에 관해 이야기할 수

---

3 비트겐슈타인은 "…을(라고) 뜻함"과 낱말의 "의미"에 대해서 둘 다 "meaning"을 사용하고 있다.

4 참고: G. Frege(1893), *Grundgesetze der Arithmetik*, I, Verlag von Hermann Pohle, Jena, pp. XIII-XIV.(번역서: 김보현 옮김,《산수의 근본 법칙 I》, 울산대학 교출판부, pp. XI-XII.)

없다. 우리가 "하나"라는 낱말을 사용하는 방식은 "기호 '하나'"라는 어구를 사용하는 방식과 다르다. 예를 들어 수 1이 어디에 있느냐고 묻는 것은 무의미하다. 이 언급은 우리가 할 모든 언급과 마찬가지로 사소할 수도 있다. 그렇지만 사소하지 않은 것은 그 모든 언급을 전체적으로 보는 것이다.

체스에 관해 이야기하는 것은 유용한데, 체스는 수학과 유사하지만 수학과 같은 후광이 없다는 장점이 있다. [수학과 체스는 둘 다 유사한 물음들과 유사한 언급들을 불러일으킨다. "체스의 킹이란 무엇인가?", "수란 무엇인가?", "체스의 규칙은 체스의 킹에 관한 것이지 나무 조각이나 상아 조각에 관한 것이 아니다". "산수의 규칙은 수에 관한 것이지 종이 위의 기호에 관한 것이 아니다".] "체스의 킹이란 무엇인가?"라고 물었을 때 어떤 사람이 그 기물과는 구별되는 것으로서 에테르적인 존재자에 대해 생각한다는 것은 기묘하다. "수 1이란 무엇인가?"도 유사하다. 그 물음은 잘못된 길로 이끄는데, 왜냐하면 비록 "'스미스'에 대응하는 대상이 존재한다는 뜻에서 '1'에 대응하는 대상이 존재하지 않는다"고 대답하는 것은 옳지만, 그렇게 되면 우리는 **또 다른** 뜻에서 대상을 찾기 때문이다. 이것은 우리가 계속해서 빠지는 몇몇 함정 중 하나이다. "수란 무엇인가?"라는 물음에서 사용되는 명사 낱말 "수"를 들을 때, 우리는 에테르적인 대상을 생각하는 경향이 있다. 그러나 이 물음에 어떤 종류의 대답을 줄 수 있는가? "정의를 내리시오"라고 말하는 것은 아무런 소용이 없는데, 왜냐하면 이를 통해 우리는 그저 한 걸음 더 가게 될 뿐이기 때문이다. 이 물음으로 제기된 어려움에서 빠져나가는 한 가지 방법으로 나는 낱말의 의미보다는 낱말의 사용에 관해 이야기할 것을 제안한다. 한 낱말의 의미가 **그 낱말이 사용되는 방식**이라고 하자. "낱말의 사용"과 동등한 것으로서 "낱말의 의미"라는 어구를 사용하는 것은 무엇보다도, 낱말에 대응하는 대상에 관해 이야기하는 기묘한 철학적 경우에 관해서 어떤 것을 보여준다는 장점이 있다. 낱말을 설명하기 위해 대상을 가리킬 때, 즉 지시적 정의를 할 때 보통 우리는 대상이 그 낱말에 대응한다고 말한다. 낱말의 소지자를 가리킴으로써 그 의미를 제시할 수 있는 낱말들이 있다. 프레게는 그 대상이 의미라고 말할 것이다. 그러나 "의미"는 그러한 방식으로 사용되지 않는다. 어구 "이름의 의미"는 "이름의 소지자"와 같지 않다. 후자는 "왓슨"으로 대체될 수 있지만, 전자는 그렇지 않다. 명백하게, 만일 "낱말의 사용"이 "낱말의 의미"의 정의라면, "낱말의 사용"은 "낱말의 소지자"로 대체될 수 없다.

"왓슨"의 지시적 정의를 할 수 있지만 "1"의 지시적 정의는 할 수 없다고 보일지도 모른다. 그러나 이는 옳지 않은데, 왜냐하면 우리는 "1"의 지시적 정의 또한 할 수 있기 때문이다. 물론 그 지시적 정의는 [["왓슨"의 지시적 정의와는]] 다르다. "지시적 정의"는 여러 다른 뜻으로 사용된다. "1"의 지시적 정의는 "대상"의 지시적 정의와는 다른 종류의 가리킴을 수반한다. 두 경우 다 같은 것을 가리킬 수도 있지만 말이다. 지시적 정의는 실제로는 전혀 정의가 아니다. 지시적 정의는 한 낱말의 사용을 위한 한 가지 규칙일 뿐이다. 그리고 한 가지 규칙은 의미를 부여하기에는 충분하지 않다. 예를 들어 "이것은 소쉬sosh이다"에서 여러분은 낱말 "소쉬"의 사용을 이해하지 못할 것이다.[5] 하지만 "이 색깔은 소쉬이다"에서는 이해할 것이다. 즉 만일 어떤 사람이 지시적 정의로부터 한 낱말의 의미를 배우려면, 이미 그 낱말이 어떤 종류의 것을 나타내는지를 알고 있어야 한다. 낱말 "색깔"은 이미 "소쉬"의 사용을 정한다. 지시적 정의는 채워야 하는 빈칸이 하나뿐인 경우에는 쓸모 있다.

---

5 "소쉬sosh"는 허구적인 낱말이다.

유類와 **종차**種差에 의한 정의[6]가 지시적 정의와 동등하다고 제안되었다. 이는 여러 오류를 불러일으키는 원천이다. 어떻게 우리는 유가 무엇인지를 결정하는가? 만일 총칭 이름[7]이 다수의 사물에 대해 사용된다면 그것들에 공통적인 어떤 것이 틀림없이 있다고 믿는 경향이 있다. 사물들에 **하나의** 총칭 이름이 있어야 한다는 것은 기묘한 사실이다. 총칭 이름의 정의가 그 이름이 사용되는 사물들의 공통된 특성을 제시할 수 있다는 것은 통상적인 믿음이다. 예를 들어 놀이라고 불리는 것은 모두 공통된 어떤 것을 지니고 있는데, "놀이"의 정의는 그 공통된 것을 제시할 수 있다고 말이다. 이 생각은 함정이다. 우리의 언어가 겉보기에 단순한 도식으로 구성되어 있어서, 우리는 언어를 실제보다 훨씬 더 단순한 것으로 보는 경향이 있다. 우리는 언어의 기호를 볼 때 대상을 찾는다. 우리가 언급하는 어떤 것이든 하나의 유 아래 속하는 것으로만 생각하며, 사물의 속성을 혼합물의 구성요소와 비슷한 것으로 본다. 유를 공통 원소로, 마치 다른 구성요소들과 섞일 수 있는 구성요소인 것처럼 다루지 않기란 어렵다. 왜냐하면 이 생각은 우리의 언어에 구현되어 있기 때문이다. 그러나 설령 한 가지 성분이 공통으로 들어 있는 12개의 액체가 있고 이 12개 액체가 하나의 총칭 이름을 지닌다 해도, 이 한 가지 구성요소 때문에 그 이름이 주어졌다는 것은 따라 나오지 않는다. 예를 들어 놀이들이 공통 요소 때문에 "놀이들"이라고 불리는 것이 아닐 수도 있다. 일련의 놀이들을 이루는 구성원 사이에 단지 상관관계만 있을 수도 있다. 그리고 어떤 것은 모든 종류의 수와 어떤 공통점이 있어서가 아니라 단지 세 가지 종류의

---

6 "인간은 이성적 동물이다"라는 정의에서 유genus는 '동물'이고, 종차differentia는 '이성적'이다. 이러한 정의를 유와 종차에 의한 정의라고 부른다.

7 "총칭 이름"의 원어는 "generic name"이고, 이에 해당하는 독일어는 "Gattungsname"이다. 이는 "종류의 이름", "종류 이름"으로 번역될 수 있으며, 이와 대조되는 용어는 "고유 이름"이다. 전자는 보통 명사, 후자는 고유 명사에 해당된다.

수와 어떤 공통점이 있어서 수라고 불릴 수도 있다. 따라서 만일 여러분이 총칭 이름의 사용에 대한 정당화를 찾는다면 그것이 명명하는 모든 것들이 공통으로 지니는 어떤 성질을 찾아서는 안 된다. 예를 들어 "좋은"이라고 불리는 모든 것들 사이에 어떤 공통점이 있다고 사람들이 생각했기 때문에 큰 혼동이 발생했다.

철학에서 어려움의 한 가지 중요한 원천은 낱말들이 매우 닮아 보인다는 것이다. 낱말들은 상자 안의 공구들처럼 사전에 같이 모여 있다. 거의 똑같아 보이는 공구들이 그렇듯이, 낱말들은 엄청나게 다른 용도를 지닐 수도 있다. 낱말들의 사용은 아름다움이 의자와 다른 것처럼, 서로 다를 수 있다. 낱말들의 사용은 우리가 구매하는 어떤 것들, 가령 소파와 극장에서 [[좌석에]] 앉을 권리가 비교할 수 없듯이 비교할 수 없다. 낱말과 낱말의 의미에 관해 이야기할 때 우리는 그것들을 돈과 돈이 지니는 사용들보다는 돈과 돈으로 사는 것들과 비교하는 경향이 있다. 우리가 돈으로 사는 것은 그 돈의 사용과 같지 않다. 마찬가지로 한 이름의 소지자는 그 이름의 의미가 아니다.

지시적 정의로 돌아가자. 나는 만일 지시적 정의가 그 낱말의 사용에 관하여 최종적인 결정을 한다면, 다시 말해 그것이 한 가지 규칙이 부족한 낱말의 문법적 지식을 보충한다면, 지시적 정의는 다만 이해될 수 있을 뿐이라고 말했다. 만일 나머지를 안다면 지시적 정의가 종차를 정한다고 말해서는 안 될 이유는 없다. 단 하나의 유가 있고 그 유를 정하는 단 하나의 방법이 있다고 생각하지 않는다면 말이다. 그러나 지시적 정의가 최종적인 결정을 할 때만 이해될 수 있다고 말하는 것은 오도적이고, 어떤 점에서는 전적으로 그르다. 예를 들어 어렸을 적에 우리는 물이 가리켜질 때 "물"의 사용에 대한 규칙을 배우지 않았다. 즉 이 규칙이 마지막 규칙인 다른 규칙들을 알지 못했다. 물론 아마도 이것을 지시적 정의라고 부를 필요는 없겠지만, 어린아이의 지시적 정의와 성인의 지시적 정의 사이에 분명한 선은 없다. 어린아이들의 배움에는 "이게 뭐예요?"라고 물을 수 없는 단계가 있다. 그리고 그렇게 물을 수 있는 단계에 도달해도 아직 "이건 무슨 색이에요?"라고 물을 수 없을 수도 있다. 지시적 정의를 기술하기 위해서, 우리는 다음과 같이 구분되는 다수의 놀이를 제시할 수도 있다: (1) 규칙들의 목록 중 최종 규칙을 제시하기, (2) 어린아이들이 한 낱말의 적용을 배울 때 하는 것을 하기, (3) (1)과 (2) 사이의 점진적 이행.

3. 나는 우리가 언어를 실제보다 훨씬 더 단순한 것으로 바라보는 경향이 있다고 언급했다. 사물의 이름을 배우면서 라틴어를 배웠다고 말한 아우구스티누스를 참고하라. 확실히 그는 "아니다", "또는" 등과 같은 낱말들도 배웠다. 우리는 다음 두 가지 방식 중 하나로 그의 견해를 비판할 수 있다: 그의 견해는 그르다. 또는 그의 견해는 우리가 언어라고 부르는 것보다 더 단순한 것을 기술한다. 후자는 놀이의 특정 집합에만 적용되는 놀이에 관해 기술하는 것과 비교될 수도 있다. 우리의 언어가 복잡한 까닭에 나는 더 단순한 구조들을 언급할 것이다. 이러한 구조들은 어떻게 우리의 언어를 조명하는지를 보기 위해 우리의 언어와 나란히 놓일 수 있다.

사물을 가리킨 다음에 그 이름을 어떤 사람에게 말하게 하면서 언어를 가르쳤다고 하자. 그리고 그 언어는 오직 하나의 목적, 가령 서로 다른 형태의 재료들로 집을 짓기 위해서만 이용된다고 하자. 이 재료들의 이름을 부르면서 명령이 내려지고, 그 명령들은 집을 짓는 방법을 알려줄 것이다. 이것은 완전한 언어가 될 것이다. 이 언어놀이에는 어떤 완전성의 표준도 없지만, 우리는 이 언어놀이가 완전하다고 물론 말할 수 있다. 왜냐하면 단지 이 언어놀이를 바라보는 것으로는 어떤 것이 결핍되어 있다고 말할 수 없기 때문이다. 여기에서 우리가 하는 것은 체스를 가지고 [[체스보다]] 더 단순한 조작들과 더 적은 수의 폰을 포함하는 더 단순한 놀이를 만드는 것과 같다. 어떤 뜻에서는 더 단순한 언어들은 더 복잡한 언어들로 나아가지만, 더 단순한 언어가 불완전한 것은 아니다.

모세에 관해 어떤 말을 한 뒤에 어떤 사람이 모세가 누구인지 물었고, 모세는 이집트에서 이스라엘 사람들을 앞장서서 데리고 나온 사람으로 **정의된**다고 하자. 모세가 그렇게 하지 않았다는 걸 보여주는 연구로 이의가 제기되었고, 결국은 논박될 또 다른 정의가 제시되었다고 하자. 변화하는 정의들은 그 토론이 시작될 때 "모세"에 대한 어떤 정의도 없었다는 것, 즉 어떤 한 정확한 놀이가 진행된 것은 아니라는 것을 보여준다. 동시에, 우리는 [["모세"가]] 아무것도 의미하지 않았다고는 말하지 않을 터인데, 왜냐하면 우리가 선택하는 어떤 범위의 정의들이 있기 때문이다.

나에 관해서, 내가 언어를 마치 진공 속에 있는 것인 양 기술한다고 할지 모르지만, 그렇지 않다. 내가 하는 것은 언어를 고정된 규칙들로 이루어진 것으로 이야기하는 것이고, 이는 실제로는 사실과 상반된다.

우리가 놀이를 하는 방식과 놀이를 하는 것에 규칙이 개입하는 방식에 대해 생각해 보자. 놀이를 할 때 읽거나, 암기하고 떠올리는 규칙들의 표가 있을 수 있으며, 또는 우리는 자동적으로 놀이를 할 수도 있다. 정의가 사용되는 방식도 이와 마찬가지이다. "나뭇잎"의 정의가 처음에 지시적 정의로 주어졌다고 하자. 그리고 그 정의에서 제공되지 않은 형태, 가령 이 나뭇잎인지를 질문받았다고 하자. 이제 우리는 나뭇잎이 무엇인지 이해하기 위해 우리가 알아야만 하는 규칙들과 꼭 필요하지는 않은 규칙들 사이에서 어디에 선이 그어져야 하는지 말할 수 있는가? 우리가 이 대강의 형태 에 속하는 어떤 것이든 나뭇잎이라고 말했다고 하자. 이것은 하나의 규칙 역할을 할 수 있다. 그러나 우리가 엄격한 규칙 없이 낱말을 **사용**하고 나중에 그 낱말의 사용에 대해 엄격한 규칙들을 설정할 때, 그 낱말의 문법은 이전에 사용한 낱말의 문법과 완전히 같을 수는 없다. 그것은 외곽선 이 뚜렷하게 그려진 도형과 흐릿한 도형이 비슷한 방식으로 비슷할 것이다.

우리는 언어의 사용을 정확한 규칙들에 따라 하는 놀이와 비교할 것이다. 왜냐하면 모든 철학적 골칫거리는 너무 단순한 규칙 체계를 구성하는 데서 생겨나기 때문이다. 철학자들은 그 규칙들을 표로 만들려고 시도하는데, 예를 들어 유비와 같은 아주 많은 것들이 그들을 오도하기 때문에, 그들은 그 규칙들을 그릇되게 설정한다. 잘못된 규칙을 고치는 유일한 방법은 그들이 놀이를 하면서 따르는 또 다른 규칙이나 일단의 규칙을 제시하는 것이다. 이는 강조할 필요가 있다. 왜냐하면 이해한, 뜻한 등을 논의할 때 우리의 가장 큰 어려움은 완전히 유동적인 낱말들의 사용에 있기 때문이다. 나는 낱말 "이해하다", "뜻하다" 등의 서로 다른 의미들을 계속 열거하지는 않을 것이지만, 대신에 어떤 면에서는 이들 낱말의 실제 사용과 비슷한 열 개 또는 열두 개의 그림을 그릴 것이다. 내가 이 그림들을 그릴 수 있는 것은 그 그림들이 모두 어떤 공통점을 지니고 있기 때문이 아니다. 그 그림들의 관계는 아주 복잡할 수도 있다.

먼저 나는 "낱말의 의미"에 "낱말의 사용"을 대입하는 것을 제안했다. 왜냐하면 **낱말의 사용**은 "낱말의 의미"가 의미하는 것을 대부분 포함하기 때문이다. 그리하여 낱말을 이해한다는 것은 낱말의 사용, 낱말의 적용을 안다는 것이 될 것이다. 한 낱말의 사용은 규칙들에 의해 정의되는 것이며, 이는 체스에서 킹의 사용이 규칙들에 의해 정의되는 것과 마찬가지이다. 그리고 체스에서 킹의 형태와 재료가 그 사용과 무관한 것과 마찬가지로, 한 낱말의 형태와 소리는 사용과 무관하다.

나는 또한 "의미의 설명"이라는 상관 표현을 검토하는 것을 제안한다. 이것은 "의미"의 의미에 관해 우리에게 무언가를 가르쳐줄 것이다. "길이"가 무엇을 의미하는지 설명하는 것은 어려울 수 있는 반면에, "길이의 측정"을 설명하는 것은 어렵지 않을 수 있다. 이와 유사하게 "의미"를 설명하는 것은 "의미의 설명"이라고 부르는 것을 기술하는 것보다 더 어렵다. 한 낱말의 의미는 그 낱말의 사용을 기술하는 것으로 설명된다.

언어를 놀이로 간주할 때, 한 낱말의 사용은 놀이 내부에 있는 반면에 낱말의 의미는 놀이의 외부에 있는 어떤 것을 가리키는 것처럼 보인다는 것은 기묘하다. "의미"와 "사용"이 동등할 수 없다는 것을 나타내는 것 같다. 그러나 이는 오도적이다.

4. "낱말을 이해함"을 낱말의 사용을 앎으로 받아들이기로 하자. 낱말을 이해함과 체스를 둠에 관한 유사한 물음들을 비교하는 것은 유용하다. 여러분은 한 낱말, 예컨대 "빨강"을 이해하고 있다는 것을 어떻게 아는가? 여러분이 체스를 두고 있지 체커를 두고 있지 않다는 것을 어떻게 아는가? 한 가지 대답은 만일 둘 중 하나를 결정하는 수move를 두지 않았다면, 또는 하고 있다고 주장하는 놀이에서 잘못된 수를 두었다면 여러분은 그것을 모를 거라는 것이다. 우리가 체스를 두고 있다는 것을 또는 한 낱말을 이해하고 있다는 것을 알 때, 만일 그 규칙들이 우리의 머릿속을 지나갔다면 우리는 알고 있다고 주장할 자격이 있을 것이다. 그러나 그 규칙들은 여러분의 머릿속을 지나가지 않는다. 여러분이 체스를 두고 있다는 것을 아는 것에 대한 기준은 서로 다르다. 한 가지 기준은 그 규칙들을 제시하는 것이 될 것이다. 그러나 만일 그 규칙들이 기준으로서 제공되지 않는다면, 무엇이 기준인

가? 보통 말하는 것은 우리가 체스를 두고 있는지는 또는 낱말을 이해하고 있는지는 우리의 의도를 앎으로써 확인된다는 것이다. 그러나 여러분은 어떻게 여러분의 의도를 아는가? 한 특정한 놀이에 해당하는 특정한 심리적 과정이 존재한다는 것은 사실인가? 이것은 경험에 의해 알려진 것인가? 그 대답은 어떤 한 의도가 있다는 것을 아는지 여부를 묻는 것은 불합리하다는 것이다. 그리고 이는 소망함, 생각함, 희망함에 대해서도 마찬가지이다.

"이해하다"라는 낱말이 체스에서 한 수를 두는 동안에 또는 한 낱말을 사용하는 동안에 일어나는 마음의 상태를 가리킨다는 것에는 "이해하다"의 한 가지 뜻이 있을 수 있다. 이것과 관련하여, 판 위에서 기물들을 기계적으로 움직이는 사람과 기물들을 이해하면서 움직이는 사람을 비교하라. 그러나 "낱말을 이해함"은 또한 낱말의 사용을 앎을 의미한다는 뜻이 있다. 후자는 마음의 상태를 가지고 있음과 아주 다른데, 설령 그 둘이 인과적으로 연결될 수 있다 해도 그렇다. 모든 각각의 놀이에 대응하는 마음의 상태들이 존재할 수도 있지만, 이 상태들은 그 규칙들을 전제하거나 포함하지 않는다.

만일 한 낱말의 사용을 알 때 그 규칙들을 알고 있다면 언제든지 그 규칙들을 만들어내는 능력이 있다는 주장이 있다. 이 능력은 심리적 상태로 간주될 수도 있다. 그러면 다음의 질문이 일어난다. 내가 제시한 마음의 상태와 규칙들을 앎은 어떻게 구별되는가? "심리적 상태"는 애매하다는 것이 나의 대답이다. 언제든지 규칙들을 만들어내는 능력을 의미하는 심리적 상태와 특정한 느낌을 의미하는 심리적 상태의 구분은 의식적 상태와 무의식적 상태의 구분과 매우 유사하다. 만일 여러분이 한 낱말을 듣거나 발음하는 것에 수반하는 정신적 과정뿐만 아니라 한 낱말의 사용을 앎도 마음의 상태라고 반대한다면, 여러분은 의식의 상태들과 **가설적인** 뜻에서의 상태들을 구분해야 할 것이다. 알파벳이나 체스의 규칙, 또는 낱말의 사용을 앎은 의식의 상태가 아니다. 그것이 그러하다는 것을 보기 위해서, 항상 알파벳을 안다는 것이 무엇인지 자문해 보라. "알파벳을 앎"과 "체스를 둘 수 있음"이라는 말의 문법은 "체스 기물을 움직일 때 어떤 것을 느낌"이라는 말의 문법과 전적으로 다르다. 우리는 이렇게 말할 수 있다. "낱말을 이해함"은 분명히 두 가지 방식으로, 즉 수반하는 정신적 과정에 대해서, 그리고 그 낱말의 사용을 앎에 대해서 사용된다. "우리가 그 낱말을 들을 때 어떤 것을 느낌"과 "낱말의 사용을 앎"의 문법은 전적으로 다르다. 어떻게 다른지를 보기 위해 체스의 규칙들을 앎이라는 유사한 경우에 대해 생각해 보라.

이제 여러분은 내가 끊임없이 예시를 들고 비유들로 말하는 것이 도움이 되는지 의문이 들 수도 있다. 나의 논거는 유사한 사례들은 우리가 직면한 사례의 유일무이성을 파괴하기 때문에 우리의 견해를 바꾼다는 것이다. 예를 들어 코페르니쿠스의 혁명은 지구가 태양계에서 유일무이한 위치를 갖는다는 관념을 파괴했다. 그러면 체스 두기와 낱말 이해 사이의 유사성에 주목하면서 "체스의 규칙들을 앎"이라는 말의 문법과 "이해하면서 체스를 두는 동안 어떤 느낌을 가짐"의 문법을 대조해 보자. 자동 장치가 놓은 수는 의식적으로 둔 같은 수와 다름을 주목하는 것은 중요하다. 상태들은 우리가 그 규칙들을 알고 놀이를 할 때 일어나며, 다른 방식으로는 일어나지 않는다. 하지만 그 규칙을 앎은 의식의 한 상태가 아니다. 예를 들어 낱말 "그리고"의 적용을 앎은 윌리엄 제임스가 말했듯이 "**그리고** 느낌and feeling"과 같지 않다.[8] 그리고 "그 장미는 빨갛다The rose is red"와 "2+2는 4이다2 + 2 are 4"에 있는 동사 "이다to be"의 사용을 앎은 "이다" 각각의 발생에 대응하는 정

---

8 참고: 윌리엄 제임스(2014), 《심리학의 원리 1》, pp. 444-445. 윌리엄 제임스(2014), 《한 권으로 읽는 심리학의 원리》, pp. 212-213.

신적 사건과는 다르다. 우리는 한 낱말의 의미를 이해할 때마다 그 낱말의 의미 전체를 파악할 수 있다고 가정하는 경향이 있다.

5. 다음의 비유에 대해 생각해 보자. 채색된 하나의 표면 뒤에는 보이지 않는 물체가 있고 그 표면을 지닌 정육면체 또는 피라미드와, 한 낱말과 그 낱말 뒤에 있는 의미 사이의 비유를 말이다. 이 표면이 놓일 수 있는 위치는 그 표면 뒤에 있는 단단한 물체의 위치에 따라 다를 것이다. 만일 채색된 표면 뒤에 정육면체가 있다는 것을 안다면, 우리는 다른 표면들과 그 표면을 배열하는 규칙을 알 수 있다고 생각하고 싶은 유혹을 받는다.[9] 그러나 이는 참이 아니다. 우리는 그 정육면체를 바라보는 것에서 그 정육면체의 기하학을 연역할 수 없다. 규칙은 파악의 작용에서 따라 나오지 않는다. 이와 유사하게, 우리는 낱말의 사용에 대한 규칙을 그 낱말의 의미, 우리가 그 낱말을 발음할 때 아마도 전체로서 파악하는 의미로부터 연역할 수 있다고 생각하도록 유혹

---

9 비트겐슈타인은 《비트겐슈타인의 음성들》에서 다음과 같이 말한다: "나의 오류는 분석에 대한 잘못된 생각, 즉 어떤 것, 즉 밝혀져야 하는 어떤 구조가 명제에서 숨겨져 있다는 생각이었다. 나는 한 표현의 뜻이 말하자면, 표현 뒤에 숨겨져 있다고 생각—이는 우리의 오도적인 언어의 사용에 의해 생겨난다—했다. 나는 이것을 하나의 비유로 설명하고자 한다. 정육면체들, 프리즘들, 피라미드들이 유리로 만들어져 있고 공간에서 완전히 볼 수는 없다고 상상해 보자. 오직 각각의 프리즘의 한 표면만, 예를 들어 한 정사각형만, 그리고 각각의 피라미드의 밑면만 색으로 칠해졌다고 하자. 우리는 그렇게 되면, 예를 들면 공간에서 정사각형들만을 보게 될 것이다. 그렇지만 우리는 이 평면도형들을 함께 임의로 결합할 수 없는데, 그 표면들의 뒤에 있는 물체들이 이를 방해하기 때문이다. 그 표면들이 함께 맞추어질 수 있게 하는 법칙은 표면들이 정사각형들인 그 볼 수 없는 물체들에 의해 결정된다. 그래서 나는 한 낱말은, 말하자면 그것 뒤에 '의미의 물체body of meaning'를 갖고 있으며, 이 의미체는 그 낱말에 대해 성립하는 문법적 규칙들에 의해 기술될 것이라고 생각했다. 그 문법적 규칙들은 그렇게 되면, 말하자면 의미체의 본성을 따로따로 펼치는 것 Auseinanderbreitung이 될 것이다."(Wittgenstein(2003), *The Voices of Wittgenstein*, translated by G. Baker, et al. Routledge, London and New York, p.133.)

받는다. 이는 내가 근절하려는 오류이다. 어려운 점은 우리가 모든 규칙을 파악하지 않고 그 의미를 파악하는 한, 그 규칙들은 그 의미로부터 **전개될 수도 있는** 것처럼 보인다는 것이다.[10]

낱말, 예컨대 "정육면체"라는 낱말의 사용이 그것의 의미로부터 따라 나온다고 말하는 것은, 마치 그 낱말의 의미는 보이지 않는 물체이고 그 낱말은 그 물체의 눈에 보이는 표면으로 여기는 것과 같다. 그 물체가 다른 보이지 않는 물체들과 결합하는 규칙은 기하학 법칙에 의해 주어진다. 정육면체의 기하학은 그 도형으로부터 연역될 수 있을까? 기하학은 정육면체에 관해 이야기하는가? 그것은 명백하게도 철이나 구리 정육면체에 관해서는 이야기하지 않지만, 기하학적 정육면체에 관해서는 이야기한다고 주장할지도 모른다. 사실상 기하학은 정육면체들을 다루지 않고 오히려 낱말 "정육면체"의 문법을 다룬다. 산수가 수들의 문법을 다루는 것과 마찬가지로 말이다. 낱말 "정육면체"는 기하학에서 정의되고, 정의는 한 사물에 관한 명제가 아니다. 만일 우리가 기하학을 변경한다면 우리는 사용된 낱말들의 의미를 변경한 것인데, 왜냐하면 기하학은 그 [[사용되는 "정육면체"와 같은 낱말들의]] 의미를 구성하기 때문이다. 만일 457과 63을 곱했는데 일상적인 놀이에서와는 다른 어떤 결과가 얻어진다면, 이는 "기수"가 다른 의미로 사용되고 있다는 것을 의미하게 될 것이다. 산술적 명제들은 수들에 관해서는 아무것도 말하지 않으며, 오히려 수들에 관한 어느 명제들이 뜻이 있으며 어느 것이 뜻이 없는지를 결정한다. 이와 유사하게, 기하학 명제들은 정육면체들에 관해 아무것도 말하지 않으며, 오히려 정육

---

10 여기에서 제시된 비유가 "의미체 비유"이다. 이 비유를 통해 비트겐슈타인이 보이고자 하는 것은, 규칙들은 의미로부터 따라 나오지 않으며, 오히려 규칙들이 의미를 구성한다는 것이다. 참고: 박정일(2020), 《논리-철학 논고 연구》, 5장(비트겐슈타인의 '의미체'에 관하여), pp. 114-147.

면체에 관한 어느 명제들이 뜻이 있으며 어느 것이 뜻이 없는지를 결정한다. 이 논평은 수학과 수학의 적용 사이의 관계, 즉 한 낱말의 문법을 제시하는 문장과 그 낱말이 나타나는 일상적인 문장의 관계를 시사한다.

한 정육면체는 정육면체의 기하학에서 그리고 그 기하학의 발전에서 무슨 역할을 하는가? 이 물음에 대답하기 위해서 우리는 두 가지 종류의 탐구, 즉 한 대상의 속성을 탐구하는 것과 그 대상을 지칭하는 낱말의 사용에 대한 문법을 탐구하는 것을 구분해야 한다. 나는 기하학 탐구는, 기하학적 직선들과 정육면체들의 속성들을 탐구한다는 뜻에서는, 불가능하다고 말하고 싶다. 널리 퍼져 있어서 신중하게 살펴봐야 하는 중요한 한 종류의 오류가 있다. 바로 실제 정육면체와 기하학적 정육면체를 비교할 수 있다는 것[[생각]]이다. 기하학은 **기하학적** 직선들과 정육면체들의 물리학이 아니다. 그것은 낱말들 "선"과 "정육면체"의 의미를 구성한다. 정육면체가 정육면체의 기하학에서 하는 역할은 **상징**의 역할이며, 부정확한 실제 정육면체와 비교할 수 있는 어떤 견고한 물체의 역할이 아니다. 다음과 같은 도형들은

기하학의 언어의 부분이고 기하학적 증명에서 상징의 역할을 한다. 도해가 정확한지가 문제되지 않는 것은 바로 이 이유 때문이다.

6. 만일 한 낱말을 듣거나 말하는 것에 동반되는 정신적 작용이, 규칙들이 그 낱말의 의미를 정의한다는 뜻에서 그 낱말의 의미를 요약할 수 없다면, 그 정신적 작용은 중요성을 잃는다고 생각할 수도 있다. 그러나 때때로 그 정신적 작용은 중요한데, 예컨대 "빨강"이라는 낱말

을 이해하기 위해서는 이 책의 특정한 [[색조의]] 빨간색을 베끼라고 지시받을 때처럼 어떤 이미지를 떠올리는 것이 본질적이다. 이때 낱말 "빨강" 단독으로는 충분하지 않다. 그러한 경우에 이미지 더하기 낱말은 완전한 상징으로 기능할 것이고, 그 이상은 아무것도 필요하지 않을 것이다. 그렇지만 많은 경우에는 영혼이 신체에 하는 것과 같이 상징에 활기를 불어넣는 사적인 정신적 작용은 필요하지 않다는 것을 기억하라. 빨간 것을 상상하는 대신에, 우리는 어떤 경우에는 빨간 반점을 견본으로 사용할 수도 있다. 만일 빨간 이미지가 빨강을 생각하는 것에 어쨌든 본질적이라면, 상상된 것이 보여진 것보다 더 낫다고 가정할 이유는 전혀 없다. 생각할 때 이미지를 떠올려야만 한다고 가정하는 것은 편견이다.

생각할 때 우리는 낱말들과 이미지들로 계산한다고 말할 수도 있다. 그 계산은 한 단계에서 다른 단계로, 다른 것들[[낱말들과 이미지들]]을 포함하는 어떤 한 단계(정신적 작용)도 없이 진행한다. 그리고 실제로 취해진 그 단계들을 예고하는 어떤 정신적 작용도 없다. 따라서 생각함을 기술하는 것에서 정신적 작용을 배제하고 계산에 관해서만 이야기하도록 하자. 생각함은 말함에 동반되는 어떤 것이 아니다. 생각함이 바로 말함일 수도 있다. 어떤 사람들은 한 언어에서 낱말들은 생각함의 순서를 따른다는 관념을 지니고 있다. 이는 그 낱말들과 나란히 가는 어떤 독립된 과정이 있다는 것을 의미하는가?

두 개의 물음, "당신은 당신이 말한 것을 뜻했는가?"(이에 대한 대답은 "그렇다" 또는 "아니다"이다)와 "당신은 무엇을 뜻했는가?"(이에 대한 대답은 또 다른 표현이다)를 비교하라. 이와 같이 이 두 물음에는 "뜻하다"의 두 가지 사용이 있다. 이제 우리가 말하는 것을 뜻한다는 것은 무엇인가? 온갖 종류의 것들이 우리가 말하는 것을 뜻한다는 말을 정당화할 수도 있지만, 이것 중 어느 것도 그 낱말들에 동반되는 정신적 과정일 필요는 없다.

어느 경우에 여러분은 여러분이 읽는 동안에 생각하고 있다고 말하겠는가? 그것은 여러분이 이미지들을 지니고 있을 때일 수도 있고, 또는 이미지들을 지니는 것과 상관없이, 읽은 것을 나중에 쓸 수 있을 때일 수도 있다. 읽은 문장을 이해함은 주의함, 기억함, 한 색조의 빨강을 베끼라는 요구에 그 색깔의 종잇조각을 바라봄과 같은, 여러 가지일 수도 있다. 기억함이라는 개인적 경험을, 아마도 읽은 것을 기억할 때 이루어지는, 정신적으로 기록함이라는 가설적 작용과 혼동해서는 안 된다. 우리가 생각함, 소망함 등에 관해서 생각할 때 일어나는 난점들은 한 가지 주요한 원천을 지니고 있는데, 이는 소망과 생각의 표현에서 나타나는 낱말 "소망하다"와 "생각하다"에 대응하는 한 가지 과정을 찾으려는 경향이다. 이는 "그는 종종 편지를 쓴다"에서 낱말 "쓴다"에 대응하는 물리적 활동과 비교할 수 있다. 우리가 소망함이라고 부르는 것은 소망함의 모든 경우에 숨겨져 있는 한 가지 **활동**이 아니다. 그것은 쓰기와 말하기와 같이 한 가지 과정이 아니며, "그는 … 을 쓴다"라는 문장에는 없는 소망함에 관한 물음이 일어난다. 예를 들어 스미스가 나타나기를 소망하는 것은 무엇인가? 우리는 어떤 시간 내내 소망할 수 있는가? 낱말 "의도"는 마찬가지로 불명료하다.

어떤 경우에는 "당신은 당신이 그것을 소망한다는 것을 확신하는가?"라고 묻는 것은 헛소리nonsense이지만, "당신은 확신하는가?"라고 묻는 것이 뜻이 있는, 낱말 "소망하다"의 **가설적인** 사용이 있다. 소망했는지를 확신할 수 없는 경우에, [[소망했는지를]] 알아내는 한 가지 방법은 어떤 종류의 것이 "나는 그것을 소망하지 않았다"를 **확증**하는지를 묻는 것일 게다. 동전 던지기는 여러분이 소망한 것을 결정할 수 있으며, 과거의 경험은 사과가 여러분의 허기를 채우는 것이라는 점을 가르쳐줄 수도 있다. 여러분은 그러한 방법으로 여러분이 그러그러한 것을 소망한다는 가설이 옳은지 여부를 알아낸다. 물론 우리가 한 가지 확정적인 느낌을 지니는 소망들이 있고, 느낌이 뒤섞인 다른 소망들과 또 어떤 확정적인 느낌도 없는 다른 소망들도 있다. 소망함에 동반되는 느낌들은 아주 모호하고 조악하며, [[몸의]] 특정한 장소에서 일어나지 않고, 만약 그렇다 하면 유기적이다. (배를 소망할 때, 여러분은 사과를 소망할 때와 같은 느낌을 지니는가?) "나는 지금 물을 원한다"는 대응하는 목마름의 느낌을 지니는 사람에 의해 말해질 수도 있지만, "나는 나중에 물을 원할 것이다"라는 낱말들은 그 낱말들에 대응하는 어떤 느낌도 아마 갖지 않을 것이며, 대응하는 느낌—만일 존재한다면—을 기술하는 것은 어려울 것이다.

여기에서 낱말 "소망하다"의 사용에 관해 말한 것은 또한 "뜻하다"와 "해석하다"에도 적용된다. 어떤 한 가지 특정한 느낌도 그것들에 동반되지 않는다. 더구나 한 문장을 이해한다는 것이 반드시 상상하면서 그 문장을 따라간다는 것은 아니다. 비록 때때로 그러한 과정이 입말 또는 글말 문장에 수반되지만 말이다. 때때로 한 문장으로 번역될 수 없는 무정형의amorphous 느낌이 존재한다. 그러나 항상 그런 것은 아닌데, 왜냐하면 때때로 사고의 표현이 그 사고이기 때문이다. 예를 들어 문장 "나는 스미스 씨를[[스미스 씨가 오기를]] 기대한다"는 그 기대이다. 어떤 특정한 것을 소망함이 어떤 과정인 경우, 우리는 그 과정을 살펴보고 소망하는 것이 무엇인지 알 수 있다. 여기서는 "**그것이** 당신이 소망하는 것임을 확신하는가?"와 같은 물음은 있을 수 없다.

7. 소망함이나 이해함이 단지 소망이나 사고의 표현에 불과하다는 것에 관해서, 그것에 대한 통상적인 반론은 한갓 기호는 사고가 아니며, 사고는 그 기호를 해석한다는 것이다. 생각함은 상징들을 말함이나 읽음이 아니다. 그러한 반론은 생각함이나 마음에서의 어떤 과정이 상징

들에 동반된다는 견해에 뿌리박혀 있다. 그렇다면 이 가정된 과정은 무정형의 어떤 것, 즉 그 문장을 말하거나 쓰거나 듣는 동안에 지속되는 상태인가? 아마도 그것은 분절된 어떤 것이고, 그리하여 한 문장을 이해함은 각각의 낱말에 한 가지 해석이 주어지는 일련의 해석들로 이루어진다. 이 과정은 한 문장으로 번역될 수 있을 것이며, 그리하여 우리는 그 과정에서 그 문장을, 또는 그 문장에서 그 과정을 도출할 수도 있다. 그러나 이는 단지 한 현상을 다른 현상에 덧붙이는 것에 불과하다.

순수한 사고가 낱말들에 의해 전달되고 낱말들과는 다른 어떤 것이라는 것은 **미신**이다. 만일 우리가 한 상징이 먼저 어떤 다른 것, 가령 그림으로 전달되어야만 하고, 한 지시가 주어질 때 그 그림을 해석함으로써 행동한다고 가정한다면 우리는 그저 오도된 것일 뿐이다. 어떤 한 방향으로 가라는 지시가 주어진다고 가정하자. 이 방향의 어떤 한

이미지를, 가령 을 떠올리는 것은 하나의 해석일 것이다.

그러나 이 해석은 필요하지 않은데, 왜냐하면 이 해석을 할 수 있다면 왜 그 낱말들에 따라 행동하지 않는가? 상이한 두 언어에서 어떤 문장으로 표현되는 사고가 같다는 사실은 우리가 그 언어들로 전달되는 사고를 찾으러 갈 수 있다는 것을 의미하지 않는다.[11] 어디에 사고가 있는가? 만일 "어디에"가 해석된다면 이 물음에 답할 수 있다. 그것은 어떤 면에서는 "어디에 개인의 시각적 공간이 있는가?"라는 물음과 같다. 어떤 "어디에"도 없다. 이것을 묻는 것은 어떤 뜻도 없다. 만일 한 신경을 찌를 때 시야가 지워지고 찌르기를 멈출 때 회복된다면, 그리

---

11 가령 한국어의 "비가 온다"와 영어의 "It rains"는 동일한 사고를 표현한다. 그렇다고 해서 그 사고가 어디에 있는 것은 아니다.

고 우리가 "위치해 있다"라는 말이 무엇을 의미하는지를 안다면, 시야가 이 부분에 위치해 있다고 말할 수 있을 것이다. 부위를 명시하는 것은 전적으로 다른 것일 수 있다. 어떤 뜻에서는 한 사고의 "어디에"가 머릿속에 있다고 말할 수도 있겠지만, 어떤 중요한 뜻에서도 그렇지 않다.

이제 생각함의 과정이 말하기의 과정이라는 것에 반대하는 타당한 이유가 있는가? 우리는 사고를 **표현**할 때 어려움을 겪는다고 말하는 데에 익숙하다. 이 상황에서 무슨 일이 일어나는가? 때때로 우리는 어떤 한 이미지를 지니지만, 그 낱말이 떠오를 때까지 다른 많은 것을, 예컨대 몸짓을 할 수도 있다. 이와 마찬가지로, 우리가 "기억을 들여다봄"이라고 부르는 상이한 많은 과정들이 있다. 후자의 문구는 "방안을 들여다봄"에서 가져온 비유이다. 명백하게도 방을 들여다본다는 것은 기억을 들여다본다는 것과 다르다. 전자의 경우에는 그 영역을 망라하는 가능성이 존재하며 그리하여 만일 찾으려는 것이 거기에 있다면 우리는 그것을 발견할 것이다. 또한 우리는 방을 들여다보는 것에 대해서 찾으려는 것이 거기에 있거나 없다고 말할 수 있다. 그러나 기억에 대해서는 이렇게 말해질 수 없다. 기억을 들여다본다는 것은, 작동할 수도 있고 작동하지 않을 수도 있는 기계장치mechanism에 의존하는 것에 비교할 수 있다. 그중 어느 것도 종을 울리지 않을지도 모르는 일련의 버튼을 누르는 것 말이다.

반복하거니와, 두 문장이 같은 사고를 표현한다는 사실은 사고라고 하는 것이 있고 어떤 기체적인 존재가 그 문장들에 대응한다는 것을 의미하지 않는다. 그러나 그렇다고 낱말 "사고"가 "문장"과 대조해서 어떤 것도 의미하지 않는다고 결론 내려서는 안 된다. 그 두 낱말은 "킹"과 "킹 기물"처럼 다른 사용을 지니고 있다. 그리고 쉼표를 가지고 우리가 "여기에 쉼표가 있고 그것의 의미가 존재한다"라고 말해서는 안 되는 것처럼, 낱말 "낱말"도 마찬가지이다. 그 낱말은 그것의 기능, 즉 사용을 지니고 있다.

8. 이와 연결된 주제, 수의적인 동작과 불수의적인 동작을 다루기로 하자. 그것들 사이의 차이는 무엇인가? 누군가는 느낌의 현존이라고 말할 것이다. 그러나 느낌은 수의적인 행동에 수반되는 것이 아닐 수도 있으며, 따라서 이 둘을 구분하는 데 도움이 되지 않는다. 우리가 한 행동을 의지할 때, 의지함의 대상은 무엇인가, 우리가 보는 대상인가, 아니면 근육의 수축인가? 우리는 **의지함**과 **소망함**이 전적으로 상이하다는 것을 주목해야만 한다. 내가 나의 팔을 들어 올리려고 했다고 말할 때, 나는 단지 그것을 아주 강하게 바랐고 그리고 나서 나의 팔이 올라갔다는 것을 뜻하지 않는다. 의지함은 나에게서 일어나는 것이 아니다. 그것은 내가 하는 것이다. 낱말 "바라다"는 "의지하다"보다 훨씬 더 넓은 사용을 지니고 있다. 낱말 "의지하다"는 우리의 신체들과 밀접하게 관련 있는 현상들과 연관해서 사용된다. 의지함과 비교해서, 생각함은 우리에게서 일어나는 것이며, 우리가 하는 것이 아니다.

《청색 책》 구술 중간에 진행된 강의와 비공식적 토론

9. 철학에서의 난점들은 낱말이 나타내는 어떤 특수한 마음의 상태가 존재한다고 주장되는 경우에 끊임없이 발생한다. 가령 마음의 상태에서 활동들로 나아갈수록, 철학적인 난점들은 더 단순해진다. 앎이나 기억함에 관해 이야기할 때, 나는 그러므로 특정한 마음의 상태나 다수의 마음의 상태에 가능한 한 가깝게 다가가는 "알다"와 "기억하다"의 의미에 관심을 둘 것이다. 그렇지만 앎과 관련된 것이 한 가지 특정한 마음의 상태가 아니라는 것은 강조되어야만 하며, 이는 기억함에 대해서도 마찬가지이다. 오늘 아침에 있었던 일들에 대한 우리의 기억을 들여다봄이라는 활동은 아주 특이하다. 그것은 분명 지난밤의 사건들을 기억함과는 다르다. 아리스토텔레스는 우리가 미래에 대해 생각할 때는 위로 바라보고, 과거에 대해 생각할 때는 아래를 바라본다고 주장했다. 그리고 기억함이 부분적으로는 한 사람의 근육들의 위치에, 또는 한 사람의 목의 느낌에 있다는 것은 아주 그럴듯하다. ("우리는 울기 때문에 슬프다"라는, 울음이 무정형 상태에 비본질적으로 수반되는 것이 아니라는 윌리엄 제임스의 언급과 비교하라.)[12] 내가 나의 치통을 기억할 때 무엇이

---

12 참고: 윌리엄 제임스(2014), 《심리학의 원리 3》, pp. 2040- 2041. 윌리엄 제임스 (2014), 《한 권으로 읽는 심리학의 원리》, pp. 496-497.

일어나는가? 아마도 일어나는 것은 그저 내가 그것을 기억한다고 내가 말한다는 것이다. 비록 보통 모종의 수반되는 것이 있지만 말이다.

상이한 종류의 기억들은 구분되어야 한다. 한 종류는 영화 촬영처럼 시간에 맞추어 지나간다. 다른 종류는 한꺼번에 주어지지만 멀리 떨어져 있는 이미지와 같다. 그리고 우리는 과거의 어떤 사건이 아니라 시나 곡조를 기억한다고 할 때 그러한 기억의 종류를 고려하지 못하면 안 된다. 이 경우에는 "그것을 기억함"은 "그것을 재생할 수 있음"을 의미한다. 하나의 시를 기억할 때 우리는 먼저 그 인쇄된 시를 시각화한 다음에 시를 말하지는 않는다. 우리는 그저 시를 말하기 시작하는데, 당혹스러운 것은 어떤 이행도 없다는 것이다. 만일 내가 영국 국가를 부를 준비가 되어 있다면, 확실히 모든 낱말이 내가 노래 부르기를 시작하기 전에 나의 머리를 지나가지 않으며 기껏해야 그것들의 한 부분만 지나갈 뿐이다. 그러나 그렇다면 영국 국가를 부르려고 하는 깃과 독일 국가를 부르려고 하는 것 사이의 차이란 무엇인가? 그 차이는 (1) "당신은 독일 국가를 부르려고 하는가?"라고 물었을 때 여러분은 그렇다고 대답하는 것이고, (2) 여러분이 그것을 하려고 한다는 것이고, (3) 여러분이 그것을 노래한다는 것일 수 있다.

생각함, 소망함, 기억함 등과 같이, 어떤 한 행동 A를 하려고 함은 종종 특정한 마음의 상태라고 생각된다. 그리고 같은 종류의 물음들이 제기된다. A를 하려고 함과 A를 하는 것은 무슨 관계를 맺고 있는가? 그 마음의 상태와 그 행동 사이의 연관은 무엇인가? 그것은 경험적인 것인가? "이 마음 상태에는 종종 'A'가 뒤따른다"와 같은 추가 증거가 없는 한 노래 부르려고 할 때 여러분은 여러분이 **무엇**을 하려고 하는지를 알아야만 한다. 우리가 "하려고 함being willing"이라는 말을 파생적인 뜻에서 근육들의 어떤 상태를 의미하는 것으로 사용한다고 하자. 우리가 이러한 뜻에서 "A"를 노래 부르려고 할 때, 우리가 **무엇**을 하려고 하느냐는 경험의 문제이다. 왜냐하면 이것은 실험에 의해 결정될 수 있기 때문이다. 하려고 함과 하려고 하는 것은 경험적으로 연결된다. 그러나 일상적인 뜻에서는, 하려고 함과 하려고 하는 것은 그렇게 연결되지 않는다. 만일 그렇다면 "당신은 당신이 A를 하려고 한다는 것을 어떻게 아는가?"라고 묻는 것은 뜻이 있게 될 것이다.

만일 "하려고 함"이 의식의 상태로 간주된다면, 그리고 만일 "당신은 당신이 "A"를 노래 부르려고 하는 것을 확신하는가?"라는 질문이 뜻이 없기를 원한다면, 여러분이 하려고 한다는 것을 앎은 여러분이 하려고 함your willingness에서 여러분이 하려고 하는 것what you are willing to do을 어떻게든 읽어냄에 있어야만 한다. 만일 하려고 함과 여러분이 하려고 하는 것 사이에 어떤 이행이 존재한다면 그 이행은 바로 이것, 즉 여러분이 하려고 함에서 읽어냄이라고 보일 것이다. 그런데도 우리가 어떤 행동을 하려고 할 때 일어나는 것을 바라보면, 그것을 하려고 함과 그것을 함 사이의 연결고리는 결여된 것처럼 보인다. 이러한 이행의 부재는 당혹스러운 것이다. 연결고리가 결여된 탓에 우리는 자동 장치처럼 행동하고 있다고 느낀다. 이와 대조해서, 하려고 한다고 말하는 살아있는 존재에 대해서 우리는 그 구별되는 특징이 그가 "A"를 부르려고 결심한다, "A"를 기억한다, 그런 다음 그것을 부른다는 것이라는 관념을 지니고 있다. 어떤 것을 하려고 함에 대해 우리가 지니는 그림은 우리가 결심하는 것이 한 가지 확정적인 활동이라는 그림이다. 우리는 일어나는 일이 그러한 행동과 경험적으로 연결되게끔 허용할 것인가? 아니다. 우리가 원하는 것은 우리가 하려고 하는 것이 이미 **수행된** 그러한 행동이다. 다시 말해 하려고 함은 그 행동을 포함해야만 한다. 큰소리로 노래 부르기를 하려고 함은 혼자 흥얼거리면서 노래 부르기와 같아야만 한다. 여기에는 여전히 침묵에서 큰소리로 노래 부르기까지 나아가는 한 이행이 존재한다. "A"는 이미 거기에 있어야만 하지 않는가? 그러나 만일 우리가 "A"를 노래 부르려고 하면서 부를 때 "A"가 현존해야만 한다면, "A"를 노래 부르려고 하면서 부르지 않을 때도 "A"가 현존해야만 한다는 것을 주목하라. 이와 유사하게, 어떤 것이 사실이라고 소망하거나 믿을 때, 우리는 그 사실이 일종의 그림자로서 존재하는 사실이기를 원한다. "A"를 노래 부르려고 함과 "A"를 노래 부르기 사이에 우리는 그림자와 같은 이행을 원한다. 혼자 흥얼거리면서 노래 부르는 것으로, 또는 노래를 부르려고 결심하는 것으로, 또는 그것을 기억하는 것으로 초래된 그러한 이행 말이다. 그리고 "당신은 "A"를 노래 부르려고 하는가?"라는 물음과 그 대답 사이에 우리는 또한 중간 단계를 원한다. 여기에서 **이해함**은 그 그림자이다. 외관상 우리가 항상 원하는 것은, [[우리가 어떤 것을]] 하려고 할 때 우리가 하려고 하는 것은 이미 행해져 있다는 것이며, 소망과 소망되는 것도 마찬가지이다.

"그러그러한 것을 하려고 준비함"은 "하려고 함", "소망함" 등과 아주 유사하다. 이 표현에 관하여 같은 수수께끼가 후자의 경우에서처럼 나올 수 있다. 나의 방법은 처음에는 수수께끼로 보이지 않는 유사한 경우를 취해서 그것에 관하여 우리가 항상 수수께끼로 느끼는 경우들에서와 같은 수수께끼를 얻는 것이다. 그러그러한 것을 하려고 준비함과 행해져야 하는 것은 매우 다르다. 우리는 모두 이것을 기꺼이 받아들인다. 하지만 우리는 그 준비에서 준비되는 것을 찾는다. 그러나 만일 그 준비가 준비되는 것과 다른 것이라면, 그것은 그것과 무슨 관계가 있는가? 준비와 준비되는 것 간의 관계는 무엇인가? 우리는 그 준비를 바라봄으로써 준비되는 것이 무엇인지 알아야만 하는가?

우리가 바로 이것을 준비하고 있다는 것은 가설이 아니다. 우리는 우리가 이것을 하기 위해 준비하고 있다는 것을 **믿는다**고 말하지 않는다. 만일 "나는 이것을 하기 위해 준비한다"가 과거의 경험으로 보아

도움이 될 듯한 어떤 일을 하는 것만을 의미한다면, 우리의 수수께끼는 사라질 것이다. 그러나 우리는 단지 한 행동이 다른 행동에 유용할 것이라는 점을 경험이 보여주기 때문에 그 한 행동을 그 다른 행동을 위한 준비라고 부르지는 않는다. 필요한 것은 그 이상이다. 그 난점에서 빠져나가는 한 가지 길은 이러하다: ""A"를 노래 부르려는 준비"를, 예를 들어 악보를 적음이라고 부르는 것. 그러면 "어떻게 우리는 우리가 "A"를 노래 부르려는 준비를 하고 있다는 것을 아는가?"와 같은 물음은 존재할 수 없다. 왜냐하면 준비한다는 것은 악보를 적는다는 것이기 때문이다. 만일 우리가 지금 행해지는 것을 알고 "이것은 준비이다"라고 말한다면, 그 물음은 일어나지 않는다. 준비가 무엇으로 성립하는가 하는 정의가 존재하는 경우는 아주 단순화된 경우이다. 그 정의는 "당신은 당신이 이것을 준비하고 있다는 것을 어떻게 아는가?"라는 물음에 대해 우리가 어떤 대답에 이를 수 있는지를 보여준다.

한 사람이 선반 위에 놓을 것을 준비하는 경우에는 그 수수께끼가 일어나지 않는데, "이것을 준비하기"라는 표현에 대해 심사숙고하는 경우에는 바로 수수께끼가 일어난다. 그렇게 되면 우리는 "그는 자신이 이것을 준비하고 있다는 것을 어떻게 아는가?"라고 묻는다. 그리고 만일 우리가 이 물음을 물을 수 있다면 우리는 또한 "그는 자신이 이것을 준비하고 있다는 것을 **아는가**?"라고 물을 수 있다. 이것을 묻게 만드는 난점은 같다: 그가 준비하면서 무엇을 하든지 그것은 그가 하려고 준비하는 것과 다르다는 것. 그가 노래 부르려고 준비하는 것을 그가 알고 있음에 대한 기준으로 우리가 부르게 될 것은, 예를 들어 그가 사용하는 낱말들에 대한 그의 설명, 즉 그것을 하는 것이 **아니라** 한 설명을 제시하는 것일 수 있다. 그리고 이는 문법적인 설명이다. 그에게 설명해 달라고 했을 때 주어지는 대답은 "그는 자신이 무엇을 하려고 준비하는지 아는가?"라는 물음이 무엇을 뜻하는지를 보여준다. 이와 유사하게, 우리가 무엇을 기대하는지를 알고 있음에 대한 기준은, 예를 들어 내가 스키너가 방으로 들어오기를 기대하고 있다는 것을 알고 있음에 대한 기준은, "방으로 들어옴"이 의미하는 것의 설명과 밖에 있는 스키너를 가리킴이다. 우리가 쉽사리 범하게 되는 오류는 기대되는 것이 이미 일어나지 않았다면 우리가 무엇을 기대하는지 알지 못한다고, 또는 우리가 준비하는 것이 이미 행해지지 않았다면 우리가 무엇을 준비하고 있는지 알지 못한다고 생각하는 것이다. 우리를 가로막는 난점은 일상 언어에서 한 어구, 가령 "…을 준비하기"가 그 관련된 행동이 행해지는 경우와 그러지 않는 경우 둘 다에 사용된다는 점이다. 예컨대 "A"를 노래 부르려고 준비하고 그것을 노래 부를 때, 그리고 "A"를 노래 부르려고 준비하고 그것을 노래 부르지 않을 때처럼.

이것이 난점의 전부이며, 우리는 이와 유사한 부정의 경우에 그것을 가장 잘 볼 수 있다. [[다음 문장에 대해 생각해 보자.]] (이 테이블은 녹색이다)가 아니다. 만일 내가 그것이 녹색이 아니라고 말한다면 내가 이 테이블에 관한 사실을 표현하는 것은 어떻게 되는가? 처음에는 부정이 뒤에 놓인 "이 테이블은 녹색이다"라는 문장은, 존재하지 않는 것을 가리키고 있기 때문에 아무런 의미도 지닐 수 없는 것처럼 보인다. 어떤 사람들은 부정을 피하려고 "녹색이 아니다"가 "갈색이거나 빨갛거나 파랗거나…"와 동일한 것을 의미한다고 말한다. 그러나 우리는 "테이블"과 "녹색"이 의미하는 것을 설명할 수 있으며, 이것으로 충분하다. 물론 이 설명이 부적합하며, 그것이 옳은 설명에 더 가깝다 하더라도 아주 충분한 것은 아니라고 반대할지도 모른다. 문제는 우리가 낱말 "아니다"가 어떻게 사용되는지를 이해하지 못한다는 것이다. "이 테이블은 녹색이다"라는 주장은 "이 테이블은 녹색이 아니다"라는 주장의 부분이 아니다. 이 말의 이해를 돕기 위해서, 낱말 언어가 아

114

니라 그림 언어에서 부정을 다루기로 하자. 즉 낱말 "아니다"를 사용하는 것 대신에 그림을 그리자. 그림 언어에서 내가 "펜싱에서는 이 자세를 취하지 말라"라고 말할 때 어떻게 여러분은 나를 따르고, 또 하지 않아야 하는 것을 어떻게 알게 되는가? 내가 여러분에게 체육을 가르칠 때 다음과 같이 진행한다고 하자. 내가 어떤 자세를 취할 때 여러분은 나를 따라 하고, 나는 여러분이 하고 싶은 대로 할 수도 있지만 이런 건 해선 안 된다는 걸 보여주기 위해 다른 종류의 자세를 취한다. 행해야 하는 것을 기술하기 위해 내가 이 언어에서 한 것은 기호법symbolism의 부분이다. 그림 언어에서 "p"는 두 가지 방식으로, 즉 주장된 것과 "p가 아니다"로 도입된다. 전자의 경우에는 "이것을 하라"와 함께, 그리고 후자에서는 "이것을 하지 말라"와 함께. 이제 "이것"은 어디에서 나타나는가? 오직 내가 실제로 하는 것에서. 그것은 그 언어의 부분이고, 신체 기호로 이루어진 부분이다. 사실이 아닌 것을 생각함과 사실인 것을 생각함 사이의 연관은 그 **기호**에 있다.

10. 기억에 대한 논의에서 제기되는 물음 중 하나는 다음과 같다. 나와 나의 신체는 동일시될 수 있는가? 두 사람이 같은 신체를 가질 수도 있기 때문에 "나"는 나의 신체를 가리키기 위해 사용되지 않는다고 논변할 수도 있다. 나는 낱말 "나"가 "나의 신체"와 동일한 것을 의미하지 않는다는 것, 즉 그것이 다르게 사용된다는 것을 깨닫는 것은 신체 이외에 어떤 한 새로운 존재자, 자아가 발견되었다는 것을 의미하지 않는다고 말하고 싶다. **내가 나의 신체와 동일시될 수 없기** 때문에, 어떤 다른 것이 있어야만 한다는 논변은 어떤 발견을 보고하고 있다는 인상을 준다. 발견된 것 전부는 "나"는 "나의 신체"와 동일한 방식으로 사용되지 않는다는 것이다. 만일 내가 "나는 치통을 갖고 있다" 대신에, 나의 신체는 치통을 갖고 있다고 말해야 한다면(나는 그러지

않을 것인데), 이는 단지 어떤 것을 잘못 표현하고 있을 뿐이다. 그것은 나와 같은 것이 전혀 없음을 함축할 것이며 "나"를 "나의 신체"로 대체하게 될 것이다. 이것은 수학자가 존재자로서의 수 따위는 존재하지 않는다고 (올바르게) 말하고 나서 수들은 종이 위의 표시들이라고 잘못 말하는 것과 같다.

자아는 기억들의 일종의 집합이라는 관념에 대해 생각해 보자. 어떤 사람이 "어제 당신은 무엇을 했는가?"라고 질문받는다고 하자. 그리고 그는 하루 걸러 다른 대답, 그러니까 하루는 그저께의 사건을, 다음 날은 어제의 사건을 규칙적으로 번갈아 가며 기술하고 대답한다는 점에서 특이한 기억력을 가지고 있다고 하자. 우리는 두 사람이 존재한다고 말할 수도 있을 것이다. (물론 우리가 지킬 박사와 하이드가 둘인지 하나인지 말하는 것은 용어법의 문제이다.) 그런데 그 둘이 통상적인 기억 현상을 보여주었다고 하자. 여기에서 우리는 그들 중 한 사람이 떠났다고 말하고 싶은 유혹을 느낄지도 모른다. 이 상황을, 하루 종일 잠을 잤기 때문에 또는 기억할 어떤 특별한 사건도 없었기 때문에 어제의 일을 기억하지 못하는 정상적인 기억력을 지닌 사람의 상황과 비교하라. 우리는 그날 그가 죽었다고 말하고 싶지는 않을 것이다. 두 경우 모두 하나가 그 다른 날들에서 했던 방식과 **같이** 행동하면 할수록, 우리는 그것[[그들]]이 **동일한** 사람이었다고 말하고 싶어질 것이다. 한 사람을 식별하는 다른 기준은 다음과 같이 상상할 수 있는 경우에 사용될 수도 있을 것이다. 머리 색과 목소리의 어조, 그리고 이마에 각각 다른 수의 가위표가 있다는 사실을 제외하면 서로 상당히 많이 닮은 종족이 있다고 하자. 그리고 이들 각각은 느림 따위의 특성으로 이루어진 성격을 뚜렷하게 지녔고, 이 성격들이 신체에서 신체로 옮겨 다닌다고 하자. 우리는 그 성격을 지니는 신체보다는 그 성격에 그 사람의 이름을 붙이고 싶어 할 것이다. 일군의 특징들이 신체

116

에서 신체로 이동하는 그러한 세계에서는, 다른 사람의 통상적인 대답들을 말하는 사람이 있다 하더라도, 그 사람의 기억이 무엇인지를 질문함으로써, 또 그렇게 해서 그들의 기억으로 사람들을 구분함으로써, 사람을 혼동하는 것은 불식될 것이다.

"누가 작년의 지진을 기억하는가?"라는 물음에 혹자가 신체를 가리키면서 "나"라고 대답했다고 하자. (이 대답에 관해서는 어떤 가설도 없다는 것을 주목하라. 그렇지 않으면 우리는 "기억하는 사람은 나라고 나는 생각한다"라고 말할 수도 있을 것이다.) "나"라고 대답할 때 신체를 가리키는 것이 자아를 가리키는 간접적인 방법이라고 간주하는 것에는 설명하기 어려운 기묘한 오류가 있다. 그것은 시각적 공간에서 대상들을 세는 것과 연결되어 있는데, 그렇게 셀 때 우리는 신체가 무엇에 대조되는지 이해한다. 우리는 신체들을 셀 수 있지만 자아는 어떻게 세는가? 나는 나의 자아를 무엇에 대조하는가? 다른 사람들의 이름은 신체를 지칭하는데, 그렇다면 자아에 대한 이름의 사용은 무엇인가? 우리는 자아의 이름은 신체와 연결된 가설적 존재자를 지칭한다고 말하는 데로 기운다. 그러나 이는 오류이다. 여러분 각자가 나 자신과 같이 자아를 가지고 있다고 가정하는 것은 비록 그들에게 1실링이 있는지 나는 모르지만 모든 사람이 각각 1실링을 가지고 있다고 가정하는 것과 같다. 나는 나 자신이 1실링을 가지고 있다는 것을 알고 있을 뿐이다. 거칠게 말하면, 내가 1실링을 가지고 있다는 가정은 하나의 그림이다. 그 가정의 작용은 소묘로 이루어질지도 모른다. 그러나 여러분 각자가 나 자신과 같이 자아를 가지고 있다는 가정은 무엇인가? 다른 사람들의 자아에 관해 이야기할 때, 우리는 모종의 공간적 관계를 생각한다. 우리 각자가 1실링을 가지고 있다는 가정을 검토하고, 그 가정이 우리 각자가 자아를 가지고 있다는 가정과 얼마나 다른지를 보자. 여러분은 우리가 1실링을 그릴 수 있다는 것이 첫 번째 가정의 본질이라고 보는가? 다른 사람들이 1실링을 지니고 있다고 가정하는 놀이의 일부는 그림을 그릴 수 있다는 것이다. 낱말 "실링"의 뜻은 우리가 하는 그 낱말의 사용에 의해 주어지고, 그 낱말을 포함하는 문장으로 우리가 하는 것의 일부는 그림을 보여주는 것이 될 것이다. 우리는 문장을 어떻게 사용하는가? 한 문장은 그 문장 "배후에서" 뜻을 지니지 않는다. 문장은 그것이 사용되는 계산체계에서 뜻을 지닌다. 문장 "여러분 각자는 자아를 가지고 있다"는 처음에는 문장 "여러분 각자는 1실링을 가지고 있다"와 같이 들렸다. 그러나 여러분이 그 문장들이 얼마나 상이한지를 볼 때, "여러분 각자는 자아를 가지고 있다"는 이내 다소 흥미를 잃어버린다. 자아를 가지고 있다는 가정이 1실링을 가지고 있다는 가정과 아주 다르다는 것은 물론 다른 사람들이 자아를 가지고 있다는 가정이 반드시 뜻이 없다는 것을 의미하지는 않는다. 그 가정은 다른 사람들이 살아있다는 것을 의미할 수도 있다.

이제 내가 꿈속에서 나의 신체를 바꾸었고, 그 새로운 신체가 "누가 꿈을 꾸었는가?"라는 물음에 "내가 그 꿈을 꾸었다"라고 대답했다고 하자. 그 새로운 신체가 그 꿈을 꾸었는가 하는 어떤 물음도, 그리고 **누가** 그 꿈을 꾸었는지에 관한 어떤 물음도 없을 것이다. 다음으로 내가 "비록 나는 다른 사람들을 그들의 신체 없이는 상상할 수 없지만, 나 자신은 내 신체 없이 상상할 수 있다"라고 말한다고 하자. 마치 "나는 누가 그 꿈을 꾸었는지를, 그리고 그가 어디에 있는지를, 즉 이 신체에 있다는 것을 알고 있다"라며 표현할 수 있는 일종의 앎이 있는 것처럼 보일 수도 있다. 그러나 "신체를 가지고 있지 않아도 나는 그 꿈을 꾼 사람이 바로 나라는 것을 여전히 알게 될 것이다"라고 말하는 것은 뜻이 있는가? 내가 신체를 가지고 있지 않으면서 꿈을 꾸었음을 **안다**는 것은 어떤 것일까? 만일 자아가 어떤 신체도 가지고 있지 않다면 우리는 어떻게 의사소통하게 될까? 물론 우리는 여러 곳에서 목소리가 들리는 것을 상상할 수도 있다. 그러나 "나"라는 낱말은 무슨 사용을 지니게 될 것인가? 동일한 목소리가 여러 장소에서 들릴 수도 있는 한 말이다. 나의 신체를 바꾼다고 가정하는 것은 뜻이 있지만, 신체 없이 자아를 가지고 있다고 가정하는 것은 뜻이 없다는 사실은, 낱말 "나"는 "이 신체"로 대체할 수 없다는 것을 보여준다. 동시에 "나"는 신체를 지칭함으로써 의미를 지닐 뿐이라는 것을 보여준다. 체스에서 이와 유사한 것은, 비록 킹이 이 나무 조각과 동일시되지 않을지라도, 이와 동시에 우리는 그 나무 조각에 상응하는 어떤 표시나 상징도 없는 순수한 킹에 관해 이야기할 수 없다는 것이다. 낱말 "나"의 사용은 입과 신체의 어떤 다른 부분들 사이의 경험된 상관관계에 의존한다. 이는 한 사람이 **그의** 손을 찔렸을 때 그가 고통을 느낀다는 것의 기준이 그의 입에서 [["아야"와 같은]] 말이 나온다는 것인 경우에 분명하다. 나는 낱말 "나"의 사용이 있는 것처럼 보이는 경우[즉 한 신체 없이 자아를 상상하는 것]를 기술하고, 하지만 더 면밀하게 탐구하면 그 경우 그러한 사용이 없다는 것을 기술하려고 했다. 이는 "나"가 그러한 상관관계 없이는 어떤 의미도 지니지 않는다는 것을 보여주기 위해서였다. "나"와 "이 신체"는 "체스의 킹"과 "그 나무 조각"과 마찬가지로 상호 교환될 수 없기 때문에, 이 신체를 가리키는 것이 나를 가리키는 간접적 방법이라고 말하는 것은 옳지 않다. 이 신체를 가리키는 것과 나를 가리키는 것은 다르다.

11. 내가 어떤 다른 사람의 이에서 치통을 가지고 있음이라는 예를 제시했을 때, 이는 어떤 상황에서는 우리가 "나"의 단순한 사용을 폐기하려는 강한 유혹을 받을 수 있음을 보여주기 위한 것이었다. 내 생각은 다음을 보여주기 위한 것이었는데, 이 낱말의 사용은 어떤 변치 않는 경험들에 의해 암시되고, 또 만일 우리가 이 경험들이 변했다고 상

상한다면, 낱말 "나"의 일상적 사용은 파괴되고 우리는 그 "나" 표기법이 사용될 수 있는 유일한 표기법이 아니라고 이해한다는 것이다.

이제 우리의 언어에서 어떤 것을 빠뜨릴 때 그럼으로써 우리가 다른 언어를 심하게 훼손했다는, 즉 우리의 상징체계symbolism에서의 어떤 변화들이 실제로 [[어떤 것을]] 누락시켰다는 생각을 고수하는 것은 혼동이다. 그리하여 우리는 만일 "나"가 누락되면, 남는 언어는 불완전해질 것이라고 느낀다. 우리는 우리가 인칭 대명사를 빠뜨린다면 현상을 불완전하게 기술하게 된다고 생각한다. 마치 우리가 그리하여 "나"가 우리의 현재의 언어에서 가리키는 어떤 것, 인격을 가리키는 것을 빠뜨리기라도 할 것처럼 말이다. 그러나 그렇지 않다. 한 상징체계는 다른 상징체계와 마찬가지이다. 낱말 "나"는 다른 것과 마찬가지로 **실천적** 사용을 지니는 한 가지 상징이고, 실천적 담화를 위해 필요하지 않을 때 폐기될 수도 있다. 우리가 "나"라는 낱말을 데카르트가 했던 것처럼 사용하기 시작하시 않는 한, 그 낱말은 실천직 생활에서 우리가 사용하는 다른 모든 낱말보다 더 눈에 띄지 않는다. 나는 데카르트가 "나"를 강조한 것에 대해 그 정반대를 여러분에게 설득하려고 노력했다.

우리의 언어가 한 상황을 기술하기에 부적절하다고 느낄 때마다 근저에는 단순한 종류의 오해가 있을 것이다. 우리는 우리가 우리 주위를 바라볼 때 실제로 보는 것, 가령 변화하는 하늘에 대한, 그리고 그 하늘을 기술할 수 있을 만큼 충분한 낱말들이 없다는 느낌에 대한 설명을 제시하려고 시도하는 경험을 종종 한다. 그렇게 되면 우리는 언어에 근본적으로 불만족하게 되기 쉽다. 우리는 그 경우를 그것이 비교될 수 없는 어떤 것과 비교하고 있다. 그것은 떨어지는 빗방울에 대해 "우리의 시각은 부적절해서, 비록 확실히 어떤 특정 수를 보긴 했지만, 빗방울을 몇 개 보았는지는 말할 수 없다"라고 말하는 것과 같다.

실제로는 우리가 보았던 빗방울의 수에 관해 이야기하는 것은 어떤 뜻도 없다. "너무 재빨리 지나가서 나는 못 보았다. 그것은 더 천천히 지나갈 수도 있었을 것이다"라고 말하는 것에는 유사한 무의미가 있다. 그러나 무엇과 비교하여 너무 재빠른가? 확실하게도 그것이 너무 재빨리 지나가서 여러분이 본 것을 알지 못한 것은 아니다. "**그것은** 더 천천히 지나갈 수도 있었을 것이다"라는 말로 무엇을 뜻할 수 있는가?

12. 우리가 불가능한 것이 무엇인지, 예컨대 벽난로 위 선반이 동시에 노란색이면서 초록색일 수 없다고 말해야 한다는 것은 기묘하다. 불가능한 것에 관해 이야기할 때 이는 마치 우리가 생각할 수 없는 것을 생각하고 있는 것처럼 보인다. 우리가 한 사물이 동시에 초록색이면서 노란색일 수 없다고 말할 때, 우리는 어떤 것을 배제하고 있다. 그런데 무엇을 배제하고 있는가? 우리가 초록색이면서 노란색인 것으로 기술하는 어떤 것을 발견하게 된다면, 우리는 곧바로 이것은 배제되는 경우가 아니라고 말하게 될 것이다. 우리는 어떤 경우도 전혀 배제하지 않았으며, 오히려 한 표현의 사용을 배제한 것이다. 그리고 우리가 배제하는 것은 뜻과 어떤 유사성도 지니고 있지 않다. 우리 대부분은 뜻이 있는 무의미와 그렇지 않은 무의미가 존재한다고 생각한다. "이것은 동시에 초록색이면서 노란색이다"라고 말하는 것은 "압 서 아Ab sur ah라고 말하는 것과 다른 방식으로 무의미하다고 말이다. 그러나 이것들은 동일한 뜻에서 무의미하며, 유일한 차이는 그 낱말들의 소리에 있다.

낱말들의 사용 규칙은 다음 두 가지 방식으로 어떤 결합들을 배제할 수 있다. (1) 배제되는 것을 듣자마자 무의미로 간주하는 경우, (2) 배제되는 것을 무의미로 간주할 수 있게끔 하는 연산들이 필요한 경우. 복합적 동어반복의 부정이 모순이라는 사실은 $x^2 + 7x + 6 = 0$은[13]

두 개의 정수근을 지닌다가 참이라는 것이 발견되는 것과 동일한 방식으로 발견된다. 연산들에 의해서 말이다. 우리는 예를 들어, "$x^2 = 2$일 때, S는 x 쌍들의 신발을 가지고 있다"가 뜻을 지닌다고, 왜냐하면 2차 방정식 $x^2 = 2$를 풂으로써 그 문장에서 뜻을 얻을 수 있다는 느낌을 받을 것이기 때문이라고 생각할지도 모른다. 그 결과가 무엇인지를 알지 못한다는 사실은, 우리가 그 문장이 "탁자들, 의자들, 신발들"과 종류가 다른 무의미라고 부를 수 있다고 생각하는 한 가지 이유이다.[14] 낱말 "무의미"는 어떤 것들을 배제하기 위해서, 그리고 다른 이유들 때문에 사용된다. 그러나 어떤 표현이 배제되지만 아주 배제되지는 않는다는 것은 사실일 수 없다. 어떤 표현이 불가능한 것을 나타내기 때문에 배제되는데, 그것을 배제할 때 우리가 그 불가능한 것을 생각해야만 하기 때문에 아주 배제되지는 않는다는 것 말이다. 우리는 "그것은 초록색이면서 노란색이다"와 같은 문장들을 배제하는데, 왜냐하면 우리는 그런 문장들을 사용하기를 원하지 않기 때문이다. 물론 우리는 이들 문장에 뜻을 부여할 수도 있다. 나는 이전에 가능한 것 또는 불가능한 것은 임의적인arbitrary 문제라고 말했다. 우리는 예를 들어, "초록과 노랑은 동시에 같은 장소에 있을 수 있다"가 뜻을 지닌다고 정할 수도 있다.

13. 우리는 가능성을 자연에서의 어떤 것, 우리가 상상할 수 있는 어떤 것으로 생각하는 경향이 있다. 거칠게 말하면, 가능성에 관해 이야기할 때 우리는 하나의 그림을 사용하고 있다. 우리가 "이것은 가능하

---

13 원문은 "$x^2 + 6x + 7$"로 되어 있지만, 명백한 오자이므로 수정했다.

14 "탁자들, 의자들, 신발들"의 원문은 "tables, chairs, shoes"인데, 이는 "tables chairs shoes"일 수도 있으며, 이 경우 이 표현은 "탁자들은 신발들을 의자한다"로 번역될 것이다.

다"라고 말할 때, 실제적인 것은 어떤 그림이다. 내가 영국 국가를 부르는 것이 가능하다고 말할 때 나는 그 악보를 시각화한다는 것을 의미한다고 하자. 그 악보는 사용된 그림이다. 그러나 어떤 사람은 "그것은 무엇을 그린 그림인가? 존재하지 않는 것의 그림인가?"라고 물을 것이다. 다음을 이해하는 데에는 중요한 난점이 있다: 우리가 어떤 것이 가능하다고 말할 때 우리는 가능한 것이 실제로는 사실이 아니라는 것을 알 수도 있는데, 그런데도 그 가능성이 무엇의 그림자인지를 아는 것은 어떻게 가능한가? 우리는 가능성에 대해서 그것은 잠재적으로 현존한다고 말하고 싶은 유혹을 받는다. 문장 "그것은 잠재적으로 현존한다"는 마치 우리가 어떤 것을 하는 것이 가능하다고 말하는 것을 넘어서는 어떤 설명을 한 것처럼 보이게 만든다. 그러나 실제로 우리는 한 가지 표현을 다른 것으로 대체했을 뿐이다. 이와 유사하게, p가 거짓일 때 'p가 아니다'는 참이라고 말함으로써 낱말 "아니다"를 설명한다면, 행해진 것은 "'p가 아니다'는 참이다"를 다른 문구로 대체한 것뿐이다. 우리는 한 낱말을 다른 낱말의 문법에 의해 분명하게 만드는 한에서만 한 낱말을 다른 낱말에 의해 분명하게 만들 수 있다. 낱말들 "아니다"와 "부정"은 하나의 사용이 다른 하나의 사용을 대체할 수 있도록 연관되어 있다. 우리가 범하기 쉬운 오류는 가령, 한 낱말 "부정"이 다른 낱말[["아니다"]]의 문법에 부합하는 현상을 기술한다고 생각하는 것이다. 그러나 낱말 "아니다"의 문법은 현상이 아니라 낱말 "부정"의 **문법**에 부합해야만 한다. 우리는 우리가 자연에서 용법의 표준을 세우고 있다는 관념을 지니지만, 사실상 우리는 문법에서 용법의 표준을 세우고 있을 뿐이다.

14. 우리는 한 문법적 규칙에 대하여 그것이 사실과 부합한다거나 모순된다고 말할 수 없다. 문법의 규칙들은 우리가 언어에서 기술하는

사실들과 독립적이다. 문법적 규칙이 사실과 독립적이라고 말하는 것은 우리가 잊어버릴 수도 있는 것을 여러분에게 단지 상기시킬 뿐이다. 그리고 그것을 언급하는 목적은 우리가 특이한 오해에 빠지는 것을 경계하기 위함이다.

어떤 혼란도 일어날 것 같지 않은 예, 즉 길이의 단위로 이용되는 어떤 한 자의 길이를 통해, 길이가 어떤 방식으로 임의적이고 어떤 방식으로 임의적이지 않은지를 설명할 수 있다. 우리가 실용적인 고려들 때문에 이 길이를 선택하고 저 길이를 선택하지 않는다는 뜻에서, 길이는 명백하게도 임의적이지 않다. 여기에서 그 길이가 임의적이라고 말하는 목적은 한 가지 특정한 오해[즉 약정convention은 사실들과 일치하거나 일치할 수 없다는 오해]와 맞서 싸우기 위함이다. 플리니우스Plinius는 수 10 다음에 수들이 반복된다고 말했다. 그는 수를 적는 방식 때문에, 그리고 이러한 방식이 수적 사실들numerical facts에 의해 결정되기 때문에, 그러하다고 생각했다. 이것은 오류인데, 수 체계는 임의적이기 때문이다. 플리니우스의 견해에서는, 어떤 다른 표기법은 수적 사실들과 일치하지 않을 것인데 왜냐하면 그 표기법은 수적 사실들과 가정상 일치하는 그의 수 체계와 다르기 때문이다. 플리니우스가 수에 관해 범한 것과 동일한 오류는 길이에 관한 오류로 바꿔 말할 수 있는데, 즉 어떤 한 지점, 가령 12인치 다음에는 길이들이 반복된다는 것 말이다.

어떤 문장은 명제이고, 다른 문장은 명제 같아 보이지만 명제가 아니다. 그것이 명제인지 아닌지는 약정들에 의존한다. 한 문장이 명제라는 것을 결정하는 약정들이란 무엇인가? 약정들을 그 자체로 진술하는 문장은 명제가 아닌 것처럼 보인다. 그럼에도 불구하고 우리는 약정들이 어떤 사실과 부합해야 하며, 이 경우에 약정들은 임의적이지 않다고 생각하는 경향이 있다. 원색에 관한 진술을 생각해 보자. 색깔이라고 불리는 것은 무엇이든 이 여섯 색깔 중 하나이거나 그것들의 혼합이라고 하자. 이는 우리가 오직 여섯 개의 원-색primary-color 낱말들을 지니기 때문에 우리의 색깔의 문법에서 일곱 번째 원색에 관해 이야기하는 것은 뜻이 없다는 것을 의미한다. "7번 원색"이라는 표현은 어떤 의미도 없다. 어떤 사람들은 이는 "색깔"의 문법이 어떤 자연의 사실들과 부합해야만 한다는 것을 뜻한다고 말할 것이다. 그러나 "일곱 번째 원색은 존재하지 않는다"와 "제작된 6 사이즈 옷이 맞는 6′ 2″ 사람은 존재하지 않는다" 사이에는 어떤 유사성도 없다. "만일 '색깔'의 문법이 임의적이라면 왜 일곱 번째 색깔은 없는가?"라고 당연히 질문할 수 있다. 대답은 또 다른 질문이 될 것이다: 그 새로운 도식은 관찰된 법칙들과 상충할 것인가? 어떻게 그럴 수 있는가? 일곱 개의 원색을 정다면체의 모서리에 배열할 수 없다는 것은 자연의 사실이 아니다. "일곱 번째 원색"에 대한 어떤 쓰임이 있을지 묻는 것이 합당할 것이다.

현재의 약정들에 따르면 분명하게도 뜻이 없는 문장들, 예컨대 한 사람이 경로를 따라 지구를 여행한다는 문장은 물론 어떤 뜻이 부여될 수 있다. 채택된 약정들을 임의적이라고 하는 까닭은 말해지는 것은 무엇이든 뜻이 부여될 수 있기 때문이다. 뜻이 부여**될 수 있다 해도**, 문법의 한 부분은 다른 부분들과 유사해야만 한다고 이의를 제기할 수도 있을 것이다. 이러한 요구를 검토해 보자. 어떤 사람이 우리의 공간은 3차원을 지니기 때문에 우리는 한 입자의 경로를 네 개가 아니라 세 좌표의 증감으로 기술할 수 있다고 말했다고 하자. 그는 3차원을 지니는 것은 공간의 본성이기 때문에, 이것은 우리의 문법을 제한한다고 주장할 것이다. 나는 이렇게 답변할 것이다. "4차원도 마찬가지 아닌가? 네 번째 변수는 어두움과 빛일 수 있다. 만일 그

입자가 더 어둡게 된다면, 네 번째 변수는 더 작은 값을 갖는다." 한 기술이 뜻이 부여되는 또 다른 예는 다음과 같다. 네 번째 차원은 어떻게 예수가 문을 통과하지 않고서 방으로 들어왔는지 이해하는 것을 쉽게 만들기 때문에, 과학과 종교가 더 일치하게 된다고 S가 말한다. 예수는 네 번째 차원으로 왔다. S는 이 설명이 그[[예수가 문을 통과하지 않고 방으로 들어왔다는]] 진술을 이해하기가 더 쉽게 만든다고 생각한다. 그리고 물론 그 진술은 이 용어들로 기술**될 수도 있다**. 우리가 네 번째 차원으로서 시간을 택하고, 예수가 있는 지점을 시계로 측정한다고 하자. 공간적으로 그가 어디에 있는지는 3차원으로 기술될 수 있으며, 사라지는 것과 다시 나타나는 것 사이에서 그가 어디에 있느냐는 네 번째 차원으로 기술될 수도 있다. 그런데 어떤 사람은 새로운 문법이 기존의 문법과 유사하기를 원한다면서 반대할지도 모른다. 그렇다면 거리를 $\sqrt{x_1^2 + x_2^2 + x_3^2 + x_4^2}$ 으로 제시함으로써, 공식에 관한 유사성을 유지하기로 하자. 물론 이것은 세 개의 차원들을 지니는 거리와 유사하다고 할 만한 유일한 것이 아니다. 보통 심리학적으로 우리의 관심을 몹시 *끄는* 한 가지 유비가 있다. 우리는 우리가 좋아하는 어떤 것이든 할 수 있지만, 어떤 약정들은 너무 번거로워서 쓸 수 없다는 것을 알게 될 것이다. 약정들이 번거로운지 그렇지 않은지는 우리의 본성과 자연적 사실들, 예컨대 물체들은 한 장소에서 사라졌다가 다른 장소에서 나타나지 않는다는 사실들에 달려 있다. 만일 이런 일이 일어나는 것처럼 보인다면 우리의 시각이 잘못되었다고 말할 수도 있지만, 우리는 이렇게 말할 **필요는 없다**.

15. 명제의 일반 개념에 대한 논의로 돌아가자. 우리는 어떤 일반 개념을 가지고 있는가? 만일 명제가 무엇인지를 설명해야만 한다면 우

리는 무엇을 할 것인가? 명제들은 모두 어떤 것을 공통으로 가지고 있지는 않으며, 오히려 중첩하는 유사성을 지니는 것들의 가족이다. 우리는 이 가족의 하위-군들sub-groups을 만들 수 있다. 예컨대 "저기에 창문이 있다"와 같은 가설, 그리고 이와 대조해서 또 다른 군을 형성하는, "나는 둘레가 어두운 밝은 반점을 본다"와 같은 직접적 경험의 기술 말이다. 직접적인 경험의 기술은 무엇을 의미하는가? 나는 예들을 제시했지만, 무슨 뜻에서 나는 이 군 둘레에 선을 긋는 일반 개념을 가지고 있는가? 이 가족 안에서 군들을 만들라고 요구받을 때, 나는 오직 예들만을 제시했고 제시할 수 있다. 두 가지 물음이 제기된다. 나는 어떤 일반적인 설명을 하지 않고서 이 군에 관해 이야기해도 되는가? 무슨 뜻에서 나는 주어진 예들 외에도 이 군에 대한 일반 관념을 지니는가? 일반적인 상징이 아닌 일반 관념은 아무 쓸모도 없다. 다시 말해, 내가 직접적 경험을 기술하는 명제에 관해 지니고 있다고 주장하는 어떤 일반 관념도 상징으로 사용되지 않는다면 아무런 쓸모도 없다. 만일 그것이 한 그림 또는 가설적인 두뇌 상태로 간주되고 상징체계에서 사용되지 않는다면 그것은 아무런 흥미도 없는 것이다. 나의 절차는 **직접적 경험을 기술하는 명제**라는 관념의 사용을 바라보는 것이다. 그 관념의 사용은 예들로 설명된다. 이 예들은 그것을 기술하는 서투른 방법이 아니다. 나는 "한 공식에 대한 너의 관념이란 무엇인가?"라는 물음에 대한 대답에서 유사한 것을 한다. 나는 공식들을 적음으로써 내가 공식이라는 말로 의미하는 것을 기술한다. 낱말 "공식"과 공식들은 주어져 있고, 그 외의 어떤 것도 제시되지 않는다. 여러분이 "공식"이라는 낱말을 이해한다고 말할 때 나는 만일 여러분이 이해하는 것이 나의 설명과 모순된다면 여러분이 이해하지 못하고 있다고 책망할 수 있다.

　낱말 "명제"는 "놀이"와 "뜻"이 예들을 모음으로써 설명되는 방식으로 설명된다. 그 예들은 충분히 분명한 관념을 준다. 정의를 통해 선을 그은 사람은 더 분명한 관념을 지닌다고 간주될지도 모른다. 그리고 만일 여러분이 좋다면 여러분은 정의를 내릴 수 있다. 그러나 보통 우리는 그러지 않는다.

비록 우리가 일반적인 정의를 통해 명제가 무엇인지를 말할 수 없을지라도, 우리는 계산체계에서 우리가 가지고 있던 일반 관념을 사용할 수 있는 것으로 **보였다**. 프레게와 러셀은 올바른 언어의 사용 밑에 놓이는 **유일한**the 계산체계로 보이는 계산체계를 구성했다. 논리학자들은 명확한 정의를 제시한 것처럼 보이지만, 반면에 나는 예들을 그저 제시하면서 명제의 관념을 설명했다. 내가 한 것은 논리학자들이 이야기하는 그 명확한 관념과 어떻게 비교되는가? 논리적 계산체계는 충분히 명확하지만, 그것은 근본적이지 않으며 아주 적용 가능한 것은 아니다. 왜냐하면 정의는 어떤 것들에는 상당히 잘 적용될 것이지만 다른 것들에 대해서는 거의 그러하지 않을 것이기 때문이다.

16. "모든 것들에 대해서 그러그러한 것은 사실이다"를 뜻하는, 러셀의 계산체계의 표기법 "$(x)fx$"가 뜻이 있는지 각각의 사례에서 검토될 필요가 있다. 그것은 원래는 "모든 사람은 죽는다"와 "여기에 있는 모든 사람은 회색 플란넬 바지를 입고 있다"와 같은 일상 언어의 진술들을 기호화하기 위해서 사용되었다. 이후 아주 다른 문법이 적용되는 "기수들의 수열에 있는 모든 수", "이 평면의 모든 점들"을 다루는 데로 확장되었다. 일반성의 문법과 부정의 문법은 믿을 수 없을 정도로 애매하다. 내가 "이 정사각형은 하얗다"를 "이 정사각형의 모든 점들은 하얗다"로 해석한다고 하자. 러셀에 따르면, 이것은 "이 정사각형에는 한 점이면서 하얗지 않은 것은 존재하지 않는다"라고 말하는 것과 같을 것이다. 그리고 "이 정사각형은 완전히 하얀 것은 아니다"는

"하얗지 않는 점이 적어도 하나 있다"가 될 것이다. 이제 **한 점이** 하얗지 않다는 것은 **어떻다는** 것인가? 우리는 그것에 뜻을 **부여할** 수도 있을 것이다. 그러나 "이 정사각형은 하얗다"를 "모든 점들은 하얗다"로 해석할 때 우리는 추가되는 약정들 없이는 "한 점은 하얗지 않다"에 뜻을 부여할 수 없다. 문법들 간의 차이를 보기 위해서, 여러분이 "모든 점들은 하얗다"와 "그 정사각형에 있는 모든 원들에는 가운데에 검은 점이 있다"와 같은 명제들을 어떻게 검증하게 될지를 자문하라. "$(x)fx$"와 "$(\exists x)fx$"의 경우에 둘 다 러셀은 한 **사물**thing을 나타내기 위해 괄호 안에서 "x"를 취한다. "검은 점이면서 그 정사각형 안에 있는 한 **사물**이 존재한다"라고 말하는 것은 무슨 뜻이 있는가? 러셀은 "'나는 한 사람을 만났다'='나는 사람인 어떤 것thing을 만났다'"라고 말하며, "모든 사람은 회색 플란넬 바지를 입고 있다"는 "사람인 모든 것들things은 회색 플란넬 바지를 입고 있다" 또는 바꿔 말하면, "사람이면서 회색 플란넬 바지를 입고 있지 않은 것은 존재하지 않는다"를 뜻한다고 말한다. 우리는 사람인 어떤 **것**에 관해 이야기할 수 있는가? 그리고 우리는 사람이면서 회색 플란넬 바지를 입지 않은 것이 존재하지 않는다는 것을 결정하기 위해 모든 것을 조사해야 하는가? 괄호 안에 있는 "x"는 사람들을 나타내며, 사물들을 나타내지 않는다.

"모든"과 마찬가지로, 부정 또한 상이한 문법들을 가지고 있다. 한 명제의 부정이 명제들의 선언選言과 같은가 하는 물음이 제기되었다. 어떤 경우에는 그러하다. 예컨대 "이것은 원색[15] 중 하나이지만 빨강은 아니다"는 "이것은 하얗거나 노랗거나 초록이거나 파랗거나 검다"를

---

15 비트겐슈타인은 원색을 여섯 가지 색(빨강, 파랑, 노랑, 초록, 하양, 검정)으로 간주하기도 하고 네 가지(빨강, 파랑, 노랑, 초록)로 간주하기도 한다. 여기서는 여섯 가지로 논의하고 있다. 참고: Wittgenstein(1980), *Wittgenstein's Lectures, Cambridge, 1930-1932*, ed. Desmond Lee, The University of Chicago Press, p. 12.

의미한다. 그러나 "스미스는 이 방에 있지 않다"에 대응하는 **어떤 선언도 없다.** 이 명제를 "스미스는 거기에 있거나 거기에 있거나…등등" 으로 번역하려고 하겠지만, 여기에서 "등등"은 선언이 아니다.

17. 가능하다고 불리는 것과 가능하다고 불리지 않는 것은 어떤 뜻에서는 임의적이다. 우리는 비록 아무도 이 의자에 앉아 있지 않을지라도 누군가는 그럴 수 있다고 말한다. 이는 대충 "문장 '어떤 사람은 이 의자에 앉아 있다'는 뜻이 있다"를, 다시 말해서 어떤 사람이 그 의자에 앉아 있을 논리적 가능성이 존재한다는 것을 뜻한다. 어떤 수소가 정상적인 원자가의 여섯 배를 갖는다는 것은 이론적으로 가능하다. 즉 어떤 한 이론에서는 가능하다. 이는 어떤 이론들에서는 가능할 것이지만 비실용적이다. 어떤 이론들은 실용적이고 어떤 이론들은 비실용적이다. 비실용적인 체계들은 거부되는데, 마치 거부되는 것이 거짓인 것처럼 다루어지면서 거부된다. 문법적 체계에 대한 거부는 길이의 표준에 대한 거부와 같다. [그리고 한 문법, 상징체계를 수용하는 것은 길이의 표준을 수용하는 것과 같다.] 다른 비교를 생각해 보자. 즉 모든 명제는 각각 실재의 그림이라는 것. 여기, 그림들과의 비교에서 우리는 낱말 "그림"의 사용을 확장하는데, 우리는 이를 아주 쉽게 받아들이는 경향이 있다. 그러한 확장들은 예들 사이의 이행들을 보여주는 데 아주 값진 것일 수도 있다. 왜냐하면 그 예들은 외곽에서 보면 다르게 보이는 가족을 형성하기 때문이다. 가족, 예컨대 식물들의 가족이 어떤 모습인지는 우리가 무엇을 표준으로 삼느냐에 따라 달라질 것이다.

    우리가 피하고자 하는 오류는 이것이다: 어떤 형식의 상징체계를 거부할 때, 우리는 마치 한 명제를 거짓인 것으로 거부했던 것처럼 그 상징체계를 바라보는 경향이 있다. 한 측정 단위에 대한 거부를 마치 그것이 명제 "그 의자는 높이가 2피트가 아니라 3피트다"에 대한 거부인 것처럼 다루는 것은 잘못이다. 이 혼동은 모든 철학에 퍼져 있다. 철학적 문제를 마치 표현의 문제가 아니라 세계의 사실에 관여하는 것처럼 간주하는 것은 이와 동일한 혼동이다.

나는 한 가설을 거짓인 것으로 거부하는 것과 한 상징체계를 비실용적인 것으로 거부하는 것 간에는 차이가 있다는 것을 지적했다. 그러나 그중 하나에서 다른 것으로의 이행들이 있다. 어떤 가설에 따르면 타원형을 그리며 운행하는 행성이 실제로는 그러지 않는다고 하자. 그렇게 되면 우리는 보이지 않으면서 그 행성에 영향을 주는 또 다른 행성이 존재해야만 한다고 말하게 될 것이다. 우리가 우리의 궤도의 법칙들이 옳다고, 다만 그 행성에 작용하는 다른 행성을 보지 못할 뿐이라고 말하는지, 아니면 그 법칙들이 옳지 않다고 말하는지 하는 것은 임의적이다. 여기에서 우리는 가설과 문법적 규칙 사이의 이행을 지닌다. 만일 우리가 어떤 관찰을 하든 가까이에 한 행성이 존재한다고 말한다면, 우리는 이것을 문법의 규칙으로 설정하고 있는 것이다. 그것은 어떤 경험도 기술하지 않는다. 그렇게 되면 우리는 기묘한 변경을 하도록 강요받을 수도 있다. 우리는 그것을 설명하기 위해 나머지 모든 것을 조정해야 할 것이다. (그 방에 하마가 존재한다는 가설을 받아들일 때 요구되는 변화를 생각해 보라.) [명제들과 문법의 규칙들의 상이한 역할들을 예증하기 위해서], 피트 길이의 표준이 내 방에 있는 자라고 하고, 또 그리니치 자가 이 자와 정확하게 일치한다고 하자. [[그러면]] "그리니치 자는 사실상 길이가 1피트이다"라고 말하는 것은 한 명제를 주장하는 것이며, 반면에 현재로서는 이렇게 말하는 것은 뜻이 없다. 그것은 하나의 정의이다.

우리는 한편으로는 낱말 "참"과 "거짓"에 의해, 다른 한편으로는 "실용적"과 "비실용적"에 의해 가설과 문법적 규칙을 구분할 수 있다. 우리는 명제들에 대하여 실용적이거나 비실용적이라고 말하지 않는다.

낱말들 "실용적"과 "비실용적"은 규칙들을 특징짓는다. 규칙은 참이거나 거짓인 것이 아니다. 그러나 이제 가설들과 함께 우리는 낱말들의 쌍들을 둘 다 사용한다. 한 사람은 한 가설이 그르다고(다른 것들을 재조정하는 것이 내키지 않을 때), 다른 사람은 그것이 비실용적이라고(다른 것들을 재조정할 수 있다는 것을 인정하면서) 말한다. 한 문장이 가설로 사용되느냐 아니면 문법적 규칙으로 사용되느냐를 결정하는 것은 한 놀이가 체스인지, 아니면 그 놀이의 어떤 단계에서 들어오는 새로운 규칙에 따라 구분되는 체스의 한 변형인지를 결정하는 것과 같다. 우리가 그 단계에 이르기까지는, 어느 놀이가 진행되고 있는지 놀이를 바라보고 말할 어떤 방법도 없다.

어떤 사람이 모든 계산은 세 개의 운동 법칙과 달랑베르의 법칙[16]으로 이루어진다는 방식으로 역학을 배웠다고 하자. 그가 이 법칙들을 변형했고 에너지의 변형 법칙을 발견했다고 하자. 여기에서 우리는 다음과 같이 물을 수 있다. 그는 역학의 새로운 부분을 발견했는가 아니면 수학의 새로운 부분을 발견했는가? 뉴턴의 법칙에 부합하는 현상이 기술될 때, 다른 기술은 만일 그것이 비실용적이라면 역학에서의 발견이라고 불리지 않을 것이다. 그러나 그것은 새로운 **수학**일 수도 있다. 그는 새로운 놀이를 만들었다.

우리가 어떤 것을 역학의 새로운 부분이라고 부르기를 거절하게 되는 경우들이 있다. 헤르츠의 역학을 생각해 보자. 이 역학에서는 뉴턴의 세 개의 법칙들은 단일한 법칙, 즉 관성의 법칙의 형태로 대치된다.

---

16 달랑베르의 원리. "질량 m에 힘 f가 작용하여 가속도 a가 생겨날 때 운동 방정식은 '$ma=f$'로 되지만, 이 관계식을 바꿔 써서 '$f+(-ma)=0$'으로 나타내면 두 개의 힘 f와 관성력 $-ma$가 서로 균형을 이룬다고 할 수 있다. 이처럼 관성력을 포함하여 생각하면 가속도가 있는 동역학적 현상도 힘의 균형을 다루는 정역학으로 연구할 수 있다는 원리이다. 1743년에 프랑스의 물리학자 달랑베르가 처음 세웠다."(《표준국어대사전》)

다시 말해 질점들material points의 체계는 정지 상태에 있거나 가장 똑바른 직선을 따라 균일한 속도로 운동한다는 법칙으로 대치된다(후자는 이미 정의된 것이다). 이제 어떤 사람이 세 개의 법칙으로 역학을 구성했다고 하자. 우리는 "이것은 새로운 역학이 아니다. 그것은 헤르츠의 역학 위에 세워진 것이다"라고 말할 수도 있다. 그러나 그것은 수학의 새로운 부분이다. 수학의 새로운 부분과 역학의 새로운 부분을 혼동해서는 안 된다. 그것들을 혼동하는 것은 수학을 현재의 수학 기초론에서 다루어지는 것처럼 여기는 것이다. 마치 그것이 환원되고 환원될 수 있는 것처럼, 그리고 새로운 것이 아닌 것처럼 말이다. 우리는 수학을 환원할 수 없다. 우리는 단지 새로운 것을 만들 수 있을 뿐이다. 한 증명의 크기는 축소될 수 있지만, 수학의 몸체는 그렇지 않다. 동일한 논점이 체스에도 적용될 수 있다. 우리가 기물들을 옮기는 방식으로 체스가 정의된다고 하고, 또 어떤 수를 산출하는 새로운 방식이 발견된다고 하자. 이것은 기존의 놀이를 환원하는 것이 아니다. 그것은 새로운 놀이를 만드는 것이다.

철학에서 하는 것을 보여주기 위해서 나는 규칙을 가지고 놀이를 하는 것과 그저 놀이를 하는 것, 또는 그 둘 사이의 이행인 방식으로 놀이를 하는 것을 비교한다. 우리가 바라보고 있는 것은 규칙에 따라 행해지는 놀이와 비교되는, 언어의 사용이다. 그 두 가지 극단적인 경우, 즉 가설로서 문장을 사용하는 것과 문법적 규칙으로서 문장을 사용하는 것을 제시하는 것은 유용하다.

18. 논리학의 법칙들, 예컨대 배중률과 모순율은 임의적이다. 이 진술은 조금 반감을 불러일으키지만 그럼에도 불구하고 참이다. 수학의 기초에 대해 논의할 때 이 법칙들이 임의적이라는 사실은 중요한데, 왜냐하면 수학에서 모순은 골칫거리이기 때문이다. 모순은 'p이고 p가

아니다' 형식의 명제이다. 모순을 차단하는 것은 대단히 호감을 불러 일으킬 수 있는 표현 체계를 수용하는 것이다. 이는 우리가 모순을 사 용할 수 없다는 것을 의미하지 않는다. 사실상 모순은 예를 들어 "나 는 그것을 좋아하고 그것을 좋아하지 않는다"라는 진술에서 사용된다. "모순"이 그러한 경우에 적용하기 위해 사용되지 않는다는 반론에 대 해, 또 "나는 좋아한다"는 "나는 좋아하지 않는다"와 모순되지 않는다 는 반론에 대해, 나는 만일 우리가 우리의 체계를 일차적인 것으로 간 주한다면 그러한 반론은 참이라고 받아들인다. 만일 우리가 한 사물은 동시에 빨갛고 빨갛지 **않을 수 없다**고 말한다면, 우리가 뜻하는 것은 **우리의** 체계에서 우리가 이것[[한 사물은 동시에 빨갛고 빨갛지 않다]]에 어떤 의미도 부여하지 않았다는 것이다. 채택된 표현 체계는 채택된 막대자와 같다. 이제 어떤 경우에 자가 적용되는 방식을 기술할 때 우 리는 유사한 경우에 막대자를 사용하는 방식을 열어 둔다. 우리는 물 체의 실제 길이라는 말로, 철로 만들어진 막대자가 그 물체와 같은 온 도일 때 보여주는 길이를 의미할지도 모른다. 또는 다양한 온도에서의 상이한 모든 측정값을 실제 길이라고 **부를 수도 있다**. "나는 그것을 좋 아하고 그것을 좋아하지 않는다"가 모순이 적용되는 경우가 아니라는 반론은 막대자가 견고하지 않으면 쓸모없다는 반론과 유사하다. 그러 나 어떤 경우에 우리는 탄력성을 **원할**지도 모른다. 그리고 한 모순적 인 명령은(전혀 명령이 아니라고 말할 수도 있을 터인데), 불확실성을 산출하기 위해 사용될 수도 있다.[17] 왜 모순들로 가득 찬 수학이 있으

---

17 모순적인 지시(명령)는 "그 방을 떠나라 그리고 그 방을 떠나지 말라"와 같은 것이 고, 동어반복적 지시(명령)는 "그 방을 떠나라 또는 그 방을 떠나지 말라"와 같은 것이다. 모순적인 지시는 《비트겐슈타인의 수학의 기초에 관한 강의》, 제18강의와 제19강의에서 논의되고 있다. 참고: "모순적인 지시를 줌에 있어서, 나는 어떤 효과 —가령, 여러분의 입을 크게 벌리게 하거나 여러분을 마비시키는 것—를 산출하기 를 원했을 수도 있다. (…) 어떤 의미에서는, 모순이 작동하지 않는다고 말하는 것은

면 안 되는가? 우리는 종종 이중부정 ~~p를 ~p를 의미하는 것으로 사용한다. 우리가 이중부정을 그런 방식으로 의미하지 않는다고 말하는 사람은 종류가 다른 이중부정이 존재한다고 말하고 있다. 이는 이중부정을 한 경우에는 부정을 산출하고 다른 경우에는 부정을 산출하지 않는다는 자연의 사실로 여기는 것이다. 모순율은 우리의 표현 법칙으로 사용될 수 있지만, 그럴 필요는 없다. 모순은 수학에서 금지되는 것으로서 또는 허용되는 것으로서 다루어질 수 있다. '2+2=4'와 '2+2=5'는 함께 쓸모없을 수는 있지만, 거짓은 아닐 수 있다. 그것들은 함께 새로운 수학을 제공하게 될 것이다.[18]

나는 모순인 것으로서 "나는 그것을 좋아하고 그것을 좋아하지 않는다"를 거부하는 것, 만일 그 문장을 사용한다면 우리는 일상적인 비-모순을 사용하는 동일한 방식으로 그 문장을 사용할 수 없다는 반론에 대해 더 논평하고자 한다. 이제 여러분은 무엇을 **할 수 없는가**? 그리고 여러분을 가로막는 장애물은 무엇인가? "적용"이라는 낱말은 여러분의 반론을 이해하기 쉽게 만든다. 여러분은 "우리는 'p이면서 p가 아니다'를 사용하는 규칙들의 체계를 만들 수 있지만, 그 적용은 다를 것이다"라고 말한다. 그러나 어떻게 여러분은 그 적용에 관해 이야기하지 않고, 마치 모순율의 적용이 그 법칙과 독립적인 것처럼, 기호들의 체계에 관해 이야기할 수 있는가? 내가 두 손을 한 방식으로 모으

참이 아니다. 왜냐하면 만일 우리가 모순적인 지시의 경우에 행동 규칙을 준다면, 모든 것은 아무 문제가 없는 것처럼 보일 것이기 때문이다. 예를 들어 "그 방을 떠나라 그리고 그 방을 떠나지 말라"는 "머뭇거리면서 그 방을 떠나라"를 의미하게 될 것이다."(비트겐슈타인(2010), 박정일 옮김, 《비트겐슈타인의 수학의 기초에 관한 강의》, 올(사피엔스21), p. 267.)

18 동어반복들의 모임뿐만 아니라 모순들의 모임으로 논리학을 할 수 있다는 비트겐슈타인의 생각은 비트겐슈타인(2010), 《비트겐슈타인의 수학의 기초에 관한 강의》, pp. 288-289에서 확인할 수 있다

면 서로를 완전하게 덮지만 다른 방식으로는 그렇지 않는다고 말했다고 하자. 그리고 나서 내가 두 손이 두 경우 모두 서로를 덮는다고 말했다고 하자. 어떤 사람은 나중의 경우에 "덮다"가 다른 방식으로 사용되고 있다고 반대할 것이다. 나는 "어떻게 당신은 덮는 어떤 것을 지칭하거나 지칭하지 않고서 '덮다'를 설명하기를 바라는가?"라고 묻게 될 것이다. 두 손이 만일 다르게 겹쳐진다면 동일한 방식으로 서로를 덮을 수 없다고 말할 때, "덮다"는 독립적으로 정의되었는가?[19]

　동일한 반론과 동일한 물음이 다음의 상황에서 일어난다. 여러분은 '2+2=5'가 성립하는 산수는 '2+2=4'가 성립하는 산수가 적용될 수 있는 동일한 방식으로 적용될 수 없다고 반대한다. "동일한 방식"은 정의되었는가? 다시, 내가 "만일 한 사람이 나만큼 키가 작다면 그 출입구로 지나갈 수 있지만, 만일 그가 키가 8피트라면 그 출입구를 또한 통과할 수 있지만 동일한 방식으로는 아니다"라고 말했다고 하자. 만일 내가 "동일한 방식으로"라는 문구를 뜻이 있게 사용할 수 있다면, 그 방식은 그 출입구로 지나감이라는 생각과 독립적으로 나에게 주어져 있어야만 한다. 또 다른 예로 그 논점을 설명해 보자. 내가 길이 A를 밑에 있는 선 위로 투영한다고 하자.

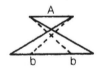

19　참고: "여러분은 어떤 사람이 오른손과 왼손을 겹치도록 하는 방식을 찾는 것을 그만두도록 할 수 있는가― 만일 그가 아직 어떤 방식을 찾지 못했을 뿐이라고 말한다면? 만일 여러분이 "보다시피, 잘되지 않습니다"라고 말한다면, ……그는 "알고 있습니다. 나는 아직 그것을 찾지 못했습니다"라고 말한다.― 우리는 어떤 방법이 없다는 것을 단지 **결정**하고 있을 뿐이다."(비트겐슈타인(2010), 《비트겐슈타인의 수학의 기초에 관한 강의》, pp. 347-348.)

그리고 내가 그것을 또한 b–b 위로 투영할 수 있었다고 주장한다고 하자. 어떤 사람은 내가 이것을 동일한 방법으로 할 수 없다고 반대한다. 그러나 무엇이 동일한 방법인가? 그는 자신의 **표현**에 허점을 남겼다. 만일 투영에 대한 나의 기술이 그 전체 도형을 기술하지 않았다면, 즉 내가 A를 투영했던 방법이 그 투영된 선에 도달하지 않았다면, 나는 투영된 선, 투영, 그리고 투영의 **방법**을 가져야 할 것이다. 반면에 만일 "방법"이라는 낱말에서 내가 그 전체 도형을 가정했다면, 내가 그것을 동일한 방법으로 b–b 위에 투영할 수 없었을 것이라고 말하는 것은 뜻이 없을 것이다. 여기에서 이 방법을 택할 수 없다고 말하는 것이 뜻이 있기 위해서는, "그 방법"이라는 어구는 둘 다에 적용되어야만 한다.

"나는 그것을 좋아하고 그것을 좋아하지 않는다"가 모순과 동일한 방식으로 사용되지 않는다는 반론으로 돌아가자. 우리가 모순율이라고 부르는 것은 무엇인가? 그 논리식, 또는 논리식 더하기 적용? 만일 우리가 후자를 의미한다면, 우리는 마치 그 적용이 법칙과 독립적인 것처럼 그 적용에 관해 이야기할 수 없다. 낱말 "방식"은 낱말 "유사한"에 대응하며, 이는 "어떤 다른 것"을 의미하지 다시금 동일한 것을 의미하지는 않는다. 우리는 "한 방법a way"을, 만일 그 방법이 기술되는 것 **안에 포함**된다면, 독립적으로 설명하는 것을 바랄 수 없다. 만일 모순들이 허용되는 논리학을 **동일한 방식으로** 적용할 수 없다고 말한다면, 이러한 생각으로 오도하는 것은 장애물이 있는 것처럼 보인다는 것이다. 한 낱말은 어떤 것을 열어 두면서 동시에 그것을 닫기 위해서 사용된다. 가정된 것으로 보이는 것은 어떤 한 길a way이 제시되었고 또 우리는 그 길의 끝에 이를 수 없다는 것이다. 사실 어떤 한 길은 기술되지 않았다. 만일 어떤 한 길을 제시할 때 우리가 또한 그 길의 끝을 제시한다면 그 길의 끝에 도달하지 않는 것을 합당하게 반대할 수 없다. 만일 오직 하나의 끝이 있고 다른 끝이 차단된다면 어떤 한 길에 관해 이야기하는 것에는 어떤 뜻도 없다. 낱말 "다른"을 사용할 때 여러분은 그 낱말에 허점을 제공했고 또 그것을 막아 버렸다.[20]

---

20 참고: "여러분은 만일 모순을 지니면, 여러분의 계산체계는 쓸모없게 될 것이라고 말할 수도 있을 것이다. 그러나 이는 여러분이 그것에 대해 어떤 종류의 사용을 하고자 하는지에 의존하게 될 것이다.—혹자는 다음과 같이 말하기를 원한다. "당신은 그것이 (가령 산술이) 모순을 포함한다면 우리가 그것에 대해 지금 행하는 사용과 동일하게 사용할 수 없을 것이다." 그러나 "**그것**에 대한 사용"? 이 말은 기묘하다. 사실상 우리는 어떤 모순도 지니지 않는 산술을 사용한다. 이제 만일 우리가 어떤 다른 산술을 지닌다면, 우리가 그것을 동일한 방식으로 사용할 수 있느냐 하는 점은 우리가 여전히 그것을 "그 산술을 동일한 방식으로 사용하는 것"이라고 부르게 될 것이냐 하는 점에 의존한다. 우리는 아무것이나 **동일한 사용**이라고 부르려 하지 않을 것이다." (비트겐슈타인(2010), 《비트겐슈타인의 수학의 기초에 관한 강의》, p. 329.)

제II부
비트겐슈타인의
1934-35년 강의

마거릿 맥도널드와 앨리스 앰브로즈의 노트에서

Wittgenstein's Lectures
1934-35

미클머스 학기
1934

강의 I

우리가 말하는 것은 쉬울 수 있지만, 그 말을 하는 이유를 알기는 매우 어려울 것이다.

나는 명제의 일반 관념general idea으로 시작하고자 한다. 첫째, 우리에게는 대체 그러한 관념이 있는가? 논리학책에서 제시되는 명제에 대한 대부분의 정의, 명제란 참이거나 거짓인 것이라는, 또는 한 사고의 표현이라는 정의는 쓸데없다. 왜냐하면 우리는 그 정의에 나오는 용어를 이해하지 못하기 때문이다. 만일 한 명제가 무엇인지를 설명하기 원한다면, 우리가 할 수 있는 일은 예들을 제시하는 것이다. 이로써 우리는 그 일반 관념을 얻을 수 있다고 말할지도 모른다. 그렇다면 일반 관념을 지닌다는 것에 대한 기준이란 무엇인가? 예를 들어 식물의 일반 관념에 대해 생각해 보자. 만일 상이한 식물들, 가령 양치식물, 제라늄, 그리고 많은 다른 식물들을 보여준 뒤에 한 사람에게 식물을 하나 가져오라고 요청했다고 해보자. 이때 그가 본 적 없는 것, 가령 제비꽃을 가지고 온다면, 우리는 그가 **식물**의 일반 관념을 지니고 있다고 말한다. 다시 말해 우리는 그의 행동을 통해 그것을 추론한다. 그러나 우리가 **추론**하는 것은 무엇인가? 우리는 지각할 수 없지만 그는 지각할 수 있는 어떤 것이 그의 마음속에 있다고 대답하기 쉬울 것이다. 만일 내가 한 식물을 생각할 때 **나의** 일반 관념을 지각한다는 것이 무엇인지를 설명해야 한다면, 내성의 어려움이 있는 것으로 보인다. 나는 그 관념이 아주 재빠르게 지나가서 그 관념을 내가 붙잡을 수 없다고 말하기 쉬울 것이다. 내가 붙잡은 것은 그 일반 관념, 즉 동반하는 이미지들과 무관한 것이다. 또는 나는 그 관념은 무의식적이라고, 내가 낱말 "식물"을 사용할 때 실제로는 그 관념을 지각하지 않는다고 말할지도 모른다. 그 낱말은 반半-자동적으로 사용되고, 그 관념은 거의 알파벳이 마음속에 있는 방식으로, 즉 우리가 외우지 않아도 마음속에 있지만 외우라고 요청받으면 외울 수 있다는 것을 알고 있는 알파벳과 같이 마음속에 있다. 우리는 마음을 사물들이 저장되는 일종의 저장소로 생각하는 경향이 있다. 이러한 뜻에서 그 관념이 마음속에 있다고 말하는 것은 하나의 가설이다. "마음속에", "머릿속에"는 과학자가 전기를 설명하기 위해 사용하는 모형과 같이, 한 모형을 지칭하기 위해 사용되는 어구들이다. 모형은 가설이 진술되는 상징체계의 부분이다. 가설은 무엇보다도, 기대(여기서는 마음속에 **식물**의 관념이 있는 사람이 식물을 가져오라고 요구받을 때 하게 될 것)를 표현하는 데 이바지한다.

일반 관념에 대한 또 다른 생각은 그것이 윤곽선이 모호한 일종의 일반적인 그림 또는 합성 사진이라는 것이다. 이렇게 생각하려는 것은 위험하다. 왜냐하면 여러분이 가령 식물의 일반 관념을 지니고 있을 때 자신을 검사하면, 보통 여러분은 자신이 합성 이미지든, 특정한 식물이나 나뭇잎의 이미지든, 그러한 내적인 시각적 경험을 지니고 있지 않다는 것을 발견할 것이기 때문이다. 이를 깨달으면 여러분은 그와 같은 어떤 것, 덜 조악한 어떤 것이 있어야만 한다고 말할지도 모른다. 이는 철학적 문제의 한 신호이다. 여러분이 "식물"이라는 낱말이 포함된 문장을 듣거나 사용할 때 마음속에서 무슨 일이 일어나는지에 대한 설명은, 만일 여러분이 그 문장을 이해하고 있으며 앵무새처럼 발화하는 것이 아니라면, 십중팔구 다음과 같을 것이다. (1) 마음속에는 어떤 이미지가 존재한다. (2) 검사해 보면 어떤 이미지도 발견되지 않는다. (3) 만일 하나의 이미지가 아니라면, 그 일반 관념은 더 파악하기 힘든 어떤 것이어야만 한다. 기묘한 것은 이 파악하기 힘든 것이 전혀 발견되지 않는다는 점이다. 여러분의 마음속에서는 어떤 것도 전혀 진행되지 않을 수 있지만, 그래도 여전히 여러분은 앵무새처럼 말하는 것이 아닐 수 있다.

우리 마음속에 그러한 일반 관념이 존재해야 한다고 믿게 되는 것은 무엇 때문인가? 무엇보다도 우리가 가령 제비꽃이나 장미와 같은 특정한 식물들에 친숙해야만 한다는 것은 **식물**의 일반 관념에 대해서는 충분하지 않기 때문이다. 그리고 우리는 식물의 일반 관념이 전혀 없어도 이 식물들의 관념을 지닐지도 모른다. 우리는 낱말 "식물"을 **이해**하기 위해서는 우리의 마음속에서 진행되는 어떤 것이 있어야만 한다고 생각한다. 우리는 그 낱말을 이해한다고 할 때 우리가 의미하는 것은 마음속에 있는 과정이라고 말하고 싶어 한다. 그러나 이 활동은 **언제** 일어나는가? 그 낱말들이 들릴 때인가 아니면 들린 직후인가 아니면 언제인가? 마음속에는 일단의 종들과 같은 것이 있어서, 한 낱말이 들릴 때 하나가 울리고, 한 문장이 들릴 때 여러 개가 차례대로 울리는가? 아니다. 그렇지 않다. 만일 우리가 "낱말을 이해함"을 대충 그 낱말을 사용할 수 있음을 의미한다고 간주한다면, 이해함이 무엇인지를 설명하는 곤경에서 빠져나오는 길이 있다. 이 설명의 요점은 "한 낱말을 이해함"을 "한 낱말을 사용할 수 있음"으로 대체하는 것이며, 후자는 활동을 가리키는 것으로 쉽게 생각되지 않는다. "언제 낱말을 이해하는가?"라는 물음과 "언제 낱말을 사용할 수 있는가?"를 비교하면, 우리는 전자에 대해서는 "사용 동안에 또는 후에"로 대답하는 경향이 있지만 후자에 대해서는 그렇지 않다. 그 낱말을 사용할 수 있음은 그 사용의 **동반물**이 아니다. 이해함은 그런 것처럼 보이지만 말이다.

실제로 문장에 있는 낱말들은 이런저런 것, 이미지나 이미지가 아닌 것에 의해 매우 자주 동반된다. 예를 들어 "빨강"이라는 낱말을 이해할 때 무슨 일이 일어나는지 질문받으면, 여러분은 "빨간색 이미지"라고 대답하는 경향이 있다. 여러분은 어떤 초록색 이미지를 떠올릴 수도 있지만 말이다. 여러분은 자주 이미지들을 떠올리며, 바로 이것이 일반 관념은 여러분의 마음속에 있다는 생각, 그리고 낱말을 이해함은 그 낱말에 동반되는 활동이라는 생각을 하는 한 가지 이유이다. 또한 우리가 어떤 다른 것을 생각하면서 어떤 것을 말하거나 이해함 없이 말할 때처럼, 말하기는 생각함 없이 진행될 수 있기 때문에 말하기와 이해하기를 동시에 진행되는 두 활동이라고 생각하는 것은 자연스럽다. 그러나 [[이로부터]] 이해함이 말하기의 한 동반물이라는 것이 따라 나오는가? 알파벳을 말하라는 지시에 응해서 알파벳을 외우면서 말했다고 하자. 무슨 방식으로 그 스물여섯 개의 문자들이 그 사람이 요구받은 것에, 그리고 그 지시에 대한 그의 이해에 포함되어 있는가? 그것들이 포함되어 있다는 것은 분명하다. 그러나 그 지시를 이해할 때 그는 그 알파벳을 속으로 외워 말해야만 하는가? 아니다. 만일 z를 빠뜨리는 것만 빼고 우리가 아는 것처럼 알파벳을 알고 있는 어떤 사람이 있다고, 또는 "알파벳"을 스물여섯 개의 문자들의 통상적인 순서와 다른 순서로 이해하는 사람이 있다고 가정해 보자. 그렇다면 우리는 그 사람이 "알파벳"이라는 말로 우리가 이해하는 것과 같은 것을 이해하고 있는지 아니면 다른 것을 이해하고 있는지를 물을 수도 있을 것이다. 만일 다른 것이라면, 이 차이는 이해함에 있어야 한다.

"이해함"이라는 낱말은 두 가지 상이한 방식으로 사용된다. 하나는 낱말이나 문장을 듣거나 발화하는 것에 동반되는 과정을 암시하는 것처럼 보이는 방식이고, 다른 하나는 동반물과는 아무런 관련이 없는 것처럼 보이지만 낱말이나 문장을 사용할 수 있음과 같은 방식이다. "할 수 있음"이라는 표현은 그것의 사용에 대한 우리의 기준이 어떤 것을 함, 그것을 했음, 우리가 할 수 있다고 말함 등과 같은 그런 것이다. 우리가 낱말을 들을 때마다 어떤 특이한 정신적 사건이 실제로 일어날 수도 있다. 나는 이를 부정하려는 것이 아니다. 여러분이 한 낱말을 들을 때 여러분의 뇌 속에서 불빛이 반짝이거나 종과 같은 것이 울릴 수도 있다. 그러나 이 경험이 "낱말을 이해함"이라는 말로 의미하는 것인가? 그렇지 않다. 비록 어떤 정신적인 것이 이해함에 포함되어 있을 수 있고, 심지어 우리가 정확하게 무엇인지 말할 수 없다고 할지라도 말이다. 나는 "이해하다"라는 용어의 정의를 제시하려는 것이 아니다. 나는 단지 우리가 [[무언가를]] 이해할 때 경험이 항상 존재**해야만 한다**는 생각에 반대하고 있을 뿐이다. 왜냐하면 "이해하다"라는 낱말을 사용하는 아주 많은 경우에 "…의 사용을 알고 있음"을 대입할 수 있기 때문이다. 그 밖의 다른 경우에는 그렇게 대입할 수 없는데, 왜냐하면 우리는 그 낱말을 혼합된 방식으로 사용하기 때문이다. 그렇지만 우리는 그것은 항상 이렇거나 항상 저렇다고 말하고 싶어 한다. 경험이 아니라면, 무엇이 **모든** 경우에 그러그러한 일이 일어난다고 말하도록 하는가? 그러나 우리가 낱말을 이해할 때 정신적 동반물이 존재해야만 한다고 말하게 만드는 것은 여기에서는 경험이 아니다.

강의 II

어린아이가 낱말을 사용할 수 있을 때 우리는 그 아이가 관념을 파악했다고, 낱말을 **이해한다**고 말한다. 이는 그 아이가 그 낱말을 사용할 수 있음이 하나의 가설이라고 말하는 방식일 수 있으며, 그러면 우리는 그 아이가 그 낱말을 앞으로 올바르게 사용할 수 있다는 것을 믿어도 되는지 알아보기 위해 그 아이를 시험한다. 그 아이가 그 일반 관념을 지니고 있다는 가설은, 여태 아무도 열어보지 못해 어떻게 작동하는지 모르는 시계처럼, 외부에서 보기 때문에 우리가 알지 못하는 가설적 기계장치mechanism라는 가정에 대응한다. 우리는 시곗바늘이 돌아가는 것을 보고 그러한 내부의 작동이 있기 때문에 바늘이 돌아갈 것이라는 가설을 세운다. 그리고 그것들의 모형을 만들 수도 있을 것이다. 우리는 매우 자주 이런 방식으로 관념을 생각한다. 관념은 어떻게 작동하는지 우리가 알지 못하는 기계장치와 같다. 어떤 정신적인 것이 이해 안으로 들어오지만, 우리가 기대했을 방식으로 들어오지 않으며, 내성에서도 드러나지 않는다.

어떤 사람이 식물이 무엇인지를 안다고 말할 때 그 진술에 대해 생각해 보자. 이렇게 주장할 때 그는 자신의 마음속에 있는 어떤 것을 가리키고 있는가? 그의 대답은 "아니다"이지만, 그것을 알고 있었는지 또는 아닌지를 고려했을 때, 그의 마음속에서 진행되는 어떤 것이 있었다고 그는 대답한다. 나는 그가 식물이 무엇인지 안다고 말했을 때 그의 마음속에는 그 정의가 의식적으로는 있지 않았다고, 그리고 그것이 무의식적이라고 주장하는 것은 가설적인 기계장치를 가정하는 것과 같다고 주장하려고 한다. 우리는 [[상호]] 모순적인 두 가지 방식으로 일반 관념을 지닌다는 생각을 살펴보고 있다. (1) 그 낱말이 사용되기 전쯤에, 사용되는 동안에, 또는 사용된 다음에 곧바로 일어나는 과정으로서, 그리고 (2) 그 낱말을 사용할 수 있음과 같은 것으로서. 우리는 낱말 "이해하다"를 그 낱말이 발화되는 동안에 일어나는 과정과 관련해서는 좀처럼 사용하지 않는다. 대부분의 경우 낱말 "이해하다"는 그러그러한 것을 할 수 있음을 의미하는 데 사용된다. 한 사람이 명령을 이해할 때 어떤 그림들이 종종 그의 마음속에 나타난다는 것은 참이다. 비록 [[다른 경우에는]] 종종 그렇지 않지만 말이다. 만일 "이해하다"라는 말이 그러한 그림이 나타난다는 것을 의미한다면, 나는 그 낱말을 실제로는 사용되지 않은 방식으로 사용하고 있다.

강의 Ⅲ

다음의 물음들은 중요하다. 정의를 내리는 것은 어떻게 우리가 일반 관념을 지니고 있다는 것을 보여주는가? 정의를 내리는 것은 낱말이 발화될 때 어떤 일이 일어나**야만 한다**는 것을 증명하는가? 또는 그 일반 관념을 지니고 있다는 것은 그 정의를 내릴 수 있음을 의미하는가? "할 수 있음"이란 무엇인가? 그것은 성향인가 아니면 그 낱말에 동반되는 느낌인가? 정의를 내린다는 것은 일반 관념을 지님과 같은가? 이 둘은 상이하다고 주장되어 왔다. 이제 그 차이는 정의를 내림과 정의를 내릴 수 있음 사이의 차이인가? 만일 여러분이 나에게 "당신은 이것을 들어 올릴 수 있는가?"라고 질문하고 내가 "그렇다"라고 대답하면, "할 수 있음"은 무엇을 의미하는가? 내가 [[들어 올리기를]] 시도하고 성공하지 못한다고 하자. 나는 할 수 있었는가? 가능한 두 가지 대답이 있다: (1) 그렇지 않다. 나는 틀렸다. (2) 그렇다. 할 수 있었지만, 지금 나는 할 수 없다. 만일 내가 나는 틀렸다고 대답한다면, 그것을 들어 올릴 수 있다는 주장은 하나의 가설이었다. 두 번째 대답은 가설이 아니다.

여러분이 이미 혼자서 휘파람을 불었던 경우에, 혼자서 휘파람 불기는 소리 내어 휘파람을 불 수 있음에 대한 널리 인정된 한 가지 기준이다. 여기에서 소리 내어 휘파람을 불 수 있음은 약간 다른 일을 하는 것이다. 나는 소리 내어 휘파람을 불 수 있음을 혼자서 휘파람 불기를 할 수 있음의 한 징후라고 부른다. 정의를 내림은 일반 관념을 지님의 한 징후이다.

여러분이 공 하나로 놀이를 하는 사람들을 보았고, 그러한 백 개의 놀이를 본 다음에 그 놀이의 규칙들을 쓰라고 요구받았다고 하자. 일상적인 놀이에서는 여러분이 시간이 지난 후 이 일을 할 수 있다는 것을 인정해야 한다. 이제 규칙에 따라 놀이하는 것과 그냥 뛰어노는 것 사이에는 온갖 종류의 중간 단계가 있다. 우리의 언어도 이와 유사하다. 낱말의 사용을 관찰하면, 규칙들이 분명한 경우들과 그렇지 않은 경우들이 있을 것이다. "들어 올릴 수 있다", "거나한 저녁 식사를 할 수 있다", "지겨운 교제를 견딜 수 있다"에서의 "할 수 있다"의 사용[["할 수 있다"가 쓰이는 방식]]에 대해 생각해 보자. 사람들은 이 모든 사용들에는 어떤 공통된 것이 있다고 말한다. 그러나 그 사용들 사이의 유사점들은 그렇다기보다는 **중첩되어** 있다.

강의 Ⅳ

"정의를 내릴 수 있음"에서 "할 수 있음"이라는 말은 다양한 것을 의미한다. (1) 의식적인 마음의 상태, (2) 예를 들어 두개골 수술을 통해 알 수 있는 두뇌의 한 상태, (3) 요청을 받으면 정의를 제시할 수 있다고 말하는 것. 단일 문구로서 "일반 관념을 지님"은 일반 관념을 지니는 모든 경우에 공통적인 한 가지 현상이 존재한다고 생각하게 하지만, 특정한 경우들을 검사해 보면 그렇지 않다는 것이 드러난다. 하나는 빨갛고, 하나는 초록인 두 개의 색깔 반점에 대해 생각해 보자. 이들 색깔이 공통으로 지니는 것은 **빨강이거나 초록임**being either red or green이다. 이것은 가령 두 탁자가 공통점이 있다거나 또는 켄타우로스[1]와 사람이 어떤 것을 공통으로 지닌다는 것과 같은 뜻에서 공통된 어떤 것을 지니는 것이 아니다. 사람들은 대부분 느낌과 같은 것이 일반

---

1 그리스 신화에 나오는 반인반마의 괴물.

관념을 갖는 모든 경우에 공통적이라고 생각한다. 내가 일반 관념을 지님과 지니지 않음 사이의 차이란 무엇인가? 그 차이는 나의 반응들에 있다.

"우리는 식물의 일반 관념을 가지고 있는가?"라는 물음은 잘못 제기된 것이다. 왜냐하면 이는 그 물음에 대답하는 것이 인구통계 조사를 하는 문제라고 시사하기 때문이다. 어려움은 우리가 일반 관념에 관해 이야기하기 시작했을 때 일반 관념을 지님이라는 말로 의미했던 것을 확신하지 않게 된다는 것이다. "일반 관념이란 무엇인가?"라는 물음에 대답할 수 있는가? 나는 그 물음에 답하지 않을 것이지만, 낱말의 사용에 관해 어떤 것을 말할 것이다. 그러한 물음에 대답하는 대부분의 경우 우리는 보통 용법에 관해 어떤 것을 말한다. 나는 이만큼만 말할 것이다: 우리가 "나는 일반 관념을 가지고 있다"라고 말하는 온갖 종류의 경우가 있다.

강의 V
우리가 명제의 일반 관념을 지니고 있느냐 하는 물음으로 돌아가자. 어떤 일반 관념을 설명하는 것과 관련된 난점은 우리가 역동적이고 정적인, 일반 관념의 두 가지 모순적인 측면들을 결합하려고 한다는 것이다. 대개 우리는 메커니즘의 관점에서 사물을 생각한다. 사물을 생각한다는 것의 요점은 그것이 보이는 방식에서 그리고 내가 정적(운용하는, 보이는 등)이라고 부를 시험에서, 또 우리가 그 메커니즘의 작동을 시험하기 전에 만들어지는 시험에서, 우리가 그것이 어떻게 **작동할지** 결론을 내린다는 것이다. 예를 들어 우리가 한 나사못을 검사하고, 가령 그것의 나삿니들이 망가지지 않았다는 것을 알게 되었다면, 우리는 나사못에 어떤 일을 하면 무슨 일이 일어날지 안다고 말한다. 나사못이 보이거나 느껴지는 방식은 그것이 작동하게 될 방식을 나타낸다. 하지만 그것이 보이는 방식으로부터 그것이 그러그러하게 작동할 것이라는 것은 **따라 나오지** 않는다. 왜냐하면 예를 들어 내 것처럼 보이지만 뚜껑이 열리지 않을 만년필을 우리는 상상할 수 있기 때문이다. 우리는 그 만년필의 나삿니와 뚜껑을 검사하고 그것이 그러그러한 방식으로 작동할 것이라고 예측하지만, 이러한 방식으로 작동할 것이냐 하는 것은 하나의 가설, 추측이다. 어떤 정적인 시험도 **없다.** 즉 한 메커니즘이 사용되기 전에 우리가 그 메커니즘에 대해 제기하고, 그것이 어떤 한 방식으로 작동할 것이라고 우리가 **알** 수 있게끔 할 그러한 시험은 없다. 이것은 항상 가설적이다. 어떤 작동을 기대할 때 우리는 틀릴 수도 있다.

우리는 아주 적은 확정적인 가능성들의 관점에서 사물을 생각하는 것에 익숙하다. 만일 두 개의 실린더 중 하나가 다른 것보다 더 작다면, 우리는 하나가 다른 하나 안에서 돌 것이라고 말한다. 만일 그것이 돌지 않으면, 우리는 어떤 것이 그것을 멈추게 한 게 틀림없다고 말한다. 우리는 왜 그것이 돌지 않는지 아주 의아해 할 것이고, 그것이 돌지 않는 데에는 어떤 한 **원인**이 있어야만 한다고 말할지도 모른다. 그러나 이는 어떤 상황에서는 돌 것이고 다른 상황에서는 그러지 않으리라는 것보다 더 많은 것을 의미한다. 만일 아무것도 잘못되지 않았다면 그것은 돌 것이라고 말하는 것은 아무것도 의미하지 않는다. 나는 그것이 돌지 않는다고 가정할 수 없는가? 여기에는 한 가지가 다른 것으로부터 논리적으로 따라 나오는 경우가 없다. 그것은 하나의 추측이다.

바퀴가 피스톤 막대와 연결된 도표를 볼 때, 우리는 그것이 어떻게 작동할 것인지 한 가지 관념을 갖는다. 우리는 그 바퀴가 밀가루 반죽으로 만들어져 있다거나 갑자기 타원형이 될 것이라고 가정하지 않는다. 하지만 어떻게 우리는 이 일들이 일어나지 않으리라는 것을 아는가? 우리가 우리는 그 바퀴가 **견고한** 채로 남는다고 **가정한다**고 대답한다고 하자. 그것이 견고하다는 말로 우리는 무엇을 의미하는가? 단지 바퀴가 그 가정된 방식으로 작동하리라는 것인가, 아니면 다른 어떤 것인가? 처음 볼 때는 그 바퀴와 피스톤의 작동이 그러그러할 것이라고 도출되는 한 가지 정적인 시험이 존재하는 것처럼 보인다. 그러나 이제 우리는 우리가 시험해야 하는 견고성을 가정하고 있다는 것을 발견한다. 사물을 구부리려고 시도하는 것과 같은 정적인 시험들이 있다. 그러나 이들 시험으로부터는 그것이 견고하다는 것이 **따라 나오지** 않는다. 그것은 하나의 추측이지만, 우리가 항상 하는 것이다. 왜냐하면 우리는 어떤 작동에 부합하는 어떤 메커니즘에 익숙하기 때문이다. 우리는 만일 그 물체가 견고하다면 우리가 추측하는 것이 일어나야만 한다고 말할 수 없다. 왜냐하면 견고성 자체는 경험적 시험들로 확립되는 것이기 때문이다. 만일 시험에서 얻은 결론이 추측이 아니라면, "이것은 견고하다"는 그 사물이 그러그러하게 할 것이라는 사실을 포함해야만 할 것이다. 즉 그 사물이 무엇이냐는 그것이 하는 것들의 집합이다.

이제 이러한 논의를 메커니즘으로서의 일반 관념이라는 생각에 적용하는 것을 생각해 보자. 우리는 그 일반 관념을 정적이라고 또 동시에 일어날 것을 조건 짓는 것으로 생각하는 경향이 있다. 그것에 대한 우리의 생각이란 메커니즘에 관한 것인데, 우리는 그 메커니즘의 존재로부터 우리가 이런저런 방식으로 일반 낱말을 사용할 것이라는 점이 **따라 나온다**고 생각한다. 우리는 한 낱말의 사용이 실타래에서 실을 잡아당기는 것과 같다는 잘못된 생각을 지니고 있다. 낱말의 사용은 전부 거기에 있고 단지 풀기만 하면 될 뿐이라고 말이다. 그리하여 우리는 낱말의 어떤 사용들을 그 일반 관념과 부합하는 것으로, 그리고 어떤 다른 사용들은 그렇지 않은 것으로 이야기한다. 만일 여러분이 나에게 "이것은 식물인가?", "저것은 식물인가?"라고 묻는다면, 그리고 내가 "그렇다" 또는 "아니다"라고 대답한다면, 이들 대답은 나의 일반 관념이 무엇인지를 보여준다. 그러나 내가 식물의 관념을 지니고 있다고 말할 때 나는 나의 마음속에 이 대답들을 모두 가지고 있지는 않다. 그리하여 그 일반 관념은 "이것은 식물인가?"라는 물음에 대한 대답들이 그것과 부합하는지에 의해 시험되어야 하는 어떤 정적인 것으로, 마음속에 있는 성향으로 간주된다.

　그 관념과 일치하거나 불일치하는 것은 어떤 기묘한 방식으로 그것 안에 포함되어 있는 것으로, 그것으로부터 따라 나오는 것으로 보인다. 일치하거나 불일치하는 것은 그 관념에 의해 강제되는 것처럼 보인다. 나는 우리가 두 가지 상이한 것을, 자연의 법칙과 우리 자신이 설정한 규칙을 혼동한다는 것을 보여주려 한다. 철로 만들어진 기계장치가 어떤 방식으로 시험될 때 그러그러하게 작동할 것이라는 진술은 자연법칙이다. 그 기계장치의 도표에서 하나의 선을 움직여 각도를 변경한다는 진술은 기하학 진술이며, 물리학 진술이 아니다. 그 선을 움직인 결과는 우리가 설정한 규칙들을 따른다. 이 규칙들은 우리의 상징체계의 규칙들이다. 이 방에 있는 물체의 길이가 실제로 팔 길이의 배수라고 하자. 만일 우리가 측정을 위하여 한 단위를 고정하기를 원한다면, 단위로서 팔을 선택하는 것은 자연스러울 것이다. 그러나 이는 단지 편리할 뿐이다. 우리는 이렇게 하라고 **강요받지** 않는다. 어떤 철학자는 물체들이 팔 길이의 배수라는 자연적 사실과 팔이 측정의 단위로 선택된다는 사실, 즉 하나의 규약인 사실을 뒤섞을 것이다. 그것들은 밀접하게 연결되어 있지만 완전히 상이하다. 하나는 경험의 사실이고, 다른 것은 상징체계의 규칙이다. 우리가 설정한 규칙은 경험의 사실들에 의해 대단히 강하게 시사되는 것이다. 기하학과 산수는 길이의 단위를 설정하는 규칙과 비교할 수 있는 상징체계의 규칙들만으로 이루어져 있다. 실재에 대한 그것들의 관계는 어떤 사실이 어떤 기하학과 산수를 실용적으로 만든다는 것이다. 만일 우리가 40 더하기 20을 셈할 때마다 61을 얻는다면, 우리의 산수는 어색해질 것이다. [[또는]] 우리는 이것이 참인 산수를 구성할 수도 있을 것인데, 이는 61이 60과 같다고 말하는 것이 아니다. 규칙은 사물들이 어떤 방식으로 작용하는 것이 항상 관찰되었기 때문에 선택된다.

내가 여러분에게 "이것은 **초록**이다"라고 말하면서 한 견본을 주고 초록인 어떤 것을 가져오라고 요구했다고 하자. 만일 여러분이 나에게 어떤 노란 것을 가져왔고 내가 그것은 나의 초록의 관념과 일치하지 않는다고 말했다면, **나는 자연의 사실을 기술하고 있는 것인가?** 아니다. 어떤 노란 것이 초록 견본과 불일치한다고 말하는 것은 일치에 관한 하나의 규칙을 제시하는 것이다. 노랑이 초록과 불일치한다는 것은 초록이나 노랑의 본성에 있는 어떤 것으로부터도 따라 나오지 않는다. 대신에 나는 초록과 불일치하는 것은 초록과 함께 있을 때 불결해 보이는 것이라고 말할 수 있고, 노랑은 초록과 일치한다고 말해질지도 모른다. 만일 어떤 것이 한 관념이나 사고와 일치하거나 불일치한다고 말해진다면, 우리는 그것이 일치하거나 일치하지 않는다는 것을 **발견**하지 않는다. 일치와 불일치라고 불리는 것은 하나의 규칙으로 설정된 것이다. 그리고 그 규칙은 유용하거나 그렇지 않다. 초록이나 노랑이 그 초록 견본과 일치한다는 것은 기하학의 부분이며, **초록**의, 역학의 부분이 아니다. 즉 그것은 "초록"의 문법의 부분이며 자연법칙이 아니다.

강의 Ⅵ

일반 관념이라는 생각, 또는 낱말을 이해함이 불러일으키는 주된 어려움 중 하나는 우리가 그것이 어떤 확정적인 시간에, 가령 그 낱말이 이해될 때, 현존하는 어떤 것이기를 원한다는 것이다. 그리고 우리가 지니는 관념은 귀결을 지니며 시간의 흐름에 따라 작동한다고 가정된다.

예를 들어 식물의 관념은 내가 어떤 것을 식물과 동일화하거나, 지시를 받았을 때 한 식물을 가져오거나, "식물"을 정의하는 일 등을 하도록 한다고 가정되고, 이런 현상들은 그 관념과 일치하거나 불일치한다고 간주된다. 만일 "일반 관념"으로 우리가 일치와 불일치의 **원인**을 의미한다면, 어떤 어려움도 없을 것이다. 왜냐하면 그렇게 되면 그 관념은 모종의 반응이 있는 산acid과 같은 존재하는 것이 될 것이기 때문이다. 그러나 우리는 그 관념과 현상, 즉 그것과 일치하거나 불일치하는 현상 간의 관계가 단지 인과관계이기를 원하지 않는다. 우리가 원하는 일치는 전혀 경험적이지 않다. 우리가 확실하게 예측할 수 없는 메커니즘은 경험의 문제인 반면, 한 사물이 우리의 일반 관념과 일치할 것인지는 경험의 문제가 아니다. 만일 그 관념이 우리가 일반 낱말을 적용하도록 하거나 그것의 정의를 내릴 수 있도록 하는 자연 현상이라고 간주된다면, 그 탐구는 심리학적이다. 우리는 원인과 결과에 관한 가설의 영역에 있으며, "여야만 한다must"의 영역 안에 있지 않다. 그러나 우리는 그 일반 관념의 탐구가 자연 현상의 원인과 결과의 탐구라고 잘못 간주한다. 우리는 마음이나 두뇌에서 일어나는 과정, 즉 원인과 결과를 다른 과학에서처럼 심리학적 방법으로 연구할 수 있는 그러한 과정과 우리가 설정한 어떤 규칙들, 이 두 가지 상이한 것을 혼동하고 있다. 예시를 들어 보자. 어떤 사람이 "이 색깔을 지니는 어떤 것을 가져오라"라는 지시를 받았고, 내가 그에게 파란색 견본을 보여준다고 하자. 무엇이 그것과 일치하는가? 상이한 종류들의 일치가 있다. 예컨대 어울리는 것, 기분 좋게 대비되는 것. 그 지시는 어떤 파란 대상을 가져오는 것으로, 또는 정확하게 비슷한 것을 가져오는 것으로, 또는 파란색 견본과 잘 어울리는 것을 가져오는 것으로 수행될 수도 있을 것이다. 우리는 모든 관념이 촉수나 친화성을 가지고 있어서, 그것이 무엇이 그것을 만족할 것인지를 미리 결정한다고 기대한다.

왜 그 관념은 어떤 것으로는 만족되고 다른 것들로는 만족되지 않는 것으로 보이는가? 이는 어떤 것이 그 관념을 만족한다는 경험의 문제가 아니다. 그 관념은 어떤 방식으로 사전에 만족되어야만 한다. 물론 어떤 뜻에서는 경험이 들어온다. 예를 들어 만일 천 조각이 파란색 견본 옆에 놓여 있고 같은 색깔을 지니는 것으로 보인다면, 우리는 그것은 그 두 개가 같다는 것을 보여주는 실험이라고 말할지도 모른다. 그러나 이 색깔이 그 견본의 색깔과 같다는 것은 실험에 의해 보여지지 않는다. 색깔이 일치하느냐 그렇지 않느냐는 **선험적으로** 결정된다. 만일 여러분이 파란 것을 가져온다면 색깔이 일치할 것이라는 점은 **선험적**이다. 이는 여러분이 예측하는 것이 아니다. 비록 이것은 예언과 같이 들리지만, 무엇을 일치라고 부를지에 관한, 즉 낱말 "일치"의 사용에 관한 규칙을 내가 사전에 설정했기 때문에 나는 그 색깔들이 일치한다는 것을 확실히 알고 있다. 내가 그 두 개를 나란히 놓은 후에 그 둘이 일치할 것임을 전보다 더 잘 아는 것은 아니다.

한 사람이 자신이 바라는 것이 무엇인지 아는가 하는 물음은 무엇이 한 견본과 일치할 것인지를 아는가 하는 물음과 같다. 그가 자신이 무엇을 바라는지를 알지 못할 때, 무엇이 그의 소망을 우연히 만족하느냐 하는 것은 경험의 문제이다. 여기서 그러그러한 것이 그의 소망을 만족시킨다는 사실은 사전에 알려지지 않는다. 그것은 하나의 가설이다. 이와 유사하게, 그 천 조각이 그 견본과 일치한다는 것은 경험적 명제인데, 왜냐하면 이는 그것이 파랗다고 말하는 것에 불과하기 때문이다. 나는 이를 시험을 통해서만 알 수 있다. 그러나 이 색깔이 그 견본의 색깔과 일치한다고 말하는 것은 이것이 내가 "파랑"이라고 부르는 것인 한에서 규칙이다. 그것은 한 상징의 사용에 관한 규칙이다. 나는 예를 들어 피아노 건반에서 가운데 도가 파랑과 일치한다는 규칙 같은, 온갖 종류의 규칙을 만들었을 수 있다. 그렇게 되면 그 파란 반점은 더 이상 견본이 아니며, 한 낱말 또는 한 낱말과 같은 것이 견본이 된다. 그것이 가운데 도와 일치한다고 말하는 것은 정의가 될 것이다. 만일 "한 관념과의 일치"가 자연 현상을 의미하지 않는다면, 그러한 일치들을 주장하는 명제들은 규칙이다. 그리고 그 규칙들은 그 관념**으로부터 따라 나오지** 않는다. 그 규칙들은 그 관념에 대한 분석에 의해 얻어지지 않는다. **그 규칙들은 그 관념을 구성한다.** 그 규칙들은 그 낱말의 사용을 보여준다.

우리는 체스의 킹에 관해서 무슨 관념을 지니고 있으며, 체스의 규칙과 그 관념은 무슨 관계인가? 체스를 두는 사람은 킹이 무엇을 할 것인지에 대한 관념을 지니고 있다. 그러나 킹이 무엇을 할 수 있느냐는 체스의 규칙들에 의해 설정된다. 이들 규칙은 그 관념으로부터 따라 나오는가? 체스를 두는 사람의 마음속에 있는 그 관념을 일단 파악하면 나는 그 규칙들을 연역할 수 있는가? 아니다. 그 규칙들은 그 관념에 포함되어 있어서 그 관념을 분석함으로써 얻어지는 것이 아니다. 그 규칙들은 그 관념을 구성한다. 나는 상이한 기물들의 움직임을 예시하는 도표의 형식으로 체스의 모든 규칙을 제시할 수 있다. 한 기물의 모든 움직임은 이 도표에서 연역될 수 있고, 허용되지 않은 움직임은 이 도표와 일치하지 않을 것이다. 그 규칙들은 그 기물들의 "자유"를 구성한다.

언뜻 보면 한 상징을 사용하는 것에 대한 규칙이 그것과 연결된 관념으로부터 연역될 수 있는 것으로 보인다. 그 관념은 항상 그 상징의 모든 사용을 포함하는 것처럼 보이고, 그 사용은 이미 있는 어떤 것이고 이를 우리가 분석하여 발견하는 것으로 보인다. 그러나 그 상징과 연결된 관념은 단지 또 다른 상징일 뿐이다. 그 규칙들은 그 상징이 사용되는 것에 대한 규칙들이다. 그 관념과 규칙들은 상징과 상징의 사용에 대한 규칙들의 관계에 있다. 그 관념이 정적인 메커니즘인 한에서, 그 관념에서 따라 나오는 것은 가설적이다. 그리고 정적인 메커니즘이 아닌 한에서, 따라 나오는 것은 **선험적**이다. 우리는 우리 자신이 설정해 놓은 것만을 **선험적으로** 말할 수 있다.

다음의 경우는 한 낱말의 사용이 그 낱말의 관념으로부터 따라 나오지 않는다는 주장과 모순되는 것처럼 보인다. 한 예에 의해서, 즉 지시적 정의를 통해 우리는 어떤 사람에게 가령 **빨강**의 관념을 제시할 수 있다. 우리는 그에게 낱말 "빨강"의 **의미**를 보여준다. 만일 우리가 지시적 정의로 의미를 줄 수 있다면, 올바른 사용은 그 낱말의 의미로부터 따라 나올 것이며 규칙들로부터 따라 나오지 않을 것이다. 낱말 "빨강"의 올바른 사용은 하나의 작용에서 한꺼번에 주어지는, 그 낱말의 의미의 귀결로서 생각된다. 그리고 이는 규칙들이 관념을 구성하며 관념으로부터 따라 나오지 않는다는 나의 말과 상반된다. **그렇지만** 낱말의 사용은 어떤 사람에게 지시적 정의를 통해 아마도 그 의미인 것을 제시함으로써 실제로 고정되지 않는다는 것을 주목하라. 왜냐하면 그는 이제 정사각형을 볼 때 낱말 "빨강"을 사용할 수도 있기 때문이다.

강의 Ⅶ

우리는 우리가 낱말을 이해할 때 지니는 관념이 우리가 그 낱말을 특정한 방식으로 사용하도록 한다는 생각 때문에 난처했었다. 마치 그 관념이 그때 펼쳐져 있는 사용을 포함하는 것처럼 보인다. 나는 이 생각을 메커니즘이라는 생각에까지 추적하려고 시도했다. 그런데 메커니즘이 하는 것은 어떤 중요한 뜻에서도 그것이 무엇인지로부터 따라 나오지 않는다. 우리가 미리 메커니즘이 무엇인지에 그것이 무엇을 하는지를 포함시키지 않는다면, 메커니즘이 무엇을 할 것인지는 그것이 무엇인지로부터 추측할 수 있을 뿐이다. 메커니즘이 무엇인지에서 메커니즘이 하는 것을 가설적으로만 추론할 수 있다는 것을 깨닫기 전에, 우리는 관념을 메커니즘과 비교하는 경향이 있다. 우리는 이 생각

156

을 버려야 한다. 메커니즘에 관한 경험적 명제들과 유사한 것으로 보이는 그러한 명제들은, 예를 들어 그러그러한 작동이나 사용이 관념과 "일치"하거나 그 관념으로부터 "따라 나올" 것이라는 명제는 실제로는 [[메커니즘에 관한 경험적 명제들과]] 유사하지 않은데, 왜냐하면 그 명제들은 **규칙들**이기 때문이다. 그리고 이것은 그것들이 메커니즘에 관한 그 유사한 명제와 달리 확실한 것으로 보이는 이유이다. 그렇게 되면 이것들은 그 관념이 그러그러한 것에 직면할 때 어떻게 작동할 것이냐에 관한 경험적 명제들이 아니다. 왜냐하면 이는 추측이기 때문이다. 관념과 어떤 것의 일치에 관한 **선험적인** 진술들은, 그 사물이 그 관념과 일치할 것이라는 형식으로, 마치 그것이 시간에 관한 물음인 듯이 오도적으로 제시된다. 그러나 시간은 개입하지 않는다. [[시간이 개입한다고 생각한다면]] 2 더하기 2가 어제는 4가 되었다고, 혹은 지금부터 천 년 후에 그렇게 될 것이라고 말하는 편이 나을 것이다.

혼동하기 쉬운 것은 특정한 시간에 나타나는 마음의 상태로서의 관념과 우리가 그 관념으로 하는 사용이다. 정적인 것으로서의 관념, 즉 마음의 눈 앞에 있는 어떤 것으로서의 관념이 그것에 포함된 관념의 사용들을 지니고 있고 그 사용들이 드러나기 위해서는 그저 그때 펼쳐져 있기만 하면 된다고 생각하는 이유는 이렇다. 즉 많은 관념들의 경우에 한 가지 특출한 사용이 존재한다는 것. 기본적인 경우를 생각해 보자. 색깔 초록의 관념으로 간주되는 초록 이미지와, 한 견본으로 사용되는 초록 이미지. (종잇조각은 이미지와 마찬가지로 견본으로 사용될 수도 있다.) 엄청나게 많은 경우에 우리는 특정한 관념은 특정한 방식으로 사용될 수 있을 뿐이라고 생각하는 경향이 있다. 한 견본 초록 이미지나 대상은 그것을 비교하고 베낄 때 아주 빈번하게 사용된다. 이것은 주요한 사용이지만, 명백하게도 유일한 사용은 아니다. 심지어 다양한 종류의 비교함과 본뜸이 있다. 대강 본뜸과 정확하게 본뜸이 있고, 이 초록을 다른 초록과 비교함이 있고, 두 색깔을 거기에 포함된 노랑의 양에 대하여 색상환을 사용하는 비교함이 있다. 다양한 비교함과 본뜸에는 우리가 일상생활에서 하는 대강의 비교들과 같은, 어떤 평범한 것들이 존재할 것이다. 만일 우리가 정적인 것을 의미한다면, 관념은 언어로, 온갖 종류의 상이한 방식으로 운용하는 수단이다. 비록 사실상 그것이 거의 항상 한 가지 방식으로 사용되는 수단일지라도 말이다. 이 사용[[방식]]이 수많은 사용 방식 중 단지 하나라는 것을 보자마자, 우리는 그 관념이 하나의 상징의 역할을 한다는 것을 이해하게 된다.

다른 예로서, 원의 관념에 대해 생각해 보자. 일반적으로 한 사람이 원의 관념을 지니고 있는지의 기준은 원을 그리거나 본뜰 수 있음이다. 본뜸이라는 말로 모든 사람은 대충 같은 것을 의미한다. 그러나 원을 타원이 되게끔 투영하는 것 또한 본뜸의 한 방법이다. 일반적으로 사람들은 원으로 한 가지를, 그리고 타원으로는 다른 것을 의미한다. 그러나 왜 타원의 관념은 장축의 반경을 지니는 원이 되어서는 안 되는가? 그럼에도 불구하고, 원을 타원과 유사한 방식으로 사용할 수 있다는 것은 우리에게 떠오르지 않는다. 본뜸은 거의 항상 같은 것을 의미한다. 한 가지 사용 방식은 특출하다. 기호 ⟶ 가 항상 앞쪽으로 가야 하고 뒤쪽으로 가서는 안 된다는 것을 나타내기 위해 사용되는 것과 마찬가지로 말이다. 심지어 우리가 그들의 언어를 알지 못하는 어떤 원시 부족의 경우에도, 우리는 앞쪽을 가리키는 화살표는 앞쪽으로 가는 것을 항상 의미한다고 (올바르게) 가정해야만 한다. 만일 내가 이러한 방식으로 가리켰다면,

그것은 "앞쪽으로, 그러고 나서 오른쪽으로, 그러고 나서 다시 앞쪽으로"를 의미하는 것으로 해석될 것이며, 돌아가라거나 뒤쪽으로 가라는 지시로는 해석되지 않을 것이다. 이와 유사하게, 만일 내가 어떤 사람에게 빨강 견본을 보여주면서 빨간 것을 가져오라고 요구하면, 그는 그렇게 할 것이다. 그러나 꼭 그럴 필요는 없다. 그는 보색을 지니는 어떤 것을 가져올지도 모른다. 통상적인 일은 아니지만 말이다. 한 사용은 다른 것보다 더 직접적이지 않다, 그저 더 통상적일 뿐이다. 우리는 우리가 실제로 기호에 반응하는 방식에 엄청나게 영향을 받는다. 그 결과는 어떤 관념들이 우리에게는 어떤 사용들을 나타낸다는 것인데, 왜냐하면 우리는 보통 이런 방식으로 그것들을 적용하기 때문이다. 그리하여 우리는 그러한 관념들은 그 **속**에 가장 통상적인 사용을 지닌다고 생각한다. 비록 그 관념들이 다른 사용을 지니는 것을 완벽하게 잘 상상할 수 있을지라도 말이다.

낱말 "이해하다"에 대해 생각해 보자. 이 낱말에 대해서는 일반 관념을 갖는다는 것에 관한 물음과 유사한 물음이 제기된다. 어떤 사람이 지시를 받고 이해한다고 말할 때, 이해한다는 말로 그가 의미하는 것은 대충 그 지시가 주어지는 시간에 진행되는 어떤 것이라고 우리가 말한다고 하자. 이해했음은 그가 그 지시를 수행할 수 있게 만든다고들 한다. 이해함은 어떤 행동을 결과로 가지는 마음의 상태인 것처럼 보인다. 어떤 행동은 그 마음의 상태와 부합하는 것으로 보일 것이며, 어떤 다른 행동은 그 상태와 부합하지 않는 것으로 보일 것이다. 이해함, 즉 관념을 파악함은 두 가지 상이한 방식으로 보일 수 있다. (1) 마음의 상태 또는 정신적 과정인 것으로서, (2) 그 관념으로 하는 사용으로서. 마음의 상태가 무엇이든, 그것이 반드시 행해진 어떤 행동과도 일치하거나 불일치하는 것은 아니라는 점을 주목하라. 여러분이 "나에게 의자 하나를 가져오라"라고 말했고, 내가 그 지시를 이해한다는 것은 한 의자의 이미지를 지닌다는 것을 의미한다고 하자. 그러한 경우에 나는 보통 의자를 하나 가져오지 의자를 계속해서 칠하거나 부수거나 하는 어떤 다른 행동을 하지 않는다. 그러나 의자를 가져오는 그 행동은 의자에 대한 나의 시각적 이미지와 또는 심지어 나 자신이 의자를 가져오는 것에 대한 시각적 이미지와 일치해야만 하는가? 그 둘은 전적으로 상이한 방식으로 비교될 수 없는가? 지시를 이해함을 그 지시를 이해할 때 가지는 마음의 상태라고 간주할 때, 여러분이 일반적으로 하는, 바로 그 관념으로 하는 사용을 해야만 한다는 것은 따라 나오지 않는다. 그리고 만일 그 지시를 이해할 때 여러분이 무엇을 할 것인지가 단지 추측인 게 아니려면, 여러분은 무엇이 여러분의 관념과 일치하거나 불일치할 것인지를 설정해야만 한다.

관념을 갖는 것이 우리가 어떤 일을 하게 만드는지, 관념이 그 자체로 자신의 사용을 포함하는지 하는 물음에 대한 간단한 대답은 그렇지 않다는 것이다. 왜 우리가 대체 그러한 것을 물었는지, 또는 왜 문제가 있다고 생각했는지를 말하기 위해서, 나는 우리가 관념을 메커니즘으로 간주하는 경향이 있다고 상기시켰다. 특히 우리가 그 관념이 통상적으로 지니는 한 가지 사용을 생각하려는 경향이 있는 경우에 말이다.

규약(약정)이 무엇인지 물음이 제기되었다. 그것은 두 가지 중 하나, 즉 규칙이거나 훈육이다. 규약은 예를 들어 "내가 박수를 한 번 칠 때마다 문으로 가고, 만일 두 번 치면 문에서 멀어지세요"와 같이 낱말들로 어떤 것을 말함으로써 확립된다. 만약 규약이 기호로 설정된 어떤 것을 의미한다면, 이는 우리가 다른 규칙을 설정**할 수도 있다**는 것을 의미하는가? 규약이라는 말로 나는 기호의 사용이 언어 습관이나 훈육에 부합함을 의미한다. 어떤 방식으로 반응하는 언어 습관이나 훈육의 주요 원인으로 일련의 규약들이 있을 수 있다. 이들 후자를 우리는 보통 규약이라고 부르지 않으며, 오히려 기호로 주어진 것들만을 규약이라고 부른다. 우리는 이 기호들이 어떤 행동의 습관적 방식들 때문에 그 기호들이 하는 역할을 한다고 말할 수 있다.

강의 Ⅷ

규칙은 기호들로 주어져야 하고, 그 기호들 자체는 그 기호들의 사용을 포함하지 않으며, 그리하여 규칙과 규칙의 적용 사이에 틈새가 있다는 것은 난점으로 다가온다. 그러나 이는 문제가 아니라 정신적 경련이다. 이것이 정신적 경련이라는 것은 이 문제가 언제 우리에게 일어나는지를 물을 때 드러난다. 우리가 규칙을 설정하거나 규칙을 적용할 때에는 그렇지 않다. 특히 기묘한 방식으로 규칙을 바라볼 때 그저 곤란할 뿐이다. 모든 철학적 문제들에 관해서 특징적인 것은 그것들이 특이한 방식으로 일어난다는 것이다. 탈출구로 나는 여러분에게 예들을 줄 수 있을 뿐이며, 만일 그 예들을 생각한다면 여러분은 그 경련이 가라앉는 것을 보게 될 것이다.

일상생활에서 우리는 기호와 기호의 적용 사이의 간극 때문에 곤란해지지 않는다. 그 정신적 경련을 누그러뜨리기 위해서는 경련을 없애는 것으로는 충분하지 않다. 여러분은 또한 왜 그 경련을 갖게 되었는지를 이해해야 한다. 내가 그 경련에 대해서 제시한 이유는 이러하다. 밀접하게 연관되어 있지만 상이한 의미를 지니는 두 개의 진술, 즉 규칙인 진술과 경험적인 명제가 혼동된다는 것. 예를 들어 이 책이 주어진 견본과 색깔이 일치한다고 말하는 것은 실제로 이 책은 가령 색깔 파랑을 지니고 있다는 것을 의미한다. 그 색깔들이 일치한다고 말하는 것은 내가 설정한 규칙이다. 이 두 개의 진술은 보통 거의 같은 낱말들로 표현된다. 그 요점은 또한 다음과 같이 예증된다. A가 B를 사랑한다고, 그리고 그 말은 A가 B에 대한 어떤 느낌들을 지닌다는 것을 의미한다고 하자. 하지만 B의 생명이 위험에 처했고 A는 그를 구할 수도 있었지만, 그러지 않았다고 하자. 우리는 "이것은 사랑일 수 없다"라고 말한다. "A는 B를 사랑한다"라는 진술은 A가 B의 목숨을 구하지 않음과 모순되는가? 아니다. A가 B에 대해 그 느낌을 지녔고 하지만 그를 구하지 않았다고 말하는 것은 모순이 아니다. A가 어떤 느낌을 지닐 때마다 미래에 그가 그러그러한 것을 할 것이라는 것은 추측일 뿐이다. 그러나 만일 A가 B를 구할 수 있었을 때 그를 구하지 않았다면 나는 이것을 사랑이라고 **부르지** 않을 것이라고 말하는 것은 아주 별개의 것이다. "만일 A가 B를 사랑했다면 그는 그를 구했을 것이다"는 전혀 경험적 명제가 아니며, 오히려 내가 사랑이라고 부르는 것의 정의 또는 해명이다. 만일 실제로 어떤 느낌이 거의 항상 어떤 행동과 함께 병행된다면, 우리는 느낌과 행위들을 선택적으로 사랑에 대한 기준으로 사용하는 경향이 있다. 이는 우리가 사랑이라는 말로 의미하는 것—느낌이나 행위—을 구분해야만 하는 상황에 처하지 않는 한에서는 아무런 문제도 없다. 이것들은 상이한 기준이다. 동일한 언어적 표현, "이것은 사랑이 아니다, 왜냐하면 그는 그런 것처럼 행동하지 않기 때문이다"는 **규칙**, 즉 "나는 이것을 … 때문에 사랑이라고 부르지 않는다"를 나타낼 수 있으며, 또는 내가 그렇게 말하는 것은 대개 사람들이 그가 했던 것처럼 행동하지 않기 때문에 그것이 사랑이라고 생각하지 않는다는 것을 의미할 수 있다. 규칙과 경험적 진술은 서로 혼동된다. 그것들은 물론 확정적인 연관이 있는데, 왜냐하면 하나는 다른 하나에 의해 조건 지어지기 때문이다. 그러나 그것들 간의 혼동은 이러한 기묘한 정신적 경련을 산출한다. 멀리서 보면 어떤 것은 한 사물인 것처럼 보이지만, 더 가까이 다가서면 두 개로 보일 수도 있다. 행동과 느낌은 매우 자주 함께 발견되며, 그리하여 우리는 두 개의 현상에 둘 다 "사랑"이라는 이름을 붙이려 한다. 비록 그것들

162

이 상이한 기준일지라도 말이다. 한 관념을 가짐에 대한 두 가지 전적으로 상이한 기준—마음속에 있는 것과 한 낱말을 이해할 때 그 낱말로 행하는 사용—이 있다는 사실은, 사랑의 상이한 기준들이라는 앞의 예와 정확하게 유사하다. 언어에서 혼탁해진 낱말들의 용법들을 조망하기란 어렵다. 그리고 우리는 존재하는 차이들을 이해하지 못한다.

성향은 항상 있으며, 그것으로부터 행동이 따라 나온다는 생각이 있다. 성향은 기계의 구조와 작동과 유사하다. "A는 B를 사랑한다"의 의미를 제시하는 것으로 보이는 세 가지 상이한 진술들이 있다. (1) 의식적인 상태, 즉 느낌들에 관한 비-성향적 진술, (2) 어떤 조건에서 A는 그러그러한 방식으로 행동할 것이라는 진술, (3) 만일 어떤 과정이 그의 마음속에서 진행된다면 그 과정은 그가 그러그러한 방식으로 행동한다는 귀결을 지닐 것이라는 성향적 진술. 이것은 어떤 한 관념의 기술과 유사한데, 그 기술은 한 정신적 상태, 일단의 반응을, 또는 행동과 어떤 느낌들을 귀결로 지니는 메커니즘의 상태를 나타낸다. 우리가 여기에서 "A는 B를 사랑한다"에 대한 세 가지 의미를 구분한 것으로 보이지만, 이는 사실이 아니다. (1)—A가 어떤 느낌들을 지닐 때 A가 B를 사랑하는 한에서—과 (2)—그가 그러그러한 방식으로 행동할 때 그는 그를 사랑한다—는 둘 다 낱말 "사랑하다"의 의미를 준다. 그러나 성향적 진술 (3)은, 메커니즘을 가리키고 있는데, 진정한 진술이 아니다. 그것은 어떤 새로운 의미도 주지 않는다. 성향적 진술은 항상 근저에서는 메커니즘에 관한 진술이며, 메커니즘에 관한 진술의 문법을 갖는다. 언어는 끊임없이 우리를 오도하는 기계의 유비를 사용한다. 엄청나게 많은 경우에 우리의 낱말들은 메커니즘이 있든 없든 메커니즘을 가리키는 성향적 진술의 형식을 띤다. 사랑에 관한 예에서, 어느 누구도 무슨 종류의 메커니즘을 가리키고 있는지 조금도 생각하지 않는다. 성향적 진술은 사랑의 본성에 관해 우리에게 아무것도 말해 주지 않는다. 그것은 단지 우리가 그것을 기술하는 방식일 뿐이다. 세 개의 의미 중에서 성향적 진술만 진정한 진술이 아니다. 그것은 실제로는 낱말 "사랑"의 문법에 관한 진술이다.

이해함에 대해 생각해 보자. 만일 어떤 사람이 "식물을 가져오라"라는 나의 지시를 이해한다고 말한다면, 우리는 "이해하다"가 다음을 의미할 수 있다고 말할 것이다. (1) 그가 이해한다고 말할 때 일어나는 어떤 것, (2) 그 지시에 응답해서 그가 하는 것 전체. 그러나 진술 "그는 이해한다"는 성향적인 형식으로 되어 있다. 비록 그것이 보이는 바와 같이 메커니즘을 가리키고 있지는 않지만, 그 진술의 문법 배후에 있는 것은 어떤 방식으로 반응하게끔 장치된 메커니즘의 그림이다. 우리는 메커니즘을 보기만 하면 이해함이 무엇인지를 알게 될 것이라고 생각한다.

우리가 이해함을 (또는 소망함, 희망함 등을) 분명하게 하고자 할 때, 우리는 이해할 때 무엇이 일어나는지를 자문한다. 그러나 우리는 일어나는 것에 관한 기술에 불만을 느끼게 된다. 이미지와 같은, 우리가 떠올리는 모든 것은 관련 없는 것처럼 보인다. 사과를 먹기를 바람이나 한 관념을 가짐에 대해서도 마찬가지이다. 이미지들은 이해함의 부분이 아니며, 오히려 이해함의 징후들이다. 우리가 우리의 마음의 상태들에 관해 기술할 수도 있는 어떤 것도 우리가 낱말 또는 문장을 이해함이라는 말로 의미하는 것이 아닌 것처럼 보인다. "나는 이것을 이해한다", "나는 한 관념을 갖고 있다"라는 말의 형식 때문에 우리는 이 말의 문법이 상태를 기술하는 것의 문법이라고 (실제로는 그렇지 않은데) 가정한다. "나는 이해한다"는 아주 다르게 사용된다. 그것은 내가 어떤 방식으로 행동하리라는 것을 의미하지도 않는데, 왜냐하면 그때 우리는 단지 한 가설을 갖기 때문이다. 내가 이해한다는 것을 내가 추측하지 않는 한에서, 즉 내가 이해한다는 것을 내가 아는 한에서, 이해

164

함은 **경험**, 현재 일어나는 상태이다. 이 상태는 그것과 연관된 어떤 미래의 행동도 보장하지 않는다. "이해함이란 무엇인가?"나 "낱말을 사용하는 방법을 앎이란 무엇인가?"라는 물음은 오도적이다. 우리가 기술할 수 있는 것은 "이해하다"와 "알다"라는 낱말의 사용이다.

(예를 들어 한 수열에 관해서) 표현 "할 수 있음", "어떻게 하는지를 이해함", "어떻게 계속해 나가는지를 앎"은 사실상 같은 문법을 지닌다. 수열 1, 3, 7, 15가 주어지고, 한 사람이 어떻게 계속해 나갈지를 알 때, 그가 이것을 알 때 일어나는 정신적 상태, 이미지 따위는 모두 같은 것은 아닐 것이며 오히려 상사점, 또는 가족 유사성을 지닐 것이다. 어떻게 계속해 나갈지를 알 때 일어나는 것은 무수하게 많고, 그 모두는 한 가족을 이룬다. 비록 계속해 나가는 것은 정신적 사건들, 예컨대 그 수열에서 그다음 수 31을 상상하는 것과 관계가 있지만, 어떻게 계속해 나가는지를 그가 안다는 기준으로는 이보다 더 많은 것이 요구된다. 왜냐하면 만일 그가 한 수를 제시한 후에 멈추었다면 우리는 아마도 그가 계속해 나갈 수 있다고 말하지 않을 것이기 때문이다. 우리는 어떤 경험적인 증거가 있어야만 한다. 만일 그가 어떤 시험을 통과한다면, 즉 만일 그가 여러 곳에서 계속해 나간다면 우리는 그가 계속해 나갈 수 있다고 말하는 것이 정당화된다고 생각한다. "**만일 A가 그러그러한 것을 한다면 A는 이해한 것이다**"라고 말하는 것이 정당하다는 사실은 정의가 그런 것과 마찬가지로 그 고딕체 문장이 하나의 문법적 규칙이라는 것을 보여준다. 동일한 것이 "그는 식물의 관념을 가지고 있다"에도 적용된다. 낱말 "식물"을 사용하는 방법을 아는 것은 그가 그 관념을 가지고 있다고 말하는 것에 대한 정당화이다.

강의 IX

한 수열을 계속해 나갈 수 있다는 것은 무엇을 의미하는가? "그는 계속해 나갈 수 있다"라는 진술은 "그는 그 공식을 쓴다" 또는 "그는 어떤 숫자들을 더 쓴다" 또는 이 둘을 모두 뜻하는가? 아니면 그 이상의 어떤 것을 뜻하는가? 그 물음은 일단의 낱말들이 다른 것을 의미하는 것에 대한 기준을 요구한다. 그가 "나는 계속해 나갈 수 있다"라는 말로 그가 하나의 공식을 안다는 것을 뜻하는지 아닌지는 그에게 질문함으로써 알아낼 수도 있을 것이다. 여기에서 "할 수 있다"라는 낱말이 의미하는 것은 무엇인가? 아마도 그는 단지 그 공식을 아는 것과 모르는 것을 구분하는 것을 뜻하고 있다. 이와 유사하게, 어떤 한 사람의 뼈와 근육을 검사한 의사가 "그는 걸을 수 있다"라는 말로 뜻하는 것은 무엇인가? 이는 단지 그의 뼈와 근육 들이 그러그러한 상태에 있다는 것을 뜻할 뿐인가? 우리는 낱말 "할 수 있다"가 그의 뼈의 한 상태와 다른 상태를 구분하기 위해 사용되고 있다고 말할 수도 있다. 만일 그 의사가 그의 뼈의 상태를 알아내기 위하여 뼈를 검사할 뿐이라면 말이다. 의사는 그의 뼈에 관한 한, 그가 걸을 수 있다고 말할 것이다. 이와 유사하게, 그 공식을 아는 것에 관한 한, 그는 그 수열을 계속해 나갈 수 있다. 이것이 뜻해진 것일 리 없다고 반대하는 것이 가능할 것이다. 왜냐하면 여러분은 한 수열의 시작을 보자마자 곧바로 그 공식을 쓰지만, 계속하라고 요구받을 때 계속해 나가지 못하는 어떤 사람을 상상할 수 있기 때문이다. 어떻게 계속해 나가는지를 안다는 것은 그 공식을 안다는 것만을 뜻하지 않는다. "그는 계속해 나갈 수 있다"는 그 대신에 (a) 그 공식을 안다는 것과, (b) 그 공식을 알고 있었으므로 과거의 경험은 그가 요구받거나 시도한다면 그 수열을 계속해 나가리라는 것을 보여준다는 것의 논리곱을 의미함을 암시한다. 걷기 또는 들어 올리기에 대해서도 유사하다. 어떤 사람이 10파운드를 들어 올릴 수 있다고 말하는 의사는 그 사람의 근육이 정상이라는 것뿐만 아니라, 근육에 아무런 문제도 없을 때 그 사람이 들어 올리기를 시도한다면 10파운드를 들어 올리리라는 것을 경험이 보여준다는 것을 의미한다.

그 문제는 낱말 "할 수 있다"의 사용을 보여주는 언어놀이를 상상함으로써 해결할 수 있다. 우리가 기술할 수 있고 쉽게 조망할 수 있는 일단의 원초적인 조건들을 상상해 보자. 어떤 한 종족이 노래와 시를 외우고, 외우기 전에 노래와 시를 마음속으로 요약할 수 있다면 외울 수 있다고 말한다고 상상하라. 사람들 앞에서 암송하기 전에 그는 혼자서 예행연습을 한다. 그 종족에게 언어가 사용되는 방식은 "그는 그 시를 암송할 수 있는가?"에 대한 대답이 그가 늘 예행연습에서 성공한다면 할 수 있고, 그렇지 않다면 할 수 없다는 그러한 것이 될 것이다. 또는 그 시를 암송하는 조건으로서, 그가 시를 적는다고 하자. **일반적으로** 한 사람이 예행연습으로서 시를 적을 수 있을 때, 그는 그것을 암송하는 데 성공한다. "할 수 있다"가 쓰이는 방식은 이처럼 특정한 사실에 기초해 있다. 그렇다면 "그는 그것을 암송할 수 있다"는 "그는 그것을 적는 데 성공했고, 경험은 이에 뒤이어 보통 그것을 말[[암송]]하는 것이 뒤따른다는 것을 보여준다"와 동일한 의미를 지님을 뜻하는가? 다시 말해 그 의미는 그 추측을 포함하는가? 이 언어실천에 관한 한, 생각해 보면 그렇지 않다. 그 언어실천은 시를 적는 것이 보통 암송하는 것과 연결되어 있다는 사실에 기초해 있으며, 이 사실 없이는 확립되지 않았을 것이다. 그러나 이 사실은 "할 수 있다"의 의미 안으로 들어오지 않는다. 만일 우리가 "의미"라는 말로 그 낱말을 사용하는 전체 실천에 관한 기술을 의미하지 않는다면 말이다. 이는 주어질 수 없는 것이다. 왜냐하면 어떤 목록이든 그 낱말의 모든 사용을 제시할 만큼 충분히 클 수는 없기 때문이다. 하나의 시를 예행연습하는 것은 그 낱말이 나타나는 모든 상황을 포괄하는 전체 실천이라는 뜻에서는 온전한 의미를 주지 않는다. 이 사실 때문에 우리는 이것

[[시를 예행 연습하는 것]]이 그것[["시를 암송할 수 있다"]]의 의미의 전부인지 묻게 된다. 앞서 기술한 그 종족에게 그 시를 적는 것은 시를 암송할 수 있음과 암송할 수 없음을 구분하는 것이다. 그리고 만일 시를 적는 것이 단지 이를 구분하는 것을 의도했을 뿐이라면, 나는 이것이 그 종족이 "그는 그것을 암송할 수 있다"라는 말로 뜻하는 것이라고 말해야 할 것이다. 그것은 낱말 "할 수 있다"의 사용에 대한 규칙이다.

 "할 수 있다"라는 낱말은 무수히 다양한 경우에 사용된다. 한 경우를 상상할 수 있는데, 한 사람이 "그는 걸을 수 있다"에 대해서 "나는 경험이 걷기와 연관됨을 보여주는 모든 것들을 검사했고 그 모든 것들이 현존한다는 것을 발견했다. 연구조사에 관한 한, 그 다리는 걸을 수 있는 상태다"를 대입하게끔 준비된 경우 말이다. 또한 우리는 "한 수열을 계속해 나갈 수 있음"은 그 공식을 앎을 의미하며, 그리하여 계속해 나갈 수 있음은 그 공식을 알고 있음과 알지 못함을 구분할 것이라고 말할 수도 있다. 그러나 이는 "할 수 있음"의 용법의 단지 부분일 뿐임을 기억하라. 이와 더불어 계속해 나갈 수 있음이 십중팔구 여러분이 그 공식을 지닐 때 계속해 나아갈 수 있게 하는 특정 훈련을 받았다는 사실에 의존할지라도, 그 공식을 아는 것에 이어 보통 그 수열에서 계속해 나감이 뒤따른다는 것을 경험이 보여준다는 사실은 "그는 계속할 수 있다"의 의미 안으로 들어가지 않는다는 것을 기억하라.

 한 낱말은 여러 뜻으로 사용된다고 말할 수 있고 또 정의를 내릴 수 있는 많은 경우가 존재한다. 정의, 예컨대 "할아버지"의 정의를 내릴 때 나는 그 낱말이 쓰이는 하나의 방식을 여러분이 당연한 것으로 여기는 다른 낱말들로 내리고 있을 뿐이다. 만일 내가 여러분에게 "할 수 있음"의 정의를 내린다면, 그것은 내가 낱말 "할 수 있다"로 행하는 사용을 전부 기술할까? **이 낱말의 사용들은 엄청나게 큰 가족을 형성한다.** 나는 낱말 "할 수 있다"의 실제 사용과 모두 근접하게 될 그 낱말을 지니는 다수의 놀이들을 여러분에게 기술해 줄 수도 있다. 내가 한 곡선과, 그 곡선을 기술하는 것에 근접하는 열 개의 접촉 원들을 그린다고 하자. 이는 내가 낱말 "할 수 있다"의 사용을 기술하는 방식이다. 나는 실제 사용과 공통점이 있는, 규칙들에 의해 규제되는 다수의 용법을 여러분에게 줄 것이다. **정확한 기술은 존재하지 않는다.**

수많은 경우에 낱말 "할 수 있다"는 한 **상태**를 가리키기 위해 사용된다. 공 하나가 들어 있는 유리 상자가 있고, 우리가 "그 공은 그 상자 안에 있다"라고 말하는 대신에 "그 공은 그 상자에서 꺼낼 수 있다"라고 말했다고 하자. 이는 한 활동이 수행된다고 말하지 않으면서 그 활동을 암시한다. 그 상자에 있는 공과, 열을 가했을 때 액체 방울을 방출하는 화학물질을 비교하라. 그 화학물질이 액체 방울을 뿜어내는 것을 멈출 때 우리는 더 방출될 방울이 있고 그 방울들은 화학물질에서 끌어낼 수 있다고 말한다. 이는 상태라고 부를 수 있고 하지만 볼 수 있는 것이 있던 유리 상자 안에 있는 공의 경우와는 다르다. 화학물질의 경우에는 방울을 방출하지 않을 때 우리가 볼 수 있는 상태는 존재하지 않는다. 그리하여 여기에서 우리는 상태를 기술하는 "할 수 있다"라는 낱말의 두 가지 상이한 사용 방식을 보는데, 한[[상자 안의 공의]] 경우는 다른[[화학물질의]] 경우보다 더 명백하게 상태이다.

다른 다소 상이한 경우를 살펴보기 위해, 의사가 나의 근육을 검사하고 빨갛다는 것을 발견하고는 완벽하게 건강하다고 말한다고 하자. 이를 그는 그 근육이 수축할 수 있다고 말함으로써 표현한다. 이 경우에 우리는 그가 상태를 기술하고 있다고, 하지만 가설적인 상태라고 말할지도 모른다. 그것은 나의 근육의 색깔이나 그 유리 상자 안에 있는 공이 볼 수 있는 것과 같은, 볼 수 있는 상태가 아니다. 수축할 수 있음은 상태이며, 단지 그것은 볼 수 없을 뿐이라고 말하는 것은 언어를 오용한다.

어느 경우에 "할 수 있다"는 사태를 기술하는가? 우리는 상태의 기술로부터 상태를 전혀 지칭하지 않는 경우까지에 이르는 "할 수 있다"의 사용들을 지니고 있다. 수많은 경우에 "그는 그러그러한 것을 할 수 있다"는 상태를 기술하기 위해 사용된다. 때때로 그것은 그림과 같이 사용된다. 예를 들어 우리는 시를 암송할 수 있음이 우리의 기억의 상태라고 말하기를 원한다. 기억은 낱말 "할 수 있다"에 대한 특징적인 그림이다. 그리고 우리가 수열, 가령 2, 4, 6, 8을 심지어 그 공식을 보지도 않은 채 즉시 계속해 나갈 수 있을 때, 우리는 또한 틀림없이 어떤 것이 존재하며, 그것은 틀림없이 두뇌의 상태라고 말하기를 원한다.

　이는 "일반 관념"에서도 마찬가지이다. 그것은 때때로 마음 앞에 있는 어떤 것에 대하여 사용되며, 그러한 것이 없는 일련의 경우에 사용되기도 한다. 내가 여기에서 말한 것은 또한 "좋은"과 "아름다운"과 같은 낱말들에도 적용된다. 한 낱말이 사용되는 사태들에서 동일시할 수 있는 공통적인 어떤 것도 존재하지 않는다. 단지 다수의 중첩되는 유사점들이 존재할 뿐이다. 우리의 개념들은 다양한 유사성을 지니는 거대한 가족들이다. 끊임없이 일어나는 주요한 철학적 어려움 중 하나는 우리가 그러한 가족을 지니고 있다는 것이다. 우리는 한 낱말의 사용에 관해서 분명하게 밝히기를 원하며, 그래서 우리는 그 낱말이 적용되는 사례들에서 공통적인 어떤 것을 찾으려 한다. 심지어 공통적인 것이 거의 없을 때도 말이다. 공통된 것을 본다는 것은 무엇을 의미하는가? 우리는 ◯과 ✳에서 공통적인 것을 볼 수 있다. 그러나 많은 빨강에서 공통적인 것은 무엇인가? 여기에서는 공통적인 것을 볼 수 없다. 실제로는 아무것도 없다. 《테아이테토스》에서 소크라테스는 "앎"의 정의를 산출하는 데 실패하는데, 왜냐하면 앎의 모든 사례에 공통적인 것을 제시하는 정의는 존재하지 않기 때문이다. 낱말 "앎"은 온갖 종류의 방식으로 사용되기 때문에, 제시된 어떤 정의도 어떤 경우들에는 적용되지 못할 것이다. 수의 정의도 마찬가지이다. 낱말의 정의를 내리고 나서 거의 공통된 것을 갖지 않는, 그것이 적용되는 다른 사례들로 나아가는 방법은 잘못된 방법이다. 우리는 어떤 경우들이 다른 경우들과 함께 지니는 연결고리들을 보여**줄 수 있으며**, 하지만 그것이 전부다. 게다가 용법들의 예를 주는 것은 낱말의 의미를 제시하는 차선의 방법이 아니다.

기수들 1, 2, 3, 4, 5를 명명하고 "이제 계속하라"라고 말할 때, 나는 개념 **기수**를 예시하는 가장 특수한 한 가지 경우를 제시한 것이다. 그러나 만일 여러분이 "수란 무엇인가?"라고 질문한다면, 나는 기수, 유리수, 무리수로 그 개념을 예시할 수 있다. 이는 일종의 예시이다. 여러분은 우리가 각각의 모든 경우에 무엇을 수라고 부를지를 안다고 말하게 될까? 만일 내가 어떤 사람에게 예들로 기수들과 유리수들을 제시했다면, 그는 복소수를 "수"라고 부르게 될까? 그는 그러지 않을지도 모른다. 모두 수라고 불리는 이것들이 공통으로 지니는 것은 무엇인가? 명백하게도 어느 한 가지가 아니다. 여기에서 우리는 예시가 할 수 있는 상이한 역할들을 본다. 이와 마찬가지로 "모든all", "어떤 …든any", "어떤some"에 해당하는 다양한 역할들이 있다.

강의 X

나의 방법이 예시에 의한 의미 기술이라고 불리는 것과 얼마나 같은가 하는 물음이 제기되었다. 이 말은 마치 내가 한 방법, 정의와 **꼭 마찬가지로** 의미를 제시하는 수단을 발명했다는 것처럼 들린다. 한 낱말이 사용되는 방식을 검사하는 것의 요점은 그것의 의미를 제시하는 또 다른 방법을 제공하는 것이 전혀 아니다. 어떤 경우에 사람들은 한 낱말을 사용하는가, 그 낱말에 관해서 그들은 무엇을 말하는가, 그 낱말에 다른 것을 대입할 때 옳은 것은 무엇인가 하는 물음을 던지고, 이에 대한 대답으로 그 낱말의 사용에 대해 기술하기를 시도할 때, 우리는 그러한 기술이 어떤 철학적 난점들을 제거하는 데 유익할 것처럼 보이는 한에서만 그렇게 한다. 우리는 인간의 자연사에 관해 질문하고 있는 것처럼 보인다. 하지만 여러분은 어떤 명백한 뜻에서 우리의 관심이 자연사에 있지 않다는 것을 알고 있다. 그럼에도 불구하고, 내가 낱말이 사실상 그러그러한 방식으로 정의된다고 말할 때, 또는 사람들이 어떤 정의를 받아들일 수도 있느냐고 질문할 때, 나는 자연사에 관해서 이야기하는 것처럼 보인다. 그러나 내가 했던 바와 같이 우리 자신의 언어들을 **발명**하고, 그리고 예를 들어 19세기의 화학자들이 화학의 언어로 했던 것과 같이 그러한 언어들에 대한 규칙들을 설정하는 것은 자연사가 아니다. 우리는 언어가 우리에게 난점을 주는 한에서만 언어에 관심이 있다. 나는 단지 낱말의 실제 사용을 기술하는데, 이것이 우리가 제거하기를 원하는 어떤 난점을 제거하는 데 필요할 때만 그렇게 한다. 때때로 나는 만일 여러분이 그 낱말의 사용을 잊어버렸다면, 그 사용을 기술한다. 때때로 나는 새로운 규칙들을 설정해야만 하는데, 왜냐하면 새로운 규칙들은 혼동을 덜 만들기 쉽고, 또는 우리가 이러한 관점에서 우리의 언어를 바라보는 것을 아마도 생각하지 않았기 때문이다. 그리하여 우리는 자연사의 사실들을 사용할 수도 있고 낱말의 실제 사용을 기술할 수도 있다. 또는 나는 여러분에게 우리 자신의 언어에서의 그 낱말의 사용을 상기시키기 위해서, 그 낱말의 실제 사용에서 벗어난, 그 낱말에 대한 새로운 놀이를 구성할 수도 있다. 요점은 나는 여러분에게 언어의 자연사에 관해서는 어떤 것도 말해 줄 수 없다는 것이고, 그럴 수 있다 해도 어떤 차이도 없을 것이라는 점이다. 우리가 논의하고 있는 모든 물음들에 관해서 나는 어떤 의견도 없다. 그리고 만일 내가 어떤 의견을 가지고 있다면,

그리고 그것이 여러분의 견해 중 하나와 불일치한다면, 나는 논증을 위하여 그 견해를 곧바로 포기할 것이다. 왜냐하면 그 견해는 우리의 토론을 위해서는 아무런 중요성도 없을 것이기 때문이다. 우리는 우리가 모두 같은 견해를 지니는 영역 안으로 끊임없이 움직인다. 내가 여러분에게 줄 수 있는 것은 하나의 방법뿐이다. 나는 여러분에게 어떤 새로운 진리도 가르칠 수 없다. 경험에 의존하지 않는 것은 철학의 본질이며, 이것이 철학은 **선험적**이라고 말함으로써 의미하는 것이다.

우리는 오직 질문을 던짐으로써 철학을 가르칠 수 있다.

낱말의 사용을 기술할 때 우리는 그 기술이 어떤 난점들을 제거하는 데 도움이 될 것으로 보이는 한에서만 그렇게 한다. 예를 들어 사람들은 낱말 "좋은"의 모든 사용에 어떤 공통점이 존재해야만 한다는 가정 때문에 곤란을 겪는다. 그들은 "하나의 낱말이 존재한다. 그러므로 그 낱말의 모든 사용에 한 가지 공통점이 있어야만 한다"라고 말한다. 모든 철학적 문제는 전형적으로 하나의 특정한 낱말, 또는 그 낱말의 등가물, 즉 낱말 "여야만 한다" 또는 "할 수 없다"를 포함한다. 낱말 "여야만 한다"는 앞의 경우에서는, 한 낱말이 있기 때문에 한 가지 공통점이 있어야만 한다는 가정으로 우리를 오도한다는 것을 의미한다. 우리는 어떤 언어 형식에 의해 사로잡힐obsessed 수 있다. 우리는 어떤 문제에 관해 몇 년 동안 생각하지만 어떤 새로운 언어를 구성하는 것에 관해 전혀 생각하지 않기 때문에 어떤 진전도 이루지 못할 수 있다. 철학적 곤란은 강박관념obsession, 일단 제거되면 그것이 우리에게 여태 위력을 행사하고 있었다는 것이 불가능해 보이는 그런 강박관념이다. [[이제]] 그것은 사소한 것으로 보인다.

철학자의 강박관념은 시대가 달라짐에 따라 변하는데, 왜냐하면 어휘들이 변하기 때문이다. 한 어휘가 나타날 때 어떤 걱정들이 지나갈 수 있고, 그저 유사한 어휘에서 [[그러한 걱정들이]] 다시 일어날 수도 있다. 때때로 과학적 언어는 강박관념을 낳고 어떤 새로운 언어는 강박관념을 제거한다. 역학이 처음 번성했을 때 지금은 진부해 보이는 어떤 강박관념을 야기했다. 어떤 것은 언어에서 두드러진 역할을 하고 과학에 의해 갑자기 사라질 수도 있다. 예컨대 낱말 "지구"는 새로운 코페르니쿠스의 표기법에서는 그 중요성을 잃어버렸다. 기존의 표기법이 지구에 유일무이한 지위를 주었던 반면에, 새로운 표기법은 많은 행성을 같은 수준 위에 놓는다.* 우리의 언어에서 어떤 것의 유일한 지위로부터 일어나는 어떤 강박관념이라도 그것을 다른 것과 같은 수준에 놓는 다른 언어가 등장하자마자 멈춘다. 역학이 오직 하나만 있었을 때 철학자들은 어떻게 모든 것을 한 가지 메커니즘으로 환원할 수 있을지 질문하고, 집착했다. 여러 다른 역학들이 발견되자 그 강박관념은 사라졌다.

"이다is"와 "같다equal"를 혼동하는 경우에, 철학자들은 "2+2는 4이다(와 같다)2+2 is (equals) 4"와 "이 장미는 빨갛다The rose is red"에서의 "이다is"가 쓰이는 방식에 주목했고, 계속해서 장미가 빨강과 같은지, 또는 동일한지 등을 물었다. 프레게와 러셀과 같은 논리학자들이 상징 "엡실론(∈)"을 도입했을 때, "이다"가 쓰이는 방식의 차이는 우리의 일상 언어에서 "이다"와 "같다equal" 사이에서 드러나지 않는 방식으로 밝혀졌다. 우리의 일상 언어는 엄청나게 유동적이며, 그러한 유동 속

---

* 코페르니쿠스가 행성들에 관한 어떤 사실들을 발견했다고, 그리고 지구에 관한 강박관념을 제거한 것은 이 사실들의 발견이지 프톨레마이오스의 표기법의 변화가 아니라고 말할지도 모른다. 그러나 그 새로운 사실들은 여전히 프톨레마이오스의 표기법에서 복잡한 방식으로 표현될 수도 있었고, [[그랬다면]] 그 강박관념은 제거되지 않았을지도 모른다. 반면에 그 강박관념은 만일 코페르니쿠스가 태양을 중심으로 하는 표기법을 구성했다면, 설령 그것이 어떤 적용을 지니지 않았을지라도, 제거되었을 것이다. 물론 코페르니쿠스는 표기법들에 관해서 **생각**하지 않았고 오히려 행성들에 관해서 생각했다.

에서 차이를 밝히는 것은 어렵다. 프레게와 러셀의 표기법은 상이한 것들을 동일한 것으로 다루려는 유혹을 제거했다. 나는 "A=A"에서 사용되는 동일성 기호를 제거하는 표기법을 발명했는데,[2] 왜냐하면 어느 누구도 "의자는 의자다"라고 말하지 않으며, [[이 표기법에서는]] 동일성 기호의 사용과 연관된 난점들이 사라지기 때문이다.

우리가 지금처럼 언어를 다루는 것은 수수께끼를 가지고 온다. 즉 논리학의 견고성에 관해서는 어떻게 되는가? 우리는 논리학이 우리의 통제 안에 있는 것이 아니라는 인상을 갖고 있다. 왜 그렇지 않은지를, 논리학자들이 우리의 정상적인 언어들이 단지 근접할 뿐인 이상적인 언어를 구성한다고 생각함으로써 설명하는 방식이 있는 것처럼 보인다. 나는 한때 논리학은 진공 속에 있는 언어의 사용을 기술한다고 말했다. 진술된 규칙들로 구성하는 놀이들이나 언어들을 이상 언어라고 부를 수 있지만, 이는 그것들이 "더 좋은"이라는 뜻에서 이상적인 것은 아니기 때문에 나쁜 기술이다. 그 언어들은 비교를 만든다는 한 가지 목적에 기여한다. 그것들은 실제 언어 옆에 놓일 수 있고, 그리하여 우리가 그것들에서 어떤 특징들을 보게 할 수 있으며, 이렇게 함으로써 어떤 난점을 제거하게 할 수 있다. 내가 "이다"가 두 가지 의미를 지니는 언어를 구성한다고 하자. 그것은 더 좋은가? 실용적인 관점에서는 그렇지 않다. 어떤 보통 사람도 "그 장미는 빨갛다"와 "2+2=4"에 있는 "이다"의 의미를 뒤섞지 않는다. 그것은 단순히 진술 가능한 규칙을 가지고 있다는 뜻에서 이상적이다. 그것의 유일한 요점은 어떤 강박관념을 제거하는 것이다. 그 언어는 그 외 다른 것을 더 하지 않는다. 물론 혹자는 어떤 실용적인 목적을 위해서 더 좋게 될 표기법이나 언어를 제안할지도 모르지만, 이는 우연적일 것이다. 그것은 우리

---

2 비트겐슈타인, 《논고》, 5.531-5.535 참고.

의 의도에 속하지 않는다.

강박관념의 특징은 그것이 인지되지 않는다는 것이고 어떤 단계에서는 심지어 인지할 수도 없다는 것이다. 이것은 과학적 물음과 마찬가지로 공격을 받으며, 마치 우리가 어떤 새로운 것을 알아내야만 하는 것인 양 완전히 [[해결할]] 가망 없이 다루어진다. 그 문제는 언어에 관한 물음에 관여하는 것으로 보이지 않으며 오히려 우리가 아직 충분히 알지 못하는 사실의 문제인 것처럼 보인다. 여러분이 내가 어떤 정보를 주고 있다고 생각하도록 끊임없이 유혹을 받는 것, 그리고 나에게서 이론을 기대하는 것은 바로 이 이유 때문이다. "나는 그러그러한 것을 생각한다"는 말을 사용할 때 마치 내가 형이상학이라고 불리는 학문의 문제를 논의하고 있는 것처럼 보인다.

나는 이제 명제에 대해서 계속해서 논의하고자 한다. "명제"에 대한 온갖 종류의 정의가 제시되었다. 그러나 명제에 관해서 질문을 받을 때 나는 예들로 설명한다. 그 예들은 보통 어떤 알려진 언어의 문장들이며, 이는 그러한 모든 문장에 공통적인 어떤 것이 존재한다는 강한 느낌을 산출한다. 어떤 사람들은 명사와 동사가 공통된 것이라고 말했다. 어느 누구도 좀처럼 명제의 예로서 "이 의자를 스미스 씨에게 가져가라"나 또는 어떤 몸짓과 결합되어 발화되는, "이 방향으로 걸어라"와 같은 명령을 제시하지는 않을 것이다. (그 명령과 결합된 그 몸짓은 그 명령의 부분인가?) 명제는 보통 낱말들로 이루어진다고 간주된다. 그러나 어떤 낱말도 존재하지 않을 경우, 가령 다음과 같이 그려진 선에서 ⌐_⌐ 한 사람은 그가 어떤 방향으로 걸어가야 하는지 이해할 수도 있다. 이것은 문장인가? 만일 그렇다면, 우리는 문장들에 공통적인 것은 명사와 동사라고 말하지 않게 될 것이다.

논리학자들은 한 명제의 생명은 계사 "이다"라는 강박관념을 지니고 있었다. 그러나 그들은 우리만큼이나 모든 영어 문장들이 주어, 계사, 형용사를 지니는 것은 아니라는 것을 알고 있다. 그들은 각각의 모든 문장은 그러한 문장으로 "환원"될 수 있다고 말했다. 그것이 환원될 수 있다는 사실은 다음과 유사하다. 각각의 모든 폐곡선은 원이라고 말해진다는 것. 어떤 곡선은 원이 아니라는 반대에 대해서는, 그 곡선은 원으로 투영될 수 있다고 답변할 수 있다. "모든 폐곡선은 원으로 투영될 수 있다"를 "모든 폐곡선은 원이다"로 비트는 것은 "모든 명제는 주어-술어 형식의 명제로 변형될 수 있다"와 정확하게 유사하다. 그러나 어느 경우에도 나는 투영의 방법에 관해서는 아무것도 말하지 않았으며, 내가 말할 때까지는 나는 아무것도 말하지 않았다. 나는 각각의 모든 폐곡선이 원에 의해 재현될 방식으로 기호법을 사용하고 있다고 말할 수도 있었다. 그것, 즉 "폐곡선"을 "원"으로 대체하는 것은 **규칙**이다. 이와 유사하게, 나는 각각의 모든 명제 형식을 주어-술어 문장으로 변형할 것이라고 말할 수 있었다. 모든 명제가 하나의 주어와 술어를 지닌다는 진술은 자연사의 한 사실을 주장할 수도 있다. 전적으로 그러한 문장들로만 이루어진 언어가 존재할 수도 있다. 반면에 그 진술을 발화할 때 나는 규칙, 나의 문장들의 소리에 관한 규칙을 설정하고 있는 것일 수도 있다. 그러나 내가 어떻게 모든 명제를 이 형식으로 변형할지 제안하지 않는다면, 즉 명사, 계사, 그리고 형용사와는 다른 낱말들로 무엇이 행해져야 하는지를 말하지 않는다면, 그 규칙은 우리에게 이해되지 않는다.

나는 우리가 명제들이라고 부르는 가족에 관해서 어떤 것을 말하기를 원한다. 나는 여러분에게 명제들의 가족은 다수라는 어떤 관념을 제시하기를 원하며, 그것들 모두를 망라하는 정의를 내리는 것은 거의 가망이 없다는 점을 제시하고자 한다. {명제들의 가족은 많은 것들을 공통으로 가지고 있고 많은 것들을 공통으로 가지고 있지 않다. 대부분 공통으로 가지고 있는 것은 모든 것에 공통이라고 가정된다. 수많은 명제는 주어진 언어의 명제적 **형식**을 공통으로 지니고 있다, 그 소리 말이다. 그리고 이 특징은 모든 것의 공통된 특징이라고 간주된다. 거꾸로 읽힌 문장은 사실상 그 소리를 지니지 않게 될 것이다. 그러나 물론 이 소리를 전혀 지니지 않는 명제가 있을 수 있다.*}

논리학에서는 명제를 참이거나 거짓인 것으로, 또는 부정될 수 있는 것으로 이야기한다. 그리고 우리는 명제의 계산체계를 지니고 있다. 나는 이 계산체계에서 나오는 개념, 부정을 논의하고, 먼저 부정들의 가족을 보여주기를 원한다. "부정"은 상이한 사용들을 지니고 있다. 논리적 계산에서는 $\sim\sim p=p$이다. 이는 무슨 종류의 명제인가? 우리는 부정이 이 법칙에 따라 작동한다고 말하도록 유혹받으며, 이는 어떤 점에서는 참이고 어떤 점에서는 거짓이다. 그것이 하나의 규칙인지 아닌지 또는 그것이 부정 기호를 사용하는 우리의 습관에 관한 진술인지 아닌지 하는 물음이 제기되었다. 그것은 우리의 습관에 관한 진술이 아니다. 왜냐하면 그렇게 되면 그것은 자연사의 진술이 될 것이고 심지어 참도 아니기 때문이다. 교육받지 않은 사람에게 이중부정은, 예를 들어 "He don't know nothing about it."은 긍정이 아니라 부정을 의미한다.⁴ 명제에 관해서 분명하게 밝히기 위해 우리는 보통 행해지는 것보다 더 상세한 것으로 들어갈 필요가 있을 것이다. 이는 명제들의 가족과 내가 부정들의 가족이라고 부르는 것을 보여주는 것을 요구할 것이다. 여러분은 "아니다"가 상이한 의미들을 지니는지를 끊임없이 묻게 될 것이다. "$\sim p$"는 두 개의 기호법에서 p가 아니다ₙₒₜ₋ₚ

---

* 중괄호에 있는 내용은 〈황색 책〉에서 가져온 것이다.

4 "그는 그것에 관해서 아무것도 알지 못한다"에 해당하는 영어는 "He doesn't know anything about it."이다. 반면에 "교육받지 않은 사람"은 "He don't [[doesn't]] know nothing about it."을 바로 그런 의미로 사용하기도 한다. 다시 말해 후자는 $\sim\sim p$ $=\sim p$의 한 사례이다. 참고: M. L. Engelmann(2013), *Wittgenstein's Philosophical Development*, Palgrave Macmillan, p. 267.

를 기호화할 수 있는데, 한 기호법에서는 "$\sim\sim p$"는 p를 기호화하고 다른 기호법에서는 p가 아니다not-p를 기호화할 수 있다. "$\sim\sim p$"와 "p"가 같은 것을 의미하는지 질문하면서 혹자는 혼란에 빠질 수 있다.

강의 XI

난점은 우리가 사용하기 위해 엄청나게 복잡한 언어를 발명했고 우리 모두 성인이라는 사실에서 생긴다. 어린아이의 철학은 우리의 철학과는 아주 다르겠지만, 이는 어린아이의 물리학이 그럴 것이라는 점과는 다른 뜻에서이다. 어린아이의 물리학은 아이가 다양한 물리적 사실을 알지 못하기 때문에 다를 것이지만, 아이의 철학은 아이의 언어가 더 단순하기 때문에 다를 것이다. 언어의 더 원초적인 예들, 즉 내가 "언어놀이"라고 부르는 것(이는 대부분 "원초적 언어"와 동의어인데)을 연구하는 것은 아주 유용할 것이다. 이것은 원초적인 산수가 우리의 산수와 맺는 그러한 관계를 우리의 언어와 맺게 될 것이다. 이들 언어가 불완전하다고 가정하는 것은 오류이다. 원초적인 산수는 불완전하지 않다. 심지어 처음 다섯 숫자만 존재하는 산수도 그러하며, 우리의 산수가 더 완전한 것은 아니다. 우리가 체스를 어떻게든 포함하는 다른 놀이를 알고 있다면 체스는 불완전해질까? 그것은 그저 다른 놀이가 될 것이다. 달리 생각하는 것은 수학과 자연과학을 혼동하는 것이다. 만일 과실학이 사과의 학문인 것과 같이 수학이 수의 학문이라면, 무리수나 5 다음에 나오는 수들을 포괄하지 않는 수학은 불완전하다고 간주될 것이다. 이는 한 종류의 사과에 대한 언급을 빠뜨린 과실학 논문이 불완전한 것과 마찬가지이다. 그리고 만일 과실학 논문이 존재하지 않는 종류의 사과를 지어냈다면 그 논문은 옳지 않게 될 것이다. 그러나 수학은 자연과학이 아니다.

흐릿한 전체 일상 언어를 둘러싸고 특수한 언어들, 예컨대 화학과 기상학의 언어들이 존재한다. 나는 언어를 그러한 집합체로 간주할 것이다. 언어에서 우리는 기술, 가설, 물음, 명령 등의 혼합을 발견하지만, 이것들로 이루어진 어떤 목록도 전적으로 부적절하다. 우리의 언어를 오직 명령만 주어지는 어떤 종족의 단순한 언어와 비교해 보자. 이 언어를 지니는 종족에 관해 이야기하는 우리는 이것을 "명령"이라고 부르는데, 왜냐하면 그 종족의 생활에서 이 낱말이 행하는 역할[5]이 명령의 역할이기 때문이다. 그들의 언어에는 "명령"이라는 낱말이 없으며, 대화와 같은 것도 없다. 전체적인 목적은 건축가와 조수 사이의 의사소통이다. 그 건축가는 예를 들어 "벽돌!"이라고 명령하며, 이에 그 조수는 그에게 벽돌을 하나 가져간다.

우리는 어린아이가 훈련을 통해 이 언어를 배운다고 가정할 것이다. 그 아이에게는 가령 "벽돌", "기둥", "찰흙"과 같은 열 개의 낱말이 주어진다. 이 훈련에 관한 기술에서 이해는 배제되는가? 여러분은 그 아이가 그 낱말들을 이해해야만 하며 그렇지 않으면 명령에 반응하게끔 가르칠 수 없다고 말할 것이다. 나는 "확실하게도, 만일 여러분이 좋다면, 개에게 양들을 돌보라고 가르칠 수 있는 것과 마찬가지로"라고 대답한다. 송아지나 고양이를 가르칠 수는 없다. 나는 이 동물들과 모든 동작을 수행할 수도 있지만 적절한 반응을 얻지 못할 것이다. 훈련은 두 단계로 이루어지는 것으로 기술될 수 있다. (1) 훈련자가 어떤 것을 함, (2) 개선의 가능성과 함께, 피훈련자의 어떤 반응이 나타남. 한 언어를 가르치기 위해서는 항상 피훈련자의 반응을 전제하는 훈련이 필요하다. 만일 주어진 상황에서 피훈련자가 반응하지 않는다면, 즉 이해하지 않는다면, 이해에 대한 언급은 훈련에 관한 기술에서는

---

5 원문에서는 "rule"이지만 이는 명백하게도 "role"의 오자일 것이므로 "역할"로 번역한다.

나타나지 않을 것이다. 그러나 이해에 대한 언급을 생략함으로써 그 기술에서 생략되는 것은 아무것도 없다.

그런데 명령에 복종하는 것에 대한 어떤 예행 연습이 있다. 예컨대 "벽돌!"이라는 명령이 주어질 때 무엇을 해야 하는지를 배우는 것 말이다. 이것은 우리가 "사물에 이름 붙이기"라고 응당 부르는 것과 아주 밀접하다. 엄마는 더미 위에 벽돌을 놓고 "벽돌"이라고 말하고, 그 다음 어린아이는 똑같은 행동을 한다. 그 어린아이 앞에서 말해진 "벽돌"이 실은 지시적 정의가 아니라는 것을 주목하라. 왜냐하면 이 언어에서 우리는 아직 "이것은 뭐라고 불리는가?"라는 물음을 지니지 않기 때문이다. 그것은 다른 종류의 환경에서는 명명의 과정이다.

낱말 "벽돌"이 이 언어에서 우리의 언어에서와 같은 의미를 지니느냐 하는 물음이 제기될 수도 있을 것이다. 여러분은 그 건축가는 "벽돌"이 "나에게 벽돌 하나를 가져오라"라는 말로 의미하는 것을 의미한다고 말할 수도 있을 것이다. 그러나 이는 위험하다. 비록 이 표현들이 두 개의 언어에서 같은 역할을 할지라도, 그 원초적인 언어에서는 "나에게 가져오라"라는 말은 들어오지 않는다. 우리는 한국어에서도 [[벽돌을 제외한]] 그 밖의 다른 모든 것에 대해서 "나에게 그러그러한 것을 가져오라"라고 말할지라도, "나에게 벽돌을 하나 가져오라" 대신에 군대의 어법에서 "장전", "발사"라는 명령과 같이, "벽돌"이라고 말하는 것을 상상할 수도 있다. 그렇게 되면 낱말 "벽돌"은 문장 "벽돌이 하나 있다"에서 그것이 행하는 역할과는 다른 역할을 하게 될 것이다.

이제 다른 언어 (2)에 대해 생각해 보자. 이 언어에서 한 명령은 두 가지 낱말들로 이루어진다. 낱말들 "벽돌", "기둥" 등 외에도, 우리는 일련의 문자들 A—J 또는 일련의 열 개의 음, 가령 영국 국가의 처음 열 개의 음을 지니고 있다. 이것들은 암기해야 하지만 "벽돌"과 같은 낱말은 그렇지 않다. 이제 명령은 낱말과 문자로 이루어지며, 가령 "E

벽돌!"과 같다. 어린아이는 벽돌 더미로 가서 E까지 각각의 문자에 대해서 하나의 벽돌을 집어들고, 장인에게 E개의 벽돌을 가져가야만 한다. 그리하여 그 알파벳의 문자들은 이 언어에서는 숫자들로 보인다. 그 종족은 10까지 셀 수 있는 아주 원초적인 산수를 가지고 있지만, 덧셈과 곱셈은 없다. 이 언어의 낱말들의 기능이 얼마나 다른지를 주목하라. (a) 암기해야만 하는, 열 개의 문자들의 기능과 (b) 건축가가 명령하는 어떤 것을 가져가는 행동과 연결된 기능. 비록 입말이든 글말이든 낱말 "E"와 "벽돌"은 유사하지만, 그것들의 기능은 어떤 방식으로도 비교할 수 없다.

여러분은 우리가 기술한 두 언어에는 특정한 뜻에서 어떤 "이해함"도 없다는 것을 알아차릴 것이다. 한 사물의 이름을 묻는 것 또는 한 사물에 이름을 붙이는 것과 대응하는 것은 아무것도 없다. 의미에 관한 철학적 물음은 이 종족의 철학자에게는 일어나지 않을 것이다.

이제 우리는 물음과 대답을 지니는 또 다른 놀이 (3)을 도입한다. 우리는 가령 25개의 문자나 숫자를, 그리고 낱말 "벽돌" 등을 앞에서와 같이 가질 수 있다. 우리는 그 조수가 문자들과 대조해서 벽돌을 셀 수 있다고, 그리고 25가 넘으면 어떤 수든 "많은many"이라고 말한다고 가정한다. 그렇게 되면 "많은"의 역할은 한 숫자의 역할과 다소 같으며, 하지만 여전히 다르다. 우리의 놀이에서 물음은 언제나 "몇 개?"일 수도 있다. 이 물음은 "J" 또는 "Y"로, 또는 25를 넘는 수에 대해서는 "많은"으로 대답될 것이다.

놀이 (1)에서 우리는 훈련할 때 지시적 정의와 다소 비슷한 것을 지녔다. 놀이 (2)에서 우리는 숫자에 대해서 **일종의** 지시적 정의를 지닐 수도 있을 것이다. 벽돌 세 개를 보여주면 그 조수는 수들을 외는 대신에 "C"나 "3"이라고 말하도록 배울 것이고, 이는 "3"의 지시적 정의일 수도 있을 것이다. 여기에서 우리는 지시적 정의의 다른 뜻을 지닌다. 세 개의 기둥은 세 개의 벽돌과 마찬가지로 "3"이 될 것이다.

또 다른 언어 (4)는 낱말 "거기에"를 도입할 수도 있고, 이는 여전히 명사와 숫자와는 다른 기능을 지닌다. 한 명령은 예를 들어, 지시의 몸짓과 더불어 "J 벽돌 거기에!"가 될 것이고, 이 명령에 이어 조수가 벽돌을 거기에 놓는 것이 뒤따른다. 이제 낱말 "거기에"가 쓰이는 방식을 살펴보자. 혹자는 아마도 그것은 한 장소의 이름이라고 말할지도 모른다. 그러나 그것을 이름이라고 부르는 것은 이름 "채링크로스"의 뜻과는 아주 다른 뜻으로 낱말 "이름"을 사용하는 것이다. "거기에"는 몸짓을 동반하지 않는다면 아무런 의미도 지니지 않는다. "벽돌!"과 "J 벽돌 거기에!"와 같은 표현들은 문장인가? 여러분이 좋아하는 대로. 여러분이 좋으면 언제나 그 구분을 끌어들일 수 있다. 하지만 왜 그 구분을 어떤 특정한 지점에서 끌어들여야 하는지를 보여주는 일은 쉽지 않다.

많은 다른 놀이가 구성될 수 있다. 예를 들어 카드놀이를 하기 위해 이름과 사용을 발명하는 놀이. 또는 한 사물이 무엇이라고 불리는지에 관한 물음과 대답을 도입하는 놀이. 다시, 우리는 표의 한쪽에는 집, 탁자, 공 등의 그림이 있고, 다른 쪽에는 어떤 낱말들이 있는 표를 사용하는 놀이를 구성할 수도 있을 것이다. 어린아이는 한 낱말에서 그림으로 가고, 그리고 나서 그림에 해당하는 물건을 가져오도록 훈련된다. 그런 다음 한 기호[[낱말]]를 빼버리고 아이에게 그것을 채우게 하고 다른 기호들[[낱말들]]을 사용하는 것처럼 그 기호를 사용하게 한다. 다시, 우리는 기술과 고유 명사를 도입하는 놀이를 할 수도 있을 것이다. 고유 명사는 독특한 기능을 지니고 있다. 만일 어린아이가 하나의 벽돌을 "잭"이라고 부르도록 훈련받는다면, 우리에게는 이 벽돌을 식별하는 수단과 그것이 다른 장소로 움직이는 것을 따라가는 수단이 있어야만 한다. 여러분이 여러분 앞에 두 개의 벽돌을 잡고 있고,

하나를 가리키면서 "이것은 잭이야"라고 말한다고 하자. 이제 두 벽돌을 여러분의 등 뒤에서 바꾸고 다시 내보이라. 만일 그 아이가 여러분의 움직임을 따라가지 않았다면 그 아이는 어떻게 어느 것이 잭인지 알 수 있는가? 고유 명사에 관한 물음들은 몇몇 논리학자들이 상정하는 것보다 엄청나게 더 복잡하다.

기술descriptions이 사용되는 놀이를 구성하기 위해서 "5", "벽돌", 그리고 "위", "아래", "오른쪽", "왼쪽"과 같은 낱말들로 이루어진, 종류가 다른 기호를 도입할 수도 있을 것이다. 한 기술은 가령 "5 벽돌 왼쪽" 또는 "6 벽돌 아래"가 될 것이다. 그 기술은 특정한 소리를 지닐 것이며, 우리는 같은 소리를 지니는 다른 결합을 만들 수 있다. 어떤 결합은 뜻이 있을 것이지만 어떤 것은 뜻이 없을 것이다. 우리는 이제 낱말 "참"과 "거짓"을 도입할 수 있다. 한 기술이 제시되고 어떤 사람이 그 기술에 따라 어떤 것을 짓고, 이에 대해 감독이 "참" 또는 "거짓"이라고 말하는 놀이가 구성될 수도 있다. 또는 우리는 어떤 사람이 [[수를 하나하나]] 세면서 어떤 수에 이르면 "참"이라고 말하고 어떤 수를 빠뜨리면 "거짓"이라고 말하는 놀이를 할 수도 있다. 여러분은 이렇게 하는 것들이 참임, 또는 거짓임의 예들이 아니라고 반대할 수도 있지만, 나는 그러한 것은 그 낱말이 사용될 수 있는 한 가지 방식이라고 말한다.

내가 언어가 어떻게 만들어졌는지 또는 어떻게 진화했는지를 보여주고 있다고 생각하는 오류를 범하지 말라. 때로는 이렇게 고안한 언어들을 원시 종족의 언어로 상상하는 것이, 때로는 어린아이의 실제 원초적 언어로 상상하는 것이 더 쉽다. 어린아이는 실제로 그러한 원초적 언어로 시작한다. 아이의 언어 훈련은 대부분 그러한 놀이의 형식 안에 있다. 새로운 놀이는 언어 안으로 새로운 요소(예를 들어 부정)를 도입한다. 우리가 이미 도입한 요소들이 아주 다양하다는 것은 충분히 알 수 있다. 언어놀이를 제시하는 이 방법의 난점은 여러분이 이 방법을 지극히 사소하다고 생각한다는 점이다. 여러분은 그 중요성을 보지 못한다.

강의 XII

사람들은 부정의 관념에 대해 극도로 걱정했었고, "···가 아니다"가 실제로는 선언이라고 말하려고 했었다. 명제 'p가 아니다$_{not-p}$'는 'r 또는 s 또는 t 또는 ···'과 같은가? 때로는 그렇고 때로는 아니다. 첫 번째 선택지의 예로 "나에게 노랑이 아닌 원색을 가져오라"라는 명령에 대해 생각해 보자. 이것은 "나에게 빨강 또는 초록 또는 파랑 또는 검정 또는 하양을 가져오라"가 된다. 여기서 부정과 이에 대응하는 선언은 같은데, 왜냐하면 "원색"은 열거에 의해 정의되기 때문이다. 이는 "나를 이 빨강이 아닌 색으로 칠하라"라는 명령이나 "그는 집에 있지만, 여기에는 없다"라는 진술에 대해서는 성립하지 않는다. "acb가 아닌 a, b, c의 순열을 쓰시오"라는 명령은 원색들에 관한 예와 같다. 대부분의 경우 우리는 한 부정이 선언인지 아닌지를 말할 수 있다. 만일 우리가 그 선언이 무엇인지를 말할 수 있다면 부정은 선언이고, 만일 말할 수 없다면 선언이 아니다. 선택지들이 확정적인 수로 주어질 수 있든 그렇지 않든, 우리가 부정을 항상 선언으로 간주하는 것은 아니다. 예를 들어 만일 123종의 포유류가 존재한다면, 이는 "고래가 아닌 포유류"를 선언으로 대신할 수 있다는 것을 의미하지 않는다. 123종의 포유류가 존재한다는 진술은 경험적이지만, 반면에 "6개의 a, b, c의 순열들이 있다"는 그렇지 않다는 것을 주목하라. 후자는 문법적인 명제이며, 낱말 "순열"의 사용에 관한 규칙이다. "a, b, c의 한 순열이다"는 "abc 또는 acb 또는 bac 또는 bca 또는 cab 또는 cba다"를 **의미한다**. 다른 한편으로는 사자, 토끼, 개가 존재하는 유일한 종의 동물이라는 것이 참이라면, "나는 사자, 토끼, 개 한 마리를 보았다"는 "나는 지구상에 있는 각각의 종 동물 한 마리를 보았다"와 다른 명제이다. 반면에 "나는 사자, 토끼, 개의 가능한 모든 순열을 보았다"는 "사자, 토끼, 개의 이 순열, 그리고…이 순열, 그리고…이 순열을 보았다"(다 해서 6개)와 같다. 그리고 "나는 동물 네 마리를 보았다"는 "나는 합 2 +2 마리의 동물을 보았다"와 같다. 이 진술들 안으로 들어오는 수학의 언어는 그 진술들에 아무것도 더하지 않는 문법의 한 부분으로 기능한다.

다음은 부정이 선언이 아닌 아주 다른 경우들이다. "$x^2 + 3x = 4$라는 방정식의 근을 쓰되, 음의 근은 쓰지 마시오." 이것은 긍정 주장, "양의 근을 쓰시오"와 동등하다. 그리고 "기수를 하나 쓰되, 3은 쓰지 마시오"는 다른 이유 때문에 선언이 아니다. 여기에서 여러분은 다른 모든 기수들의 선언을 진술할 수 없으며, 여러분이 그 이유로 시간이 없다는 것을 제시하는 것은 무의미하다. 무한한 수의 기수들이 존재한다는 것은 여러분이 만드는 규칙이며, 경험적 명제가 아니다. 여러분은 이 놀이에서는[[다른 모든 기수들의 선언을 진술하는 놀이에서는]] 어떤 끝도 존재하지 않으며, 그리하여 3과는 다른 기수들을 쓰는 것이나 쓰지 않는 것은 똑같이 무의미하다고 말해야만 할 것이다.

"참"과 "거짓"이라는 낱말은 철학이 의존했던 두 낱말이고, 철학이 항상 무의미한 물음들에 의존한다는 것을 보는 것은 아주 중요하다. 이 두 낱말에 대한 논의는 낱말 "참"과 "거짓"이 둘 다 함께 제거될 수 있다는 것을 일단 깨달으면 더 쉬워진다. "p는 참이다"라고 말하는 것 대신에 우리는 "p"라고 말할 것이고, "p는 거짓이다" 대신에 "p가 아니다"라고 말할 것이다. 즉 **참**과 **거짓**이라는 개념 대신에, 우리는 **명제**와 **부정**을 사용한다. 이렇게 할 수 있다는 것은 유용한 힌트이지만 그것이 참과 거짓에 연결된 수수께끼를 제거하지는 않는다.*

186

한 명제가 실재와 일치하면 참이고 일치하지 않으면 거짓이라는 진술을 검토하기로 하자. 우리는 이 일치와 불일치가 무엇에 있는지를 보기 위해 언어놀이를 살펴보아야만 한다. 일치와 불일치로 의미하는 것이 분명한 경우들이 있다. 사물에 관한 기술이 소묘 형식으로 주어지는 놀이를 생각해 보자. 그림과 실물이 비슷한 경우 우리는 일치라는 말로 의미하는 것이 무엇인지를 안다. 닮음은 가장 통상적인 형식의 일치이다. 그러나 원근법에 어긋나는 그림도 일치한다고 말해질 수도 있다. 즉 어떤 것은 실재와 비슷하지 않지만 일치한다고 말해질 수 있다. 예를 들어 채색 그림, 조각상, 기묘한 투영 규칙에 따라 그려진 그림, 지도가 그러하다. 따라서 만일 우리가 한 명제는 그것이 실재와 일치할 때 참이라고 말한다면 우리는 그것이 어떤 방식으로 실재와 일치하는지를 말해야만 한다. 왜냐하면 "…와 일치한다"라는 표현은 온갖 종류의 상이한 방식들로 사용되기 때문이다. p가 실재와 일치하면 참이라고 말하는 것은 그것이 말하는 것처럼 보이는 만큼은 말하지 않는다. 우리가 참에 관해서는 가지고 있지 않은 일치의 관념을 가지고 있다면 이렇게 말하는 것이 유용할 수 있지만 말이다.

투영의 관념에 대해 생각해 보자. 이 관념에는 일치와 참의 관념과 마찬가지로 같은 난점이 존재한다. 한 언어가 네 개의 문자로 이루어져 있고, 그 각각의 의미는 표에서 주어지는데, 이 표에서는 문자와 화살표가 대응된다고 상상해 보자.

---

* 다른 한편으로, 우리는 낱말 "참"과 "거짓"만을 포함하는 표기법을 구성함으로써, **부정, 선언, 연언** 등을 제거하고 **참**과 **거짓**을 사용할 수도 있다. 나는 진리 함수들에 대한 표기법으로, 한때 그렇게 했다. 우리의 일상적인 표기법을 이 표기법으로 대체함으로써 논리적 명제들이 무엇인지 분명해진다.(참고: 비트겐슈타인, 《논고》, 4.442. ─옮긴이)

한 문자 또는 문자들의 조합, 예를 들어 *aabdc*는 그 화살표에 따라 움직이는 명령을 나타낸다. 화살표에 의한 다음의 재현은

그 문자들의 투영, 심지어 그림이라고 불릴 수 있다. 닮음에서 시작하여 확장함으로써 우리는 아주 닮지 않은 것에 이를 수 있다. 예를 들어 각각의 모든 가구는 [[의자의 개념을]] 확장하여 의자로 간주될 수 있다. 내가 이 방에 있는 모든 것은 의자라고 말하고 어떤 사람이 테이블, 문 등이 있다면서 반대했다고 하자. 나는 닮음이라는 척도에서 스툴[6]은 테이블과 의자 사이에 있고, 스툴은 일종의 의자이며, 이 작은 테이블은 스툴을 닮았고, 이 큰 테이블은 이 작은 테이블과 닮았고, 문은 그 테이블의 윗면과 같고, 등등이라고 대답할 수도 있다. 모든 것들을 어떤 다른 것의 확장으로 간주하려는 엄청난 유혹이 있다. 이 것은 명제가 실재와 일치할 때 참이라고 말하는 데로 빠져드는 유혹이다. 내가 의자의 닮음을 다른 각각의 가구들로 확장했던 것과 같이 우리는 일치의 관념을 확장한다.

어떤 방에 우리가 보통 의자라고 부르는 것을 제외하고는 아무것도 없다고 상상해 보자. 방안에 오직 의자들만 있다고 말하는 것은 사실에 관한 직접적인 진술이 될 것이다. 이제 내가 지금 이 방에 관해 그 말을 하는 것과 이에 대한 이의 제기에 내가 "그러나 이것(오토만)[7]은

---

6 stool. 등받이와 팔걸이가 없는 의자.

다리가 없는 의자일 뿐이고, 이것(테이블)은 등받이가 없는 의자이다"
등으로 대답하는 것을 비교하라. 여러분은 여기에 의자들을 제외하고
는 아무것도 없다고 말하는 것은 아무것도 말하지 않는다고 대답할
수 있을 것이다. 왜냐하면 이 방에 있는 것은 무엇이든, 나는 의자의
개념을 확장하거나 축소함으로써 그러한 진술에 이를 수 있기 때문이
다. 나는 어떤 한계도 긋지 않았고, 그 진술은 무엇이 의자인지 또는
그 방에 무엇이 있는지에 대해 어떤 실마리도 주지 않는다. 이제 나는
유용할 수도 있는 어떤 다른 것을 할 수도 있다. 즉 나는 의자와의 편차
를 통해 그 방에 있는 모든 것을 기술하는 표기법을 받아들일 수 있
다. 진술 "그 방에 있는 각각의 것은 이런저런 방식으로 의자와 편차
를 보인다"는 이 방에 있는 사물들의 본성에 관한 진술이 아니라, 오
히려 내가 받아들이고 싶어하는 기술에 관한 문법적 진술이라는 것을
주목하라.* 여기에서 우리는 한 규칙을 갖는다. "이것은 테이블이다"
라고 말하는 것 대신에, 우리는 "이 모든 가구는 각각 그러그러한 방
식으로 의자와 편차를 보인다"라고 말하게 될 것이다. 유사성을 강조
하는 것은 중요할지도 모른다. 명제와 실재 간에 일치가 존재한다고
말하는 것은 아무것도 말하지 않는데, 왜냐하면 우리는 일치라는 말이
무엇을 의미하는지 알지 못하기 때문이다. 그러나 우리는 일치의 관념
이나 그 관념의 확장을 보여주는 [의자와의 편차로 사물들을 기술하는
것 같은] 언어놀이들을 제시할 수 있을 것이다.
　부정, 참, 거짓, 명제의 관념에 관한 한 가지 특이한 난점이 있는데,

7　ottoman. 위에 부드러운 천을 댄 기다란 상자 같은 가구. 상자 안에는 물건을 저장
　하고 윗부분은 의자로 씀.
*　나는 한때 명제는 실재의 그림이라고 말했다. 이는 그것을 바라보는 아주 유용한
　방식을 도입할 수도 있지만, 내가 그것을 그림으로 바라보기를 원한다고 말하는 것
　에 불과하다.

이는 다음과 같은 조야한 형식으로 표현된다: 한 명제는 어떤 사실도 대응하지 않을 때 거짓이거나 그 명제의 부정은 참이다. 그러나 어떤 사실도 그 명제에 대응하지 않는다면, 이름이 아무것도 명명하지 않는다면 무의미한 것처럼, 왜 그 명제는 무의미하지 않은가?

모든 철학적인 문제의 경우와 같이, 이 수수께끼는 강박관념으로부터 일어난다. 철학은 상식에서 출발할 수 있지만, 상식에 머무를 수는 없다. 사실상 철학은 상식에서 출발할 수 없는데, 왜냐하면 철학의 임무는 상식에 대해서는 일어나지 않는 수수께끼 중 하나를 제거하는 것이기 때문이다. 어떤 철학자도 일상생활에서 상식이 부족하지 않다. 따라서 철학자는 예를 들어, 관념론이나 유아론의 입장을 개진하는 사람에게 그가 소고기가 실재하는지 또는 그의 마음속에 있는 관념인지, 그의 아내가 실재하는지 또는 오직 그만이 실재하는지 실제로는 궁금해하지 않는다는 것을 지적하면서, 관념론이나 유아론의 입장이 터무니없는 것처럼 제시하려고 해서는 안 된다. 물론 그는 궁금해하지 않는다. 그리고 그것은 적절한 반대가 아니다. 여러분은 상식에 호소함으로써 철학적 문제를 회피하려고 해서는 안 된다. 그 대신에, 철학적 문제가 가장 강력하게 나타나는 모습 그대로 제시하라. 여러분은 자신이 수렁으로 빠져드는 것을 허용해야만 하며, 수렁에서 나와야 한다. 철학은 세 가지 활동으로 이루어진다고 말할 수 있다. 상식적 대답을 보는 것, 상식적 대답을 참을 수 없을 정도로 문제 안으로 스스로 깊숙이 들어가는 것, 그리고 그 상황에서 상식적 대답으로 되돌아오는 것. 그러나 상식적 대답 자체는 전혀 해결이 아니다. 이는 누구나 다 알고 있다. 우리는 철학에서 문제를 단숨에 해결하려고 해서는 안 된다.

거짓 명제에 관한 문제와 관련하여 우리 자신을 수렁에 빠뜨리자. "이 방에는 사람 머리 모양의 의자가 있다"라는 문장을 들어 보자. 이것은 뜻을 지니지만 참이 아니다. 우리는 어떤 뜻에서는 아무것도 그 문장에 대응하지 않는다고 말할 수 있다. 실재와 그 문장의 연관이란 무엇인가? 무엇이 그 문장을 무의미한 것이 되지 않게 하는가? 어떤 사람은 "그 명제의 각각의 구성요소에 대해서 그 방에 있는 것이 대응되기 때문에 그것은 무의미하지 않다, 비록 그것들의 결합에는 아무것도 대응되지 않지만 말이다"라고 대답할지도 **모른다**. 즉 사물들은 그 명제가 그것들이 배열되어 있다고 말하는 방식으로 배열되어 있지 않다. 언뜻 보기에 이는 좋은 대답인 것처럼 보인다. 비록 계속 더 고찰해 보면 그렇지 않지만 말이다. 그 대답의 한 가지 난점은 다음 물음에서 나타난다. "그 명제의 구성요소들은 무엇인가?", "그 명제의 구성요소들과 대응하는, 또는 대응에 실패하는 사실의 구성요소들은 무엇인가?" 그 명제의 구성요소들이 그 사실의 구성요소들과 대응한다고 말하는 것은 아주 괜찮지만, 그 구성요소들은 무엇인가? 그것들은 다리, 등받이, 의자, 머리 등인가, 아니면 원자들인가, 아니면 색깔, 형태 등인가? 어떤 사람은 우리는 그 구성요소들이 무엇인지 모르지만, 이는 더 분석해야 하는 문제라고 말한다. 러셀의 개별자들과 비교하라. 다른 난점은 결합되어 있다고 주장되는 구성요소들이 그 주장처럼 현실에서 결합되어 있지 않다고 말하는 것은 아무런 도움도 되지 않는다는 것이다. 여러분은 의미를 지니는 여러 낱말이 그 문장에 포함되어 있지만 그 낱말들의 전체 결합은 어떤 것에도 대응하지 않는다고 말했을 뿐이다. 따라서 문제는 남아 있다.

그 난점은 이 명제가 동시에 거짓이고 참이기를 우리가 원한다는 것이다. "사람 머리 모양의 의자가 있다"는 그것에 대응하는 어떤 것도 가지지 않으며, 하지만 우리는 그것에 대응하는 어떤 것, 일종의 실재의 그림자가 존재해야만 한다고 생각한다. 그러나 우리는 더 나아지지 않는다. 그 그림자는 처음부터 다시 같은 난점을 준다. 왜냐하면 도대체 왜 그것이 이 실재의 그림자여야 하는가? 부정에 관한 수수께끼는 어떤 것이 상징에 대응해야만 한다는 관념 안에 있다.

만일 우리가 수렁 속에 있다면, 특수하게 선택된 예는 곧바로 우리를 끌어낼 수도 있다. 상징이 사용되는 방식, 예컨대 화살표 기호, 또는 문자가 경로를 기술하기 위해 사용되는 방식을 살펴볼 때, 우리가 처해 있는 어려움은 전혀 현존하는 것으로는 보이지 않는다. 그 난점은 의미의 관념, 또는 의미하는 것을 알고 있음이라는 관념이 들어오면 곧바로 나타난다. 나는 상징 $aabcc$의 사용을 한 사람이 가는 방식을 기술함으로써 기술할 수 있다. 그러나 그가 기술된 방식으로 가지 않는 경우 그것은 무엇을 의미하는가? 수수께끼들은 우리가 "한 표현이 의미하는 것을 알고 있음"과 같은 문구의 의미를, 그 표현에 대응하는 어떤 것을 가리킴으로써 고정하려고 할 때 (특히 그 표현이 사실이 아닌 것을 주장할 때) 일어난다. 아무것도 그것에 대응하지 않을 때 의미하는 것이 무엇인지를 우리는 어떻게 알 수 있는가? 하지만 우리는 여기에 사람 머리 모양의 의자가 있다고 말할 때 우리가 무엇을 의미하는지 알고 있음이 틀림없다. 문법적 강박관념은 극도로 단순한 형태의 문법을 취하는 것, 말하자면 모든 낱말을 그 패턴에 따라 결합하는 것으로 기술될 수 있다.

만일 우리가 낱말 "대응하다"를 사용하는 방식, 그리고 "그러그러한 것이 무엇을 의미하는지를 알고 있음"을 사용하는 방식을 살펴본다면, 아마도 그 어려움을 해소하기에 충분할 것이다. 기호 aac가 무엇을 의미하는지를 아는 것은 도형 ⌐‾⌐을 그리는 데 있거나, 가령 옳은 경로로 걸어감으로써 그것을 올바르게 사용하는 데 있다. 우리는 그 경로에 대한 선을 하나 그리고 그 선을 우리가 가는 길의 그림자라고 부를지도 모른다. 명령 "aac"를 수행하기 위해서는 우리는 그것을 이해해야만 하고, 그 명령을 이해함은 한 도표를 그리는 것에 있다고 말할지도 모른다. 그러나 그렇다면 우리는 그 도표가 의미하는 것을 이해해야만 하는가? 여기에는 어디에서도 멈춤이 없는 무한 퇴행이 있는 것으로 보인다. 만일 멈춘다면 우리는 그 명령을 이해하지 못하는 것으로 보인다. 그러나 이것이 우리가 이해함이라고 부르는 것이다.

강의 XIII

생각함, 소망함, 희망함, 믿음, 그리고 부정은 모두 어떤 것을 공통으로 지니고 있다. 각각에 관해서 같은 종류의 당혹스러운 물음들이 제기될 수 있다. 어떻게 우리는 일어나지 않은 것을 소망하거나 일어나지 않은 것이 일어나기를 바랄 수 있는가? p가 사실이 아닐 수 있을 때, 즉 아무것도 p에 대응하지 않을 때 p가 아니다not-p는 p를 어떻게 부정할 수 있는가? 후자의 물음에 대해 나는 한 가지 가능한 대답을 지적했다. p의 부정에 대응하는 것은, [[p가]] 사실이 아니라 해도, 그 사실의 구성요소들이라는 것. 예를 들어 "여기에는 의자가 없다"에 대응해서, 장소 여기가 있고, 세계에는 의자들이 있다. 일어나지 않은 어떤 것을 소망하는 것에 대해서도 유사하게 말할 수 있다. 예컨대 스미스가 그 방으로 들어올 것이고 그가 들어오지 않는다는 것. 즉 이 사실의 구성요소들은 존재하지만 그 소망의 구성요소들처럼 결합되어 있지 않다고 말이다. 내가 스미스가 활로 화살을 쏜다는 것을 알고 있다고 말할 때, 그가 그렇게 한다는 사실은 내가 그가 그런다고 알고 있다는 사실 안으로 들어오는 것처럼 보인다. 이와 유사하게, 그가 그 방으로 들어오기를 내가 소망하는데 실제로는 그가 들어오지 않을 때, 우리는 그 사실 또는 그 사실의 어떤 그림자가 어떻게든 나의 소망 안으로 들어온다고 생각한다. 그 소망의 구성요소들에 관한 문제는 따로따로 취해진, 한 복합 기호의 부분과 관련된 문제이다. 상자가 바닥과 뚜껑으로 이루어져 있는 것과 꼭 마찬가지로, 우리는 "나는 스미스가 오기를 소망한다"와 같은 명제는 어떤 방식으로 결합된 구성요소들로 이루어져야만 한다고 가정한다. 우리는 이 명제와, 부분들로 이루어진 상자를 잘못 비교한다. "나는 …하기를 소망한다"와 "스미스는 온다"는 다른 부분이라고 말이다.

내가 그 상자를 소망하는 것은 한 상자를 상상하는 것을 전제한다고 말했다고 하자. 나는 그 상자의 이미지를 소망하지 않는다. 왜냐하면 나는 그 소망의 구성요소로서, 바로 그 이미지를 가지고 있기 때문이다. 그러나 나는 그것과 유사한 어떤 것을 소망하지 않는가? 이 얽힌 것은 유사성의 관념을 파괴함으로써 풀릴 수 있다. 그러니까 이 상자를 소망함은 그 상자의 어떤 이상한 투영을 상상함일 수 없는가? 우리가 원하는 것으로 보이는 것은 소망된 것이 그 소망의 충족과 동일하다는 것, 유사한 어떤 것이 아니라는 것이다. 우리는 복제물을 원하지 않는다. 소망과 충족 사이의 간극은 받아들일 수 없다.

만일 "~p"가 이해된다면, "p" 또한 이해되어야만 한다. 그러나 만일 p가 거짓이라면, 아무것도 그것에 대응하지 않는다. 우리는 설령 p가 참이 아닐지라도 무엇을 뜻하는지를 안다. 그러나 그것을 이해한다는 것은, 또는 그것이 무엇을 뜻하는지를 안다는 것은 무엇인가? 예를 들어 여러분이 그 방을 떠나지 않을 때, 명령 "방에서 나가라"를 이해한다는 것은 무엇을 의미하는가? 여러분의 이해함은 그 방에서 나감의 그림일 수도 있지만, 물론 그것은 그 방에서 나감과 같은 것이 아니다. 낱말들로 주어진 명령은 그림으로 번역될 수도 있지만, 그 명령을 이해함은 낱말들을 시각적 이미지나 그림으로 번역하는 것으로 이루어질 뿐이라고 말하는 것은 아무런 소용도 없다. 만일 그것이 전부라면, 혹자는 여러분이 그 명령을 이해하지 못했다고 말할 수도 있다. 여러분에게 이미지를 떠올리거나 그림을 그리라고 명령한 것이 아니라 그 방을 떠나라고 명령한 것이라고 말이다. 여러분은 그 명령을 수행하지 않았고, 그림을 그리는 것으로는 그 명령을 수행하는 데 조금도 가까이 가지 않는다. 이해함은 여러분을 그 명령을 수행하는 지점까지 데려가야 했던 것처럼 보인다. 하지만 여러분이 그것을 수행했어야 했다는 것이 의미된 것은 아닌데, 왜냐하면 그 명령은 수행되지 않고서도 이해될 수 있기 때문이다. 그 어려움은 명령을 이해하는 경우들의 집합이 그것을 수행하는 활동들의 집합과 대응된다면 사라질 것이다.

우리가 어떤 사람에게 어떤 신체 운동을 하라고 명령하고, 곧바로 그러한 운동 영상을 보여준다고 하자. 이제 명령을 이해함은 (만일 명령을 이해함이 이 움직이는 그림들을 보는 것을 의미한다면) 그 명령을 수행하는 것을 포함하지 않는다. 명령을 이해함은 명령을 수행하는 데에 필요하지만, 그 실행을 예견할 수 없다. 그리고 실행을 예견할 수 없기 때문에, 이해는 해야 할 일을 하지 못하는 것[[제 기능을 할 수 없는 것]]으로 보인다. 우리는 두 가지 단순한 사실에 직면해 있다. 명령을 이해함과 그것을 수행함은 다르다는 것, 그리고 "스미스는 그 방에서 나가야 한다는 것을 이해한다"라는 문장에 명령 전체가 나타난다는 것. 명령을 이해함은 그 명령이 가리키는 실행을 포함하지 않으며, 따라서 "스미스는 그 방에서 나가야 한다는 것을 이해한다"라는 문장의 [["스미스는 그 방에서 나가야 한다"와 같은]] 부분은 쓸모없는 것처럼 보인다. 명령을 이해함은 갑자기 뚝 멈춰 서는 것처럼 보이는데, 왜냐하면 그것은 실행이 아니기 때문이다. 만일 명령을 이해함이 그것의 실행을 포함할 수 없다면 왜 명령을 이해함에 관해서 이야기하는가? 그러나 이 문장과 같은 문장들에는 어떤 잉여도 없다. 왜냐하면 그 명령을 수행하는 과정과 그 명령을 이해함은 동일한 다수성을 지니고 있기 때문이다. 이것이 중요한 요소이며, 명령을 수행함과 명령을 이해함이 유사하다는 사실은 중요하지 않다. 우리는 세 개의 체계를 지니고 있다. (1) 언어적 표현들의 체계, (2) 그림들의 체계, (3) 행동들의 체계. 이 셋은 모두 동일한 다수성을 지니고 있다. 이해함이 존재하기 위해서 두 번째가 세 번째와 동일하다는 것은 필요하지 않다. 하지만 (2)와 (3)의 사례들은 동일한 다수성을 지녀야만 한다. 따라서 아무것도 잉여적이지 않다. 우리는 여기서 낱말에서 그림으로, 그리고 그림에서 행동으로 나아가는 투영적 관계들을 지닌다.

나는 문장 "p"에 어떤 지표들, 즉 "p'"와 "p''"를 줄 수도 있다. "p"가 문장 "스미스는 그 방을 떠난다"라고 하고, "p'"는 스미스가 그 방을 떠나는 그림을, 그리고 "p''"는 스미스가 수행한 행동을 나타낸다고 하자. 이것들은 모두 동일한 다수성을 지니고 있다. "스미스는 이해한다"는 첫 번째 지표에 대응하고, (그 방에서 나감에 의해서) "스미스는 그 명령을 수행한다"는 두 번째 지표에 대응한다. 모든 각각의 발화 행위에 이해함의 과정이 대응될 것이다. 그리고 명령을 이해함의 모든 각각의 변이에 수행함의 변이가 대응될 것이다. 수행함의 기술은 이해함의 기술과 단지 한 지표가 다를 것이다.

가령 내가 부정 명령, 예컨대 "이 원을 통과하는 선을 그리지 마시오"를 내린다고 하자. 그 명령에는 기술 "그 원을 통과하는 선을 그리기"가 나오며, 이는 존재하지 않는 것을 가리킨다. 그 명령을 그림 기호법으로 번역하기로 하자.

이 기호법에서 여러분은 이 그림이 그 명령을 이해함을 재현하고 있다는 것을 볼 것이다. 그리하여, "그 원을 통과하는 선을 그리지 마시오"는 원과 그것을 통과하면서 그려진 선으로 이루어진 도형에 의해 재현될 것이다. 이는 그 명령을 이해함에 그 반대 명령을 수행하는 것이 포함되어 있다는 것을 의미하는가? 여기에서 우리는 "하지 않아야 할"을 의미하는 지표 "아니다"를 필요로 한다. 그것은 "그 원을 통과하는 선을 그리시오"에 동반되는 지표이며, 이는 "이해하다"가 "스미스는 그 방을 떠난다"에 동반되는 지표인 것과 마찬가지이다.

(a) "스미스는 그 방을 떠난다"와 "스미스는 그 방을 떠나야 한다는 것을 이해한다"

(b) "그 원을 관통하는 선을 그리시오"와 "그 원을 관통하는 선을 그리지 마시오"

이 문장들의 쌍에서는 둘 다 동일한 종속 문장이 구성요소로 나타난다. 그리고 여러분은 동일한 사실이 구성요소로 등장해야만 한다고 생각한다. 그러나 그러한 어떤 것도 등장하지 않는다. 우리를 철학적 곤경에 빠뜨리는 오류는 종속 문장이 그 문장에 나타날 수 있는 것처럼, 한 사실이 그 전체에 관하여 이 구성요소에 대응해야 한다고 가정하는 것이다. "아니다"와 "이해하다"는 단지 지표들일 뿐이며 문장이 사용되는 방식 전체를 바꿀 수 있다. 내가 한 문장 "p"를 가지고 있고 "아니다"나 "이해하다"와 같은 지표를 첨가할 때, 그 지표가 기술할 수 있는 모든 것은 투영적 관계이다. "p"를 이해하는 것은 "p"로 기술된 어떤 것을 하는 것과 같지 않다. 이와 유사하게 "바라다"로 시작하는 문장에 대해서도 마찬가지이다. 문장 "나는 사과를 먹는다"와 "나는 사과를 먹기를 바란다"는 전적으로 상이하다. 그러나 왜 그렇게 상이한 문장들이 동일한 낱말들을 사용하는지를, 하나의 구성요소들이 다른 것에 포함되어 있다고 말하는 것으로, 또는 "나는 사과를 먹는다"와 "나는 사과를 먹지 않았다"가 같은 구성요소들의 상이한 배열을 지닌다는 점에서 다르다고 설명하는 것은 옳지 않다. "fx가 아니다"에서 "아니다"는 fx가 사용되는 방식을 변화시키는 지표이다. "fx가 아니다"는 한 투영적 관계를 표현한다.

강의 XIV

"이해하다"와 "할 수 있다"와 같은 낱말의 특징은 (a) 의식적인 사건처럼 마음속에서 일어나는 어떤 것, (b) 성향, (c) 번역과 관련하여 번갈아 사용된다는 것이다. 경우 (a)에서 "이해하다"의 사용은 우리가 "이제 나는 이해한다"라고 말할 때 예시된다. (b)에서 "이해하다"의 사용은 "할 수 있다"와 중첩되며, 한 사람이 이해할 때 그가 어떤 것을 할 수 있음에 의해 예시된다. 이 둘은 특수한 방식으로 중첩되며, 이해함은 기호를 사용할 수 있음과 같다. 경우 (c)에서 "이해하다"는 그림 또는 다른 상징체계로의 번역과 관련될 때 사용된다. 그저 한 낱말이나 문장을 이해함과 대조되는 것으로 그러그러한 것을 의미하기 위해 낱말이나 문장을 이해함과 같이, 또는 명령의 실행을 영상으로 시각화해서 명령을 이해함과 같이 말이다. 이해함에 관한 문제들은 이 의미들을 뒤섞어서 야기된 문제들이다. 이는 "이해하다"의 사용이 분명하지 않다고 말하는 것은 아니다.

"이해하다"라는 낱말은 다음과 같은 다양한 상황에서 이해함과 이해하지 못함을 구분하기 위해 사용된다. (1) 주의를 기울이지 않고 어떤 것을 들은 후에, 의식의 가장자리에서 또는 비몽사몽 간에 무슨 일이 일어났는지 깨달을 때 우리는 그것을 이해할 수 있다. (2) 또는 복잡한 영어 문장이 어떤 모양인지 혹은 구두점이 어떻게 찍혀야 하는지, 대명사가 무엇을 가리키는지, 어떻게 종속절이 분리되어야 하는지를 볼 수 있을 때 그 문장을 이해할 수 있다. (어떤 철도역에서든 폭발물 관련 법규를 이해하려고 해보라!) (3) 또는 우리는 이전에는 시각화할 수 없었던 것을 시각화할 수 있을 때 어떤 것을 이해할 수 있다. (4) 또는 어린아이가 전에 하지 않았던 방식으로 행동한다면 이해하는 것이다. [이해함과 이해하지 못함의 차이는 이들 경우에는 종종 분명하다. 이해하지 못함은, 이해함과 마찬가지로, 아주 다른 상황에서도 일어난다.] 한 낱말, 가령 "자몽"을 이해하지 못함은 프랑스어나 러시아어의 문장을 이해하지 못함과 다르다. 그리고 마찬가지로 "그의 머리카락이 산발이 되었다"에서 낱말 "산발이 되었다"를 이해하지 못하는 것은 낱말 "머리카락"을 이해하지 못하는 것과 다르다.[8]

문장을 이해함은 각각의 모든 낱말에 의해 만들어진 인상에 있다고 혹자는 말한다. (특수한 느낌이 "만일 …, 그러면 …", "그러나", "그리고"에 결부된다고 말한 윌리엄 제임스와 비교하라.) 이는 단순한 진술처럼 들리지만 실제로는 극도로 복잡하다. 나는 물론 "만일 …, 그러면 …" 등에 결부된 감각들이 존재한다고 말할 수도 있을 것이다. 낱말의 소리가 존재하며, 몸짓과 억양에 연결된 온갖 신체 감각들이 존재한다. 우리가 잘못을 범하기 쉬운 것은 낱말과 연결된 감각이 어떻게든 "마음속에" 있다고 가정할 때이다. "마음속에"라는 문구는 철학에서는 어떤 다른 것보다도 더 많은 혼동을 초래했다. 감각들은 그 낱말들이 발화될 때 항상 현존해 있을 필요는 없다. 낱말에 동반되는 신체 감각이 존재한다고 말하는 것은, 그 낱말을 말하거나 그 낱말이 나타나는 문장을 이해할 때마다 그런 감각들이 존재해야 한다고 말하지 않는 한, 그르지 않다.

"이해하다"가 의미하는 것을 알기 위해서는 그림을 이해함을 고려하는 것이 유용하다. 여러분이 캔버스 위에 있는 반점들이 [[그림에서]] 몸의 표면을 형성한다는 것을 인식하지 못한다고 하자. 그러면 그것들은 평면에 있는 반점들로 보일 것이다. 이는 이해하지 못함이라고 부를 수 있을 것이며, 3차원에서 그 반점들을 보는 것이 이해함이라고 불릴지도 모른다. 의자에 앉아 있는 사람으로 인지하는 것과 대

---

8   원문을 그대로 직역하면 다음과 같다: 그리고 마찬가지로 "He undulates his hair" (그는 머리카락을 물결 모양으로 한다)에서 낱말 "undulates"를 이해하지 못하는 것은 낱말 "hair"를 이해하지 못하는 것과 다르다.

조적으로, 만일 이 몸이 여러분이 아는 어떤 것으로도 인지되지 않는다면, 여러분은 아마도 여전히 이해하지 못하고 있다고 말하게 될 것이다. 다른 경우, 그러니까 의자와 그 위에 앉아 있는 사람들의 그림을 아무런 뜻도 없는 것으로 보고 있는데, 갑자기 그것을 학생들과 교사가 있는 교실로 보는 경우를 생각해 보자. 그러면 곧 여러분은 "이제 나는 이해한다"라고 말한다. 여기에서 낱말 "이해하다"는 인상을 이해함을 의미한다. 그것은 한 문장의 구두점을 이해하는 것, 또는 "이 말을 한 후, 그는 그녀를 떠났다"와 같은 따로 떨어져 있는 문장을 이해하는 것과 같다. 나는 어떤 뜻에서는 이 문장을 이해하지만 어떤 뜻에서는 이해하지 못한다. 나는 그 문장이 남자가 여자에게 이야기하고 있었고 그리고 나서 떠나버렸다는 것을 뜻한다고 가정한다. 이것이 책에서 첫 번째 문장이었다고 하자. 그 책을 읽은 후에 나는 그들이 누구인지 등을 알기 때문에 "이제 나는 첫 번째 문장을 이해한다"라고 말할지도 모른다. 하지만 아마도 나는 그 문장을 다시 읽지는 않았을 것이다.

"이해하다"와 같은 낱말이 지니는 난점은 몇몇 경우를 생각하고 유사성을 다른 모든 경우로 가져가려 할 때 일어난다. 예를 들어 의식적인 정신적 활동은 이해함에서 커다란 역할을 하지만, 우리는 이해함의 모든 경우를 이 경우와 닮게 만들려고 해서는 안 된다. 왜냐하면 의식적인 경험이 가령 명령을 이해함과 그것을 수행함을 매개하지 않는 경우가 존재하기 때문이다. 우리가 수학에서 할 수 없는 것을 인간의 약점으로 해석해서도 안 된다. 우리가 철학에서 빠져드는 곤란은 모든 것을 한 가지 범례나 모형으로 해석하려고 끊임없이 시도하는 것에서 온다. 철학은 어떤 선입견에서 일어난다고 말할 수도 있다. 낱말 "여야만 한다"와 "할 수 없다"는 편견을 드러내는 전형적인 단어들이다. 그것들은 어떤 문법적 형식을 선호하는 선입견이다.

수학적 명제와 경험적 명제에 등장하는 부정으로 돌아가자. "그는 방을 떠나지 않았다"에서 나오는 "부정"은 "$2+2 \neq 5$"에서 나오는 부정과 같은 의미를 지니는가? 어떤 사람은 그가 방을 떠났다는 것은 참이 아니고 2 더하기 2는 5가 된다는 것도 참이 아니므로 그 둘은 같은 의미를 지닌다고 말한다. 그러나 이 번역은 아무것도 설명하지 않는데, 왜냐하면 "그러그러한 것은 참이 아니다"는 "그러그러하지 않다"라고 말하는 다른 방식일 뿐이기 때문이다. 만일 어떤 사람이 이 번역으로 설명된다는 것을 정당화하면서 두 경우에 같은 느낌이 존재한다고 말한다면, 즉 두 경우에 같은 느낌이 존재한다는 것이 기준이라면 더 이상 말할 게 없다. 이 두 종류의 경우에서 유사하거나 상이한 것은 낱말 "아니다"의 문법이다. 만일 "p가 아니다가 아니다"가 "p"와 동등하게, 또는 "p가 아니거나 q이다"가 "p는 q를 함축한다"와 동등하게끔 "아니다"가 사용된다면, 이는 "아니다"의 문법을 보여준다. 그러한 규칙들을 산출함으로써 여러분은 경험적 명제와 수학적 명제의 문법이 어떤 관점에서 동일한지를 보여줄 수 있다. 물론 두 경우에 부정이 동일한 것이 되는 어떤 관점들이 있다. 예를 들어 경험적 명제에서 부정은 연언連言보다 수학에서의 부정과 더 같다고 말할 수도 있을 것이다. 반면에 여러분은 또한 적용되지 않는 다수의 규칙을 발견할 것이고, 그리하여 "아니다"가 그 두 경우에 상이하다고 말할지를 여러분 마음대로 선택할 수도 있다.

"지구는 태양 둘레를 원을 그리며 움직이지 않는다"와 "나는 치통을 가지고 있지 않다"를 고려해 보자. 이것들은 완전히 상이한 부정이다. 첫 번째 경우에는 지구의 운동에 관한 가설을 지지하는 어떤 관찰이 존재하지만, 내가 나의 치통을 확증해 주는 것은 없다. 이 두 명제는 둘 다 경험적 명제라고 부를 수도 있지만, 그것들은 완전히 상이한 도구이다. 심지어 수학에서도 부정은 상이한 역할들을 한다. "모든"과

"어떤 …든"과 같이 말이다. 4가 아닌 기수에 관해 이야기하는 것과 4가 아닌 실수에 관해 이야기하는 것 사이에는 크나큰 차이가 있다. 낱말 "아니다"의 사용은 낱말 "모든"과 "어떤 …든"의 사용만큼 다양하다. 일반성의 표현은 방대한 수의 상이한 사용들을 망라하며, 이것이 수학의 기초에서 많은 혼란이 생기는 이유이다.

만일 내가 "아니다not", "모든all", "어떤some", "어떤 …든any"이 기수 그리고 실수와 관련하여 사용될 때 상이한 문법을 지닌다고 말한다면, 이는 틀림없이 여타 낱말 중 "증명"이라는 낱말도 한 기수와 실수에 적용될 때 상이한 의미를 지닌다고 말하는 것이 될 것이다. 예를 들어 어떤 조건을 만족하는 기수가 존재한다는 증명과 이와 대조해서 그 조건을 만족하는 어떤 실수가 존재한다는 증명 말이다. 우리는 "증명"은 증명들이 존재하는 만큼 상이한 많은 의미를 지닌다고 말할 수도 있다. 모든 증명은 하나의 가족을 형성하며, 낱말 "증명"은 증명이라고 불리는 과정들의 어떤 한 가지 특징을 가리키지 않는다. 각각의 증명을 다른 것들과 함께 모으는 것은 우리에게 증명의 가족이 사과의 가족과 동일한 종류가 아님을 보여줄 것이다. 증명들은 다음과 같은 방식으로 한 가족을 형성한다. 어떤 것들은 일련의 곱셈에서처럼 밀접하게 연관되어 있고, 어떤 것들은 dx로 하는 덧셈과 곱셈과 같이[9] 덜 밀접하게 연관되어 있다. 유클리드[[기하학]]에서 증명들은 또 다른 가족이다. 증명의 어떤 특징도 무관하지 않다. 증명들이 존재하고 그와 관련한 유사한 증명들을 구성하기 위한 규칙이 존재한다. 예컨대 어떤 한 수가 다른 두 수의 곱이라는 것을 증명하기 위한 규칙 말이다. 그러나 유클리드에서 그러한 규칙은 없다. 각각의 증명은 일종의 기법이다.

---

9 원문에서 이에 해당하는 표현은 "as addition and x by dx"이다. 여기에서 "x"는 아마도 "×"일 것이며, "곱셈"을 속기한 것으로 보인다. "dx로 하는 곱셈"은 미분방정식을 풀 때 사용된다.

바일Hermann Weyl은 모든 존재 증명은 존재한다고 말해지는 것을 구성하는 것이어야만 한다고 말했다. 그러나 그러해야만 하는가? 이는 존재 증명이라고 불리는 것이 무엇인지에 달려 있지 않는가? 바일은 무수하게 많은 경우에 어떤 존재자entity를 구성한다고 할 수 있는 것이 행해진다는 사실을 이용하고 있다. 존재 정리란 무엇인가? 그 대답은 이것, 그리고 이것, 그리고 이것…이다. 만일 존재 정리가 증명될 때 증명되는 존재와 같은 것이 존재한다면, 우리는 모든 존재 증명은 어떤 것을 해야만 한다고 말할 수 있을 것이다. 바일은 그가 증명과 독립적인 존재에 대한 분명한 관념을 가지고 있는 것처럼 이야기하고, 오직 그러그러한 것만이 존재를 증명한다고 말하면서 증명들의 자연사에 관한 진술과 닮은 것을 만들어 냈다. 특수한 존재 정리들에 의한 것이 아니라면, 어떤 존재 정리의 개념도 존재하지 않는다. 모든 존재 증명은 상이하고, "존재 정리"는 존재한다고 말해지는 것이 구성되는 것에 따라, 또는 구성되지 않는 것에 따라 상이한 의미를 지닌다. 물론 우리는 한 기준을 임의로 고정할 수 있다. 우리는 어떤 형식적 조건을 충족하는 것을 존재 증명이라고 부를 수 있다.

수의 개념이란 무엇인가? 교환 법칙, 결합 법칙, 그리고 분배 법칙을 수란 무엇인지에 대한 기준으로 삼는다고 하자. 이것은 형식적인 방식으로 수를 정의하는 것이다. 이 규칙들을 따르는 모든 것으로 말이다. 그러나 우리는 이들 법칙이 성립하지 않는 것에 "수"를 사용하며, 이행적인 경우들이 존재한다. 우리는 기수, 무리수, 그리고 실수 모두 "수"라고 부른다. 그러나 이것들은 완전히 상이한 문법들을 지니고 있고, 우리가 실수에 대해 진술하는 것과 동일하게 기수에 대해 진술할 수 없다고 말하는 것은 휘스트whist 놀이에서 체스판을 사용할 수 없다거나 럭비에서 네트를 사용할 수 없다고 말하는 것과 같다. 기수와 실수 간에는 공통된 것, 즉 이 법칙들이 존재하며, 그리하여 우리는 그것들을 모두 수라고 부르는데, 이는 체스와 체커가 공통점을 지니는 것과 마찬가지이다. 그러나 그것들은 전적으로 상이한 놀이이다. 우리는 기수와 무리수를 수라고 부르는데, 어떤 점에서는 유사하기 때문이다. 비록 다른 점에서는 상이하지만 말이다.

우리는 1, 2, 3, 4, 5, 그리고 **많은**many을 수로 가지는 완벽하게 좋은 산수를 지닐 수도 있을 것이다. 이것은 1, 2, 3, 4, 5…를 지니는 우리의 산수와 유사하다. 우리의 산수로는 그 수들의 끝에 도달할 수 없지만, 다른 산수에서는 그럴 수 있다고 말하는 것은 오도적이다. 낱말 "할 수 있다"는 이 진술[10]을 "그는 100파운드를 들 수 있지만, 어떤 인간도 1000파운드를 들 수 없다"와 같은 경험적인 명제처럼 보이게 한다. 그러나 우리는 끝이 존재하지 않는 방식으로 숫자들의 문법을 구성해 냈다. 우리는 어떤 끝도 제공하지 않았다. 그 두 산수를, 같은 놀이를 코트 안에서 하는 것과 어떤 경계선도 없이 하는 것과 비교해 보라. 후자의 놀이에서 무한한 것은 무엇인가? 물리적 영역이 아니다. 오히려 그 **규칙들**은 놀이하는 영역의 크기를 무제한으로 허용한다. 그 규칙들이 어떤 한계도 두지 않을 때 그 한계에 도달할 수 없다고 말하는 것은 어리석다.

이와 유사하게, 기수와 실수에 적용된 "아니다"가 쓰이는 방식의 차이는 기수와 실수의 문법을 비교해서 발견해야 한다. 실수로는 할 수 있는데 기수로는 할 수 없는 것을 인간의 약점 탓으로 돌려서는 안 되며, 우리가 모든 기수를 셀 수 없다는 사실도 마찬가지이다.

---

10 1, 2, 3, 4, 5…를 사용하는 우리의 산수에서는 그 수들의 끝에 도달할 수 없다는 진술을 말한다.

렌트 학기
1935

강의 I

우리는 지난 학기에 언어놀이와 부정의 원초적인 종류에 대해 논의했다. 왜 사람들은 부정이 선언과 동등한지를 묻는가? 그 둘이 동등하기를 바라기 때문에 그런 물음을 던진다고 말할 수 있다. 부정에 뭔가 기묘한 점이 있다고 느끼기 때문에 부정을 제거하기를 원하는 것이다. 그 기묘함이란 "p가 아니다not-p"가 참일 때 부정되는 것은 사실이 아니라는 것이다. 그러나 부정은 특정 관점에서 바라보기 때문에 기묘할 뿐이다. 왜 철학이 그러한 물음을 다루는지를 물을지도 모른다. 나는 여러분에게 심리적이고 역사적인 이유를 제시할 수도 있을 것이다. 구체적인 대상에 관한 원초적인 언어에서는 어떤 난점도 없다. 책상이나 인간의 신체 등에 관한 이야기는 모두 괜찮다. 부정과 인간의 마음과 사물들에 관한 이야기는 기묘하게 보이기 시작한다. 언어에서 명사는 일차적으로 물리적 물체에 쓰이고 동사는 그러한 물체의 움직임에 쓰인다. 이것은 언어의 가장 단순한 적용이고, 이 사실은 대단히 중요하다. 우리는 우리 언어의 문법으로 곤란을 겪을 때 어떤 원초적 도식을 취하고 그것을 가능한 것보다 더 넓게 적용하려고 시도한다. 우리는 이 의자에 어떤 어려움도 없듯이 시간에 관해서도 어떤 어려움도 없다는 것을 깨닫는 것이 철학의 전부라고 말할 수도 있을 것이다.

낱말 "부정"은 우리가 그것을 "존재하다"라는 낱말과 관련하여, 또는 "존재하다"와 동일한 문법을 지니는 어떤 낱말과 관련하여 사용하기 전에는 기묘해 보이지 않는다. 우리는 "이 의자는 초록이 아니다"라고 말할 때 존재하지 않는 사실을 가리키고 있는 것처럼 보인다. 내가 여기에서 사용할 부정을 다루는 방법은 그 기묘한 측면을 제시한 다음 점차 기묘하지 않은 것으로 전환하는 것이다. 부정을 제거해야 하는 어떤 이유도 없다. 한 부정을 선언 "이것 또는 이것 또는 …"[11]으로 만드는 것은 그 문제의 해결이 아니다. 이러한 방식으로 철학적인 문제를 해결한다는 생각은 불합리하다.

　우리는 낱말 "노랑"이 의미를 지니려면 어디엔가 노란 어떤 것이 존재해야만 한다고 말한다. 그러나 왜 "해야만 한다"인가? 노란 모든 것이 파괴될 수도 있지 않을까? 여러분이 색칠된 반점과 "노랑", "초록" 등과 같은 어떤 낱말이 대응하는 도표로 색깔의 이름을 배웠다고 하자. 우리가 "오렌지"라는 낱말을 이해하기 위해 오렌지색의 어떤 것이 존재해야만 할 필요는 없다. 그리고 오렌지색 견본으로 하는 놀이를 하고 있다면, 오렌지색인 어떤 것이 존재해야만 한다는 주장을 입증하기 위해 그 견본을 인용하는 것은 무의미하다. 이는 범례, 즉 그리니치 [[표준]] 피트가 1피트이기 때문에 길이가 1피트인 것이 존재해야만 한다고 말하는 것과 같게 될 것이다. 또는 다섯 개의 사물을 말하기 위해 다섯 개의 사물이 존재해야 한다고 말하는 것과 같다. 여기에서 후자(가령 다섯 개의 문자)는 범례이다.

　물음은 다음과 같다. "이것은 초록이 아니다"와 같은 부정 문장으로 우리는 무엇을 **하는가**? 그것은 어떻게 사용되는가? 우리는 많은 용법

---

11 원문에 나오는 표현은 "이것 또는 이것 또는…그러나 저것은 아니다"인데, 이는 선언이라고 할 수 없으므로 이렇게 수정했다.

을 구성할 수 있다. 철학에서 "이것은 초록이 아니다"와 같은 문장은 우리가 그런 문장을 사용할 수도 있는 특정한 조건을 제시하지 않고서 논의된다. "이것은 초록이 아니다"의 한 가지 사용은 눈이 나쁜 어떤 사람이 한 사물이 초록임을 이야기할 때 나타난다. 다른 경우는 "초록"이라고 표시된 가방을 어떤 사람에게 주고 "그 가방 안을 보라"라고 의미할 때 나타난다. 여러분은 그 낱말이나 문장이 사용되는 놀이를, 즉 여러분이 그 낱말과 문장을 사용할 상황을 제시해야만 한다.

내가 새로운 [[색깔]] 낱말 "부boo"를 만들어 냈고 여러분이 내가 "그래, 그게 부야"라고 말할 때까지 나에게 사물을 가져온다고 하자. 내가 "부"라고 부르고 또 여러분에게 설명된 적이 없는, 여러분이 가져온 색깔을 여러분이 인지해야 한다는 것은 가능한가? 한 색깔을 인지한다는 것에 대한 기준이란 무엇인가? 여러분은 전에는 전혀 본 적이 없는 얼굴을 인지할 수 있다고 말할 것인가? 그렇지 않다. 왜냐하면 실제로는, 얼굴을 인지한다는 것은 그 얼굴을 보았다는 것에 대한 기준으로 간주되기 때문이다. 여러분은 그것을 인지하기 위해서는 그것을 보았어야만 한다고 말할 수 없다. 왜냐하면 이는 순환적일 것이기 때문이다. 인지는 그것을 보았음에 대한 기준이다.

"이것은 초록이 아니다"라고 말하기 위해서는 초록색을 보았어야만 한다고 우리가 말할지는 전적으로 언어놀이에 달려 있다. 이는 어떤 놀이에서는 성립하지만, 어떤 놀이에서는 그렇지 않다. 여러분이 "나는 손에 고통이 없다"라고 말한다고 하자. 대부분의 사람들은 만일 이것이 뜻을 지니려면 나는 나의 손에 고통이 있다는 것이 어떤 것인지를 알아야만 한다고 생각한다. 고통이 존재한다는 것을 안다는 것은 어떤 것인가? 아마도 내 마음 앞에 있는 것은 고통의 모종의 그림자이다. 낱말 "여야만 한다"라는 낱말의 존재는 여기에 뭔가 의심스러운 것이 존재한다는 것을 보여준다. 그것은 그 외의 어떤 것도 나를 만족시키지 않으리라는 것을 보여준다. 예를 들어 나는 나 자신에게 고통의 한 **견본**을, 가령 나 자신을 꼬집음으로써 줄 수도 있을 것이다. 만일 내가 이 견본을 가지고 있지 않다면, 만일 내가 무엇이 고통인지를 또는 어떻게 그것들을 초래하는지를 잊어버렸다면, 나는 그 낱말의 의미를 잊어버린 것일까?

낱말, 예컨대 "빨강"의 의미를 잊는다는 것은 무엇을 의미하는가? "빨강"이 의미하는 것을 잊는다는 것의 한 가지 뜻은 빨강을 다시 상상할 수 없게 된다는 것이다. 그러나 그 말은 하나의 이미지를 회상할 수 없다는 것을 반드시 의미하지는 않는데, 왜냐하면 여러분은 빨강의 이미지를 형성할 수는 없지만, 빨강을 볼 때 그것을 인지할 수 있을지도 모르기 때문이다. **어떤 용법에서는** "의미를 잊음"은 회상할 수 없다는 것을 의미할 수도 있을 것이며, 다른 용법에서는 회상함 없이 다시 인지할 수 없음을 의미할 수도 있다. 회상할 수 없음과 인지할 수 없음은 둘 다 우리가 낱말의 의미를 잊음이라고 또는 낱말의 어떤 사용을 잊음이라고 부르는 것들이다. 낱말의 의미를 잊음이라고 불리는 것은 한 가지만이 아니라 많이 존재한다. 고통이 무엇과 같은지를 잊어버림을 검사하기 위해 그 반대를, 즉 고통이 무엇과 같은지를 기억하는 것을 살펴보라. 기억함은 그것이 끔찍한 고통이었다고 말함**일 수도 있다**. 이미지(그 고통의 그림자)를 지니는 것은 때로는 필수적이지 않다.

강의 II

부정이 선언으로 대체될 수 있느냐 하는 물음으로 되돌아가자. 이 물음에 대답하는 것은 수학적 문제의 해결을 제시하는 것이다. 설령 우리가 부정을 선언으로 대체하는 것에 성공할지라도, 이 해결책은 철학을 해나갈 때 아무런 도움도 되지 않을 것이라는 점을 기억해야 한다.

수학적 문제의 해결은 철학에 **결코** 도움이 되지 **않는다.** 모든 수학적 문제는 이러한 관점에서 모두 같은 수준에 있고 우리에게 전혀 중요하지 않다.

수학의 기초에 관해 이야기할 때 우리가 의미할 수도 있는 두 가지 상이한 것이 있다. 어떤 사람은 대수학이 계산체계의 기초라고 말함으로써 의미하는 그런 것을 의미할지도 모른다. 계산체계를 배우기 위해서 우리는 대수학을 배운다. 이러한 뜻에서 수학은 한 건물과 같고, 그리고 이러한 뜻에서 《수학 원리》와 같은 계산체계는 수학의 한 부분이다. 여러분은 바닥층에서 시작한다. 또 어떤 사람은 기초라는 말로 문제가 있는 어떤 것을 떠받치는 수단을 의미할지도 모른다. 만일 수학 자체에 문제가 있다면, 그 어떤 기초도 덜 문제가 있지 않으며, 어느 한 기초를 제공하는 것은 도움이 되지 않는다. 이는 계산체계가 어떤 철학적 중요성도 지니지 않는다고 말하는 것이 아니다. 그것은 **아주** 중요할 수도 있다. 힘들고 단조로운 일, 즉 계산은 중요하지 않지만, 계산체계는 다양한 것을 보여준다는 점에서 철학적으로 유용할 수도 있다.

셰퍼H. M. Sheffer의 스트로크 표기법stroke notation 도입은 수학적인 업적이다.[12] 부정을 선언으로 대체하는 것도 마찬가지일 것이다. 부정이 선언으로 "환원"될 수 있느냐 하는 물음은 전적으로 잘못된 이유에서 제기되었으며, 이 물음에 대답하려는 시도들도 전적으로 잘못된 방식으로 이루어졌다. 우리가 같은 것이 상이한 방식으로 표현될 수 있는

---

12 셰퍼는 1913년, "$\sim$", "&", "$\vee$", "$\supset$"와 같은 진리 함수 연결사들이 나오는 논리식을 모두 (셰퍼 스트로크라고 불리는) "$|$"라는 단 하나의 연결사가 나오는 논리식으로 나타낼 수 있다는 것을 증명했다. "$p \mid q$"는 "p도 아니고 q도 아니다"(즉, $\sim p \& \sim q$)를 뜻한다. 이 정의에 따르면, "$\sim p$"는 "$p \mid p$"이고, "$p \vee q$"는 "$(p \mid q) \mid (p \mid q)$"이다. 참고: 《논고》 5.1311. 셰퍼의 스트로크 표기법은 이스터 학기 강의 VI에서 다시 논의된다.

지를 물을 때 이는 거의 항상 오류이다. 왜냐하면 그 물음은 기호법 symbolism에 관한 잘못된 관념을 보여주기 때문이다. 이는 마치 사람들이 표현과 표현되는 것을 인과관계에 놓이는 것으로 생각하고, 또 다른 원인이 동일한 결과를 산출할 수 있는지를 묻는 것과 같다. 표현과 표현되는 것은 원인과 결과의 관계에 있지 않다. "이 기호는 이것을 표현한다"는 우리를 철저하게 오도한다. 이는 기호가 의미하는 것은 기호의 사용을 배워서 알게 되는 것이지, 기호가 사람들에게 어떤 영향을 주는지를 배워서 알게 되는 것이 아니라는 사실로 알 수 있다. 기호가 의미하는 것은 자연사의 한 사실이 아니다. 나는 결과가 중요하지 않다고 말하는 게 아니다. 예를 들어 체스의 결과는 우리에게 오락을 주는 것이지만 이는 "체스"의 정의에 속하지 않는다.

우리는 "기호 '—'는 …를 표현한다"를 어떻게 사용하는가? "기호 '~'는 부정을 표현한다"에 대해 생각해 보자. 이 말은 기호 "~"가 비대칭적인 것처럼 들리게 한다. [[원래는]] 대칭적인데 말이다. 이 명제는 그 기호의 용법, 즉 "~"="아니다"에 관한 것이며, 두 기호법 간의 한 대응을 표현한다.

이제 "부정은 선언으로 표현될 수 있는가?"라는 물음으로 되돌아가자. 내가 "어디든 가시오, 하지만 여기는 안 됩니다"라고 말했다고 하고, 그 명령이 선언을 포함하는 것으로 대체되었다고 하자. 그 선언은 아마도 원래의 명령과 동일한 결과를 갖게 될 것이다. 그러나 우리가 알고자 하는 것은 그것이 동일한 것을 표현하는가 하는 것이다. 만일 그것이 여러분이 묻고자 하는 것이라면, **그것은 다른 것이다.** "어디든 가시오, 하지만 여기는 안 됩니다"는 "거기로 또는 거기로 또는 … 가시오"와 동일하지 않다. 선언에 관하여 우리는 얼마나 많은 요소가 그 안에 나타나는지 말할 수 없다.

부정과 동등한 어떤 것을 우리가 찾을 수 있는지를 묻는 것은 수학적 문제와 같다. 부정에 대입될 수 있는 선언을 찾는 것은 그것을 발견하는 어떤 방법도 존재하지 않는다면 수학적 과제가 **아니다**. 여기에서 "…이 존재하는가?"라고 묻는 것은 우리가 어떤 방법도 갖고 있지 않은 상황에서 수학적 문제의 해결을 요구하는 것과 같은 경우이다. 그것은 우리가 선언으로 하는 놀이라고 부르게 될 어떤 놀이가 구성될 수 있는지를 묻는 것과 같다. 물론 부정과 선언이 동일한 놀이인 경우들, 예를 들어 "a, b, c의 순열 중 cba를 제외하고 하나를 쓰시오"라는 명령은 실제로 존재한다. 우리 언어의 문법에는 이것을 어떤 선언으로 대체하는 규칙이 있다. 그러나 "5가 아닌 기수를 쓰시오"라는 지시의 경우, 부정과 선언은 동일한 놀이가 아니다. 우리는 그것이 "1∨2∨3∨4∨6…등등을 쓰시오"와 동등하다고 말하고 싶을지도 모른다. 그러나 "등등"은 기수가 아니며, 1∨2∨3∨4∨… **등등 무한하게**는 선언이 아니다.

무한 선언은 무엇을 의미하는가? "무한 선언"이라는 어구는 오도적인데 왜냐하면 그것은 어떤 거대한 선언을 암시하기 때문이다. 내가 "∨…등등 무한하게"를 "⊌"로 대체한다고 하자. 이 새로운 상징은 어떤 것을 배제한다. 이 상징에는 "∨…등등 무한하게"에 의해 만들어진, "∨…등등 무한하게"와 "$a∨b∨c∨…∨z$"의 수준이 같다는 암시가 없다. 물론 후자와 같은 유한한 선언과 "1∨2∨3…등등 무한하게" 사이에는 어떤 유사성이 존재하지만, 그 유사성은 고딕체 부분[13]에 있지 않으며, 그것들을 구분하는 표시는 "등등 무한하게"가 아니라, 오히려 "∨…등등 무한하게"이다. "∨…등등 무한하게"에 대해 ⊌을 대입하는 실제 요점은 이 상징이 그것과 유한한 경우 간의 차이를 보여준다는 것이며, 반면에 "∨…등등 무한하게"는 그 차이를 보여주지 않는

---

13 다음을 말한다. 1∨2∨3∨4∨… **등등 무한하게**.

다. 무한 논리합의 "등등"은 새로운 규칙을 가지는 전적으로 새로운 기호이다. 그것은 어떤 열거에도 대응하지 않는다.

내가 "정사각형 안에 원을 하나 그리시오. 다만 는 그리지 마시오"라고 말했다고 하자. 이는 $f(\sim4)=f(1)\vee f(2)\vee f(3)\vee f(5)\vee\cdots$ 등등과 동일한 종류의 선언으로 표현될 수 있을까? 아니다. "이 원을 제외하고 원을 하나 그리시오"와 "이것을 또는 이것을 또는 이것을… 그리시오" 간에는 차이가 존재한다. 후자는 여러분이 내가 원하지 않는 원을 그릴 가능성을 열어 놓지만, 4를 제외하는 수 선언은 유사한 가능성을 허용하지 않는다.

선언과 부정에 관한 물음은 "모든all"과 "어떤 …든any"의 상이한 의미들, 예를 들어 "이것을 제외하고 **어떤 원이든** 그리시오"와 "4를 제외하고 **어떤 수든** 쓰시오"로 예시되는 상이한 종류의 일반성에 관한 물음과 연결되어 있다. 원의 다수성은 우리가 실수라고 부르는 것의 다수성인가? 아니다. 만일 우리가 원들을 **그리라**고 지시받는다면 말이다. 오직 유한한 수의 원들만 구분할 수 있기 때문에 우리는 여기에서 유한한 선언만을 갖는다는 기묘한 결론에 도달할지도 모른다. 자, 그러한가? 아니다. 여기에서는 심지어 선언도 없는데, 왜냐하면 언어에는 다양한 원을 구분하는 어떤 표시도 없기 때문이다. 이와 유사하게 "하양과 파랑 사이의 한 색조를 색칠해 주시오"라는 명령도 그러하다. 여기에는 어떤 유한한 선언도 존재하지 않는다. 즉 선언이 존재하지 않는 것이다. 어떤 사람은 "우리는 하양과 파랑 사이에 **가능한 것들 중 하나**를 의미해야만 한다"라고 말하고 싶어 하며, 어떤 사람은 제한된 수의 가능한 것들도 존재한다고 느낀다. 그러나 그것들을 명명하는 어떤 수단도 없으며, 따라서 선언은 구성될 수 없다. 여러분이 파랑을 얻을 때까지 페인트를 섞었고, 매번 붓칠을 할 때마다 나에게 그 색을 다른 것과 구분할 수 있는지를 물었다고 하자. 그러고 나서 나에게 "당신은 이것들을 의미하지 않았는가?"라고 물었다고 하자. 내가 **이것들을 의미했다**는 것은 무엇을 의미할 수 있는가? 우리는 그것들이 주어지기 전에는 그것들을 의미할 수 없었을 것이다. 이것들은 우리에게 언어의 새로운 부분을 제공한다. 물론 그것은 하나를 제외한 유한한 선언이고 나는 그 구성원들을 알지 못한다고 말할 수도 있을 것이다. 그러나 그렇게 되면 그것은 사실상 선언이 아니다.

내가 여러분에게 정사각형 안에 원 하나를 그리라고 요구하고, 여러분이 이렇게 $\boxed{\mathrm{O}}$ 했다고 하자. 그러고 나서 내가 다음과 같이 논변했다고 하자. "이 정사각형 안에 있는 모든 원은 각각 나의 지시를 충족한다. 이 원은 그 정사각형 안에 있다. 그러므로 이 원은 나의 지시를 충족한다." "이 원은 그 정사각형 안에 있다"는 무슨 종류의 명제인가? 이와 관련하여 러셀이 "나는 한 사람을 만났다"를 "나는 x를 만났고 x가 사람인 그러한 x가 존재한다"[14]로 환원한 것에 대해 생각해 보자. 일반성을 쓰는 이러한 방식은 "나는 한 사람을 만났다"와 "나는 스미스를 만났다"의 차이에 주의를 환기하는 장점이 있었다. 하지만 다른 방식에서 그것은 엄청나게 오도적이다. 술어는 언어에서 어떻게 사용되는가? 러셀은 "사람man"을 술어로 사용하지만 우리는 실제로 결코 그것을 술어로 사용하지 않는다. (바로 이러한 종류의 사용이 종종 철학에서 나타난다.) 논리학자들은 다른 연관에서는 아무도 사용할 생각을 하지 않을 예들을 사용한다. 누가 "소크라테스는 사람이다"라고 말하는가? 나는 그 말이 실제 삶에서 나타나지 않기 때문에 비판하는 것이 아니다. 내가 비판하고 있는 것은 논리학자들이 이러한 예들에 어떤

---

[14] 원문은 다음과 같다. "There is an x such that I met $x \cdot x$ is a man." 여기에서 " $\cdot$ "는 연언 기호("&")이다.

생명도 주지 않는다는 사실이다. 우리는 예를 위한 환경을 발명해야만 한다. 만일 우리가 여장을 한 어떤 사람이 남자인지 또는 여자인지를 구분하려 한다면 "남자man"를 술어로 사용할 수도 있을 것이다. 이런 식으로 우리는 그 낱말을 위한 환경, 즉 그 낱말의 사용이 한 수move 가 되는 놀이를 발명하게 될 것이다. 실제로 그 낱말이 놀이에서 자리를 차지하느냐 하는 것은 문제가 되지 않는다. 문제가 되는 것은 우리가 놀이를 지닌다는 것, 그 낱말에 생명이 주어진다는 것이다.

　"남자"가 술어로 사용될 때 주어는 고유 명사, 즉 남자의 고유 명사이다. 나는 생명이 없는 것에 고유 명사를 (보통 그러지 않지만) 줄 수도 있을 것이다. 내가 아주 비슷한 의자 두 개를 가지고 있고 그것들에, 가령 "잭"과 "존"이라는 고유한 이름을 붙인다고 하자. 그것들을 나는 어떻게 구분할까? 나는 그 의자들의 모든 움직임을 따라가야만 한다. 고유 명사의 사용은 아주 기본적이라고 가정되는데, 그러나 고유 명사라고 불리는 것은 단순하지 않은 많은 방식으로 사용될 수 있다. 우리가 일반적으로 이름을 사용하는 방식으로 내가 "잭"과 "존"을 사용할 수 있는 조건은 무엇인가? 한 가지 조건은 그 두 개의 의자가 그림자처럼 합쳐질 수 없다는 것이고, 다른 조건은 각 의자의 경로가 연속적이라는 것이다. 이것은 "고유 명사"의 사용이 복잡하다는 것을 암시한다.

강의 Ⅲ

"사람"이라는 용어를 술어로 사용할 때, 우리는 어떤 것들에 관해서 유의미하게 주장하거나 유의미하게 부정할 수 있다. 그것은 "외적인" 속성이고, 이러한 관점에서 [[술어 "사람"은]] 술어 "빨강"과 같다. 그러나 **속성**으로서의 **빨강**과 **사람** 간의 차이를 주목하라. 한 테이블은 속성 **빨강**의 소지자일 수 있지만, **사람**의 경우는 다르다. 이 속성의

214

소지자란 무엇인가?* "나는 한 사람을 본다"라는 문장은 "$(\exists x)$ 나는 x 를 본다 · x는 사람이다"[15]로 설명되지 않는다. 왜냐하면 후자는 설명 되지 않은 x의 사용을 남겨두기 때문이다. 만일 "나는 한 사람을 본 다"가 안개 속에 있는 어두운 반점에 관해, 사람 같이 거동하는 사람 처럼 보이는 형체에 관해, 또는 사람을 둘둘 만 카페트에 관해 말해 진 것이라면, 이는 "나는 한 사람을 본다"라고 말하는 것에 대한 설명 일 수도 있다. "이 방에는 어떤 사람도 없다"에 대한 러셀의 표기법, 즉 "$\sim(\exists x)x$는 이 방에 있는 사람이다"에 대해 생각해 보자. 이 표기 법은 우리가 그 방에 있는 사물을 모두 점검했고 그중 아무것도 사람 이 아니라는 것을 발견했다는 것을 암시한다. $(\exists x)fx$ 표기법은 x가 "상자"와 같은 낱말이거나 다른 **보통** 명사[16]인 모델 위에서 세워진다. 낱말 "사물thing"은 보통 명사가 아니다. 내가 "이 방에는 색칠된 상자 가 하나 있다"를 번역한다고 하자. 한 가지 명백한 번역은 러셀의 표 기법을 사용하는 것인데, 여기서 x는 "상자"이다. 러셀은 그것을 이러 한 방식으로[[x가 "상자"인 방식으로]] 번역하지 않을 것이고, 대신에 "상자이면서 이 방에 있는 어떤 x가 존재한다"로 번역할 것이다. 여기 에서 x란 무엇인가?

표기법 $(\exists x)fx$, $\sim(\exists x)fx$, $(\exists x)\sim fx$와 "이 정사각형 안에는 반점이 있다"라는 예를 함께 생각해 보자. ⬡

러셀의 방식으로 표현하면 그것은 다음과 같을 것이다: $(\exists x)x$는 그

---

* 맹인이 "이것은 의자다"라고 말하는 경우와 현대의 피넬라 하우스(당시 영국에 있었 던 가구 전문 업체나 공방인 듯하다—옮긴이)를 방문한 사람이 그 말을 하는 경우 가 얼마나 다른지 주목하라. 피넬라 하우스의 가구들은 사람들이 으레 "의자"라고 부르는 전통적으로 디자인된 의자와는 매우 다를 수도 있다.

15 내가 x를 보고 x가 사람인 그러한 x가 존재한다.

16 generic name. 총칭 이름. 2부의 7번 주석 참고.

정사각형 안에 있다 · x는 반점이다.[17] 우리가 반점이라고 말하는 그
것은 무엇인가? 러셀의 방식으로 해석된 $(\exists x)fx$와 대조해서, 기호법
$\sim(\exists x)fx$을 살펴보자. 이것은 뜻이 있는데, 왜냐하면 "그 정사각형 안
에는 어떤 반점도 없다"로 해석될 수 있기 때문이다. 그러나 $(\exists x)\sim fx$
에 대해 생각해 보자. 이 표기법은 만일 x가 "그 정사각형 안에 있는
반점"으로, 그리고 "$\sim f$"가 술어 "빨갛지 않다not-red"로 해석되면 뜻이
있다. 그러나 그 정사각형 안에 **반점이 아닌** x가 존재한다는 것은 무엇
과 같은가? "그 정사각형 안에는 반점이 **아닌** 어떤 **한 사물**이 존재하지
않는다"도 똑같이 불합리하다.

⬜ 어떻게 우리는 이 정사각형 안에 원인 것은 아무것도 없다는
것을 알게 되는가? 여기에서는 알 방법이 없지만, 여기 ⧉ 에서는
있다. 왜냐하면 후자의 도형에서 우리는 어떤 것이 원이거나 원이 아
닌 경우를 갖기 때문이다. "그 정사각형에는 원인 것은 아무것도 없
다"라는 명제는 두 경우에 완전히 상이하다. 두 번째 경우에 그 정사
각형에 원이 있다고 말하거나 있지 않다고 말하는 것은 뜻이 있다.

한 명제가 검증되는 방식은 그것의 문법의 부분이다. 만일 내가 모든
기수는 어떤 속성을 지니고 있고, 이 방에 있는 모든 사람은 모자를 가
지고 있다고 말한다면, 각각의 문법은 상이하다고 보이는데, 왜냐하면
검증의 방식이 아주 다르기 때문이다. 게다가 그 방에 있는 모든 사람
이 모자를 가지고 있다는 것을 알기 위해서 나는 그 열거뿐만 아니라
내가 열거했던 것보다 더 많은 사람이 있는지 어떤지 알아야만 한다.
후자는 전적으로 상이한 과정이고, 그 목록이 완전한지를 알아내는 많
은 상이한 방법들은 상이한 경우들이 존재하는 거의 그 만큼 많다. 다
시, 지구의 운동을 설명하기 위한 가설, 예컨대 하늘에서 우리가 보는

---

17 x가 그 정사각형 안에 있고 x가 반점인 그러한 x가 있다.

별들의 열은 우리의 망원경이 미치는 것보다 훨씬 더 길다는 가설과, 그 열은 무한하다는 가정 간의 차이를 주목하라. 마지막으로, "이 정사각형 ☐ 은 온통 하얗다"와 "이 정사각형 안에 있는 모든 점은 하얗다"를 비교하라. 첫 번째 문장은, 모든 점을 하나하나 살펴봄으로써 검증되지 않는다는 사실로 알 수 있듯이, 두 번째 문장과 동일한 것을 의미하지 않는다. "이 정사각형은 하얗다"를 "[[이 정사각형 안에 있는]] 모든 점은 하얗다"로 번역할 때의 "모든 점"의 사용과 "함수의 최댓값을 발견하다"를 "다른 모든 점들보다 더 높이 있는 점을 발견하다"로 번역할 때의 사용을 비교하라. [[유클리드 기하학의]] 점은 [[넓이가 없어]] 반점처럼 보거나 골라 낼 수 있는 사물이 아니기 때문에, "모든 점은 하얗다"는 오도적이다. 이 번역은 우리가 일상적인 명제에 대한 설명, 즉 더 과학적인 분석을 지니고 있다는 것을 암시한다. 만일 그 정사각형이 하얗게 칠해진 작은 원들을 포함하고 있어서 전체 정사각형이 하얗게 보인다면, 그 정사각형이 하얗게 보인다는 것에 대한 이러한 설명은 하나의 분석이 될 것이다. 그러한 몇몇 설명 없이 [["이 정사각형은 하얗다"를]] "[[이 정사각형 안에 있는]] 모든 점은 하얗다"로 번역하는 것은, 이 문장이 "이 정사각형은 하얗다"와 조금도 다르지 않다는 것을 여러분이 아는 경우에만 문제가 없다. 그 함수의 최댓값을 발견하는 경우에 ⌒ 우리는 가장 높이 있는 점을 발견한 것처럼 보인다. 그러나 다시, 우리는 이것을 확신하기 위해서 모든 점을 바라볼 수 없다. 우리는 이 점이 어떤 다른 점보다도 더 위에 있다는 명제를 검증하기 위해 하나의 기법을 사용한다. 그렇게 해서 그 명제는 다르게 검증되는 명제와 다른 문법을 갖는다.

러셀은 명제, 함수 등의 이론을 제시함으로써 산수의 기초를 기술하려고 생각했다. 그는 명제와 함수를 획일적인 집합으로 다루었다.[18]

내가 모든 명제는 상이하다고 말하는 것 같고, 그리하여 수학과 산수의 일반성을 부정하는 것처럼 보일 수도 있다. 만일 우리가 러셀이 했던 것과 같이 시작하기를 바란다면, 그리고 "명제", "함수", "일반성"이 온갖 종류의 것을 의미한다면, 우리는 반점, 사람, 뇌우, 위원회 모임 등등에 대한 많은 산수, 상이한 산수를 갖게 될 것이다. 그렇게 되면 우리는 학교에서 배운 산수는 어떻게 성립될 수 있는 것인지 물을지도 모른다. 산수의 일반성은 추호도 위협받지 않는다. 이를 이해하기 위해서는 산수가 **적용**되는 방식을 바라보아야만 한다. 수학과 수학의 적용 사이에는 무슨 관계가 있는가? 산수는 계산체계이고, 거칠게 말하면 산수와 산수의 적용의 관계는 하나의 범례가 그것이 범례인 것에 대해 지니는 관계와 동일하다. 초등학교에서 우리는 주판에 있는 알들을 세면서, 또는 예시를 위해 물리적 대상을 사용해 산수를 배운다. 나중에 우리는 어떤 특정한 대상도 가리키지 않으면서 수로 계산한다. 그러나 이는 산수가 "일반적"이기 때문이 아니다. 산수는 도구상자—소목장이의 연장 상자 같은—와 같고 우리는 그 도구들의 사용법을 배울 수 있다. 그러나 그 도구들의 사용이 설명될지라도, 의자나 탁자를 만드는 방법, 또는 다양한 목재를 다루는 방법을 설명할 필요를 없애지는 않을 것이다. 이들 각각에는, 모든 목재가 다르게 처리되어야 하는 것처럼, 그 도구의 약간씩 다른 사용이 필요하다. 도구의 사용을 설명하는 것은 하나의 준비이다. 가르침은 도구의 사용에 대한 어떤 규칙을 알려줄 것이다. 규칙을 알면 우리는 그 도구가 무엇에 적용될 수 있는지 알게 될 것이다.

산수는 러셀의 방식으로 가르쳐지지 않으며, 이는 결코 잘못이 아

---

18 러셀은《수학 원리》에서 함수를 1차 함수, 2차 함수…로 구분하고, 명제를 기본 명제, 1차 명제, 2차 명제…로 구분하고 있는데, 비트겐슈타인은 이 점을 지적하고 있다. 참고: 박정일(2020),《논리-철학 논고 연구》, pp. 288-289.

니다. 우리는 명제와 함수를 배우는 것으로 산수를 시작하지 않으며, 마찬가지로 수의 정의로 시작하지도 않는다. 그리고 이는 어린아이들이 이런 것들을 이해할 수 없어서가 아니다. 우리가 산수를 배운 방식은 적절한 방식이다.

강의 Ⅳ

논리학자들은 고유 명사의 사용을 아주 단순하고 직접적인 것으로 간주하지만, 그것에는 동일성과 연속성에 관한 복잡한 물음들이 포함되어 있다. 우리는 다음의 문장, 즉 "**이것은**[[이 반점은]] 지금 원형이지만 30분 전에 **그것은** 그렇지 않다"와 같은 문장에서 주어를 어떻게 사용하는가? 물론 반점은 이름을 붙일 수 있다. **이것**의 이름을 "A"라고 할 때, A에 관해서 우리는 A가 30분이 지난 후 변했다거나 또는 A는 새로운 반점이라거나, 또는 만일 변화가 연속적이라면 무한한 열의 반점들이 생겨났다고 말할 수 있다. 그리고 만일 그 반점이 때때로 사라진다면, 우리는 그것이 동일한 크기를 지닐 때 그것은 동일한 반점이라는 것을 하나의 규칙으로 설정할 수 있다. 또는 전에는 반점이 하나 있었던 곳에서 두 개가 존재한다면, 우리는 **그것**이 갈라졌다고 말할 수 있다. A와 B라고 이름 붙여진, 두 개의 움직이는 그림자 반점들이 경로의 교차점에서 합쳐진다면,

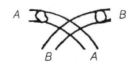

우리는 도표와 같이 구석에 있는 반점들이 *A*와 *B*라고 불린다고 설정할 수 있으며, 또는 그 반대로 설정할 수도 있다. 우리는 원하는 어떤 규칙이든지 만들 수 있다. 크기가 상이한 반점들로 이뤄진 원환이

있고, 그것들이 갑자기 크기가 변해서 한 원이 옆 원과 완전히 같은 크기가 된다고 하자. 어떤 상황에서 우리는 반점들이 이동했다고, 다른 상황에서는 경우에 따라 동일한 반점들이 작아지거나 커졌다고 말하게 될 것이다. 이와 유사하게, 우리는 전기 신호 ◉━○의 불빛을 앞뒤로 움직이는 것으로, 또는 부풀거나 줄어드는 것으로 기술할 수도 있을 것이다.

　감각 자료와 관련된 물음에 관해서는 근본적인 혼동, 즉 문법의 물음을 자연과학의 물음과 혼동하는 경우가 있다. 예를 들어 흼은 둥근가? 또는 반점은 하얗고 둥근가? 그 물음을 매력적으로 만드는 것은 그 대답이 어떤 것, 즉 한 **반점**의 **존재**와 **비존재** 중 하나를 결정하는 것으로 보인다는 점이다. "반점이 존재하는가, 아닌가?"라고 물을 때 우리는 실제로 우리의 언어를 뒤집고 있다. 왜냐하면 "흼은 둥글다"와 "그 반점은 하얗고 둥글다"는 동일한 것을 말하기 때문이다. 철학자는 그 물음을 결정하는 방법을 우리에게 말해 주지 않는다. 한 감각 자료가 대상의 표면과 동일한지 아닌지, 또는 그 표면의 부분인지 아닌지 하는 물음과, 의자나 의자의 표면이 갈색인지 하는 물음도 마찬가지이다. 만일 이것들이 자연과학의 물음이라면 우리는 그것들을 어떻게 결정하는지, 검증의 방법이 무엇인지 하는 이야기를 들을 필요가 있을 것이다. 유리를 통해 보이는 물체가 노란가 아니면 그 유리가 노란가 하는 물음은 뜻이 있다. 왜냐하면 우리는 어느 대답이 참인지 알아내는 방법을 알기 때문이다. 그러나 흼이 둥근지, 한 표면이 둥근지, 또는 한 감각 자료가 둥근지 어떻게 결정할 것인가? 철학자들은 이 중 하나를 결정하는 방법을 우리에게 말해 주지 않으며, 더 혼란스러운 것은 이런 물음들 중에는 [[실제 상황에서 대답이 제시되면서]] 적용되는 경우가 종종 있다는 것이다. 이로 인해서 철학자는 그런 물음이 적용되는 경우가 있다고 생각하게 된다.

　보통 어떤 상황에서 의견 차이는 한 사람이 이것을 말하고 다른 사람이 저것을 말할 때 나타난다. 그러나 의견 차이가 항상 이러한 방식으로 나타나지는 않으며, 두 사람이 상이한 것을 말한다는 사실이 항상 의견 차이의 신호인 것은 아니다. "여기에 둥근 휨이 있다"라고 말하는 사람과 "여기에 하얗고 둥근 반점이 있다"라고 말하는 사람은 동일한 것을 말하고 있다. 한 사람이 표면은 변했다고 말하고, 다른 사람은 그에게 다르게 보이는 것은 동일한 표면이라고 말할 때도 마찬가지이다. 만일 두 진술 "그 반점은 둥글다"와 "휨은 둥글다"가 동일한 놀이에 속한다면 의견 차이가 있을 수 있다. 이 표현들은 상이한 계산 체계에 속해 있으며, 그것들로 상이한 것들이 수행된다. 그 두 진술이 상이한 놀이에 속하기 때문에, 그것들은 동일한 것을 표현하면서도 서로 다른 것을 표현하는 것처럼 보일 수 있다. 만일 두 사람이 자신들이 상이한 체계, 예를 들어 하나는 금발인 사람이 금발로 색칠되는 체계이고 다른 하나는 그[[금발인 사람]]의 머리에 아무것도 색칠하지 않는 체계일 때, 두 사람이 서로 다른 체계를 갖고 있음을 잊어버렸다면, 그 두 사람은 이것이 😊 금발인지 아닌지를 물을 수도 있을 것이다. 이와 유사하게 일상적으로는 "**하나의**one 테이블이 있다"로 표현되는 것에 대해서 우리가 "어떤 한 테이블이 있다"라는 표기법을 가지고 있다면, "여러 테이블이 있는가, 아닌가?"와 같은 혼란스러운 물음이 제기될 수도 있을 것이다. "전자의 표기법이 더 **적절**하고 더 **직접적인**가?"라는 물음에 대해, 나는 아니라고 대답할 것이다. 왜냐하면 한 상징체계가 다른 상징체계보다 진리에 더 가까이 다가가는 것은 아니기 때문이다. (물론 한 상징체계가 다른 상징체계보다 더 오도적인지를 묻는 것은 아무 문제도 없다.)

내가 말하고자 하는 것은 이들 물음은 근본적으로 잘못 다루어지고 있다는 것이다. "오직 감각 자료만 존재하는가, 아니면 물리적 대상도 있는가?"라고 묻는 것은 "전자는 존재하는가 아니면 우리는 오직 양성자만을 다룰 수 있는가?"와 같게 들린다. 이 둘은 전적으로 상이하다.

강의 V

그려진 하나의 정사각형이 복합체인지 아니면 단순한지, 즉 그것이 부분들로 이루어져 있는지 그렇지 않은지를 질문했다고 하자. 혹자는 "나는 선을 그려서 그것을 부분들로 나눌 수 있다"라고 대답할지도 모른다. 그러나 만일 그 정사각형이 너무 작아서 양분할 수 없다면 어떻게 되는가? 만일 우리가 나누는 선을 그릴 수 있거나 수학자가 하듯이 양분할 수 있다면 우리는 그것이 부분들을 갖는다고 설정할 수도 있을 것이다. "만일 그것이 너무 작아서 나눌 수 없다면 어떻게 되는가?"라는 물음에 대한 답변, 이를테면 나누는 선을 나는 상상할 수 있다는 것은 아주 특이하다. 왜냐하면 우리는 우리가 나눌 수 있든 그렇지 않든 이렇게 말하기 때문이다. 그 대답은 그저 그렇게 보인다는 것, 즉 단지 그것을 상상할 수 있다는 것만을 의미하지 않는다. 최소한 우리는 심상으로 그림을 만들지 않는다. 우리는 기술로 그림을 만든다. 이는 아주 중요한데, 왜냐하면 기술을 제시함으로써 우리는 그것이 나누어질 수 있다고 말하는 것이 뜻을 지닌다고 의미하기 때문이다. (각각의 항이 "나누어질 수 있는" 분수들의 급수와 비교하라.)

내가 아주 정확하게 나누는 기계를 가지고 있고, 만일 내가 이 기계로 나눌 수 있다면 그 정사각형은 분할 가능하고 그렇지 않다면 분할 가능하지 않다고 말한다고 하자. 여기에서 "할 수 있다"는 물리적 가능성을 나타낸다. "상상할 수 있다"에서 "할 수 있다"는 심상의 가능성을 가리킨다. 우리는 "분할 가능한"이라는 낱말의 사용에 합의한 후에 그 정사각형이 복합적인지 아니면 단순한지를 말할 수 있다. 만일 그 것이 우리가 볼 수 있는 반점들로 나누어진다면 우리는 그것을 복합 적이라고 할 것이다. 그것이 복합적이냐 하는 물음은 사실에 관한 진 술로 대답할 수 있다. 그러나 이 물음 외에도, 같은 낱말들을 사용하 는 **철학적인** 물음, 즉 "이 균일하게 하얀 대상은 복합적인가 아니면 단 순한가?"가 있다. 대답은 "상황에 따라서"이다. 여기에서 우리는 우리 자신이 철학적 문제를 풀고 있는 것을 발견한다. 여기서와 같이, 실제 물음이 철학적인 물음과 일치할 때, 오류를 바로잡는 일은 쉽지만, 때 때로 아주 어렵다. 그러한 모든 물음에는 **하나의** 대답이 존재해야만 하는 것처럼 보인다.

$(\exists x)fx$의 형식의 예, "내가 쓸 수 있는 기수가 존재한다"로 돌아가자. 이 문장은 "등등"이 숫자가 아니기 때문에 선언이 아니다. 그러나 우리는 fa로부터, 또는 fb로부터, 또는 $fa \vee fb$로부터 $(\exists x)fx$를 추론할 수 있 기 때문에, $(\exists x)fx$가 $fa \vee fb \vee fc \vee \cdots$ 형식의 선언임이 틀림없다고 말 하도록 유혹받는다. 우리를 부추기는 것은 $(\exists x)fx . \vee . fa : \equiv . (\exists x)fx$[19] 이고 또 $(\exists x)fx . fa . \equiv fa$[20]이다. 왜냐하면 외관상 선언을 덧붙이는 것 은 아무것도 더하지 않고, 이는 만일 $(\exists x)fx$가 이미 선언일 경우에만 (이미 선언을 포함할 때만) 성립할 **수 있기** 때문이다. fb가 이미 포함되 어 있기 때문에 $fa \vee fb \vee fc . \vee . fb : \equiv . fa \vee fb \vee fc$[21]인 것과 마찬가지로, 우리는 동일한 이유에서 $(\exists x)fx . \vee . fa : \equiv . (\exists x)fx$라고 말하고 싶은 유 혹을 받는다. 함언 $fa . \supset . (\exists x)fx$와 $(x)fx . \supset . fa$는 $(\exists x)fx$가 하나의 논리합으로 그리고 $(x)fx$가 논리곱으로 간주되면 단순해 보인다.

이와 유사한 물음이 명제 p가 다른 명제 q로부터 따라 나올 때 제

---

19 $\{(\exists x)(fx \vee fa)\} \equiv (\exists x)fx$로 표기할 수 있다.

20 $\{(\exists x)(fx \& fa)\} \equiv fa$로 표기할 수 있다.

21 $\{(fa \vee fb \vee fc) \vee fb\} \equiv (fa \vee fb \vee fc)$로 표기할 수 있다.

기된다. "q를 생각할 때 우리는 p를 생각해야 하지 않는가?" 일반적으로, 우리는 전제를 생각할 때 결론을 생각해야 하지 않는가? 이 물음은 몇몇 잘못된 대답이 있기 때문에 중요하다. "그렇다"는 대답은 그 배후에 깊은 이유가 있다.

규칙을 따를 때 취해진 단계들은 규칙에 포함되어 있는가? 어떤 사람이 "하나의 기수를 쓰시오"라는 명령을 받고, 127을 씀으로써 그 명령이 충족된다고 하자. 그는 다른 선택지들과 함께 이 수를 쓰라고 명령받지 않았는가? 그가 한 수에 1을 더함으로써, 또 그것에 1을 계속해서 더함으로써 산수 열을 쓰게끔 배웠다고 하자. 교사는 그가 규칙 "1을 더하라"에 따라 명령들을 수행할 수 있도록 예들로 훈련시킨다. 이제 그가 10을 더하라고 명령받는다고 하고, 그 훈련에서 도달한 가장 큰 수가 100이라고 하자. 그 명령이 주어지자 그는 10, 20, ⋯, 100, 120, 140, 160을 쓰고, 교사는 그가 명령을 수행하지 않았다고 반대한다. 그러나 왜? 교사는 자신이 뜻했던 것은 "100, 110, ⋯, 1,000,000, 1,000,010"이라고 대답한다. 그러나 그 교사는 언제 그것을 뜻했는가? 그를 훈련시켰을 때. 그리고 **언제까지** 그 교사는 그것을 뜻했는가? 그 교사가 이 모든 것을 뜻하는 데 시간이 걸려야 했다는 것은 이상하다. 교사가 그를 훈련시켰을 때 이것을 뜻했다는 주장은 끔찍하게 오도적이다. 왜냐하면 그 주장은 가르치는 동안 다른 과정이 진행되었음을 암시하기 때문이다. 또는 각각의 단계에 해당하는 어떠한 과정도 없을지라도 이 모든 단계를 포함하여 진행되는 과정이 있었고, 이 과정으로부터 이 모든 단계가 따라 나오며, 이 모든 실행되지 않은 단계를 포함하는 기묘한 과정이 있었음을 암시하기 때문이다. 만일 그 교사가 뜻했던 것이 이 모든 단계를 포함하지 않았다면, 학생이 잘못했음을 그 교사가 곧바로 안다는 것은 어떻게 설명될 수 있는가?

그렇지만 진술 "나는 네가 100 다음에 120을 쓰는 것을 뜻하지 않왔다"는 실제로는 그 교사가 이전에 했던 것에 대한 설명이 아니며, 오히려 그가 지금 하고 있는 것에 대한 설명이다. 그는 "나에게 물어봤다면 100 다음에 나오는 다음 수는 110이라고 그 학생에게 말했을 것이다"라고 함으로써 자기 자신을 정당화할 수도 있을 것이다. 이것은 가설적 진술이거나 규칙이다. 그러나 **이 규칙은 주어지지 않았다**. 그 교사가 학생에게 이 규칙을 말했을 거라고 말하는 것은 상황을 바꾸지 않는다, 설령 학생이 그렇게 믿는다 해도 말이다.

이제 100, 120,…라고 쓰는 사람은 잘못하고 있는 것인가? 그는 그가 옳다는 것을 여러분에게 보여줄 수도 없을까? 그는 훈련이 진행되는 동안 그가 적용했던 규칙, "100까지는 10을 더하고, 200까지는 20을 더하고 등등 하라"와 동일한 규칙을 제시할 수도 있을 것이다. 그러나 이 외에도, "10을 더하라"는 100 다음에 그가 써야 하는 수가 120이게끔 사용될 수도 있었을 것이다. 이렇게 하는 것은, 만일 그가 그 규칙을 따르는 것이 100을 넘어 확장되고 100 이후에 할 일이 훈련에서 언급되지 않았다면, 불가능한 것이 아니다. 120 다음에 그가 멈추는 것도 가능하다. 학생에게는 한 규칙과 예들이 주어지고, 교사는 비록 진술되지는 않았지만 이 규칙과 예들에 의해 간접적으로 전달되는 어떤 것을 자신이 **뜻한다**고 말할 수도 있다. 만일 단지 서투른 규칙과 예들만이 아니라, 교사가 뜻한 것이 전달될 수 있다면, 학생은 100 다음에 110으로 계속**하게끔 되었을** 수도 있을 것이다. 그러나 그 교사 또한 단지 규칙과 예들만을 지니고 있을 뿐이다. 여러분이 규칙과 예들을 통하여 어떤 사람의 마음속에서 간접적인 수단으로 의미를 산출하고 있다고 생각하는 것은 착각이다.

강의 VI

규칙 "10을 더하라"를 따르고 있는 사람이 각각의 수에 10을 더해야 한다는 것을 이해한다고 말할 때, 우리는 그가 배운 방식을 가리킨다. 만일 그가 100까지의 덧셈을 배우고 120, 140 등을 계속함으로써 우리를 놀라게 한다면, 그리고 우리가 "나는 이것을 뜻하지 않았다"라고 말한다면, 과거 시제를 사용하는 것은 그 훈련 시간에 실제로 일어났던 것과는 다른 어떤 것이 일어났다는 착각을 일으킨다. 이 착각은 또 다른 착각, 즉 이유들의 사슬은 끝이 없다는 착각의 특수한 경우일 뿐이다. 왜 우리는 100 다음에 110을 **써야만 하는가**? 이 물음에 대한 어떤 대답이 존재하는가? 이를테면 가르침 뒤에는 보통 그렇게 한다는 대답이 있다. 그러나 다른 대답은 없는가? 우리는 "왜 너는 그 규칙이 주어질 때 10을 더했는가?"라는 물음에 규칙 "10을 더하라"를 따르기 위한 또 다른 규칙을 제시하는 것으로 대답할 수는 없을까? 이 물음에 대한 대답에 이유가 주어질 **필요**는 없지만, 주어질 **수는 있다**. 우리가

도표 $\frac{a \mid A}{b \mid B}$ 를 가지고 있다고 하고, 그것에 의해서 $aabbc$와 같은

소문자들을 대문자로 번역하도록 훈련된다고 하자. 그 도표는 [[$aabbc$ 를]] AABBC로 번역하는 것을 정당화한다. 이제 만일 누군가가 이러한 방식으로 번역하기 위해 그 도표를 사용하는 것에 대한 이유나 정당화를 요구한다면, 우리는 그 도표에 의해 주어진 규칙을 설명하기 위

해 도식 $\rightrightarrows$ 을 줄 수 있다. 그리고 이 도식을 정당화하는 또 다

른 도식을 줄 **수도 있다**. 이유들의 사슬은 그 도표와 함께 끝날 **수도 있**지만, 그럴 필요는 없다. 어떤 사람이 화살표 도식이 주어지지 않은 채 그 도표만으로 번역한다면, 그는 이 화살표 규칙을 알았을까? 만일 몰랐다면 그는 그가 했던 대로 그 도표를 사용할 수 없었을 것이라고 주장할지도 모른다. 이는 이유들의 사슬에 끝이 없는 것처럼, 또 오직 씌어 있는 이유들만이 끝을 지니는 것처럼 보이게 만든다. 그러나 우리는 그 도표를 사용할 때 이 규칙을 알아**야만 하는가**? 아니다. 우리는

226

단지 번역을 할 뿐이다. "그 도표로 번역하도록 훈련된 후에 왜 그는 AABBC를 썼는가?"라는 물음에 대한 대답은 그저 그가 그렇게 했다는 것이다. 우리가 또 다른 규칙을 인용하지 않는다면 말이다. 이렇게 그저 그것을 한다면 우리가 이해 없이 자동 장치처럼 행동하는 것이라고 주장할지도 모른다. 그러나 어떤 것을 이해할 때 우리는 종종 그냥 그렇게 **한다**.

이 예는 규칙 "10을 더하라"의 예와 정확히 같은데, 규칙 "10을 더하라"의 뒤에는 규칙이 있을 수도, 없을 수도 있다. 만일 100 다음에 110을 쓰는 것과는 다른 어떤 것을 한다면 그 규칙을 따르지 않는 것이라고 말하는 것은 그 자체로 하나의 규칙이다. 그것은 "이 규칙은 우리가 110을 쓰는 것을 요구한다"라고 말하는 것이다. 그리고 이것은 특정한 경우에 그 일반적인 규칙을 적용하기 위한 규칙이다. 이 규칙이 훈련에서, 우연에 의해서가 아니라면 주어지지 않았다는 점을 주목하라. 그리고 그 경우에는 주어지지 않은 다른 규칙들이 존재하게 될 것이다.

우리는 "100 다음에 110을 쓰라"라는 명령이 규칙 "10을 더하라"에서 따라 나온다고 말할 수 있다. 바로 이것이 규칙 "10을 더하라"를 줄 때, 110이 100 다음에 나오고(이를 100 → 110으로 기호화하기로 하자), 그리하여 100 → 110이 이 규칙에서 따라 나온다는 것을 우리가 뜻했다고 말하게끔 하는 것이다. 그렇게 되면 100 → 120은 그 규칙과 모순된다고 말할 수도 있을 것이다. 그리고 만일 100 → 110이 전제되어 있지 않다면 그럴 수 없다고 말하고 싶은 유혹이 있다. 무슨 뜻에서 그것은 미리 형성되거나 전제되어 있는가? 만일 그 일반 규칙을 따를 때 한 사람이 그가 110을 써야만 한다고 말했다면, "그는 어떤 새로운 발견을 했는가?"라는 물음은 곤혹스럽다. 그 물음의 형식은 그가 그랬다고, 그것은 과학적 발견과 같다고 암시한다. 하지만 그가 새로운 발견을 하지 않았다고 말하는 것은 100 → 110이 규칙 "10을 더하라"에 전제되어 있다는 것을 암시한다. 비록 100 → 110이 그 규칙에 포함되어 있지 않지만, 여기에는 실제로 어떤 새로운 발견도 없다. 그가 그 일반 규칙을 따르면서 100 다음에 110을 써야만 한다고 말했을 때, 그 규칙이 강제하는 단계를 **발견**하는 문제는 없다. 오히려 그것은 새로운 **결정**decision의 문제이다. 우연히 훈련에서 내려지지 않는다면, 그 결정은 내려지지 않았다. 우리의 도표를 번역하는 경우에, 새로운 결정은 그 도표에 대한 각각의 사용에서 내려진다.

수학적 직관주의자들은 우리가 가령, 한 수열의 전개에서 취해진 각각의 단계에 대해서 하나의 새로운 직관이 필요하다고 말한다. 그들이 본 것은 일반 규칙을 제시하는 것이 사람들에게 그 단계를 만들게끔 강제하지 않는다는 점이었다. 마치 더 이상 이유가 없고 대신 일종의 계시가 있는 것처럼 통찰력으로 단계를 밟는다고 생각하는 것은 잘못이다. 직관의 과정이 존재한다고 밀할 때 왜 우리가 50 다음에 51을 쓸 만큼 영리할 수 있는지가 설명되는 것처럼 보인다! 만일 어떤 정신적 과정이 포함되어 있다면, 그것은 결정의 과정이지 직관의 과정이 아니다. 우리는 사실상 모두 동일한 결정을 하지만, 우리가 모두 동일한 "근본 직관"을 지닌다고 가정할 필요는 없다.

만일 우리가 일단 철학적 착각이라는 개념을 이해한다면 이는 대단히 도움이 될 것이다.

이제 "전제를 생각할 때 결론이 생각되는가?"라는 물음으로 되돌아가자. 만일 이 물음에서 낱말 "생각되다"가 낱말 "말해지다"로 대체된다면, 그 대답은 "아니다"이다. 그러나 전제를 생각하는 과정이 진행될 때 결론을 생각하는 또 다른 과정이 진행되느냐 하는 물음에는 어떤 깊은 의미가 있다. 만일 그 물음이 주어진 전제로부터 어떤 결론이 따라 나온다는 사실이 하나의 발견인지를 실제로 묻고 있다고 주장한다면, 그 대답은 "아니다"이다. 그것은 어떤 새로운 발견도 아니다. 이 대답은 "그렇다면 전제를 생각할 때 결론이 생각된다"라고 대답하도록 우리를 유혹한다. 전제로부터 어떤 결론이 따라 나온다는 것이 어떤 새로운 발견도 아니고, 어떤 새로운 현상도 아니라는 **뜻에서는** 이렇게 말하는 것은 옳다. 그러나 만일 제시된 바 없는 이 특수한 규칙[22]이 어떤 방식으로든 그 일반 규칙[23]과 함께 주어졌다고 주장하려 한다면, 이것은 무의미하다.

점 A와 B에 두 개의 접선이 있는 곡선이 있다고 하고,

A에서 B까지 이 곡선을 따라 자를 움직인다고 하자. 자가 그 두 점 있는 **모든 위치들을** 지나가야만 하기 때문에 틀림없이 C를 지났다고 말하는 것은 옳은가? 동일한 종류의 물음을 제기하는 더 단순한 예는 이 선 $\overline{0\ 1\ 2\ 3\ 4}$을 따라 0부터 4까지 자가 미끄러지며 움직이는 것이다. 그 자가 0부터 4까지 모든 유리수와 실수를 통과해**야만 했다**고 말하는 것은 비록 모든 실수를, 예를 들어 π를 계산할 수 없을지라도, 우리가 실제로 정확하게 π에 있었다고 생각하게끔 한다! 내가 π에 있었는지를 나는 알지 못하므로, 이는 경이로운 달성처럼 보이지 않는가! 자, 우리는 점 π에 있었는가? 한 가지 대답은 이러하다: 우리는 3과 π를 상이한 뜻에서 지나간다. 즉 [[한 가지 뜻에서]] 우리는 그 자가 3을 지나가는 것을 보며, [[다른 한 가지 뜻에서]] 만일 그 자가 3부터 4까지 지나간다면 그것은 π를 지나가는 것이라고 설정해야 한다.

우리는 무엇을 0부터 4까지 지나감이라고 부르는가? 왜 0부터 4까

22 100 다음에 110을 써야 한다는 규칙.
23 10을 더하라는 규칙.

지 지나갈 때 우리가 중간에 있는 점에 있었음이 틀림없다고 말하도록 유혹받는가? 이렇게 말하는 것에는 그럴 만한 이유가 있는가? 우리는 0과 4 사이에 있는 모든 점들에 **있었는가**? 0부터 4까지 움직이는 것이 눈에 보이는 점들을 지나가는 것을 의미한다면, 그리고 "모든 점"이 눈에 보이는 점들보다 더 많은 점들을 의미한다면, 우리는 모든 점들을 지나가지 않았다. 시각적 현상을 가리키기 위해 "우리는 0부터 4까지 지나갔다"라는 말을 사용하는 것과, 우리가 이야기하는 방식[24]에 관한 규칙을 만들기 위해 동일한 말을 사용하는 것은 다르다.

　0부터 4까지 자를 움직일 때 우리는 어떤 점을 빠뜨릴 수 있었을까? 무슨 뜻에서 그럴 수도 있는가? 만일 손 또는 그림자의 움직임이 시각적으로 연속적이라면, 그 손은 그 눈금자에 있는 모든 점을 지나야만 하는가? 손이 천분의 일 초 동안 사라졌다고 하자. 그러면 그 움직임은 연속이었는가 아니면 비연속이었는가? 그것은 모든 점들을 통과해서 지나갔는가 아니면 그렇지 않은가? 그 대답은 "상황에 따라서"이다. 그 움직임은 시각적으로는 연속적이지만, 물리적으로는 비연속적이다. 만일 어떤 점도 빠뜨리지 않음이라는 말로, 또는 모든 점들을 통과해서 지나감이라는 말로, 그것이 시각적으로 연속적이었다는 것을 의미한다면, 그것은 어떤 점도 빠뜨리지 않았다. 즉 그것은 모든 점들을 지나갔다.

강의 Ⅶ

한 명제가 논리학의 명제라는 것에 대한 기준은 무엇인가? 혹자는 자명성이 그 기준이라고 주장했는데, 이는 심리학적 기준인 것 같다. 그럼에도 자명성은 "객관적인"이라는 상징 안에 있는 것으로 보인다.[25]

---

24 0부터 4까지 지나갈 때 우리는 중간에 있는 점에 틀림없이 있었다고 말하는 방식.

프레게는 모든 기호, 기술 구descriptive phrase뿐만 아니라 명제도 뜻 sense과 지시체meaning를 지닌다고 생각했다.* 두 개의 기호는 동일한 지시체를 지니지만 상이한 뜻을 지닐 수 있다. 그리고 그는 계속해서 명제는 두 가지 지시체, 즉 참과 거짓 중 하나를 지닌다고 말했다. 만일 "$\sim p$"의 지시체가 거짓이라면 "p"의 지시체는 참이다. 함수 $\sim p$는 두 개의 값—참과 거짓—의 대응으로 다루어지며, 이를 다음과 같이 표로 그릴 수 있다.

$$
\begin{array}{ll}
p & f(p) = \sim p \\
\hline
\text{T} & \text{F} \\
\text{F} & \text{T}
\end{array}
$$

프레게는 이 표가 그 자체로 그 함수에 대한 상징으로 간주될 수 있다는 것을 보지 못했다. 이 표가 그 함수에 **관해** 어떤 것을 말하고 있는 것처럼 보이지만 말이다. 프레게는 그 대신에 번역을 제시했을 뿐이다. "$\sim p$"는

$$
\begin{array}{ll}
p & \\
\hline
\text{T} & \text{F} \\
\text{F} & \text{T} = \sim p
\end{array}
$$

로 번역된다. 이 도식은 $\sim p$에 관해서는 아무것도 말하지 않는다. 그것은 $\sim p$를 쓰는 다른 방식이다.

프레게는 "또는"과 "아니다"의 개념을 "참"과 "거짓"의 개념으로 설

---

25 이 언급에서 비트겐슈타인은 프레게를 염두에 두고 있다. 프레게는《산수의 근본 법칙 I》의 서문에서 논리학의 진리는 자명하고 객관적이라고 주장한다. 참고: 프레게(2007), 김보현 옮김,《산수의 근본 법칙 I》, 울산대학교출판부, pp. XV-XVI.
* 프레게의 "Sinn"과 "Bedeutung" 구분은 통상적으로 영어로는 "sense"와 "reference"로 번역된다.

명했다. $p \vee q$가 p와 q가 둘 다 거짓일 경우에만 거짓이라는 것은 하나의 규칙을 진술하며, 다음과 같은 진리-함수 기호법에서 구현된다.

p	q	
T	T	T
F	T	T
T	F	T
F	F	F

행으로 쓰면 이는 다음과 같다: (p, q) [TTTF].* 이 표가 ~p에 대한 표와 마찬가지로, $p \vee q$에 관해서는 아무것도 말하지 않으며, 그것을 쓰는 다른 방식이라는 것을 보는 것은 중요하다. 프레게가 한쪽 열에 논항의 진리치를 나열하고 다른 쪽 열에 함수[[의 진리치]]를 나열하면서 그러한 함수를 설명했을 때, 그는 그 함수에 **관해서** 뭔가를 말한 것처럼 보였다. 그러나 오히려 그가 한 일은 그 함수를 정의하고 그것에 대한 다른 표기법을 제시한 것이다.

　[《논고》에서] 나의 목적은 한 명제에 대한 상징과 기술 구에 대한 상징 간의 본질적인 차이를 보여주는 것이었다. 한 명제 p는 두 개의 극을 지니는 것으로† TpF로 표기되며, p와 q의 진리-가능성들의 조합은 다음과 같이 선들로 표시된다.

$p \supset q$는 다음과 같다.†

---

* 《논고》 4.442를 보라.(*Tractatus Logico-Philosophicus*, London and New York, 1922.)
† 《논고》, 6.1203을 보라.

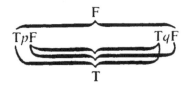

이제 만일 여러분이 $p \supset p$를 바라본다면, 여러분은 논리적 명제를 특징짓는 것이 무엇인지를 볼 수 있다. 여기서 우리는 두 개의 진리-가능성 T와 F를 지니는 하나의 논항 p를 지닌다. 명제 $p \supset p$는 오직 하나의 극, 참이라는 극만을 지닌다.

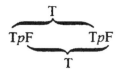

이러한 단순한 규칙에 따라 표기되면 논리적 명제는 어떤 다른 명제와도 구분된다. 그 도식이 보여주는 중요한 요점은 논리적 명제들은 자명성과는 아무런 관계도 없다는 것이다.

$p \supset p$가 어떤 종류의 명제인지를 살펴보기로 하자. 바로 위의 표는 그와 같은 명제들이 잉여적이라고 말함으로써 우리가 의미하는 바를 분명하게 해준다. 두 개의 수수께끼가 있다. (1) 만일 그와 같은 명제가 동어반복이라면, 왜 우리는 그것을 표기하는가? 그와 같은 명제들의 사용은 무엇인가? (2) "이것은 모든 명제들에 대해 참이다"라는(예컨대 명제들은 동시에 참이면서 거짓일 수 없다는) 진술은 무슨 종류의 일반성을 지니는가? 게다가 만일 모든 동어반복이 아무것도 말하지 않는다면* 그러한 명제들은 모두 동일한 것을 의미하지 않는가? $p \supset p . \equiv . p \vee {\sim}p . \equiv . {\sim}(p . {\sim}p)$! 이것들은 모두 동일한 뜻을 지니고 있다.

---

* 《논고》, 4.461, 5.142, 6.11을 보라.

다시 말해 아무런 뜻도 지니고 있지 않다! 어려움은 "만일 아무런 뜻
도 지니지 않는다면 그것들은 무엇에 사용되는가?"라는 물음뿐만 아
니라, "만일 동일한 뜻을 지닌다면 왜 우리는 그것들을 그렇게 많이
사용하는가?"라는 물음으로도 제기된다. 우리가 실제로 그것들을 사
용하는 방식을 살펴보자. 첫째, 우리는 그것들로 정보를 전달하지 않
는다. 한 명제에 대한 진리표에서 모든 빈칸에 T가 나타난다면, 그것
을 명제라고 부르는 것은 분별력 있어 보이지도 않는다. 그러나 그것
을 무의미라고 부르는 것 또한 분별력 있는 것이 아닌데, 왜냐하면 그
것은 우리가 무의미라고 부르는 "노랑은 의자를 탁자한다yellow tables
chairs"나 "the slithy toves gimble"[26]과 같지 않기 때문이다. 내가 동
어반복은 "뜻이 없다senseless"라고 말했을 때* 나는 뜻의 양, 즉 0과
의 연관을 강조하려고 했다. "$p \supset p$는 뜻이 없다"는 다른 명제와 그
것[[$p \supset p$와 같은 동어반복]]의 연속성과 차이점을 보여주기 위해 "$p \supset$
$p.q. \equiv .q$"[27]로 번역될 수도 있다. 동어반복은 명제가 퇴화한 경우이
다. 그것은 논리학에서 산수의 0과 동일한 역할을 한다. $0+2=2$. 이와
유사하게, $p \supset p.q$[28]는 $0.q$와 같다.

그러면 이러한 모든 명제의 사용은 무엇인가? 논리학에서 어떤 역
할을 하는 명제 $p \supset q. p. \supset .q$[29]를 검토해 보자. 여기에서 우리는 그
것의 진리표에서 보는 바와 같이 동어반복을 지닌다. 비록 그것은 우
리가 그것에 따라 추론을 하는 한에서 어떤 것을 말하는 것으로 보이

---

26 "the slithy toves gimble"는 루이스 캐럴의 《거울 나라의 앨리스》 중 재버워키라는
   시에 나오는 표현이다. "Twas brillig, and slithy toves/ Did gyre and gimble
   in the wabe"
* 《논고》, 4.461을 보라.
27 $\{(p \supset p) \& q\} \equiv q$로 표기할 수 있다.
28 $(p \supset p) \& q$로 표기할 수 있다.
29 $\{(p \supset q) \& p\} \supset q$로 표기할 수 있다.

지만 말이다. 그것 단독으로는 추론의 규칙이 아니다. 왜냐하면 규칙은 어떤 것을 말해야 하는데, $p \supset q$. $p. \supset .q$는 아무것도 말하지 않기 때문이다. 그것이 어떤 것을 말하는 것으로 보이는 것은 첫 번째 함언 기호가 말하지 않는 어떤 것을, 즉 낱말 "따라 나오다"와 관련이 있는 어떤 것을 두 번째 함언 기호가 말하는 것처럼 보이기 때문이다. 추론 하기는 첫 번째 기호가 아니라 두 번째 기호와 관련이 있다. 함언과 추론 사이에는, $p \supset q$. $p. \supset .q$와 추론 $p \supset q$ 사이에는 무슨 연관성이

$$\frac{p}{q}$$

있는가? 이 추론에서 전자[30]가 중간고리로 필요한가? 그리고 만일 그러하다면, 중간고리로 그것의 사용을 연결하기 위해 왜 어떤 것이 필요하지 않은가? [[논리학적]] 명제 $p \supset q$. $p. \supset .q$는 결론 q가 추론되게끔 하는 하나의 형태pattern이지만, q는 추론되지 않는다. q의 추론을 허용하는 것은 그 명제가 **말하는** 것이 아니라 그것이 동어반복이라는 사실이다. 추론의 규칙은 $p \supset q$. $p. \supset .q$가 아니라 "$p \supset q$. $p. \supset .q$는 동어반복이다"이다. 이 규칙의 사용은 한 **일상적인** 명제로부터 다른 일상적인 명제를 추론하는 것이다. 그러한 규칙은 논리학적 체계에 있는 추론 규칙과 구분되어야 한다. 후자 종류의 규칙은 근본 명제들과 그것들의 귀결에 적용되며, 일상적 명제들에는 적용되지 않는다.

강의 VIII
일반 명제 $(x)fx$와 $(\exists x)fx$에 관한 혼란에는 중요한 이유들이 있었다. 한 가지는, 나는 이렇게 생각했었는데, 모든 명제에 공통된 것, 명제의 일반 형식이라고 불릴 수 있는 어떤 것이 존재해야만 한다는 생각이었다. 다른 것은 만일 $fa \supset (\exists x)fx$가 **따라 나오기** 관계를 주장한다면,

---

30 $p \supset q$. $p. \supset .q$를 말한다.

그것은 동어반복 $p . \supset . p \lor q$[31]와 어떤 것을 공통으로 지녀야만 한다는 생각이었다. $(\exists x)fx$는 하나의 진리 함수가 다른 것을 포함하는 것과 같이 fa를 포함해야만 한다. 나는 명제들이 단 하나의 계산체계에 속한다는 잘못된 생각을 가지고 있었다. 다른 계산체계에 기초를 부여할 수 있는 **하나의** 근본적인 계산체계, 즉 논리학이 있는 것처럼 보였다. 이것은 러셀과 프레게가 지녔던, 논리학은 수학의 기초라는 생각이다. 그 임무는 논리학이 무엇인지를 보이기 위해 이 하나의 근본적인 계산체계의 특성이 무엇인지를 제시하는 것이었다. 논리학은 명제와 함수를 다루며, 수학은 논리학에 기초할 수 있다. 따라서 논리학은 수학적 명제들의 일반 형식을 제시한다. 나에게는 낱말 "명제", "뜻", "일반성", "논리학"은 모두 서로 동등한 것으로 보였다. 만일 단일한 논리학이라는 생각을 지니고 있다면 우리는 논리학의 한 가지 일반적인 형식, 명제의 일반적인 형식[32]을 제시할 수 있어야만 한다. 나는 T-F 표에서 이 형식,[33] 낱말 "명제"와 낱말 "논리학"의 등가물을 내가 발견했다고 생각했다.

논리학이 수학적 진술의 일반적 형식을 제시한다는 관념은 우리가 명제라는, 또는 논리학이라는 하나의 관념 같은 것은 존재하지 않다는 것을 볼 때 무너진다. 우리는 많은 것들을 명제라고 부른다. 만일 우리가 이 점을 본다면, 우리는 논리학이 어떤 대상—명제, 함수, 논리 상항—의 과학이라는, 그리고 논리학은 동물학 같은 자연과학과 같고 동물학이 동물에 관해 이야기하듯이 이들 대상에 관해 이야기한다는, 러셀과 프레게가 지녔던 관념을 버릴 수 있다. 예를 들어 케인스는 함언과 같지만 아주 같지는 않은 확률 관계를 발견했다고 주장했다. 그

---

31 $p \supset (p \lor q)$로 표기할 수 있다.
32 원문은 "general formula"이다. 이는 "general form"의 오기일 것이다.
33 "형식"에 해당하는 원문의 표현은 "formula"인데, 이는 "form"의 오기일 것이다.

러나 논리학은 계산체계이고 자연과학이 아니며, 거기서 우리는 발명을 할 수는 있어도, 발견은 할 수 없다.

내가 많은 상이한 논리학이 존재한다는 루이스C. I. Lewis와 바르샤바 학파의 견해를 취하고 있는 것은 아니다. 나는 한 가지 이상의 논리학에 관해 이야기하면서 명제가 두 가지가 아닌 세 가지 가능성, 즉 T, F, 가능possible을 지니는 3치 논리학과 같은 비-아리스토텔레스 논리학을 가리키고 있지 않다. 하나의 놀이로 간주되지 않는다면, 그러한 놀이를 구성하는 데에는 거대한 위험이 존재한다. 그러한 놀이들의 가치는 그 놀이들이 선입견을 파괴한다는 것이다. 그 놀이들은 "항상 이러한 방식일 필요는 없다"는 것을 보여준다. 그러나 만일 이 후자를 ("너는 모든 쥐가 이와 같다고 생각하지만, 다른 것이 있다"와 같은) 과학적 진술인 것처럼 말한다면, 예를 들어 3치 체계는 발견을 묘사하는, 논리학의 **확장**으로 보일지도 모른다.

그러면 누가 T와 F의 계산체계를 사용하는가? 나는 그것이 쓸모없다고 말할 것이다. 하나의 계산체계로 간주되면 그 체계는 무미건조하고 쓸모없으며, 마찬가지로 러셀의 계산체계도 그러하다. 그러나 그것은 다른 논리학에서는 성립하지 않을 수 있는 정당화를 가지고 있다. T-F 계산체계의 요점은 러셀의 계산체계를 번역할 수 있다는 것이며, 이와 함께 후자 종류의 계산체계와 그것의 적용 간의 관계를 분명하게 만든다는 것이다. 하나를 다른 것에 관해서 더 분명하게 만들지 않는다면 계산체계는 아무 가치도 없다.

강의 IX

명제라는 관념과 논리학의 법칙 간에는 무슨 연관이 있는가? $\sim(p.\sim p)$ 와 $p \vee \sim p$가 명제에 관한 법칙이라고 말하려는 유혹이 있다. 그것들은 동어반복이기 때문에 아무것도 말하지 않는다. 그렇다면 무슨 뜻에서 우리는 이것들이 모든 명제에 대해 성립한다고 말할 수 있는가? 그리고 우리는 이를 어떻게 아는가? 우리가 모든 명제를 검사한 것은 아니다. 그것들에 관해 이야기하는 우리의 방식은, 우리가 "모든 사과는 달콤하다"와 비슷한 것을 말하고 있다는 것을 시사한다는 점에서, 오도적이다. 후자 명제[["모든 사과는 달콤하다"]]는 다르다. 여기에서 우리는 가설을 지니고 있다. 즉 만일 그 명제가 모든 사과에 성립한다면, 그러니까 그 명제가 참이라면 이 특정한 사과에 대해 성립해야만 하는 가설 말이다. 이러한 법칙이 모든 명제에 대해 성립한다고 말하는 것은 [[이와]] 동일한 방식으로, 즉 모든 명제에 성립할 때 이러한 법칙은 이 특정한 사례에 대해 성립해야만 한다고 말하는 것을 허용하는 것처럼 보인다.

왜 우리는 이 두 개[[~(p . ~p)와 p ∨ ~p]]의 법칙을 근본적인 것으로 바라보는가? 우리는 참인 명제와 ~(p . ~p)와 p ∨ ~p의 유사성을 보기 때문에 그것들이 참이라고 말하는 오류를 범한다. 어떤 제3의 선택지도 언급되지 않는 배중률에 대해 우리가 이야기하는 점에 주목하는 것은 중요하다. 배제된 중간은 무엇인가? p ∨ ~p는 "이것은 빨갛거나 초록이다. 제3의 선택지는 없다"를 모델로 삼아 형성된다. 그러나 이는 그릇된 비교이다. 이 명제는 아주 인상적인 형식을 지니고 있고 보편적이다.

브라우어L. E. J. Brouwer는 배중률이 성립하지 않는 명제들의 범위를 이야기한다. 즉 수학의 이 분야에서 이 법칙은 **적용**되지 않는다고 말이다. 이제 명제가 참 또는 거짓이라고 말하는 것은 그 명제에 대해 아리스토텔레스의 논리학 법칙들이 타당하게 성립한다고 말하는 것임을 주목하라. 이는 어떤 뜻에서는 "명제"를 정의한다. p ∨ ~p와 ~(p . ~p)는 무엇이 명제인지를 우리에게 말해 주는 규칙이다.[34] 만일 논리학이 배중률이 성립하지 않게끔 구성되어 있다면, 대입되는 표현을 명제라고 부를 어떤 이유도 없다. 브라우어는 명제라고 부르는 것이 오도적인 어떤 것을 실제로 발견해 냈다. 그는 명제를 발견한 게 아니라 오히려 겉보기에 명제인 것처럼 보이는 것을 발견했다. 여기에서 상황은 체스보다는 줄다리기와 더 유사한 (하지만 겉보기에는 체스처럼 보이는) 보드게임의 상황과 비슷하다. 수학자들은 자신을 표현하는 방식을 자연과학의 언어로부터 취한다. 배중률이 무한 집합에 관한 명제에 성립하지 않는다고 말하는 것은 "이 대기층에는 보일의 법칙이 성립하지 않는다"라고 말하는 것과 같다.*

명제를 참이거나 거짓일 수 있는 것, 그리하여 **부정**될 수 있는 것으로 정의하는 것은 마치 어떤 것이 명제인지를 결정하는 기준, 즉 "p를 부정하고 그 결과가 명제인지를 보라"를 제시하는 것처럼 들린다. p를 부정하려고 시도하고 만약 그럴 수 없다면 p가 명제가 아니라고 결정하는 것은 무엇과 같은가? 낱말 "참"과 "거짓"은 형용사 "빨간"과 "초록"과 같이 들리고, 참이거나 거짓일 수 있는 것은 무엇이든 명제라고 말하는 것은 "쇠는 녹슬 수 있는 모든 것이다"와 같은 발견처럼 들린다. 그러나 명제가 참이거나 거짓일 수 있는 것이라고 말하는 것은 우리가 "명제"라는 말로 의미하는 것이 규칙 "$p \lor \sim p$ = 동어반복"에 의해 부분적으로 주어진다고 말하는 것이다. 명제는 이 규칙 및 다른 규칙들이 적용되는 것이다. 그리고 이는 이 규칙들이 "명제"로 하는 놀이를 결정한다는 것을 뜻한다.

이 놀이가 오직 "명제"를 가지고서만 할 수 있는 것인지를 물었다고 하자. "탁자"와 같은 단어를 가지고는 이 놀이를 할 수 없는가? 이에

---

34 다음 단락의 내용을 보면 알 수 있듯이, 여기에 나오는 "$p \lor \sim p$"와 "$\sim (p. \sim p)$"는 각각 "$p \lor \sim p$ = 동어반복"과 "$\sim (p. \sim p)$ = 동어반복"의 오기일 것이다.

* 이 단락은 이 강의의 배중률에 대한 자료를 보충하기 위해 대부분 〈황색 책〉에서 가져온 것이다.

대한 대답으로, 법칙 $p \lor \sim p$의 두 가지 해석을, 즉 "명제는 참이거나 거짓인 것이다"와 "명제는 참이거나 거짓**일 수 있는** 것이다"를 검사해 보자. 두 번째 해석에서 낱말 "일 수 있다"는 위험한 요소를 끌어들인다. 우리가 오직 명제만을 부정할 수 있다고 말하는 것은 일종의 시도하기라는 가능성을 전제한다. 이 해석은 우리에게 여기에는 부정이 있고 저기에는 명제가 있으며, 한 형태가 어떤 다른 형태들에 들어맞는 것처럼 부정이 명제에는 들어맞고 다른 어떤 것에도 맞지 않을 종류의 것임을 암시한다. 어떤 사람이 "나는 '사과'를 부정할 수 있다. 나는 그저 '사과'는 참이 아니라고 말하면 된다"라고 말했다고 하자. 그에 대한 대답은 "부정"과 "사과"는 들어맞지 않는다는 것이 될 것이다. 이에 대해 그 사람이 다시 "'사과'는 참이 아니다"는 "사과는 달콤하지 않다"를 의미한다고 답한다면, 그에 대한 자연스러운 대답은 "부정"의 의미가 바뀌었다는 것이고, 이 대답은 들어맞지 않는 "아니다"와 "사과"라는 두 개의 관념이 우리에게 있다는 환상을 만들어낸다. 마치 "아니다"와 "사과"가 들어맞거나 들어맞지 않는 두 가지 놀이가 있기나 한 것처럼 말이다. 들어맞음이라는 생각은 잘못된 것이다. 사과를 부정하는 것은 그것을 먹는 것처럼, 사과로 어떤 것을 하는 것처럼 들리지만, 행해진 것은 두 개의 분리된 표시들 "아니다"와 "사과"를 나란히 쓰는 것뿐이다. 부정이라는 관념에 대응하는 것은 그것을 가지고 행하는 사용이다. 만일 러셀의 계산체계의 변항 p와 q에 "사과"와 같은 **낱말들**을 대입한다면, 그 결과는 우리가 전혀 사용하지 않는 것이다. [[하지만 어떤 상황에서는]] 아마 그것은 사용될 수도 있을 것이다. 실제로 우리는 사과를 거절할 때 "아니다 사과not an apple"가 사용되는 놀이를 지니고 있다. 우리는 거절하거나 밀어내는 몸짓이 "부정"의 의미라고 말할지도 모른다. 이것은 건축가와 그의 조수의 원초적인 언어에서 일어나는 "부정"을 사용하는 방식이다. "아니다 벽돌Not brick"은

우리의 언어에서는 "나에게 벽돌 하나를 가져오지 마시오"로 번역될
것이며, "사과"는 "나에게 사과 하나를 가져오시오"로 번역될 것이다.
그러나 그 원초적인 언어에서는 그렇지 않다. "아니다 사과"라고 말하
는 놀이에서는 우리가 명제라고 부를 수 있는 것은 아무것도 없다. 우
리가 왜 "사과"나 "아니다 사과"를 명제라고 부르도록 유혹받느냐 하
는 물음에는 두 가지 대답이 가능하다. 즉 (1) 이것들은 우리가 말할
수 없는, 그 견본 명제들이다.[35] (2) 우리는 이 특수한 경우들로 이행
하는 것들의 가족을 보여주기를 바란다. "사과"가 p에 대입되는 놀이
에서 $p \vee {\sim}p$가 사용될 수 있느냐 하는 물음에 대해서, 나의 대답은 아
마도 놀이가—한 가지 사용이—발견될 수 있다는 것이다. 즉 만일 한
사람이 훈련을 받고서는 "나에게 사과 하나를 가져오시오"와 동일한
반응을 산출하게끔 "사과"가 기능한다면, 다시 말해 실천이 동일하다
면 말이다. 실천은 언어 안으로 들어가지 않는다는 것을 주목하라. 실
천은 언어의 규칙들에 의해 주어지지 않는다.

  사용과 **적용**은 구분되어야 한다. 내가 하나의 명령으로 사용되는
"사과"에 관해 이야기한다면, 우리는 여기에 유용한 실천적 적용이 있
기 때문에 이를 이해한다. 적용이 실제로 사용되는지는 우리가 영위하
는 삶의 종류에 달려 있다. 명제가 참이라는 것의 실용적인 기준은 실
제 그것의 유용성이다. 그런데 이렇게 말하는 사람은 "유용한"에 대한
한 가지 특정한 사용, 가령 미래를 예측하기 위한 실험실에서의 사용
을 염두에 두고 있다. 그러나 어떤 정신 나간 물리학자가 완전히 잘못
된 가설에 대해 상금을 제안한다면, 확증 분포가 곡선을 따르는 대신

이렇게 되어 있는[[흩어져 있는]] 가설을 제시한 사람은

---

35 "사과"와 "아니다 사과"는 정상적으로 우리의 언어놀이에서는 명제가 아니다. 반면
  에 다른 언어놀이에서는 견본 또는 범례의 역할을 하는 명제들일 수도 있다.

비록 그것이 예측에는 쓸모없지만 유용함을 발견할 것이다.

전통적인 논리학과 달리, 러셀은 모든 만일의 사태들에 적용할 논리학을 구축한다는 생각으로 두 개 이상의 항 사이의 관계에 대한 상징을 도입했다. 자, "사랑은 2항 관계이다"는 무슨 종류의 명제인가? 명백하게도 우리는 사랑에 관해서는 아무것도 말하지 않았다. 어떤 사람이 2항 관계가 존재하는지 의심했고, 어떤 사람이 "나는 한 가지, 즉 사랑을 발견했다"고 대답한다고 하자. 그는 하나의 발견을 해냈는가? 그 말은 마치 그가 이 도식에 들어맞는 자연 현상을 발견한 것처럼 들리고, 또 그 자연 현상 없이 그 도식은 공허할 것처럼 들린다. 만일 이것이 사실이라면, 3항, 4항, 5항 관계에 대한 표현의 사용은 자연 사실에 의존하는 것으로 보이게 될 것이다. 그러나 우리는 두 사람이 사랑하는 사이가 아님 또한 2항 관계라는 것을 기억해야만 한다. 만일 내가 사랑을 모르는 어떤 한 종족 출신이고 어떤 다른 종족에게 가서 어떤 사람이 사랑하고 있다는 것을 발견했다면, 나는 2항 관계를 발견한 것이 될까? 우리는 "나는 낱말 '사랑'의 사용을 발견했다"라고 말할 수도 있을 것이다. 여기 이 기호법(상징체계)에서 나는 "사랑"의 사용을 확인하며 더 이상 조사할 필요가 없다. 우리는 (그 물리학자와 그의 잘못된 가설처럼) 기호법이 유용함을 발견한다는 뜻에서 기호법의 사용을 발견할 수 있다. 하지만 전에는 비어 있던 기호법에 내용을 주는 어떤 자연 현상을 발견한다는 뜻에서 기호법의 사용을 발견하는 것 같은 것은 없다. 우리가 13항 현상을 발견하기까지는 13항 관계를 비어 있는 것으로 바라보는 것은 불합리하다. 왜냐하면 우리가 이들 낱말로 만드는 계산체계는 발견된 것에서 어떤 **내용**도 수용하지 않기 때문이다. 그것은 여전히 계산체계로 남는다.

러셀은 기초를 다룰 때, 예를 들어 산수를 함수에 **적용**하는 것을 정리해야만 한다고 생각했다. 우리는 어떤 유형의 함수를 별도로 하면 3

에 관해 이야기할 수 없을 것이며, 따라서 우리는 함수를 분류할 필요가 있을 것이다. 수는 함수의 한 속성이다. 러셀과 램지는 우리가 어떤 뜻에서는 실재entities의 가능한 존재를 위해 논리학을 준비할 수 있으며, 그 분석 결과를 기꺼이 받아들이는 체계를 구성할 수 있다고 생각했다. 우리가 사례들이 있는 2항과 3항 관계로 시작한다면, 우리는 어떤 사례도 없는 37항 관계를 위한 계산체계를 준비했다고 주장할 수도 있을 것이다. 우리는 aRb의 예를 발견했을 때 aRb가 적용될 수 있는 현상을 발견했다고 생각하는 경향이 있다. 우리는 그저 우리의 언어에서 aRb와 같이 기능하는 낱말을 발견했을 뿐이다. aRb의 사례가 발견되기 전에 그 언어에는 그 낱말이 존재할 수도 있었을 것이다. 관계를 구성하는 것은 현상을 발견하는 것에 의존하지 않는다. 낱말놀이를 발견하는 것은 사실을 발견하는 것과 다르다.*

우리가 사용하는 언어에는 낱말들과 낱말들의 조합뿐만 아니라 **견본**을 가리키는 낱말들도 존재한다. 예를 들어 낱말 "파랑"은 어떤 색칠된 반점이라는 견본에 대응한다. 이것과 같은 견본은 우리 언어의 부분이다. 그 반점은 낱말 "파랑"이 적용되는 것들 중 하나가 아니다. 사랑의 현상은 낱말 "사랑"의 사용에서 그 반점과 동일한 역할을 한다. 사랑하는 사이인 두 사람은 하나의 견본, 즉 범례 역할을 할 수도 있다. 낱말 "사랑"에 내용을 부여한 것은 그 범례라고 말할 수도 있을 것이다. 그러나 이러한 목적을 위해서 사랑하는 두 사람을 발견할 필요는 없으며, 오히려 그 언어에 속하는 범례를 발견할 필요가 있다. 우리는 그 범례가 그 낱말에 의미를 부여한다고 말할 수 있다. 그러나 무슨 뜻에서? 그 놀이를 **확장하기**라는 뜻에서. 범례를 끌어들임으로써 우리

---

* 이 단락은 "철학"이라고 제목 붙여진 1932-33 강의들에서 가져온 것이다. (1932-33 강의의 강좌명은 "철학"인데, 이 강의에서 내용을 선별해서 이 책의 1부가 작성되었고, 선별되지 않은 내용 중 이 부분을 여기에서 사용한 듯하다. ─옮긴이)

는 그 놀이를 변경했다. 우리는 그 낱말에 뜻을 주는 현상을 발견하지 않았고, 계산체계를 만들어 냈다. 범례가 상징에 들어맞는다고, 예컨대 파란 반점이 낱말 "파랑"에 들어맞는다고 말하는 것은 아무것도 의미하지 않는다. 그것은 **그것에 첨가된다.**[36] 그리고 그 도식은 이제 유용하다.

모든 만일의 사태들을 망라하는 논리학을 구축하려는 시도, 예컨대 관계들의 체계에 대한 카르납Rudolf Carnap의 구성, 즉 어떤 것들이 그 체계에 들어맞고 그리하여 그 체계에 내용을 부여하는지를 미해결로 남겨두는 구성은 대단히 불합리하다. 만일 우리가 한 n항 관계의 사례가 필요하다고 느낀다면 우리는 n개의 사물이 그 관계에 있지 않다는 것에 관한 기호법도 가지고 있다는 점을 기억해야만 한다. 그 필요는 **견본**, 범례에 대한 것이고, 이것은 다시 **언어의 부분**이며 적용의 부분이 아니다. 견본은 그리니치 [[표준]] 피트가 하는 역할을 하며, 그리니치 피트의 존재는 어떤 것이든 길이가 1피트라는 깃을 증명하지 않는다. 그리니치 피트 자체는 길이가 1피트가 아니다. "여기에 사랑하는 사이인 사람들의 사례가 있다"라고 말하는 것은 견본을 우리의 언어 안으로 가져오는 것이다. 그리고 이는 결정을 하는 것이며, 무언가를 발견하는 것이 아니다.*

강의 X

계속해서 부정에 대해서, 특히 "사과"의 부정에 대해서 생각해 보자. "사과"를 부정했다는 것의 기준은 무엇인가? 만일 그 기준이 단지 "사과" 앞에 "아니다"를 쓰는 것이라면, 우리는 그렇게 했다. 만일 그 기준이

---

36 범례나 견본(가령, 범례 역할을 하는 파란 반점)은 놀이(또는 언어)에 첨가되어 그 놀이를 확장하고 변경한다는 의미이다.

* 이 주제에 대한 논의에 대해서는 *Philosophische Grammatik*, pp. 309-314를 보라.

기호들의 조합이 유용하다는 것이라면, 명백하게도 그것은 유용하게 만들어질 수 있다. 만일 그 문구에 어떤 느낌이나 몸짓이 동반되어야 한다면, 왜 이런 일이 일어나면 안 되는가? [[이런 일은 얼마든지 일어날 수 있다.]] 이들 기준은 어느 것도 만족스럽지 않다. 우리는 "아니다"가 어떤 방식으로 **사용**되기를 원한다. 여러분은 내가 "아니다"를 "사과"와 함께 사용하는 것에 불편해했는데, 우리가 "아니다"를 그렇게 사용하지 않기 때문은 아닐 것이다. 때때로 우리는 "아니다"를 그렇게 사용한다. 여러분이 틀림없이 의미하는 것은 "아니다"를 그런 방식으로 사용하는 것을 여러분이 원하지 않는다는 것이다. 여러분은 낱말 "아니다"의 사용은 낱말 "사과"의 사용에 들어맞지 않는다고 말하기를 원한다.

난점은 우리가 다음 두 가지 상이한 측면 사이에서 동요하고 있다는 것이다: (1) **사과**는 앞에 부정이 놓이든 그렇지 않든 간에, 확정적인 형태와 비교 가능한 하나의 사물 또는 관념이고, 부정은 그것에 들어맞거나 맞지 않을 수 있는 또 다른 형태와 같다: (2) 이 낱말들은 그 사용에 의해 특징지어지며, 부정은 "사과"와 함께 쓰이는 사용이 완성되기까지는 완성되지 않는다. 우리는 이 두 낱말의 사용이 들어맞는지를 물을 수 없다. 왜냐하면 그 낱말들의 사용은 전체 문구 "아니다 사과"의 사용이 주어질 때만 주어지기 때문이다. [[다시 말해]] 그 낱말들의 사용을 **그 두 낱말은 함께 지니기** 때문이다. 우리가 그 사이에서 동요하고 있는 두 가지 관념은 의미에 관한 다음 두 가지 관념이다. (1) 의미는 그 낱말들이 발화되는 동안에 어떻게든 현존한다는 관념, 그리고 (2) 의미는 현존하지 않으며, 그 기호의 사용에 의해 정의된다는 관념. 만일 "아니다"와 "사과"의 의미가 그 낱말들이 발화될 때 현존하는 것이라면, 우리는 이 두 낱말의 의미가 들어맞는지를 물을 수 있으며, 이는 경험의 문제가 될 것이다. 그러나 만일 부정이 그 사용에 의해 정의되어야 한다면, "아니다"가 "사과"에 들어맞느냐 하고 묻는 것은 아무런 뜻도 지니지 않는다. 들어맞음이라는 관념은 사라져야만 한다. 왜냐하면 "아니다"의 사용은 조합에서의 사용이기 때문이다.

사물을 부정하는 것은 불가능하고, 오직 명제만이 부정될 수 있다고 말할 때, (1) 그것은 경험적인 진술이 아닌 것처럼, 하지만 (2) 우리는 **우리가 할 수 없는 것**을 기술할 수 있는 것처럼 보인다. 그렇지만, 만일 우리가 이를 기술할 수 있다면, 인간적인 약점을 제외한다면 우리는 그것을 할 수 있다. 규칙에 의해 금지되기 때문에 기술될 수 없는 것을, 우리는 기술할 수 없다. 그러나 이제 "~(사과는 빨갛다)"를 사용할 수 있는 것처럼 "아니다 사과"를 사용할 수 없다고 말함으로써 우리가 어떻게 언제 "~"와 "사과"를 사용해야 하는지를 알게 되는지를 확립한 것은 아니다. "사과"의 사용 자체가 부정을 배제하는가? 우리는 "사과"와 "아니다"의 나머지 사용을 고려함으로써 그 낱말들의 문법을 고정한다. 그러나 우리가 그 낱말들을 사용하지 않은 경우에 그것들을 어떻게 사용해야 하느냐 하는 물음은 남아 있다. 우리가 해야 하는 것은 규칙을 설정하는 것이고, 그렇게 되면 그 물음은 더 이상 낱말 "아니다"를 "사과"에 적용하느냐 또는 적용하지 않느냐 하는 물음이 되지 않을 것이며, 오히려 사전에 고정된 사용이 존재하느냐 하는 문제가 될 것이다.

부정의 기호가 쓰이는 방식을 고정하는 것은 ~( )에서 괄호 안에 놓을 수 있는 것이 무엇인지를 확립한다는 것을 의미한다. 만일 우리가 과일의 이름을 대입하는 것을 원하지 않는다고 말한다면, 우리는 그만큼 고정한 것이다. 내가 원을 하나 그리고, 우주 어디에든 사과가 있을 수 있지만 이 원 안에는 아니라고 말했다고 하자. 이는 "아니다 사과"를 의미할 수 없을까? 이는 "아니다"의 사용이 어떻게 고정되느냐에 따라 다를 것이다. 그러나 우리는 분리된 고체 물체처럼 분리된 사물들이 서로 들어맞게 하고 있지 않다.

낱말 "아니다"가 낱말 "사과"와 관련해 사용될 수 있다고 말하는 것은 낱말 "아니다"의 문법을 결정하는가? 내가 낱말 "아니다"를 사용하는 것 대신에 낱말 "투to"를 사용한다고 하고, "투"는 "사과"와 들어맞는다고 말했다고 하자. 여러분은 무엇을 아는가? 나는 여러분에게 아무것도 말해 주지 않았다. 왜냐하면 여러분은 무슨 방식으로 그것이 "사과"에 "들어맞는"지 알지 못하기 때문이다. 나는 "투 사과"가 이 놀이에서 표기될 수 있다고 말했을 뿐이다. 만일 "투"가 "신≠"과 동일한 것을 의미한다면, 그것은 들어맞는다. 그것이 "사과"와 무슨 방식으로 들어맞는지를 설명하기 위해서 나는 그 **조합**이 사용되는 방식을 설명해야만 할 것이다. "투"가 "사과"와 들어맞느냐 하는 물음은 "사과"가 이미 문법을 가지고 있음을 시사하며, 그것과 들어맞는 것이 무엇인지를 말하는 것은 "투"가 무엇과 같은지를 말하는 것이다. 그러나 이는 사실이 아니다. 만일 혹자가 "사과"는 그것이 통상적으로 의미하는 것을 의미한다고 말한다면, 여러분은 "그렇게 되면 '투'는 '사과'에 관해서 어떤 것을 말하지만, 그게 뭔지 모르겠다"라고 대답할 수 있다. 만일 내가 "투"는 "아니다"가 그럴 수 있는 것과 꼭 마찬가지로 "사과"와 함께 사용될 수 있다고 말했다고 하면, 한 가지 의미에서 나는 "사과"와 들어맞는 "투"에 관해서 어떤 정보를 여러분에게 준 것이라고 말할 수 있을 것이다. 이는 "투"="아니다"라고 말하는 것에 해당한다. 예를 바꿔서, 내가 "가다는 빨갛다go is red"라고 말했다고 하자. 여러분은 "가다"는 어떤 특수하거나 일반적인 공간적 대상, 또는 잔상의 이름이어야만 한다고 말할 것이다. 그러나 "가다는 빨갛다"는 "아무것도 빨갛지 않다"일 수도 있다. 어떤 의미에서는 "가다go"가 "는 빨갛다is red"에 들어맞는다고 말하는 것은 "가다"의 사용에 관해서 우리에게 어떤 정보를 준다. 그러나 어떤 낱말들이 한 낱말과 들어맞는지를 말해줌으로써 그 낱말의 사용이 주어진다고 설정할 수는 없다. 심지어 지시적 정의들도 그 사용을 고정하지 않는다.

두 물체에 관해 주장된, "이것은 저것과 들어맞는다"라는 진술은 두 가지 상이한 종류, 기하학적인 것 또는 경험적인 것 중 하나일 수 있다. 만일 왼쪽 조각의 볼록 부분의 직경이 3인치이고 다른 조각의 해당하는 오목 부분의 직경이 2인치라면, 이를 조립할 수 없다고 말하는 것은 그 조각들이 들어맞게끔 물리적 힘 또는 기계의 적용을 가할 수 없다(분명한 경험적 진술)는 것을 의미하거나, 아니면 하나가 3인치로 그리고 다른 하나가 2인치로 있는 한 그 조각들은 들어맞을 수 없다는 것을 의미할 수 있다. 이 두 경우에 "그 조각들은 들어맞을 수 없다"의 문법 차이는 "이 분필 조각은 저것보다 더 길다"와 "3인치 분필 조각은 2인치 분필 조각보다 더 길다"의 차이와 같다. 3인치가 2인치에 들어맞는다고 말하는 것은 아무런 뜻도 없다는 것은 "들어맞음"의 사용에 관한 규칙이다. 난점은 "물리적으로 가능한"과 같이, 또 "…라고 말하는 것이 아무런 뜻도 지니지 않음"과 같이, 낱말 "할 수 있다"를 상이한 방식으로 사용하는 데 있다. 그 두 조각을 들어맞게 하는 것의 논리적 불가능성은 물리적 불가능성과 같은 수준에 있으며, 다만 더 불가능한 것처럼 보인다! 만일 우리가 "사과"의 사용을 고정해서 그것 앞에 "아니다"를 사용하는 것을 배제한다면, 그 둘을 들어맞게 하는 것의 [[논리적]] 불가능성은 물리적 들어맞음의 불가능성과 같지 않다.

강의 XI

이제 수학적 등식과 동어반복 간의 관계에 대해 논의하기로 하자. 만일 수학적 등식이 동어반복이 아니라면, 그 둘 사이의 관계는 무엇인가? 2+2=4가 동어반복이라고 말하는 데에는 두 가지 근거가 있다. (1) 그것은 경험적 명제가 아니다. (2) 이 등식과 종종 오인되는 동어반복이 존재한다. [[예컨대]] "만일 여기에 2개의 사물이 있고 저기에 2개의 사물이 있다면, 모두 합쳐 4개의 사물이 있다." 러셀의 표기법에서 이것은 동일성identity 기호를 사용함으로써 표현되었다.

러셀의 표기법은 동일성을 두 개의 사물 사이의 관계인 것처럼 보이게끔 만들기 때문에 당혹감을 불러일으킨다. "함수 f를 만족하는 2개의 사물이 그리고 오직 2개의 사물이 존재한다"에 대한 그의 기호법은 다음과 같다: $(\exists x, y): fx . fy . x \neq y . (z) . fz . \supset . z = x \lor z = y.$[37] 우리는 여기서의 상등성equality 기호의 사용과 산수에서의 그것[[상등성 기호]]의 사용을 구분해야만 한다. 후자에서 우리는 $a+b=n$에서 n 대신에 $a+b$를 쓸 수 있게 하는 대입 규칙의 일부로 상등성 기호를 바라볼 수 있다. 러셀의 표기법에서 나쁜 것은 우리를 $x=y$, 또는 $x=x$와 같은 명제가 존재한다고 생각하도록 이끈다는 것이다. 우리는 러셀이 사용했던 동일성 기호가 폐기될 수 있는 표기법을 도입할 수 있다. "$(\exists x, y): fx . fy$"—그것에 우리는 "$x=y$"를 첨가할 권리를 가지고 있는데—를 쓰는 대신에, 상등성 기호를 쓰지 않는 것을 하나의 규칙으로 만들 수 있다. 하지만 대신에 만일 우리가 정확하게 하나의 사물에 관해 이야기하고자 한다면 하나의 변항을, 두 개의 사물에 관해 이야기한다면 두 개의 변항을 쓸 수 있다. "f'를 만족하는 오직 하나의 사물이 존재한다"에 대한 나의 표기법은 $(\exists x)fx . \sim(\exists x, y) fx . fy$[38]이다.* 이것에 대한 축약으로서 나는 $(E1x)fx$를 쓴다. 동일성 기호가 제거되면 이와 함께, "$x=y$", "$x=x$", 그리고 "$(\exists x)x=x$"와 같은 표현은 나타나

---

37 $(\exists x)(\exists y)\{(fx \& fy \& x \neq y) \& (z)(fz \supset (z = x \lor z = y))\}.$

38 $(\exists x)fx$ & $\sim(\exists x)(\exists y)(fx \& fy)$로 표기할 수 있다.

* 《논고》, 5.53-5.534를 보라.

지 않을 것이다.

러셀이 사용하는, 동일성 기호가 등장하는 기호법은 당혹스러운데, 왜냐하면 "$x=y$"와 "$x=x$"는 두 개의 사물 간의, 또는 한 사물과 그 자신 간의 관계를 다루는 것처럼 보이기 때문이다. "$(\exists x, y): fx . fy$"는 외관상 사물들에 관한 표기법이지만, x와 y가 동일하다고 말할 때 우리는 x와 y에 관해 어떤 것도 말하지 않는다. 우리는 그것들이 하나라고 말하고 싶어 한다. 혹자는 그것은 기호 "x"가 기호 "y"와 동일한 것을 의미한다는 것을 의미할 뿐이라고 말할지도 모르지만, 그러나 어째서 갑자기 그 기호들에 관해 이야기해야 하는가? 러셀의 표기법은 지칭된 사물들에 관한 것이다. 만일 "$x=y$"가 등장할 수 있다면, "$(\exists x, y)x=y$"도 마찬가지이다. 이것은 무엇을 의미하는가? 동일한 두 개의 사물이 존재한다는 것? 나의 표기법에서는 이것은 전혀 명제가 아니며, $(\exists x)x=x$도 마찬가지이다. 왜, 만일 하나의 사물이 존재한다면, 이는 한 사물에 관해 어떤 것을 말함으로써 표현되어야 하는가? 무엇이, 한 사물은 자기 자신과 동일하다(이 의자는 이것 자신과 동일하다)는 것이 근본적인 진리라고 가정하도록 우리를 유혹하는가?

나는 동일률에 대해 실제로 제대로 다루지 않았다.

나는 이제 "1+1=2"가 "만일 내가 한 손에 사과 한 개를 가지고 있고, 다른 손에 다른 한 개를 가지고 있다면 나는 양손에 사과 두 개를 가지고 있다"와 같은 진술들의 축약이라는 생각에 대해 논의하고자 한다. 나의 표기법에서는 이것은 다음과 같다.

$$(E1x)fx . (E1x)gx . \sim(\exists x)fx . gx . \supset . (E2x)fx \vee gx.^{[39]}$$

(여기에서 $(E2x)fx$는 $(\exists x, y)fx . fy : \sim(\exists x, y, z)fx . fy . fz^{[40]}$의 축약이라

---

[39] $\{(E1x)fx \& (E1x)gx \& \sim(\exists x)(fx \& gx)\} \supset (E2x)(fx \vee gx)$로 표기할 수 있다.

[40] $(\exists x)(\exists y)(fx \& fy) \& \sim(\exists x)(\exists y)(\exists z)(fx \& fy \& fz)$로 표기할 수 있다.

는 점을 상기하라.) 이제 "1+1=2"가 밑줄을 그은 것의 축약이라는 것은 참인가? 한 가지 주목할 것은 만일 "1+1=2"가 축약이라면, 그것이 축약하는 것[[밑줄 그은 것]]은 러셀의 표기법에서 대응하는 표현보다 훨씬 더 짧다는 점이다.

$(E15x)fx.(E27x)gx.\sim(\exists x)fx.gx.\supset.(E42x)fx\vee gx$를 쓰는 것 대신에, 내가 42의 자리에 56을 썼다고 하자. 이는 옳은가 아니면 옳지 않은가? 덧셈에 관한 나의 규칙 중에서, 어떤 것은 정의이고(예컨대 1+1=2, 1+1+1=3), 다른 것은 그 정의로부터 연역된다고(예컨대 2+3=5) 하자. 만일 내가 2+3=6이라고 썼다면, 우리는 이것은 잘못이 아니고, 기호들 "2+3"과 "6"에 관한 규칙일 뿐이며, 그리하여 그 결과는 내가 "2+3"에 대해 "6"을 대입할 수 있다는 것이라고 말할지도 모른다. 그러나 만일 그것을 잘못이라고 한다면 여러분은 어떤 한 특정한 계산체계를 이미 가정하고 있는 것이며, 다른 계산체계에서는 그것은 잘못이 아닐지도 모른다. 15+27=56이 모순이라는 주장은 옳을 수도 있고 그렇지 않을 수도 있다. 어떻게 우리는 [[이를]] 알아낼 수 있는가? 내가 그것을 축약되지 않은 표기법으로 표현함으로써 알아내려고 하고, 또 그것이 동어반복인지 또는 모순인지를 계산에 의해 결정한다고 하자. 단순한 예를 들어 보자.

$$(E^{||}x)fx.(E^{|||}x)gx.\sim(\exists x)fx.gx.\supset.(E^{|||||}x)fx \vee gx.$$

이것이 동어반복인지 아닌지를 나는 **더하기**에 의해서 결정한다. 이제 그것은 2+3=5에 대응하는가? 이 함언은 아무것도 말하지 않는다(그것은 동어반복이나 모순 중 하나이므로). 그러나 그 축약되지 않은 표기법에 "=동어반복=Taut"이 첨가되면 그것은 2+3=5에 대응하게 될 것이다. 함수 표기법 $(E15x)fx.(E27x)gx.\sim(\exists x)fx.gx.\supset.(E42x)fx\vee gx$에 관해서 기묘한 것은 우리가 사과를 몇 개 가지고 있는지를 셈하라고 요구받을 때 우리는 결코 그 표기법을 사용하지 않는다는 점이다. 우리는 그 [[표기법의]] 후건에서 양화사 다음에 무엇을 써야 하는지를 알기 위해 덧셈을 해야만 한다.

이를 바탕으로 러셀과 프레게의 기수 이론을 검토하기로 하자. 이 이론에서 근본적인 개념은 대응이다. 러셀과 프레게는 먼저 **수에서 상등**이라는 관념을 도입한다. 이것은 비슷함, 즉 일대일 대응의 개념을 기반으로 이루어진다. 상식적 관점을 취하고, 선을 그리기, 끈을 묶기, 손을 잡기와 같은 것을 대응이라고 부르자. 두 개의 집합은 만일 일대일 대응된다면 수에서 상등이라고 말한다. 가령 Ⓞ Ⓞ Ⓞ 과 같이 말이다. 3은 ○○○에 대응되는 모든 삼중체들triads의 집합으로 정의된다. 그리니치 피트가 모든 1피트 길이의 원형으로 간주되는 것과 같이, 어떤 삼중체도 원형으로 간주될 수 있다.

러셀이 2는 ○○ 에 일대일로 대응**되는** 모든 집합들의 집합이라고 말했으며, 그 원형에 일대일 대응**될 수 있는** 집합이라고 말하지 않았다는 점은 주목해야 한다. 후자로 수정되었으면 하고 모든 사람이 바란다. 내가 여러 받침 접시에서 컵들을 치웠고, 그래서 접시들과 컵들이 더 이상 대응되지 않는다고 하자. 그것들의 수는 여전히 동일한가? 우리는 일상적으로는 그렇다고 말하게 될 것이다. 그러나 어떻게 우리는 이것을 아는가? 접시와 컵 들이 여전히 수가 동일하다는 것은 이제는 하나의 **가설**이다.

만일 그것들이 대응**된다면** 또는 만일 대응**될 수 있다면** 그것들이 동일한 수를 지니느냐 하는 물음은 그 집합이 외연으로 주어지는지 그렇지 않은지와 밀접하게 관련되어 있다. 내가 문자들의 두 목록을 지니고 있다고 하자.

다음의 두 진술은 동일하지 않다: (1) abc는 $abcd$와 일대일 대응될 수 있다, (2) 목록 A에 있는 글자들은 B에 있는 글자들과 대응될 수 있다. 왜냐하면 (2)는 실험, 이를테면 컵들과 받침 접시들을 함께 놓거나 선을 긋는 것에 의해 결정될 수 있기 때문이다. 이것은 그 수를 측정하는 것이다. 수를 측정하기 위한 일대일 대응과는 다른 방식이 있는데, 예컨대 두 개의 기하학적 형태가 교차점의 수가 동일하다는 것을 보는 것이다.

또는 비록 어떤 대응도 이루어지지 않았지만 수가 동일하다고 시각적으로 파악되는 점들과 가위표들의 패턴을 보는 것이다: 가령 ×× ••.[41] (어떤 작은 수를 넘어서면 이 방법은 유용하지 않다. 만일 내가 여기에서 점 30개, 저기에서 점 30개를 본다면 나는 점들의 수는 제시하지 못할 수도 있지만, 한 점이 사라졌는지 아닌지는 말할 수 있어야 할 것이다. 1000개의 점이 두 쌍이 있는 경우에는 그렇지 않을 것이다.) 각각의 방법은 두 집합이 동일한 수를 지니는지를 결정하는 다른 방법이다.*

기준 "일대일 대응될 수 있다"와 "일대일 대응된다"의 차이에 대해 생각해 보자. 만일 기준이 두 집합이 대응된다는 가능성이라면, 우리는 두 집합이 동일한 수를 지니는지를 결정할 때 이 가능성이 무슨 역할을 할 것인지를 규명할 필요가 있다. 우리는 두 집합이 일대일 대응

---

41 원문은 "×× ○○ ○○"인데, 이 문장의 내용에 맞추어 "×× ••"로 수정했다.
* *Philosophische Grammatik*, p. 354를 보라.

되지 않았을 때 동일한 수를 지닌다고 말해야 하는가? 또는 두 개의 사물이 더 이상 겹쳐 놓여 있지 않을 때 길이가 동일하다고 말해야 하는가? 때로는 그렇고, 때로는 그렇지 않다. 만일 그것들이 일대일대응 **될 수 있을** 때 동일한 수를 지닌다고 말한다면, 우리는 어떤 것도 사라지지 않았다는 것에 대한 기준을 고정해야만 한다. 수천 개의 점들이 제시될 때 우리는 언제 어떤 것이 사라졌는지 모른다. 그러나 두 집합은 일대일 대응**될** 때 동일한 수를 지닌다고 우리가 말한다면, 두 집합이 대응되지 않을 때 어떻게 되는지에 관한 물음은 제기되지 않으며, 대응할 수 없는 경우들을 설명할 필요도 없다. 그 집합들이 대응될 수 있는지를 발견하는 방법을 말해 주는 설명을 제시한다면, 우리는 만일 그것들이 대응**될 수 있다면** 수가 동일하다고 말할 수 있다.

　그렇지만 수의 동일성에 대한 기준, 즉 문제가 되는 집합들이 일대일 대응**된다**는 것은 특이하다. 왜냐하면 어떤 대응도 만들어지지 않은 것처럼 보이기 때문이다. 러셀은 이 난점을 피하는 방법을 가지고 있었다. 어떤 대응도 실제로는 만들어질 필요가 없다. 두 개의 사물은 다른 두 개의 사물과 동일성에 의해 항상 대응되기 때문이다. 왜냐하면 하나는 a, b에 의해서만 만족되고, 다른 하나는 c, d에 의해서만 만족되는 두 개의 함수가 존재하는데, 바로 $x=a . \vee . x=b$와 $y=c . \vee . y=d$ 이다. x에 a를, 그리고 y에 c를 대입함으로써 우리는 $a=a . \vee . a=b$와 $c=c . \vee . c=d$를 얻는다. 그리고 나서 우리는 오직 ac와 bd라는 쌍들에 의해서만 만족되는 함수를 구성할 수 있다. 즉 한 모둠의 한 항을 다른 모둠의 한 항과 대응시키는 함수, 즉 $x=a . y=c . \vee . x=b . y=d$[42], 또는 함수 $x=a . \vee . y=d : x=b . \vee . y=c$[43]를 구성할 수 있다. 이 함수들은 끈

42　$(x=a \& y=c) \vee (x=b \& y=d)$로 표기할 수 있다.
43　$(x=a \vee y=d) \& (x=b \vee y=c)$로 표기할 수 있다.

으로 잇는 대응이나 다른 실질적인 대응이 없을 때도 단지 동일성에 의해 a와 c를 그리고 b와 d를 대응시킨다. 그러나 만일 "$=$"이 아무런 뜻도 없다면, 그것은 대응이 아니다. 왜 이 함수는 그것들을 대응시키는 것처럼 보이는가? 동일성 기호 때문이다.*

강의 XII

수가 모든 비슷한 집합들의 **집합**이라는 러셀의 정의로 돌아가자. 한 집합은 두 가지 상이한 방식으로 묘사될 수 있다. (1) 목록에 의해서, (2) 공통적인 속성에 의해서. 예를 들어 이 방에 있는 사람들의 집합은 이들의 이름의 목록으로 묘사될 수도 있다. 그러나 러셀은 이 집합이 이러한 목록으로 묘사된다고 생각하지 않았고, **이 방에 있는 사람**이라는 속성으로 묘사된다고 생각했다. 러셀은 집합에 관해 이야기할 때 실제로는 속성을 의미한다. 그는 두 가지 방식으로 집합에 관해 이야기하려고 했다. 그는 존재하는 집합에 관해 하나의 목록으로서 이야기하려고 했지만, 또한 함수로 그 목록을 대체할 수 있기를 원했다. 프레게는 수가 집합의 속성이라고 말했다. 그러나 프레게와 러셀은 수가 속성의 속성이라고도 말했다. 만일 이 방에 파란 눈을 가진 다섯 사람이 있다면, 5는 이 방에 있는 파란 눈을 가진 사람임이라는 속성의 속성이다. 그렇지만 이 설명은 불만족스러운데, 왜냐하면 프레게는 또한, 예를 들어 간스와 폴이 2라고 말할 수 있기를 원했기 때문이다. 그리고 만일 2가 속성의 속성이라면, 간스와 폴은 그들이 공통으로 어떤 한 속성을 지닐 때만, 그리고 어떤 다른 것도 그 속성을 지니지 않을 때만 2가 될 것이다. 왜 그러한 속성이 존재해야 하는지에 대한 어떤 근거도 없는 것처럼 보인다. 그렇지만 프레게는 그가 한 가지를, 즉

---

* *Philosophische Grammatik*, p. 356를 보라.

$x=$ 간스 $.\lor.x=$ 폴(간스 또는 폴임이라는 속성)을 발견했다고 생각했다. 프레게와 러셀은 목록을 속성—함수—으로 환원할 수 있다고 생각했기 때문에 집합을 내포적으로 다룰 수 있다고 생각했다. 그러나 동일성 기호로 표현된 그러한 속성에 이의를 제기할 수 있다면, "간스와 폴은 둘이다"는 무엇을 의미하는가?

왜 프레게와 러셀은 수를 정의하는 데 그렇게 관심이 많았는가? 수를 정의하기 위해서는 물론 우리가 정의하지 않았던 다른 것들로 수를 정의해야만 할 것이다. 철학자들은 모든 것을 정의하려고 시도하지 않지만, 그들이 여러 번 정의하려고 했던 어떤 것들을 정의하려고 한다. 철학자들이 정의하기를 열망하는 것들의 공통점은 무엇인가? 이 열망은 우리를 괴롭히면서도 간단한 방식으로는 대답할 수 없는 것처럼 보이는 물음에서 일어난다. "3이란 무엇인가?"와 비교하면 "의자란 무엇인가?"는 단순해 보인다. 책상이 무엇인지 질문받으면 우리는 어떤 것을 지적하거나 어떤 종류의 기술을 제시할 수 있지만, "수 3이란 무엇인가?"라고 질문받으면 우리는 당황하게 되는 것이다. 만일 우리가 "3"을 가리키고 그것이 수 3이라고 말하면, 이에 대한 응답은 "3"은 단지 표시일 뿐이며, 그 수가 곧 의미라는 것이 될 것이다. "3이란 무엇인가?"라는 물음은 뒤죽박죽된 오해에서 일어나는데, 그런 오해 중 하나는 우리 언어에 "의미"라는 낱말이 있다는 데서 기인한다. 우리는 "의미"를 (1) 우리가 지적할 수 있는 어떤 것, 또는 (2) 마음속에 있는 어떤 것을 나타낸다고 생각한다. 내가 "그 방에는 사람이 7명 있다"라는 문장에서 낱말 "7"은 의미가 없느냐고 묻는다고 하자. 비록 "7"이 가리킬 수 있는 어떤 것을 나타내지는 않지만,* 의미가 없지 않

---

* 돈의 기능은 항상, 내가 돈으로 어떤 물질적인 대상을 얻는 것인가? 나는 극장에서 좌석에 앉을 권리를, 또는 택시를 타는 것을, 또는 추가 속도[[택시를 타서 더 빨리 달리게 하는 것]]를 얻을 수도 있다. 각각의 경우에 나는 3실링으로 무언가를 얻지

다고, 쓸모없는 것은 아니라고 모든 사람이 대답할 것이다. 그것은 그 문장에서 어떤 기능을 한다. 그것은 기침 소리와 같지 않다. 비록 "한 낱말의 기능"이 "한 낱말의 의미"의 정의는 아니지만, "의미"를 "기능"으로 대체하는 것은 항상 유용하다.

숫자에 관한 한 가지 거대한 난점은 숫자들이 완전히 상이한 맥락에서, 즉 "그 방에는 일곱 사람이 있다"와 같은 일상생활의 문장에서, 그리고 "2+3=5"와 "7은 소수이다"와 같은 수학적 맥락에서 등장한다는 사실에서 기인한다. "수 3이란 무엇인가?"라고 질문받을 때, 사람들은 먼저 어떤 것을 찾으라고 요구받고 있다고 느낀다. 형식주의자는, 표시 외에는 아무것도 발견하지 못하자 "수 3은 표시**이다**"라고 말했다. 다른 사람들은, 둘러봐도 아무것도 발견하지 못하자 그 표시와는 다른 어떤 것이 존재해야만 한다고 말했다. 수 3은 기호 "3"에 불과하다고 주장하는 사람들에게, 두 가지 형태의 "3"이 있을 수 있지만 오직 하나의 수가 있다고 대답할 수 있다. 사실 우리는 수에 관해서 말할 수 없는 것들을 기호에 관해서는 말할 수 있다. **수 3**과 **기호 "3"**에 대해 생각해 보자. 수 3이 기호 "3"에 불과하다고 말하는 사람은 그 두 고딕체 표현이 서로 대체될 수 있다고 말하는 것처럼 보인다. 그러나 그 둘은 동일한 방식으로 사용되지 않는다. 우리는 기호 "3"은 빨갛거나 비뚤어지게 표기되어 있다고 말할 수 있지만 수 3에 대해서는 그렇지 않다. 내가 기호 "3"에 가령, "대시dash"라는 이름을 붙였다고 하자. "3을 쓰시오" 대신에 형식주의자는 "'대시'를 쓰시오"라고 말하게 될 것이다. 이제 "대시란 무엇인가?"에 대한 대답으로 나는 기호 "3"을 가리킬 테지만, "3이란 무엇인가?"에 대한 대답으로는 무엇을 가리켜야 할지 모를 것이다. 여기에서 우리는 수를 정의하려는 열망이

만, 그 기능이 항상 대상을 사는 것은 아니다.

어떻게 일어나는지를 본다. 수 3을 기호로 정의하는 것이 불충분하다는 것을 보자마자, 우리는 수 3은 기호가 아니므로 어떤 다른 것이라고 말하는 경향이 있다. 수 3을 정의하려는 시도는 시간을 정의하려는 시도와 같다. 시간이 천체들의 운동으로 정의될 수 없다는 것을 알게 되면, 우리는 또 다른 정의를 추구한다. 이와 유사하게 체스의 킹에 대해서도 그러하다. 그것은 나무 조각으로 정의될 수 없으므로, 그렇게 되면 우리는 "체스의 킹은 무엇인가?"라고 묻는다. 수를 정의하는 것에 대한 열망은 또한 수학이 **수**를 다루고, 그리하여 "3개의 사과"와 같은 맥락에서 숫자를 사용하는 것과 대조해서, **수 3**을 다룬다고 말할 때, 그 고딕체 표현이 **명사**라는 사실에서 촉발된다.*

내가 "3"의 정의로 "1+1+1=3"을 제시했고, "1은 무엇이고 +는 무엇인가?"라고 질문받는다고 하자. 나는 그것들의 **사용**, 그것들의 문법을 제시함으로써 대답할 수 있다. 어떤 사람들은 "1"은 정의 가능하지 않다고 덧붙임으로써 자신들이 뭔가를 말하고 있다고 생각한다. 그러나 모든 것은 정의 가능하다. 비록 모든 단어가 모든 놀이에서 정의되는 것은 아니지만 말이다. 그것이 그 놀이에서 정의되는가, 또 그 정의가 유용한가 하고 묻는 것은 뜻이 있다. 나는 지금 한 표시가 수 3이라거나 어떤 다른 것이 수 3이라고 말하는 것이 아니며, 낱말 "3"의 의미에 대한 설명은 문법적 규칙 "1+1+1=3"에서의 낱말 "1"의 사용에 의해 주어진다고 말하고 있다.

"3"이 의미를 지니는가 아니면 의미 없는 표시인가 하는 물음은 "3"이 "여기에 3명의 사람이 있다"와 "2+1=3"이라는 문장들에서 상이한 사용을 지니고 있기 때문에 제기된다. "3"은 첫 번째 문장에서 의미를

---

* *The Blue Book*, p. 1을 보라. "(⋯) 명사는 그것에 대응하는 사물을 찾게 만든다." (비트겐슈타인(2006), 이영철 옮김, 《청색 책·갈색 책》, 책세상, p. 15. —옮긴이)

지니고 두 번째 문장에서는 의미를 지니지 않는가? 우리는 3에 관한 수학적 명제와 3이 등장하는 일상적 명제 사이의 관계를 이해해야만 한다. "3"이 등장하는 산수 문장은 낱말 "3"의 사용에 관한 규칙이다. 이 문장과 "3명의 사람이 여기에 있다"와 같은 문장의 관계는 낱말 "3"에 관한 문법의 규칙과 낱말 "3"이 사용되는 문장의 관계이다. 우리 언어에서 등장하는 수학적 문장의 적용은 참이거나 거짓인 것을 우리에게 보여주는 것이 아니라 무엇이 뜻이 있고 무엇이 무의미한지를 보여준다. 이는 모든 산수, 기하학 등 모든 수학에 대해 성립한다. 예를 들어 "나는 그 타원형 케이크를 8등분으로 자른다"가 뜻이 없다는 것을 보여주는 타원에 관한 수학적 명제들이 있다. 그리고 "나는 그 원형 케이크를 8등분으로 자른다"라고 말하는 것이 뜻이 있다는 것을 보여주는 원에 관한 수학적 명제들이 존재한다. "참"과 "거짓"이라는 용어보다는 "뜻"과 "무의미"라는 용어가 비수학적 명제에 대한 수학적 명제의 관계를 밝혀 준다.

"2+1=3"에서 "3"이 의미를 지니느냐 하는 물음은 "$\sim\sim p = p$"에서 "$\sim$"에 관한 유사한 물음을 검토함으로써 다루어질 수 있다. 나는 "$\sim\sim p = p$"가 낱말 "아니다"의 사용을 위한 규칙을 준다고 말했다. "$\sim\sim p = p$"는 "아니다"가 어떻게 기능하는지를 진술함으로써 그 의미를 제시한다. "$\sim\sim p = p$"는 "'아니다'는 하얗다"라는 문장이 표시에 관한 것이라는 뜻에서 "아니다"라는 표시에 관한 것이 아니다. 여러분은 "S 씨는 이 표시를 특정 방식들로 사용할 자유가 있다"가 그 표시에 관한 것이라는 뜻에서 "$\sim\sim p = p$"가 그 표시에 관한 것이라고 주장할지도 모른다. 그러나 규칙은 특정한 일을 하도록 허용한다고 진술하지 않는다. 만일 그렇다면, 누가 우리에게 허용하는지, 언제 우리가 허용되는지 등을 물을지도 모른다. 규칙이 진술이라고, 표시에 관한 진술이라고 말하는 것은 오도적이다. 왜냐하면 우리가 우리 사회에서 한 기호를 그러그러한 방식으로 사용한다는 것을 그 말이 진술한다고 말하게끔 부추기기 때문이다. 만일 여러분이 그것은 표시에 관한 진술이라고 말한다면, 조심하라. 그것은 그 표시가 어떻게 사용되어야 하는지에 관한 규칙이다. 규칙은 진술과는 다른 역할을 한다. 그리고 우리는 "아니다"에 관한 규칙을 명령이라고 부르지 않는다. 설령 그것이 물음과 진술뿐만 아니라 명령과 관련되어 사용될지라도 말이다.

.

강의 XIII

나는 **규칙**의 개념에 대해 분석해 달라는 요청을 받았다. 발화들은 진술, 명령, 물음, 감탄, 그리고 아마도 지침으로 구분될 수도 있을 것이다. 규칙은 후자[[지침]]의 분류 아래 들어가는가, 아니면 **규칙**은 궁극적인 분류인가? 나는 비록 어떤 상황에서는 발화에 대한 위의 분류가 유용하지만(그리고 **지침**과 **처방**과 같은 교차-분류는 쓸모없다), 다른 상황에서는 분류가 가능하다는 점이 따라 나오지 않는다고 말할 것이다. 청사진이 도면 사무실에서 만들어지고 선반에서 작업하는 사람에게 넘겨지는 것에 대해 생각해 보자. 그것은 명령인가? 이는 그 청사진의 사용에 달려 있다. 그 청사진은 명령으로 기능할 수도 있고, 진술로, 또는 제안으로 기능할 수도 있을 것이다. 만일 선반에서 작업하는 사람이 어떤 것이 어떻게 구성되는지를 알고자 했다면, 청사진은 연구를 위해 주어질 수도 있을 것이다. 나는 **규칙**은 발화에 대한 위의 분류 중 어느 것에도 들어맞지 않으며, 그것은 '유형style'이 같지 않다고 말해야 할 것이다. 발화들에 대한 그 분류는 어린이용 교재에서 사물을 동물, 사람, 음식, 가구류로 나누는 기본적인 분류와 비교될 수도 있을 것이다. 만일 내가 섬광 측정기를 이 항목 중 하나로 분류하라고 요구받는다면, 나는 "대충 그것은 가구류다"라고 말해야겠지만, 섬광 측정기는 실제로는 이 분류 중 어떤 것에도 들어맞지 않는다. 그것은 유형이 다르다. 이와 유사하게, 만일 2+2=4를 발화에 대한 위의 다소 더 원초적인 분류 안에서 분류하라고 요구받으면, 나는 그것은 진술, 수들에 관한 진술이라고 말해야 할 것이다.

진술, 물음 등으로 분류하는 것에서 특이한 점은 그런 각각의 항목이 목소리의 어조와 연결된다는 것이다. 그러나 규칙은, 일상적인 놀이를 위한 규칙과 대조되는 것으로서 2+2=4와 같은 것을 특징으로 할 때는, 어떤 특정한 어조도 연합되어 있지 않다. 우리는 규칙은 이 분류의 모든 부분에 속할 **수 있다**고 말할지도 모른다. 어떤 것은 명령, 어떤 것은 진술, 어떤 다른 것은 지침일 것이다. 그러나 우리는 어떤 조건에서 명령, 진술, 지침일 수 있는 이러한 것들이 규칙으로 기능하는지를 계속 규명해야만 할 것이다. 그리고 섬광 측정기가 **옷, 음식, 가구**의 분류에 속하지 않는 것과 마찬가지로 규칙이 그 분류의 구분 중 어떤 것에도 들어가지 않는 경우들도 있을 수 있다. "2+2=4"를 기호들의 사용에 관한 진술이라고 부르는 것은 혼동을 초래하는 경향이 있다. 내가 기호들의 사용에 관한 진술이라고 부르는 것은 "모든 영국인은 이 기호들을 이러한 방식으로 사용한다" 또는 "모든 중국인은…" 또는 "힌두인들은 이 기호를 태양에 대해 사용한다"와 같은 형식으로 되어 있다. 규칙을 진술로 간주하는 것은 혼동을 주는데, 왜냐하면 이는 다른 종류의 물음, 즉 '규칙은 참인가 거짓인가?'로 우리의 주의를 이끌기 때문이다. 나는 **규칙을 어떤 다른 것과 대조하기를 바랄 때**, 예컨대 "2+2=4"와 "만일 A가 나에게 2개의 사과를 주고 B가 나에게 2개의 사과를 주면 나는 합해서 4개의 사과를 갖는다" 간의 차이를 강조하고 싶을 때, 낱말 "규칙"을 강조한다. [[그러나 이로부터]] 내가 여러분에게 규칙이라고 부르는 모든 것의 공통점에 대한 설명을 제시할 수 있다는 것은 따라 나오지 않는다. 만일 목소리의 굴절이 발화의 분류에 대한 기초라면, 나는 규칙은 어떤 특수한 억양을 가지고 있지 않기 때문에 발화의 분류에 규칙을 포함시키는 것을 불가능하게 만들었다. 목소리의 어조로 발화를 구분하는 것은 문장들이 모두 정확하게 같은 형식으로 표기되지만 상이한 억양들로 발화되는 언어에서는 간단한 방법이다. 그러나 이에 더해, 놀이에 따라 진술이 될 수도 있고 명령이 될 수도 있는 언어에서는, 그 구분은 분명하지 않을 것인데, 왜냐하면 발화를 구분하는 두 가지 방식—목소리의 어조로 또는 놀이로—이 있기 때문이다. 그리고 다양한 더 많은 구분이 있을 것이다. 만일 내가 규칙을 포함하는 분류를 만든다면 그것은 훨씬 더 복잡할 것이다.

다음과 같이 문자와 걸어가는 방향을 나타내는 화살표가 대응하는 도표를 사용하는 놀이에 대해 생각해 보자.

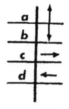

*abbdccc*는 아마도 규칙이라고 불리게 될 것이다. 그러한 방식으로 걸어가라는 명령은 규칙으로 불리지 않을 것이지만 말이다. 반복되는 도안으로 이루어진 띠 장식을 만드는 데 이 도표가 사용된다면, 우리는 그것을 규칙이라고 부르고 싶어질 것이다. 나는 규칙은 많은 경우에 적용되는 것이라고 말해야 할 것이다. 만일 여러분이 어떤 종류의 일반성이 있을 때 규칙이 있다고 말한다면, 나는 "그렇다, 여러분이 아주 많이 말하지 않았다는 것을 깨닫는 한"이라고 말해야 할 것이다. 이렇게 말하는 것은 특정한 문제가 있는 경우에, 예컨대 언급된 규칙이 더 일반적이어야 한다고 어떤 사람이 말했을 때 유용할 수도 있을 것이다. 그러나 만일 내가 논리학 교수이고 규칙은 일반적인 어떤 것

262

이라거나 규칙이 되려면 일반성이 요구된다고 말한다면, 나는 그저 바보짓을 하는 것이다. 왜냐하면, 여러분은 이 설명에서 규칙을 어떻게 사용해야 하는지를 더 잘 알게 되었는가? 이 설명은 아주 쓸모가 없다. 그것은 여러분에게 아무것도 말해 주지 않는다.

진술, 물음, 명령 등으로 나누는 원초적 분류는 인간의 발화에 관한 어떤 명백한 사실들 때문에 유용한데, 이는 가계도에서 예시된 분류가 혈연관계의 상대적인 단순성 때문에 유용한 것과 꼭 마찬가지이다. 그러나 만일 사람들이 온갖 종류의 상이한 방식으로 태어난다면, 계보학적 분류는 더 이상 유용하지 않을 것이다. 그것의 유용성은 자연사의 어떤 사실들에 의존하며, 발화들의 분류도 마찬가지이다.

규칙은 여러분이 걷도록 훈육받은, 그리고 정원의 편리한 통로와 같은 것으로 가장 잘 기술된다. 여러분은 훈육의 과정을 거쳐 산수를 배웠고, 이것은 여러분이 걷는 통로 중 하나가 된다. 여러분은 그렇게 하도록 강요받지 않으며, 여러분은 그저 그것을 한다.

강의 XIV

2+2=4는 2에 **관한** 또 4에 **관한** 명제인가? 이 명제를 "이 방에는 잭과 존을 제외하면 어떤 다른 사람도 없다"와 비교해 보라. 이 명제는 무엇에 관한 것인가? 사람들은 대부분 잭과 존과 그 방에 관한 것이라고 말할 것이다. 그리고 "잭과 존 두 사람을 제외하면 어떤 금발인 사람도 없다"와 같은 명제에 대해서, 사람들은 대부분 그것은 금발임, 둘, 그리고 부정에 관한 것이라고 말할지도 모른다. 이것을 $\sim\sim p = p$ 와 비교하라. 사람들은 대개 후자는 부정에 관한 것이라고 말할 테지만, 잭과 존에 관한 명제가 **관함**being about에 대한 범례라는 뜻에서라면, 우리는 $\sim\sim p = p$ 가 부정에 관한 것이라고는 말하지 않을 것이다. 이와 유사하게, 만일 "여기에 두 사람이 있다"가 2에 관한 것으로 간

주된다면, 2+2=4가 2에 관한 것이라고 말하는 것은 오도적이다. 왜냐하면 "2+2=4"는 다른 뜻에서 2에 "관한" 것이기 때문이다. 우리는 $\sim\sim p = p$가 부정에 관한 규칙이라고 말했고, 또한 2+2=4를 규칙이라고 불렀다. 내가 두 개의 사과를 가지고 있고, 존슨이 나에게 두 개를 더 주었고, 내가 네 개의 사과를 먹었다는 진술은 이 규칙에 부합한다. 그것은 뜻을 지니고 있다. 반면에 규칙 $4-5 \neq 1$이라는 관점에서는 "나는 사과 네 개를 가지고 있었고, 다섯 개를 주어 버렸고 하나가 남았다"는 뜻을 지니지 않는다.

만일 내가 한 수학자에게 2+2=4는 기호들의 사용을 위한 규칙이라고 말했다면, 그는 불편함을 느낄 것이다. 2+2=4는 규칙이 아니며 놀이에서 기물들이 배치된 상태position라고들 한다. 우리는 2+2=4를 2=4−2로 그리고 0=4−(2+2)로 변형하는 놀이를 가질 수 있으며, 이들 변형은 체스판 위에서 기물들을 움직이는 것과 비교할 수 있다. 이제 체스판과 기물들을 사용하는 것 대신에 어떤 규칙에 따라 변형하는 등식들로 이루어진 놀이를 발명하면 왜 안 될까? 이 놀이의 규칙들은 대수학의 결합 법칙, 분배 법칙, 그리고 교환 법칙일 수도 있다. 등식이 주어질 때, 본보기 문제는 가능한 한 적은 단계들로 그것을 다른 형식으로 변형하는 것이 될 것이다.

곱셈 규칙이 주어질 때 25×24=600은 우리에게 진리를 말해 준다고, 그리하여 우리는 그것이 놀이의 일부라고 말할 수 없다고 거론되어 왔다. [[물론]] 25×24=600은 어떤 진리도 주지 않는 체스와 같지 않다. 그러나 왜 그것이 놀이이면 안 되는가? 우리는 중국인이 불꽃놀이 할 때가 아니면 결코 화약을 사용하지 않았던 것과 같이, 결코 곱셈을 사용하지는 않지만 거대한 숫자들의 곱하기 놀이를 하는 종족을 상상할 수도 있을 것이다. 그들은 실제로 곱셈을 하지 않는가? 그들이 하는 것은 진정한 곱셈이 아니라고, 왜냐하면 그들은 진리를 얻기 위한 올바른 정신으로 곱셈을 하지 않기 때문이라고 말할지도 모른다. 그러나 25×24=600이 진리라면, 그들이 놀이를 하고 있기 때문에 그것은 어떻게든 덜 진리가 되는가?

2+2=4가 기호들을 다루기 위한 규칙이라고들 말한다. 그러나 어떤 것이 문법의 규칙이라고 말하는 것은 그것이 항상 그렇게 사용된다는 것을 말하지 않는다. 등식과 등식을 사용하는 **명제들**의 관계는 규칙과 규칙의 적용들의 관계와 같다. 만일 여러분이 진술인 것처럼 보이는 것의 사용을 바라본다면 여러분은 그것이 진술이 아니라는 것을 발견할 수도 있다. 두 개의 진술, 그것 중 하나는 마음의 상태에 관한 것으로 보이고 다른 하나는 물리적 대상에 관한 것으로 보이는 진술은 그 사용에 의해 전적으로 동일한 것으로 보일 수도 있는데, 예컨대 심리학적 진술 "나는 지구가 움직인다고 믿는다"와 천문학적 진술 "지구는 움직인다"가 그러하다. 우리는 모든 진술이 "나는 믿는다"로 시작하는 언어를 상상할 수도 있다. 독일계 스위스인이 사실의 진술을 "나는 믿는다Ich glaube"로 시작하는 것과 같이 말이다. 어떤 종류의 진술인지를 발견하기 위해서 우리는 그것을 어떻게 가르치고 배우는지, 그리고 그것이 일상생활에서 어떻게 사용되는지를 검사해야만 한다.

우리가 "2+2=4"를 약정의 표현이라고 불렀다고 하자. 이것은 오도적인데, 설령 그 등식이 원래 약정의 결과일 수 있을지라도 그러하다. 그러한 상황은 사회계약설에서 가정되는 상황과 비교할 수 있다. 우리는 어떤 실제 계약도 없었다는 것을 알지만, 마치 그러한 계약이 이루어진 것처럼 보인다. 2+2=4도 이와 유사하게 마치 어떤 한 약정이 이루어진 듯하다. 그리고 우리는, 전혀 배운 적이 없으면서도 앞에서 언급된 문자와 화살표의 도표에 따라 행동하는 종족을 상상할 수 있다. 그 도표와 마찬가지로 2+2=4는 도구이다. 우리가 2+2=4를 배우는 방식 때문에 그것의 발화로서의 모든 특성은 없어진다. 그것은 특정 개인과 상관없는impersonal 것이 된다.

이제 러셀의 수에 대한 정의로 돌아가자. 수는 한 집합의 원소들이 한 원형과 일대일 대응될 수 있을 때 그 집합의 속성이라고, 또 한 집합이 지니는 일대일 대응됨의 속성이라고 한다. 후자는 정의로서 쓸모없지 않은데, 왜냐하면 그 정의는 어떤 대상들의 집합이 범례와 동일한 수를 지니는지를 알아내는 방법을 우리에게 제공하기 때문이다. 우리는 대상들을 연결하는 끈으로 범례와 대응시킬 수도 있을 것이다. 그렇게 되면 우리는 "나는 세 개의 사과를 가지고 있다"가 무엇을 의미하는지 안다. 그런데 러셀은 세 개의 사과가 범례와 대응될 수 있다면 세 개를 갖는다고 말하지 않았으며, 만일 그것들이 대응된다면 세 개를 갖는다고 말했다. 왜냐하면 그는 비슷한 집합들은 항상 대응된다는 생각을 가지고 있었기 때문이다.

×××가 범례에 대응될 수 있을 때 그것들은 대응**된다**고 말하는 경향이 있다. 대응됨의 가능성은 모둠들을 연결하는 얇은 실과 같고, 실제 대응은 두꺼운 실과 같다는 것이 그 생각이다. 가능성은 실재의 그림자이다. 그것은 기하학적인 직선과 같아서 에테르 같은 것이고 그리하여 감각될 수 없다. 러셀의 대응은 이런 종류의 것이다. 그것은 논리적인, 또는 가능한 대응이다. 그리고 비록 어떤 물리적인 대응이 사실상 존재하지 않을지라도 일대일 대응이 만들어질 수 있다고 말할 때, 러셀은 그럼에도 불구하고 그 두 모둠은 마치 기하학적 선들이 그것들을 연결하는 것처럼 대응된다고 말한다. 그러나 기하학적인 선은 실제 그려지는 선의 가능성일 뿐이다.

두 개의 상이한 유클리드 공리의 표현들, "한 직선이 그리고 오직 하나의 직선이 두 점 사이에 그려질 수 있다"와 "하나의 그리고 오직 하나의 직선이 두 점을 연결한다"는 수에 대한 두 가지 설명과 마찬가지로 동일한 물음을 제기한다. 어떤 두 점도 사실상 하나의 선으로 연결되지 않는다는 반대와, 그 두 점은 하나의 기하학적 선, 즉 그려지는 선과 달리 폭이 없는 선으로 연결된다는 답변을 검토해 보자. 이것은 두텁고 두껍게 만들어질 수 있는 어떤 것이 거기에 있는 것처럼 들린다. 우리는 기하학과 실재 사이의 관계를 바라보아야만 한다. 만일 기하학적 선이 두 점 사이에 그려진다고 우리가 말한다면, 이는 물리적 선이 두 점을 연결한다고 말하는 것이 뜻을 지닌다는 것을 의미하며, 하나의 그리고 오직 하나의 직선이 그려질 수 있다는 것은 두 선이 두 점을 연결한다고 말하는 것이 뜻이 없다는 것을 의미한다. 뜻을 지니는 것에 관한 규칙은 유클리드의 공리와 동등하다. 기하학적 공리와 조야하게 그려진 선 사이의 관계는 규칙과 규칙의 적용 사이의 관계다.

이제 러셀의 에테르 같은 대응으로 돌아가자. 두 집합이 대응된다고 말하는 것은 그것들이 대응된다고 말하는 것이 뜻을 지닌다는 것을 의미한다. 집합들 abc와 def는 러셀에 따르면 논리적으로 대응된다. ("논리적"이라는 낱말은 "기하학적"이라는 낱말과 같다.) a와 b의 대응은 공식 $x=a.y=b$에서 표현되고, abc와 def의 대응은 $x=a.y=d$. $\vee.x=b.y=e.\vee.x=c.y=f$[44]에서 표현된다. 그러나 우리는 그것들이 대응되는지를 어떻게 아는가? 대응을 만들지 **않는다면**, 즉 그것을 적는 것에 의해서가 **아니라면**, 우리는 이를 알 수 없고, 따라서 그것들이 동일한 수를 갖는지를 알 수 없다. 대응을 만들지 않고서, 그 집합들이 동일한 수를 갖는다고 말하는 것은 피넬라 유령[45]이 그것들이 대응된다는 것을 발견했다고 말하는 것과 같다.

---

44 $(x=a\,\&\,y=d)\vee(x=b\,\&\,y=e)\vee(x=c\,\&\,y=f)$로 표기할 수 있다.

45 "피넬라 유령"은 어떤 특정 지역의 설화나 실화에 나오는 유령일 가능성도 있겠지만 여기에서는 이 점은 중요하지 않다. 우리말로는 "도깨비" 정도의 의미를 지닌다고 보면 될 것이다.

이 관계에 의한 대응은 아무것도 제공하지 않는다. 우리는 상등성 기호에 속고 있다. 러셀의 대응 공식에서 이 기호는 무엇을 의미하는가? 나는 어느 사물이 이 의자와 동일한지를 보는 것을 시도할 수 있는가? 명제처럼 들리는 형식이 적혔다. 만일 $x=a.y=b$에서 a가 x에 그리고 b가 y에 대입되면, 그 결과는 $a=a.b=b$이다. 이제 $a=a.b=b$가 **참**이라고 말하는 것은 무엇을 의미하는가? 우리는 이에 대한 어떤 사용도 지니고 있지 않다. 그러한 대입을 함으로써 우리는 한 집합의 수에 관해서 어떤 것도 보여주지 않았다. 그것은 속임수다. 이들 상등성을 쓰는 것이 대응을 만든다는 것을 **제외**하면 말이다. 우리가 **얻은** 것은 한 계산의 결과이다.

게다가 러셀의 뜻에서 사용될 때 상등성 기호는 제거될 수 있으며, 이 경우에 이들 상등성은 적힐 수 없다.[46]

호두들의 한 집합과 의자들의 한 집합 사이의 수적 상등성과, 2+2의 합과 4차 방정식의 근들의 수 사이의 수적 상등성의 차이에, 즉 수학 외부의 수적 상등성과 수학 내부의 수적 상등성의 차이에 주목하라. 전자에는 수의 **측정**이 대응하고 후자에는 수의 **계산**이 대응한다. 러셀의 대응의 경우에 우리는 계산을 지니며, 측정을 지니지 않는다.

다음 두 집합이 동일한 수를 지니는지를 결정하는 실험은 존재하는가?

조망될 수 없는 집합의 경우에는 실험은 있을 수도 있고 그렇지 않을

---

46 비트겐슈타인에 따르면 "동일성 기호는 개념 표기법의 본질적 구성 요소가 아니다." (《논고》, 5.533) 그리하여 "a = a"와 같은 "사이비 명제들은 올바른 개념 표기법에서는 아예 적힐 수 조차 없다."(《논고》, 5.534)

수도 있다. 그러나 만일 *abc*와 *def*가 상이한 수를 지닐 수 있느냐 하고 질문받는다면 그 대답은 "아니다"인데, 왜냐하면 이것들은 조망될 수 있기 때문이다. $abcd\cdots w$와 $\alpha\beta\gamma\delta\ldots\omega$의 수가 동일한지 여부를 보기 위해서 그것들을 대응시키는 것을 여러분은 실험이라고 부르는가? 여러분은 4와 16 사이의 수들의 수가 25와 38 사이의 수들의 수와 동일한지 여부를 실험으로 결정한다고 말하는가? 아니다. 이것은 선분 또는 이와 유사한 것을 사용하는 계산에 의해 결정된다.

선분을 사용하는 것은 실험이고 뺄셈은 계산이라고 생각하는 것은 해로운 선입견이다. 이것은 도해들을 사용하는 유클리드의 증명은 부정확하지만 낱말들을 사용하는 것은 부정확하지 않다고 가정하는 것과 유사하다.

강의 XV

러셀의 뜻에서의 대응과 일상적인 뜻에서의 대응 간에는 거대한 차이가 존재한다: (1) 집합들이 **동일성**에 의해 대응된다는 것, (2) 컵들과 받침 접시들이 하나를 다른 하나 위에 놓음으로써 대응된다는 것. 왜냐하면 후자의 경우에는, 컵과 받침 접시들이 이 방식으로 일대일 대응되지 않는다고 말하는 것은 그것들이 다른 방식으로 대응될 수 없다는 것을 의미하지 않기 때문이다. 그러나 우리는 러셀의 뜻에서의 대응에 관하여 동일한 것을 말할 수 있을까? 러셀의 뜻에서 대응은 만일 그것이 성립하지 않는다면, 다른 어떤 대응도 성립할 수 없다는 그러한 것이다. 이것은 일상적인 대응 관계와 비교할 때 러셀의 대응 관계의 특이한 속성이다. 나는 여기에서 자연의 현상에 주의를 환기하고 있지 않다. 오히려 문법의 문제를 환기하고 있을 뿐이다. 만일 동일성에 의한 대응이 성립하지 않는다면, 어떤 다른 것이 성립한다고 말하는 것은 뜻이 없다.

대응correspondence이라는 프레게의 관념은 세 사람과 세 개의 의자 사이에 성립할 수도 있는 "위에 앉음"과 같은 어떤 확정적인 대응을 필연적으로 함축하지는 않는다. 우리는 물리적 사실이 무엇이든지 간에—그 사람들이 의자 위에 앉아 있든지 그러지 않든지 간에—사람들과 의자들 사이의 대응이 존재한다고 말하는 경향이 있다. 만일 그것들을 대응시키는 가능성이 존재한다면, 일종의 약화된 대응이 존재한다. 이 대응, 또는 짝 짓기라는 개념은 물리적 세계가 아니라 수학에서 가져온 것이다. 물리적 대응과 수학적 대응 간의 차이는 실험과 계산 간의 차이와 유사하다.

실험과 계산 간의 차이를 설명하기 위해서 계산의 예시로 주판을 사용하는 것에 대해 생각해 보자. 주판으로 하는 계산이 숫자로 하는 계산보다 덜 정확한 것은 아니라는 점을 명심하라. 1은 주판알 하나, 2는 주판알 하나 더 등등을 표시하면서 주판과 숫자로 계산을 하기로 하자. 주판알을 움직임으로써 우리가 계산 2+3=5를 한다고 하자. 자, 이것은 사실상 계산인가 아니면 실험인가? 이는 우리가 그것을 사용하는 방식에 달려 있다. 철의 비중이 7.5일 필요가 없는 것과 마찬가지로 우리가 5개의 주판알을 얻을 **필요**가 없다는 것을 주목하라. 경험의 명제가 문법의 규칙이 되는 것은 전적으로 가능하다. 철의 다른 모든 속성을 지니는 어떤 것이 비중이 7.8이라는 것을 실험이 보여주었다고 하자. 그러한 결과에 대해 우리는 어떤 태도를 보일까? 우리는 그것은 오류라고 말할지도 모른다. 만일 그 일이 매우 자주 일어났다면 우리는 철의 비중에 다른 값을 할당할 수도 있을 것이다. 또는 실험 결과들이 무엇이든지 간에 만일 비중이 7.5가 아니라면 그런 것은 철이 아니라고 우리는 주장할지도 모른다. 이 경우에 그것은 우리 언어의 규칙이 된다. 반면에 철의 비중이 7.5라는 명제는 한때 특정한 시간과 장소에서 확인되는 경험적 명제였다. 이와 유사하게, 만일 우리가 2와 3을 셀 때마다 더하기의 결과가 4라면, 우리는 우리의 규칙을 바꾸어야만 한다고 말할 수도 있다. 또는 우리는 주판알 하나가 사라졌다고 말할 수도 있으며, 다시 말해 계산 2+3=5를 전혀 변경하지 않을 수도 있다. 비록 변경하지 않는 것이 아주 불편할 수도 있지만 말이다. 2+3은 5**여야만 한다**고 말할 때, 이는 우리가 셈하게 될 것을 옳은 것으로 결정했다는 것을 보여준다. 그 **여야만 한다**는 계산의 신호인 것이다. 5와는 다른 셈의 결과는 옳지 않다고 말하는 것은 계산과 실험 간의 차이를 보여준다. 두 줄의 사과를 세면서 수를 더하는 것으로 계산된 결과를 얻지 못할 때, 우리는 우리의 덧셈 규칙을 바꿔야만 한다고 말하거나 셈이 잘못되었다고 말할 수 있다. 우리는 거의 틀림없이 후자를 말하게 될 것이다. 또는 우리는 만일 셈이 계산된 결과보다 적다면 사과 하나가 사라졌다고 말할 수도 있을 것이다. 하나의 사과가 사라짐의 기준은 무엇인가? 한 가지 기준은 그것이 사라짐을 보는 것이다. 그러나 만일 우리가 각각 25개의 사과와 16개의 사과가 들어 있는 상자 두 개를 가지고 있다면, 그리고 조심스럽게 센 후에 사과 하나가 사라지는 것을 보지 못했는데도 40개의 사과만을 발견했다면, 우리는 하나가 사라졌음이 틀림없다고 말할 수도 있을 것이다. 이 경우에 우리는 사과 하나가 사라졌음에 대한 기준으로 25+16=41을 취하고 있다.

만일 우리가 일반 분필로 셀 때 2+3은 항상 5와 같지만 도버 분필로 셀 때는 8과 같다고 보고한다면, 우리가 실험에 관해 이야기하면서 물리적 사실을 보고하고 있다는 점은 분명하다. 그러나 우리는 둘 중 하나를 실험을 판단하기 위한 표준으로 삼을 수 있을 것이며, 또는 두 결과를 모두 받아들이고 다른 산수를 지닐 수도 있을 것이다. 사실들은 우리가 두 결과 중 하나를 받아들이도록 강제하는 게 아니라 우리가 채택할 것을 제안한다. 경험적 사실과 우리가 규칙으로 설정하는 것 사이의 연관은 (다른 사정과 같다면) 사실과 일치하는 명제가 규칙으로 채택된다는 것이다.

　우리가 산수 계산에서 오류를 범할 수 있다는 사실은 산수가 경험 과학인가 하는 물음과 관련이 있다고 가정된다. 그러나 우리는 실험적 결정과는 다른 이유에서 계산에서 오류를 범한다. "오류"는 과학과 산수에서 상이한 방식으로 사용된다.

강의 XVI

만일 두 개의 집합이 동일한 수를 지니려면 그것들의 원소들 사이에 **실제** 대응이 만들어져야만 한다는 요구는 우리를 곤란하게 한다. 출구로서, 집합들로서 한 평면에 있는 점들의 두 집합을 사용하면서, 러셀의 설명과 유사한 것을 구성하기로 하자. 만일 그 점들을 일대일로 연결하는 **기하학적** 직선들이 존재한다면 그것들은 수가 동일하다고 말하기로 하자. 이것은 그 문제를 해결하는 것으로 보이는데, 왜냐하면 그것들의 수의 문제는 이제 선들이 실제로 그려지느냐 하는 것과 별개이기 때문이다. 기하학적 선들은, 프레게는 이렇게 주장했는데, 항상 존재한다. 그렇지만 이것은 우리의 곤경으로부터 빠져나가는 외관상의 방법일 뿐이다. 왜냐하면 그 점들을 대응시키는 기하학적 선들이 존재한다는 것에 대한 기준은 무엇인가? 혹자는 "만일 연결하는 선들을 그릴 수 있다면, 그것들을 연결하는 기하학적 직선들은 존재한다"라고 대답할지도 모른다. 그러나 우리가 그것들을 실질적인 선들로 연결하는 방법을 보여줄 수 있다면, 왜 기하학적 직선들이 존재한다고 말하는가? 기하학적 직선들이 그것들을 연결한다고 말함으로써 나는 그것들이 일대일로 대응된다는 것의 기준에 대한 표현을 변경했을 뿐이다. 우리는 두 집합이 수가 동일한지를 결정하는 어떤 기준도 제시하지 않았는데, 왜냐하면 우리는 "기하학적 선은 두 점을 대응시킨다"

를 "실제 선이 그것들 사이에 그려져 있다고 말하는 것은 **뜻이 있다**"로 번역할 수 있기 때문이다. 만일 진술 "A의 수=B의 수"가 "일대일 대응이 만들어진다고 말하는 것은 뜻이 있다"를 의미한다면, 수적 상등성의 주장은 문법의 명제이고, 실재에 관해서는 아무것도 말하지 않는다. 만일 단위들이 기하학적으로 대응된다면, 10×10= 2×50이라고 말하는 것은 문법의 명제를 주장하는 것이다. 그것은 세계에 관한 것이 아니다.

기하학적 직선들이 그 점들을 연결한다고 말하는 것의 매력은 우리가 대응이 존재한다고 말하는 것처럼 보인다는 것이다. 그러나 기하학적 선들에 관한 그 진술은 실재에 관해 아무것도 말하지 않는다. 그 진술은 대응이 존재한다는 것이 아니라, 대응이 존재한다고 말하는 것이 **뜻이 있다**는 것을 의미한다. 러셀의 이론은 또한, 기하학적 직선들에 의한 대응에 대한 이 유사한 설명과 마찬가지로, 대응이 이미 존재하는 것으로, 실험적으로 결정되기 이전에 존재하는 것으로 보이게 만든다. 집합들의 수적 상등성에 대한 물음이 실험적으로 확립되기 전에, 이 물음을 "그것들은 대응되는가?"라는 질문으로 환원한 것처럼 보이게 만든다.

"대응될 수 있다"에서 낱말 "할 수 있다"의 사용에 대해 다시 살펴보기로 하자. 두 점 사이에 선을 그림으로써 그 두 점이 대응될 수 있다고 말한다고 하자. 우리가 이것을 할 수 있는지는 어떤 조건들에 달려 있다. 우리가 죽지 않는다는 것, 표면이 사라지지 않는다는 것 등 말이다. 어떤 조건은 우리의 흥미를 끌고 다른 것은 그렇지 않다. (모든 영국인의 코가 모든 독일인의 코에 연결될 수 있다고 하자. 만일 독일인이 거절한다면 어떻게 되는가? 이것은 우리에게는 흥미가 없는 가능성이다.) 그렇다면 어느 것이 흥미로운 조건인가? 우리가 살아 있을 것이며 또 누구도 우리를 방해하지 않는다고 가정하면, 우리가 그 선들을 그리게 할 수 있게 할 어떤 조건들이 남는가? 어떤 물리적인 조건도 흥미 없을 것처럼 보인다. 왜냐하면 물리적 조건들이 무엇이든지 간에, 두 점 사이에 하나의 선을 그리는 것이 가능하다고 우리는 말하기 때문이다. "가능한"이라는 말로 우리는 **논리적으로 가능한**을 의미한다. 가능성의 현상은 어디에서 찾아야 할까? 오직 우리가 사용하는 기호법에서. 논리적 가능성의 본질은 언어에서 설정되는 것이다. 설정되는 것은 사실들에 의존하지만, 그 사실들에 의해서 참 또는 거짓이 되는 것은 아니다. 기호법을 정당화하는 것은 그것의 유용성이다.

논리적 가능성에 관해 이야기하는 것은 우리의 표현들의 규칙에 관해 이야기하는 것이다. 점들의 집합 두 개를 여러 번 반복해서 셀 때 우리가 상이한 수를 얻는다고 하고, 그리고 나서 우리가 그것들을 끈으로 일대일 대응시킨다고 하자. 우리의 가정이 불가능하다고 말하는 것은 그것들이 상이한 수를 지니면서 동시에 일대일 대응된다고 우리가 말하지 않는다는 것이 규칙이라는 것을 보여준다. 우리는 어떻게 해서든지, 만일 그 두 개의 절차가 부합하지 않는다면 오류가 존재한다고 주장한다. 만일 선으로 그 점들을 연결하는 것이 실험이라면, 한 방법으로 실패한 것은 다른 방법으로 성공할 수도 있을 것이다. 이 경우에 우리는 점들을 분필 선으로 연결할 수 있고 끈으로는 그럴 수 없다는 것이 거의 **가능성이 없다고** 말할지도 모른다. 그러나 만일 우리가 이것이 **불가능**하다고 말한다면, 실험하는 것에 관해 이야기하는 것은 어떤 뜻도 없다. 일대일 대응의 가능성은 기호법과 관련이 있다. 내가

∴ 와 ✳ 을 세고서 "그래, 그것들은 대응될 수 있어"라고 말할

때, 나는 한 결론에 도달했는가? 아니다. 나는 두 도형의 점들을 일대일로 연결한다는 것이 의미하는 것을 말했다.

우리에게는 수의 정의가 필요하지 않다. 단지 "수"가 수학이 다루는

사물을 지칭한다고 여기는 명사이기 때문에 그 정의가 필요하다고 생각했을 뿐이다. **동일한 수를 지님**에 대한 러셀의 설명은 그 개념이 대응, 에테르 같은 관계에 의한 집합들의 대응을 함축하는 것처럼 보이게 만든다. 이 관계는 실제로 망상이며, 집합들이 그렇게 대응된다고 말하는 것은 그것들이 동일한 수를 지닌다고 말하는 것 이상으로 우리를 끌고 가지 않는다. 우리는 그것들이 동일한 수를 지니고 있는지를 발견하는 것을 제외한 다른 어떤 방법으로도 논리적 대응을 발견할 수 없다. 만일 우리가 일대일 대응의 가능성에 대한 근본적인 기준이 무엇이냐고 묻는다면, 그것은 그것들이 동일한 수를 지닌다는 것이다! 러셀의 수의 정의는 무익하다.

이스터 학기
1935

강의록
(비트겐슈타인이 작성한 강의 준비 노트를 참고해 보완함)

강의 I

확실하게도 수에 대한 러셀의 관념에는 매력적인 것이 있다. 그러나 수를 정의한다는 관념은 도대체 오해에서 유래한다. 우리에게는 "체스의 킹"의 정의가 필요하지 않듯이 "수"의 정의는 **필요**하지 않다. 정의가 할 수 있는 것은 수라는 관념을 일련의 정의할 수 없는 것들로 환원하는 것뿐이다. 그러나 이것이 수의 정의가 제시된 이유는 아니었다. 그렇게 하는 것은 중요하지 않았을 것이다. 그 정의가 제시된 이유는 "수란 **무엇인가?**"라는 집요한 물음 때문이었다. 우리는 이 물음의 난점을 다른 방식으로, 즉 낱말 "수"의 문법과 숫자의 문법을 분명하게 함으로써 제거할 수 있다. 정의를 찾지 말고, 그 문법을 명확하게 밝히라. "수"라는 낱말의 사용을 명확하게 밝힘으로써 우리는 "수란 무엇인가?"라는 물음을 묻는 것을 그만두게 된다. 게다가 우리는 예를 들어 숫자 "3"과 대조해서 수 3과 같이 만질 수 없는 것을 찾지도 않는다. **숫자 "3"**과 **수 3**이 동일한 것이 아니라고 언급하는 것은 단지 그 고딕체 표현들이 상이한 사용을 지닌다는 것을 의미한다. 그러나 만일 우리가 정의를 열망한다면, 러셀과 프레게가 제시한 정의는 어떤 매력을 지니고 있고 왜 그것이 그렇게 성공적이었는지를 이해할

276

수 있다.

우리는 러셀과 프레게의 정의에서 가장 중대한 난점은 "네 개의 의자가 어떤 범례 집합과 일대일로 대응**된다면** 우리는 네 개의 의자를 가지고 있다고 말해야 하는가? 아니면 일대일로 대응**될 수 있다면** 그렇다고 말해야 하는가?"라고 물을 때 드러난다는 것을 보았다. 어떤 모둠이 다른 어떤 모둠과 실질적으로 대응되어야 하는 이유는 없다. 그러나 만일 실질적으로 대응되지 않는다면, 러셀과 프레게는 어떤 에테르 같은 방식으로 그것들이 대응된다고 말하려 했다. 만일 그 대응이 그려진 선이라면, 우리는 그 대응 이전에 그 가능성이 존재했다고 느낀다. 아주 얇은 선을 두꺼운 선으로 따라가며 그릴 때와 같이, 또는 시를 기억하느냐고 질문받았을 때 그 시를 재빨리 중얼거리는 것—그렇게 되면 그 시를 암송함으로써 두꺼운 선으로 따라가게 되는 것인데—과 같이 말이다. 대응의 가능성은 모종의 대응인 것처럼 보인다. 종종 어떤 것을 하는 것이 가능하다는 것은 어떤 유사한 것을 하는 것과 같다.

우리는 물리적인 가능성과 불가능성을 우리가 관심이 있는 가능성과 불가능성으로부터 구분해야만 한다. 두 모둠 ‾ ‾ 와 $\overset{\circ\,\circ}{\circ}$ 의 원소들을 잇는 선을 그리다가 [[몸이]] 마비되어 그 두 모둠을 대응시키는 것이 불가능하다는 것은 ‾‾ 와 ○○ 을 대응시키는 것이 불가능하다는 것과는 아주 다른데, 여기서는 연결하는 선을 그릴 때 원소가 하나 남는다. 후자는 물리적 불가능성과는 아무런 관련이 없다. 무엇 때문에 우리는 이 두 가지를 둘 다 불가능성이라고 부르는가? 이 둘은 한 경우에는 한 사람이 성공하지 못한 것을 다른 사람은 할 수도 있다는 점에서 다르다. 여기서 여러분은 이렇게 말할 수도 있다: "내가 손에 경련이 나니 당신이 해보시오." 다른 경우에는 [[이렇게]] 말한다. "시도하지 마시오. 그것은 가망 없는 일이오." 어떤 뜻에서 그것은 가망 없는가?

우리에게 가위표들이 **많은** 모둠이 있고 그것을 한 범례와 대응시키기 시작했는데, [[가위표들이 너무 많아서]] 둘 중 어느 것도 조망할 수 없다고 하자. 만일 가위표가 하나 남아 있으면 우리는 말한다: "그러므로 그것들은 대응될 수 없다." 우리는 무엇을, 그것들을 일대일로 대응시키려고 시도함이라고 부르는가? 아마도 견본과 모둠 사이에 있는 선들을 반복해서 따라가는 것. 또는 혹자는 다음 ✕—◯ 과 같이 대응하는 것을 시도하고 성공했다고 주장할지도 모른다. 우리는 그가 그 놀이를 하고 있지 않다고 반대할 것이며, 우리가 의미하는 바는 한 사람이 성공하거나 시도할 수 있다고 말하는 것, 또는 그 ✕ 들과 ◯ 들이 연결된다거나 연결되지 않는다고 말하는 것은 뜻이 없다는 것이다.

"시도하는 것은 가망이 없다"라고 말할 수 있어야 한다는 것은 기묘하다. 이는 예언처럼 들리는데, 1을 3으로 나눌 때 4를 얻으려고 시도하는 사람은 누구든 실패하리라고 예측하는 것과 마찬가지로 말이다. 그러나 만일 **예언**이라면, 그것은 틀릴 수 있다. 그리고 대응에서 ✕ 가 하나 남을 때, 그것이 불가능하다는 것이 **결정**되지 **않았다면**, 그것은 예언이다. 그것들을 일대일로 대응시키는 것의 불가능성은, 또는 그 나눗셈에서 4를 얻는 것의 불가능성은, 다른 종류의 불가능성—물리적인 불가능성이나 기억에서의 불가능성—과 유사해 보인다. 나는 이 외견상의 유사함을 논파하고자 한다. 내가 헤비급 권투 선수와 싸워서 이기는 것은 가망 없다는 예언과, 내가 ✕✕✕ 와 ◯◯ 을 대응시키려고 시도할 때 일어날 일에 대한 예언처럼 보이는 것을 비교하라. 내가 실패하리라는 것을 여러분은 어떻게 아는가? 첫 번째 경우에는 그 권투 선수가 나보다 몸집이 더 크기 때문이다. 그렇지만 여기에서 나는 실제 싸움뿐만 아니라, 이겼던 (또는 이기지 않았던) 가상의 싸움 기술記述

이나 채색 그림을 제시할 수도 있다. 그러나 ✗✗ 와 ○○ 을 일대일로 대응시키거나 1 나누기 3의 결과에서 4를 얻으려고 시도할 때 우리가 할 수 없는 것을 기술할 수 있는가? 기술될 수 있는 것은 어떤 것이든 일어날 수 있다. 만일 우리가 ✗✗ 와 ○○ 을 대응시키는 것을 기술한다면 우리는 그것들을 대응시킬 수 있다. 원하는 방식으로 연결하는 것을 막는 것은 아무것도 없지만, 우리는 행해져야 하는 것을 고정해야만 한다. ✗✗ 이 ○ 에 결코 대응될 수 없다고 말하는 대신에 우리는 "이 두 모둠의 어떤 대응도 일대일 대응이라고 불리지 않을 것이다"라고 말해야 한다. 그것은 우리가 부여하는 규칙이다.

한 사람이 엄지손가락을 잡으려고 시도하는 것은 ✗✗ 와 ○ 을 대응시키려고 시도하는 것과 유사하다. 자신의 엄지손가락을 잡기를 원하는 사람의 목표와 엄지를 잡는다면 그가 만족하지 않으리라는 사실 사이에는 충돌이 있다. 그의 손이 움직일 때 엄지 대용으로 복제물을 집어넣어 그를 속일 수 있지만, 속임수를 알아차리면 그는 이것은 자신이 잡으려 했던 것이 아니라고 말할 것이다. 그는 어떤 놀이 기술skill 로 ✗✗ 와 ○ 을 대응시킨다면 만족하지 않을 사람과 같다.[47]

"열린 문을 통하지 않고서는 이 방에서 옆방으로 가는 것은 불가능하다"와 "자기 자신의 엄지손가락을 잡는 것은 불가능하다"를 비교해 보자. 첫 번째 경우에 여러분은 시작과 끝, 그리고 성립하지 않으면

---

[47] 여기에서 비트겐슈타인은 "자기 자신의 엄지손가락 잡기to catch one's own thumb"를 논리적으로 불가능한 행동의 한 예로 제시하고 있다. (아마도) 엄지손가락을 잡으려고 시도하는 것은 엄지를 위로 세운 상태에서 엄지손가락을 제외한 나머지 손가락으로 엄지손가락을 잡으려고 하는 것이다. 참고: Wittgenstein(1980), *Wittgenstein's Lectures, Cambridge, 1930-1932*, Edited by Desmond Lee, The University of Chicago Press, p. 94.

옆방으로 도달할 수 없는 조건을 기술할 수 있다. 두 번째 경우에는, 여러분은 불가능한 것이 무엇인지를, 시도할 때 성공하지 못하게 될 것이 무엇인지를 말하지 않았다. 왜냐하면 자신의 엄지손가락을 잡는다는 것을 기술할 수 없기 때문이다. 여러분이 어떤 사람에게 그가 어떤 것을 할 수 없다고 말할 때, 만일 그가 여러분은 **무엇을** 그가 할 수 없는지를 말하지 않았다고 생각한다면 혼란이 생긴다. "네 개의 가위표와 세 개의 공표를 일대일로 대응시키기"는 그가 달성할 수 없는 것이 무엇인지를 기술하지 않는다.

러셀이 말하는, 집합들 사이의 대응을 만들었던 동일성 관계로 돌아가자. 두 개의 사물 A와 C가 일대일로 대응된다는 것은 $x=A.y=C$ 라는 함수에서 x에 A를 대입하고 y에 C를 대입하는 것에 의해 드러난다. "A=A.C=C"는 A와 C 사이의 관계를 주장하는 것으로 가정되고, 우리는 두 모둠이 같은 수를 지니는지를 그 두 모둠의 원소들 사이에 이 동일성 관계가 성립하는지를 봄으로써 알아낼 수 있어야 한다. 두 개의 방에 있는 사람들이 라틴 알파벳과 그리스 알파벳의 문자들로 각각 명명된다고 가정하자. 그 두 방에 있는 사람들의 수가 동일하다는 것을 우리는 계산으로 알 수 있는 것처럼 보인다: A는 α에 대응하고, B는 β에 대응하고 등등 말이다. 이제 논리식 $x=A.y=α.\lor.x=B.y=β.\lor\cdots$ 등을 쓸 때, 우리는 단지 [[두 방에 있는 사람들의]] 이름들을 대응시켰을 뿐이다. 우리가 실제로 한 것은 그리스 알파벳들과 라틴 알파벳들이 문자의 수가 같다는 것을 알아낸 것이다! 어떤 다른 결과가 있는가? 우리는 그 이름들을 통해 사람들을 대응시켰다고 말할 수도 있는데, 만일 각각의 사람에게 그리스어나 라틴 문자가 부착된다면 우리는 그렇게 했다고 말할 수 있을 것이다. 그러나 만일 한 문자가 여러 사람에게 주어졌다면, 만일 A가 x에게 주어지고 B가 xxx에게 주어졌다면, 러셀의 논리식은 두 모둠의 사람들이 수가 같다는 것을 보여주지 않게 될 것이다. 우리는 이름들을 대응시킴으로써 몇 개의 존재자entities가 있는지를 안다고 말할 수도 있지만, 만일 그 존재자들이 무엇인지를 알지 못한다면 무슨 소용이 있는가? 만일 도식 $x = . y = . \lor$ $x = . y = . \lor \cdots$ 속에 내가 이름들을 쓴다면, 나는 동일한 수의 이름들을 x들과, 또 마찬가지로 y들과 대응시킨 것이 될 것이다. 만일 내가 **그 다음에** 사물들을 그 이름들과 대응시킨다면 나는 그 사물들이 두 모둠의 이름들과 같은 수를 지닌다고 말할 수 있다. 그러나 이는 순전히 실질적인material 대응이다.

강의 II

"여기에 있는 모든 것 각각에 대해 저기에 하나가 있다." 이 말은 그 두 모둠의 어떤 실제 관계에 대해 아무것도 말하지 않으며 그것들 사이의 어떤 실제 대응과도 독립적인 것처럼 보인다. 그것은 한 항목을 다른 한 항목과 비교해 점검하는 것으로 이해된다. 러셀의 정의가 유용하다면, 그것은 두 집합이 동일한 수를 갖는지를 발견하는 방법에 관하여 어떤 힌트를 줄 것이다. 우리는 사물들의 **이름**을 다룰 때 "이 것에 대해서는 이것이 있다"라는 말을 사용하며, 그 사물들 사이의 실제 관계는 만들지 않는다. "ABC"와 "DEF"에 의해 지칭된 사물들은 만일 그것들이 짝을 이루면 같은 수를 지닌다고 말하지만, 그러나 모든 짝은 그 짝 짓기가 이루어지든 그렇지 않은 간에 존재한다고 간주된다. 기호법에 관해 이야기할 때 실제actual 대응이 아닌 대응에 관해 이야기하려는 유혹이 있다. 두 집합이 동일한 수를 지니는지를 알기 위해, 그것들을 일대일로 대응시키라. 실제 대응은 그것들이 동일한 수를 지니는지를 알아내는 간접적인 방식을 우리에게 주지 않으며, 오히려 집합들이 동일한 수를 지닌다는 말로 우리가 의미하는 것을 우리에게 말해 준다.

두 집합이 동일한 수를 지니는지를 결정하는 것은 실험이거나 계산일 수 있다. 수가 같거나 다른지를 즉시 우리가 볼 수 있는 경우들과 수가 너무 커서 볼 수 없는 경우들을 비교해 보자. O $\overset{\times}{\times}$ 의 경우에는, 공표와 가위표가 수가 같은지를 결정하는 것은 실험이 아니다. 그것은 5′이 4′9″보다 더 큰지를 알아내는 것과 같은 계산이다. 시각적인 기준이 이용될 수 없는 더 큰 수에 대해서는, 그것은 실험이 될 것이다. 1000과 1001 사이의 수의 차이를 보는 것과 같은 것은 없을 것이다. 우리는 $\overset{\text{O}}{\text{O}}\ \overset{\times}{\underset{\times}{\times}}$ 을 두 가지 방식으로 고려할 수 있다. (1) 우리는 여기에 있는 공표와 가위표 모두를 조망할 수 있고—그 열을 전체로, 하나의 그림으로 바라보고—, 가위표 하나가 따로 남아 있는 한, 그 두 모둠이 수가 다르다는 것을 본다. (2) 어떤 원소가 남는지를 보기 위해 대응시킨 후에 우리는 그것들을 조망할 수 있다. 가령 각각의 공표와 가위표 들의 열을 연속적으로 덮어 나가고, 실험의 마지막 단계로, 가위표 하나가 남아 있는 열을 최종적으로 알아냄으로써 말이다. 그 실험은 가위표 하나가 남는다는 것을 보여준다. 두 집합이 전체로서 보이고 (가위표 하나가 사라져 버렸을 어떤 가능성도 없을 때) 가위표 하나가 따로 있는 것을 볼 때만, 그것은 증명이 될 것이다.

강의 Ⅲ

"x=나. y=그"에 **나**와 **그**를 대입해서 대응시킨 러셀의 관계 "나는 나다"와 "그는 그다"는 일상적으로는 "이것에 대해서 이것이 있다"로 표현된다. 이것에 대해서 이것이 있다고 말하는 것은 그것들이 어떤 관계에 있다고 말하는 것과 아주 흡사하게 들린다. "이 사람은 이 남자의 부인이고 이 사람은 저 남자의 부인이다"와 같은 관계 말이다. "이것에 대해서 이것이 있다"는 실제로는 그 항들이나 관계에 대해서 아무엇도 말하지 않는다. 그것은 사물들에 관한 명제의 형식을 지니고 있으며, 동시에 명제가 아니다.* 마찬가지로 만일 원소들이 쌍으로 놓인다면 두 집합이 같은 수의 원소들을 지니고 있다고 말하는 것은 아무것도 말하지 않지만, 그 말은 (그들이 함께 걷고 있다는 것을 의미하는) "이 사람들은 쌍으로 놓인다"와 같은 실제 진술처럼 들린다. 사물들에 관한 명제의 형식을 가지고 있지만 그런데도 명제가 아니라는 것은 혼동을 일으킨다.

같은 수의 원소를 지니는 집합들에 관해 이야기할 때 우리가 항상 동일한 현상에 관해 이야기하는 것이 아니라는 점을 기억하는 것은 중요하다. 두 개의 석탄 통에 같은 수의 석탄 조각이 있다고 말하는 것과 두 개의 열 ⚹⚹ 에 같은 수의 원소가 있다고 말하는 것을 비교하라. 여러분은 우리가 두 석탄 통에 같은 수의 석탄 조각이 있는지를 그것들을 세서 확인할 수 있다고 말할지도 모른다. 그러나 나는 **지금** 석탄 조각들이 몇 개 있는지를 알고 싶다고 하면서 다음과 같이 이의를 제기할 수도 있다. 즉 석탄 조각을 하나씩 던지면서 석탄 통을 비우는 것은 셈을 한 후의 석탄 조각들의 개수가, 내가 질문했을 때 그 통에 있었던 것의 개수와 같을 것이라고 말해 주지 않는다고 말이다. 세는 동안에 어떤 석탄 조각이 사라지지 않으리라는 것을, 또는 다른 석탄 조각들이 부수어지지 않으리라는 것을 우리는 어떻게 아는가? 이와 유사하게, 어떤 사람이 두 개의 나무 막대가 길이가 같은지 질문했고, 내가 그 막대들을 한 데 놓고 "그렇다"라고 말한다고 하자. 그는 그가 나에게 질문했을 때 그 막대들이 길이가 같은지를 알고 싶었다고 말하면서, 그때와 지금 그 막대들이 길이가 달라질 어떤 일도 일어

---

* #이 문장은, 몸짓과 함께, 집합들의 원소들을 짝 짓기 위해 사용되고 있다. 그리고 이것은 그것들이 같은 수를 지니는지를 알아내는 방법이다.# (비트겐슈타인의 강의 준비 노트에서. 이하, 비트겐슈타인의 노트에서 보완하는 내용은 #로 표시하겠다.)

나지 않았다는 것을 내가 아느냐고 묻는다고 하자. [[이에 대한]] 대답
은 만일 그것을 알아내는 방법이 모두 거부된다면 그때와 지금 막대
의 길이가 같다고 말하는 것은 아무것도 의미하지 않는다는 것이다.
우리는 그에게 그 막대들이 길이가 같다는 것에 대한 그의 기준이 무
엇이냐고 질문해야 할 것이다. 많은 기준이 존재할 수 있다. 길이가
같다고 말하는 것은 길이를 알아내는 방법에 대해 뭔가를 말하는 것
이다. 수적 상등성도 이와 마찬가지이다. 항들의 수에 관한 진술은 그
수가 무엇인지를 알아내는 것에 대한 기준에 따라 상이한 것을 의미
한다.

  앞에서 설명한 것, 즉 일대일 대응을 수들의 상등성에 대한 기준으
로 택한다고 하자. [[그렇게 되면]] 수들이 같다고 말하는 것은 상이한
많은 문법을 지니는 무언가를 말하는 것이다. 두 개의 석탄 통에 있는
석탄 조각들의 일대일 대응과 $\begin{smallmatrix} \times & \cdot & \circ \\ \times & & \circ \\ \times & & \circ \end{smallmatrix}$ 에 있는 가위표들과 공표들의 일
대일 대응이 얼마나 상이한지를 주목하라. 후자의 경우에 우리는 시각
적 기준을 지니고 있고, 그것들이 대응된다는 것을 본다. 시각적인 범
례가 존재하는 경우 우리는 두 집합이 수가 같은지를 결정하는 방법
을 가지고 있다. 거대한 범례는 조망될 수 없고, 그리하여 이 방법은
어떤 수를 넘어서면 실패한다. 일대일 대응의 현상은 경우에 따라 전
적으로 상이하다. 두 개의 석탄 통에 있는 석탄 조각들의 경우에는 우
리는 시각적 기준을 지니고 있지 않다. 그럼에도 우리는 시각적인 대
응—이 경우에 우리는 두 모둠이 같은 수를 지니는지를 묻지 않는다
—과 창밖으로 석탄 조각들을 한 쌍씩 던지는 것—여기에는 어떤 시
각적 대응도 존재하지 않는다—을 둘 다 일대일 대응이라고 부른다.
석탄 통들의 경우에, 같은 수의 석탄 조각이 있다는 것을 알아내기 위
해 우리는 대응을 사용한다. 그러나 $\begin{smallmatrix} \times & \cdot & \circ \\ \times & & \circ \end{smallmatrix}$ 와 같은 시각적인 범례의 경우

에는, 이는 대단히 특수한 경우인데, 우리는 짝 짓기들과 그 수를 둘 다 볼 수 있다. 여기서 대응은 그 열의 양변이 같은 수를 갖는다는 것에 대한 기준이 아니다. [[반면에]] 대응되거나 같은 수를 지니는 것을 볼 수 없는 경우가 있다. 한 쌍씩 던져지는 석탄 조각의 경우에는, 우리는 오직 한 가지를, 즉 대응을 사용할 수 있다. 일대일 대응이라는 생각은 하나의 이미지이고 이를 통해 우리는 어떤 사실을 바라보며, 몇몇 경우에 [[이 생각은]] 매우 자연스럽다. 즉 항들을 짝들로 연결하는 가능성이 존재하는 그러한 경우에는 말이다. 그것은 어떤 경우에는 아주 적절하고, 다른 경우에는 전혀 그렇지 않다. 같은 패턴에 대한 인지는 수적 상등성에 대한 또 다른 기준이다. "이 방에는 네 사람이 있다"가 그 사람들이 정사각형 모양으로 놓일 수 있다는 것을 의미한다고 우리는 말할 수 있고, 마찬가지로 다른 수들에 대해서는 다음과 같은 도식들을 제시할 수 있다.

이 도식들은 자연스럽지만 아주 제한되어 있다. 우리는 이 도식들로는 100까지 셀 수 없을 것이다. "두 집합은 같은 수를 가지고 있다"의 문법은 상황에 따라 다르다. 그리고 두 파장의 마디들을 대응시키는 어떤 방법도 존재하지 않을 때, 그 두 파장이 같은 수의 마디들을 지닌다고 말하는 것은 아무것도 의미하지 않는다.

이 패턴은

$$\begin{array}{cc} \text{L} & \text{R} \\ \text{x} & \text{o} \\ \text{x} & \text{o} \\ \text{x} & \text{o} \end{array}$$

3 > 2의 **증명**으로 간주될 수도 있으며, 어느 기하학적 증명만큼이나

홀륭하다. (이것이 그러하다는 것을 인정하기 위해 나는 여러분에게 그러한 증명들의 체계를 제시해야만 할 것이며, 여러분은 이 체계를 통해서, 내가 한 것이 덧셈이나 뺄셈 같은 사전에 설정된 연산이었다는 것을 보게될 것이다.) 그렇지만 만일 우리가 그 패턴을 **실험하는** 데 쓰이는 패턴으로 간주한다면, L보다 R에 더 많은 원소가 존재한다고 말하는 것은 수학적 명제가 아니다. 우리가 **증명**이라고 부르는 것은 실험과 마찬가지로 명제를 결과로 갖지 않으며, 오히려 문법의 규칙을 갖는다.

내가 둘레를 선으로 연결한 별표를 그리고 나서 바깥쪽의 꼭짓점들이 다섯 개임을 발견했을 때, 나는 실험을 했는가? 그 도형의 바깥쪽 꼭짓점들의 수가 안쪽 꼭짓점들의 수와 같다고 결정하는 것은 실험인가? 우리는 여기서 "이 도형은 열 개의 꼭짓점을 지니고 있다"와 "별표는 열 개의 꼭짓점을 지니고 있다"를 구분해야만 한다. 물론 열 개의 꼭짓점이 존재한다는 결과를 얻기 위해, 이 도형의 선들을 그리는 것은 실험이다. 그 도형을 그리는 것은 시간 속에서 일어난다. 그러나 **별표**에 관한 **증명**은 내가 어떤 특정한 시간에, 선을 그리는 이 5분 동안에 했던 것이 아니다. 그것은 전혀 한 과정이 아니다. 그것은 그저 도형이다. **별표**에 관한 명제는 "별표"라는 낱말에 관한 문법의 규칙이다.

어떤 사람이 이 별표에 관해서 어떤 것을 증명한다면 그는 모든 별표에 대해서 동일한 것을 증명한 것이라고 말해지곤 한다. 이는 혼동이다. 여기서 잘못된 것은 낱말 "이this"이다. 증명은 이 도형에 대한 것이 아니다. 이 특정한 별표에 관해서 어떤 것을 알아내는 것은 실험이지만, 반면에 증명은 낱말 "별표"의 사용에 관해 어떤 것을 보여준다. 이 도형으로 하는 실험이 이 도형에 관한 어떤 것을 증명하기 위해 사용되어야 한다는 것은 무의미하다.

이 ⋮⋮ 도형에 관해 주장될 수 있는 세 개의 명제가 있는 것처럼 보인다: (1) 점들로 이루어진 이 두 집합은 짝으로 놓이지 않는다. 이는 경험적 명제이다. (2) 세 점과 네 점은 짝으로 놓일 수 없다. 이는 산술적 명제이다. "짝으로 놓임"이라는 문구는 짝을 짓는 **방법**과는 아무런 관계도 없는 비시간적인 방식으로 사용된다. "네 개의 점과 세 개의 점은 짝으로 놓이지 않는다"는 비시간적이다. (3) 이것 ⋮ 처럼 보이는 어떤 것도 이것 ⋮ 처럼 보이는 어떤 것과도 짝으로 놓일 수 없다. 여기서 우리는 실재에 관해 어떤 것을 증명한 것처럼 보인다.

강의 Ⅳ

집합에 관한 존재 진술들은 아주 상이한 문법들을 가지고 있다. 예를 들어 "A와 B의 원소들 사이에는 일대일 대응이 존재한다." ♯우리는 "수적 상등성", "일대일로 대응됨", "수 n을 지님"으로 기술했던 것이 대단히 상이한 현상들이라고 말했다. "그 집합들의 원소들이 짝으로 놓인다"가 우리가 수적 상등성이라고 부르는 것의 더 단순한 항들로 **분석**한 것이라고 생각하는 것은 환상이다. 원한다면 우리는 "수적으로 상등임"="짝으로 놓임"이라고 말할 수 있지만, 전자의 표현에 대한 사용은 후자의 표현에 대한 사용과 마찬가지로 특정한 경우에 설명되어야만 한다.♯ 두 집합이 같은 수를 지닌다고 말하는 것과 그것들이 일대일로 대응될 수 있다고 말하는 것은 두 가지 언어적 형식이며 그 밖의 어떤 것도 아니다. 우리는 특정한 경우에 둘 중 어느 표현이 어떻게 사용되어야 하는지 알지 못한다. 그 집합들을 대응시키는 방법이 있다면, 우리는 "같은 수를 지님"이 일대일로 대응된다는 것을 의미한다고 말할 때 이미 [[대응시키는 방법이]] 사용된 과정을 가리키고 있으며, 그리하여 그 정의는 명쾌한 것처럼 들린다. 그러나 그럴 방법이 없다면, 우리는 "일대일로 대응됨"을 **같은 수를 지님**으로 정의하는 것이 더 나을 것이다. 이는 우리가 셀 수는 있지만 일대일로 대응시키지 못하는 상황에 있다면 사실일지도 모른다. 우리의 정의는 아주 편리한 정식화를 주지만, 모든 경우에 그런 것은 아니고, 십중팔구 그렇다고 생각되는 경우 그러하다. 이와 유사하게, "A 위에 B를 두 번 놓는 것은 A의 길이를 보여준다"로 정의된 "A는 길이가 B의 두 배이다"는 막대기에 적용될 때 편리하다. 그러나 빛의 파장에 적용될 때에는 뜻이 없을 것이다. 왜냐하면 두 개의 파장을 한 데 놓고 하나가 다른 것의 두 배라는 것을 발견하는 것이 무엇을 의미할 것이냐는 말해지지 않았기 때문이다.

"별표는 다섯 개의 바깥 꼭짓점을 지니고 있다"와 "나의 손은 다섯 개의 손가락을 지니고 있다"를 비교해 보자. 이것들은 비록 비슷하게 들리지만 엄청나게 상이하다. 그것들의 문법은 일상적인 한국어 문법으로 기술될 수 있는 방식에서 상이한데, 전자는 **어떤 시제도 없고**, 반면에 우리는 손에 관해서는 다섯 개의 손가락을 **가지고 있었다**고 말할 수 있다. "몇 개?"라는 물음에 대해 대답하는 명제는 첫 번째 경우에는 비시간적이다. 비록 별표는 **항상** 다섯 개의 바깥 꼭짓점을 가지고 있다고 말하려는 거대한 유혹이 있지만 말이다. 맥락을 떠나서 여러분은 그 물음이 "그것은 어제 몇 개였는가?"에 대조해서 "그것은 지금 몇 개인가?"를 의미했다고 생각할지도 모른다. 별표의 꼭짓점에 관해 던져진 물음은 칠판에 그려진 어떤 한 특정한 도형에 관한 것이 아니다.

인간의 손을 5에 대한 견본으로 삼았다고 가정해 보자. 그러면 손에 다섯 개의 손가락이 있다는 진술은 별표에 관한 진술이나 1피트는 12인치라는 진술과 같게 될 것이다. 그 진술은 이러한 비시간적인 종류가 될 것이다. 수학적인 의미에서 별표에 꼭짓점이 몇 개 있는지 물을 때, 우리는 특정한 기수가 그것에 대응된다고 결정한 것이다. 그리고

어느 별표에 이 수가 대응되는지는 말해지지 않는다. 이것은 손의 손가락의 경우가 아니다. 그렇지만 우리는 셈에 대한 다른 규약들을 지닐 수도 있을 것이다. 우리는 한 꼭짓점은 두 번 센다고 결정했기 때문에 별표가 여섯 개의 꼭짓점을 가지고 있다고 말할지도 모른다. 그리고 우리는 직선에서 셈을 하는 것과 원에서 셈을 하는 것에 대해 상이한 규약들을 지닐지도 모른다. 이는 산수에서 큰 혼란을 만들지는 않을 것이다. 우리는 단순히 어떤 다른 산수를 가지게 될 뿐이다. 하나의 특정한 수를 별표의 꼭짓점들에 대응시키는 어떤 추상적인 이유도 없다. 사실상 우리는 우리가 원하는 만큼 계속해서 꼭짓점을 셀 수 있고, 그 경우에 몇 개의 꼭짓점들이 존재했는지를 말하는 것은 뜻이 없을 것이다.

꼭짓점들의 수가 5라고 말할 때 우리는 우리가 말하고 있는 것이 어떤 방식으로든 어떤 한 규약에 의존하지 않는다고, 별표의 **본성**에 관해 무언가를 말했다고 생각할지도 모른다. 다섯 개의 손가락이 있는 것은 손의 본성 속에 있지 않지만, 다섯 개의 꼭짓점이 있는 것은 별표의 본성 속에 있다고 사람들은 생각했다. 우리는 또한 에 관한 증명에서 그것의 본질에서 어떤 것을 증명했다고 생각하는 데로 기운다. 이는 위험한 함정이다. 을 고려해 보자. 이는 직사각형이 두 개의 직각 삼각형으로 나뉠 수 있다는 것을 (또는 함께 놓인 두 개의 직각 삼각형이 직사각형을 산출한다는 것을) 보여준다. 이 을 **산출한다**는 것이 이 진술의 증명이라고 말하는 데에는 뭔가 기묘한 것이 있다.[48] 우리가 먼저 한 삼각형에, 그리고 나서 다른 삼각형에, 그리고 나서 직사각형에 집중할 수 있었고, 그리고 두 개의 삼각형이 한 직사각형

---

48 원문의 표현은 " 이 을 산출한다"이지만, 여기에서 문제가 되고 있는 것은 "함께 놓인 두 개의 직각 삼각형이 직사각형을 산출하는 것"이므로 두 번째 그림을 수정했다.

을 산출하는 것을 본다고 여러분은 말할지도 모른다. 이것은 증명일까? 아니다. 그것은 하나의 도형인 한에서만 증명이다. 만일 우리가 ☐을 그린 다음에 대각선을 그린다면 시간 안에서 일어나는 것은 전혀 증명 안으로 들어오지 않는다. 중요한 것은 그 결과 ◺에서 구현되는 것뿐이다. 만일 그 대각선이 갑자기 물결 모양이 된다 해도 이는 아무런 차이를 만들지 않는데, 왜냐하면 그 도형에서 시간 속에서 일어나는 것은 무관하기 때문이다. "이것은 저것을 산출한다"는 애매하다. 한 도형과 다른 도형은 수소와 산소가 물을 산출하는 방식으로 세 번째 도형을 산출하지 않는다. 두 개의 삼각형이 한 직사각형을 산출한다는 것을 보여주는 도해는 "이것과 이것은 저것을 산출한다"라는 문구로 기술될 때 더 나아가는 어떤 경험을 판단하는 표준이다.

2+2=4라는 단순한 증명, 즉 ⌒⌒을 보기로 하자. 여기서도 두 개의 도형이―이것과 이것이 함께―4를 산출하는 것처럼 보인다. 그러나 아무것도 일어나지 않는다. 그저 그 도형만 있을 뿐이다. 어떤 사람이 ||||에 대해서 두 개의 2들로 나누어진다는 것은 그것의 본성 속에 있다고 말했다고 하자. 이 선분들을 나누는 수많은 방식은 우리를 오도한다. 그 방식들로 인해 우리는 나누어질 수 있음이 그 선분들의 본성에 있다고 말하게 된다. 이 선분들, ||||, 4의 이미지는 우리에게 기묘한 경우를 보여준다. 즉 그것은 외관상 그 안에 경험적인 것과 **선험적인** 것을 지니고 있다. 우리에게는 시각적인 4가 짝들로 나누어질 수 있다는 것을 증명하는 것처럼 보이고, ⌣⌣은 ||||가 그렇게 나누어질 수 있다는 것을 증명하는 것처럼 보인다. 그러나 어느 네 개의 선분이 두 개의 2들로 이루어져 있는가? ||||인가 아니면 ⌣⌣인가? 여러분은 그 도형이 두 개의 2들로 나누어질 때 그 도형이 두 개의 2들로 이루어져 있다고 말할지도 모르지만, 그러나 그것이 나누어지기

까지는 그렇게 말하지 않는다. 그리고 그렇다면 여러분이 보는 것은 전체 그림이며, 이는 한 도형에서 시작과 끝을 보는 하나의 전체 실험과 같다. 그렇지만, 그것은 그렇지 않다. 그것은 만일 그런 결과를 주었다면 그 실험은 어떤 모습일까 하는 그림이다. 실험의 그림은 결코 실험이 아니다. 그러나 이 그림은 전적으로 다른 다음 두 가지 목적으로 사용될 수도 있었다. (1) 실험이 산출하는 것을 보기 위해, 즉 실제로 일어나는 것을 기술하기 위해.  을 보여주는 영상은 선분들이 모둠으로 나누어지고 호가 첨가될 때 실험이 산출하는 것의 세 단계를 보여준다. (2) 정상적인 실험을 위한 표준으로 이용하기 위해. 예를 들어 만일 그림이 꽃 하나를 그린 것이고 우리가 "이것은 실제 꽃의 그림은 아니지만, 만일 꽃이 이러한 방식으로 자라면 우리는 그 꽃이 정상적으로 자란다고 말할 것이다"라고 말했다면, 우리는 그 그림을 하나의 표준으로 사용하고 있다. 도해  는 우리에게 표준을 제공해 준다. 즉 만일 두 개의 사물이 다른 두 개와 함께 놓여 네 개가 된다면, 우리는 아무것도 더해지지 않았고 아무것도 사라지지 않았다고 말할 것이다.

몇몇 경우에는 무엇이 증명이고 무엇이 실험인지 분명하지 않다. 피타고라스의 정리에 대해 생각해 보자. 그것은 아마도 처음에는 정리가 아니라 경험의 명제였을 것이다. 측정을 통해 두 변의 제곱의 합이 빗변의 제곱과 같다는 것이 발견되었다.

여기에는 두 가지 다른 역할을 하는 명제가 있는 것처럼 보인다. (a)

모든 경우에 참이라는 것, (b) 증명하는 것. 그리고 특정한 경우에 참이라고 발견되는 것이 증명되어야 한다는 것은 기묘하다. 이는 마치 테이블이 필요한 것보다 더 많은 다리로 서 있는 것과 같다.

2+2=4의 증명으로서 $\square\square$ 을 이해하기 어렵게 만드는 것은 시각적 4라는 관념에 있다. 우리는 한 도형과 다른 도형을 보고 그러고 나서 둘을 함께 본다고, 하지만 "여야만 한다"를 보지는 못한다고 말할지도 모른다. 우리는 그 증명이 무엇에 관한 것이라고 말하는가? 그것은 4에 관한 것인가, 아니면 세 개의 4에 관한 것인가, $||||$ 에 관한
$||||$
것인가, 아니면 $\underset{\square\square}{\smile\smile}$ 에 관한 것인가? (칠판에 AA라고 썼을 때, 나는

한 문자를 썼는가 아니면 두 개를 썼는가? 이는 내가 "A"로 이 특이한 모양을 의미하는지 아니면 백묵 표시들의 모임을 의미하는지에 달려 있다.)

내가 12제곱피트[49] 넓이의 방에 2제곱피트 넓이의 판자를 깔려고 한다고 하자. 산수는 그 방을 덮기 위해서는 판자 여섯 개가 필요할 것이라고 나에게 말해준다. 나는 2제곱피트짜리 판자 여섯 개를 얻고서, "그러므로 그것들은 그 방을 채울 거야"라고 말한다. 그러나 그래야만 하는가? 만일 그렇지 않다면, 나는 그 판자들이 넓어지거나 좁아진 게 틀림없다고 말할 것이다. 이는 산수가 나에게 아무것도 말해 주지 않았다는 것을 의미한다. 그리고 만일 내가 판자 여섯 개를 깔면서 그것들이 각각 넓이가 2제곱피트라는 것을 발견한다면 비록 산수가 나에게 무언가를 말해 준 것처럼 보일지라도, 다시 그것은 나에게 아무것도 말해 주지 않은 것이다. 왜냐하면 이제 나는 여섯 배를 했을 때 12가 되는 것을 2제곱피트라고 부르기 때문이다.

내가 넓이가 2제곱피트인 판자 세 개가 6제곱피트를 채울지를 의심

---

49 원문은 "피트"이지만 넓이의 단위로 맞추기 위해 "제곱피트"로 수정했다.

한다고 하자. 이 그림은 [그림] 그것을 증명하는 것처럼 보이고, 나는 그것은 6의 본성에 관해서 어떤 것을, 즉 그것이 3×2라는 것을 보여준다고 말할지도 모른다. 여기에는 어떤 실험도 없고, 6의 본성에 관해 보여진 것은 아무것도 없다. 우리는 "이 공간은 넓이가 2제곱피트인 세 개의 판자로 덮일 수 있다"와 "6제곱피트의 공간은 넓이가 2제곱피트인 세 개의 판자로 덮일 수 있다"를 구분해야만 한다. 후자는 실험으로 증명되지 않는다.

강의 V

한 공간이 넓이가 2제곱피트인 세 개의 판자로 맞추어져 있다고 하자. 수학적 명제 2×3=6이 그 판자들에 관해서, 또는 그것들이 그 공간에 들어맞는다는 것에 관해서 아무것도 말하지 않는다는 것을 아는 것은 어렵지 않다. 왜냐하면 만일 우리가 넓이가 2제곱피트로 추정되는 판자들로 그 공간을 채웠는데 맞지 않는다면, 우리는 그 판자들이 변했다거나 우리가 측정을 잘못했다고 말하게 될 것이기 때문이다. 수학적 명제들은 예측하지 않으며, 만일 그 판자들이 변하지 않는다면 들어맞을 것이라고도 예측하지 않는다. 왜냐하면 그 판자들이 변했다는 것의 기준은 옳게 측정되었지만 들어맞지 않는다는 것이기 때문이다.

나는 도형을 바라보고 도형들 간의 연결을 보는 것으로 증명이 이루어지는 시각적 기하학, 우리가 시각적 증명이라고 부를 수 있는 것을 다루려고 했다. (a) [그림] 와 (b) [그림] 에 대해 생각해 보자. (a)는 (b)에 들어맞는가? 우리는 (b)를 (a) 아래에 위치시키고 그것들이 들어맞는다는 것을 본다. 우리는 이것을 실험과 유사하면서도 실험이 아닌 것을 통해 보여줄 수 있다고 보인다. 그것은 실재에 관한 증명과 같은 것이다. (a)와 (b)에 관한 물음은 [그림] 이

☆ 와 들어맞느냐 하는 물음과 종류가 같다. 정오각형의 꼭짓점들을 연결함으로써 우리는 별표를 얻으며, 그것들이 어떻게 들어맞는지를 보여준다. (나는 여기에서 우리가 장식으로 보고 인지할 수 있는 도형을 사용한다. 20 – 32개의 구획을 지니는 도형을 사용하는 것은 적절하지 않을 것이다.) 다음의 그림을 보자.

정육각형은 정삼각형에 들어맞는가? 수정의 면들을 연장해서 누군가를 놀라게 하는 도형을 얻는 것은, 예컨대 8면체의 어떤 면들을 확장해서 4면체를 얻는 것은 실험인가? 이 모든 것은 같은 종류의 물음이다. 만일 하나가 실험이라면, 다른 것도 그러하다. 한 가지 경험의 문제가 있다. 즉 그러그러한 방식으로 선을 그림으로써 잘 알려진 도형, 가령 별표를 얻는다는 것 말이다. 그러나 별표가 정오각형에 들어맞는다는 것은 경험의 문제가 아니다. 여기서는 "들어맞는다"라는 단어에 관해서 특이한 점이 있는데, 시제가 없다는 것이다. ├─┼──┼─┤이 보여주는 것은 도형 (a)와 (b)가 맞추어진다는 것이 아니고, 오히려 이들 도형이 들어맞는다는 것이 **어떤 모습인가** 하는 것이다. 우리는 다음의 완전한 도형이 ⬠ 정오각형에 들어맞는 별표라는 말로 우리가 의미하는 것을 보여준다고 말할지도 모른다.

나는 이 도형이 ⬠ 정오각형과 별표의 본질에 관하여 어떤 것을 보여주며, 그 증명은 다른 영역에서의 실험, 더 에테르 같은 대상에 관한 더 높은 수준에서의 실험이라는 관념에서 여러분이 자유로

워지게 하고 싶다.

우리가 별표가 내접한 정오각형을 한번도 본 적이 없고, 이런 일이 새로운 경험이라고 하자. ＃우리는 그 별표가 그 정오각형에 들어맞는다는 것을 실험이 우리에게 가르쳐준다고 말하려는 유혹을 느낀다. 우리는 경험에 의해 비시간적인 진리를 배우고 있는 것처럼 보인다.＃ 동시에 우리는 별표를 정오각형에 내접시키는 경험이 감각 자료를 가지고 하는 실험이고, 우리의 시야에 있는 사물들에 관하여 무언가를 증명한다고 생각하는 경향이 있다. 이는 옳지 않다. ＃중요한 것은 비록 "시각적 이미지 p(그 별표)가 시각적 이미지 P(그 정오각형)에 들어맞는다"가 경험에 의해 증명되는 것처럼 보일지라도, 그것은 기하학의 명제, 즉 문법의 명제로 사용된다는 점이다.＃

어떤 경우에 우리는 한 색깔이 다른 두 색깔의 혼합이라고 부르는가? 우리가 파란 물감과 하얀 물감을 섞으면 그 결과는 옅은 파랑이다. 그러나 만일 그것이 초록을 산출하면 어떻게 되는가? 우리는 그럴 수 없다고, 어떤 화학적 반응이 일어났다고 말할 것이다. 빛을 섞는 것에 대해 생각해 보자. 이 경우에는 물감처럼 복잡한 것을 도입하지 않는다. 빨강과 파랑을 섞는 것이 보라색 대신에 노랑을 산출한다고, 그리고 심지어 회전 색 원반 위에서도 이러하다고 하자. 회전 색 원반은 실험하기 위해 사용될 수도 있고 증명하기 위해 사용될 수 있다. 어떤 경우에는 실험하기 위해 사용되지 않고 우리가 언제 색깔들의 실제 혼합을 얻는지, 즉 언제 색깔들이 정상적으로 섞이는지를 보여주기 위해 사용된다. 만일 기대한 것과 다른 일이 일어난다면 우리는 무언가가 잘못된 것이 틀림없다고 말한다. "빨강과 파랑이 섞일 때 그 회전 색 원반이 산출하는 것이 무엇이든, 나는 그것을 두 색깔의 혼합이라고 부를 것이다"라고 말**할 수도 있지만**, 사실상 우리는 이렇게 말하지 않는다. 무지개의 색깔들이 섞여 하양 대신에 회색을 산출할 때와 마찬가지로, 만일 회전 색 원반이 예기치 않은 결과를 산출한다면 우리는 섞인 색깔들이 아주 순수한 것은 아니었다고 말해야 할 것이다. 실험하기 위해 회전 색 원반을 사용하고 "파랑과 하양은 옅은 파랑을 산출한다"라고 말할 때, 우리는 그것이 **지금** 이것을 산출한다고 말할 수 있고 "산출한다"는 시간적이다. 달리 사용되면, "이것은 파랑과 하양의 혼합이다"나 "이 …은 이 …을 산출한다"는 시간적 진술이 아니며, 이는 유사하게 사용된 "이 …은 이 …에 들어맞는다"가 비시간적인 것과 마찬가지이다.

강의 VI

기하학과 산수의 진술들이 문법의 진술로 사용된다는 것, 예를 들어 2피트 길이의 두 막대기를 잇달아 놓고 맞은편에 4피트 길이의 세 번째 막대기를 놓을 때 무엇이 일어날지 그 진술들이 예측하지 않는다는 것은 쉽게 알 수 있다.

두 개의 2피트 막대기를 잇달아 놓음으로써 4피트 길이를 얻으리라는 것은 전혀 따라 나오지 않는다. 만일 우리가 그 막대기들은 4피트가 되어**야만 한다**고 말한다면, 이는 측정의 실제 결과에 관해서는 아무것도 말하지 않는다. 혹자는 그 두 개의 막대기가 4피트 막대기와 길이가 같다는 것을 보여주는 데 필요한 일은 후자를 다음과 같은 방식으로 나누는 것뿐이라고 (그릇되게) 주장하고서는

*a*는 2피트여야만 한다고 결론지을지도 모른다. 이는 너무 많은 것을 가정하고 있다. 왜냐하면 만일 오른편 아래쪽 막대기가 2피트라면 왼편 *a*가 길이가 2피트여야만 한다는 것을 여러분은 어떻게 아는가? 전체 길이는 측정이 아니라 작도에 따라 4피트일 수도 있을 것이다. 이와 유사하게, 원 안에 컴퍼스로 정오각형을 작도하는 것은 그 변들이 길이가 같다는 것을 보여줄 수도 있지만, 측정은 이를 보여줄 수 없다. 만일 *a*가 **정의에 따라** 2피트라면, 전체 문제는 달라진다. 즉 만일 **측정**이 계산에 의해 확인되어야 한다면, 우리는 $2' + 2' = 4'$가 문법적 명제이며, 실제 길이에 관한 것이 아니라는 것을 알 수 있다. 그렇지만 문법의 명제가 경험에 의해, 더 나아가 내적 관계의 경험에 의해 확인되는 현상이 있다.

다음과 같은 수학적 물음을 제기해 보자: 정오각형의 대각선들은 어떤 종류의 별을 형성하는가? 그 대답은 정오각형과 그 대각선들을 그린 다음, 내접하는 도형을 분리하는 것으로 주어진다. 여기에서 우리는 문제와 그 해결을 지닌다. 이와 정확하게 유사한 물음은 다음과 같다: 23×18은 얼마인가? 다음의 계산은

$$
\begin{array}{r}
23 \\
\underline{18} \\
184 \\
\underline{23} \\
414
\end{array}
$$

나 와 마찬가지로 기하학의 작도이다. 곱셈표는 그 도형을 작도하는 수단으로 간주할 수도 있다. 다음은 또한 $3 \times 3 = (4 \times 2) + 1$이라는 것을 보여주는 기하학의 작도이다.

만일 내가 정오각형의 대각선들로 형성된 별을 그리는 것을 기하학적

작도의 도해라고 부른다면, 그 곱셈도 마찬가지이다. 그러나 만일 후자가 계산이라면 마찬가지로 전자도 그러하다고 말하는 것을 나는 선호할 것이다.

기하학의 직선을 그릴 수 없기 때문에 자와 컴퍼스로 하는 작도는 항상 부정확하고, 따라서 도해 ⬠ ⭐ 는 정확하지 않다고 거론되어 왔다. 이는 적절한 반대가 아니지만, 만일 그러하다면, 동일한 것이 곱셈에도 적용될 것이다. 즉 "4"의 모양들은 정확하지 않고, 우리는 "산수의 4"를 썼다고 결코 확신할 수 없다고 반대할 수 있을 것이다.

만일 작도가 별표들과 정오각형들의 본질에 관해서 우리에게 어떤 것을 보여준다고 말한다면, 우리는 곱셈이 수들의 본질에 관해서 어떤 것을 보여준다고 말해야만 한다. 이렇게 말하는 것은 현명할까? 우리가 어떤 사람에게 십진법 수들을 곱하는 규칙들을 제시하면서 곱셈을 가르쳤다고 하자. [[그리고]] 이 규칙들 외에도 우리가 $23 \times 18 = 800$이라는 기묘한 공리를 하나 더 가정했다고 하자. 이것을 가정하는 것은 그른가 그렇지 않은가? 이것을 포함하는 산수는 산수가 아니라는 데에는 뜻이 있는가? 혹자는 모순으로부터는 상용 규칙들로 무엇이든 연역할 수 있기 때문에 그 산수는 흥미롭지 않다고 말할지도 모른다. 나는 이는 그르다고 말한다. 산수의 일상적인 규칙들을 가정하면, 나는 23×18로부터 414라는 결과를 반드시 얻게 될까? 제안된 공리 $23 \times 18 = 800$은 그것을 포함하는 산수가 쓸모 있는 어떤 현상도 없기 때문에 흥미롭지 않다. 만일 어떤 현상이 발생하면, 즉 만일 23, 18, 800이 우리의 우주 또는 모든 자연 현상들과 관련된 상수라면, 다른 모든 곱셈 중에서도 하나의 곱셈이 두 개의 결과를 갖는 산수를 갖는 것은 극도로 유용할 수도 있다. 만일 우리가 이 규칙을 가지고 있다면 다른 규칙을 첨가해야 한다는 반대는 어떠한가? 만일 우리가 한 사람에게 500까지 사례들을 들면서 하나의 규칙을 가르쳤다면, 그리고 나서 그가 "2를 더하라"라는 규칙에 따라 덧셈을 할 것이라고 기대한다면, 그리고 만일 그가 1000에서 2를 더하는 것 대신에 우리가 3을 더하기라고 부르는 것을 하고는 그 규칙을 따랐다고 주장한다면 우리는 뭐라고 말할까? 우리는 그 규칙을 제시할 때 그 적용의 무한한 외연도 함께 제시했다고 가정해서는 안 된다. 한 계산에서 새로운new 단계는 모두 **새롭게 밟는**fresh **단계이다.** 위에서 제기된 반대에 대답할 때, 대답은 우리는 새로운 규칙들을 첨가할 필요가 없다는 것이다. 곱했을 때 414가 나온다는 것은 23과 18의 본성에 있지 않으며, 그 규칙들의 본성에도 있지 않다. 우리는 그러한 방식으로 그 곱셈을 하며, 이것이 전부다. 이는 산수에서 **어떤 결과든** 수용될 것이라는 의미는 아니다.

　다음에 대해 생각해 보자: "정오각형의 대각선들을 그리면, 여러분은 별표를 얻는다"와 "이것과 이것과 …을 하면 여러분은 나폴레옹을 얻는다."

조작들operations이 기술될 때 예측될 수 없는 것은 시각적 인상의 특징이다. 어떤 실험적 요소가 포함되어 있다. 우리는 이 경우에 실험인 것을 검사해야만 하며, ∽ 을 포함하는 ✍ 과 같은 유사한 경우에도, 그리고 한 사람의 얼굴이 숨겨져 있는 나뭇잎들의 퍼즐 그림도 검사해야 한다. ✍ 이 ∽ 을 포함한다고 말하는 것은 어떤 종류의 명제인가? 그것은 경험의 명제일 수도 있고 그렇지 않을 수도 있다. 어떤 각도에서 나뭇잎을 바라보았을 때 사람의 얼굴이 보이는 경우 우리는 그 나뭇잎들과 내적으로 관계 있는 어떤 것을 발견했다고 말하고 싶어진다. 우리는 사람의 얼굴을 그리지 않고서는 그 나뭇잎들을 그릴 수 없고, 그리하여 얼굴이 거기에 있다고 굳이 말할 필요가 없다. 그 나뭇잎들 속에 사람의 얼굴이 있다는 것은 기하학적 명제이다. 하지만 나뭇잎에서 얼굴을 보는 것은 새로운 경험이다. ♯우리의 시각 인상은 변했다. 그러나 만일 이전의 경험이 그렇지 않았다면 새로운 경험은 **불가능**했을 것이라고 말해야 하지 않을까? 새로운 경험은 이미 이전의 경험에서 수행되었다고, 또는 우리는 첫 번째 그림의 본질에 이미 있었던 새로운 것을 발견했다고 말해야 하는 것처럼 보인다.♯

  [[나뭇잎들의 퍼즐 그림에서]] 사람의 얼굴을, 또는 ◯ 에서 ◯ 를 발견할 때, 또는 두 개의 직각 이등변삼각형을 합치면 직사각형이 된다는 것을 발견할 때 우리는 무엇을 발견하는가? [[여기에는]] 어떤 새로운 경험이 포함되어 있다. **새로운 측면**new aspect의 경험 말이다. 우리는 "오, 나는 그런 것은 전혀 생각하지도 못했어. 하지만 이제 그래야만 한다는 것을 알겠어"라고 말한다. 우리는 순수한 실험의 경우에는 이렇게 말하지 않는다.

  다른 측면에서 논리식을 보는 것은 때때로 수학적인 발견으로 간주된다. 셰퍼는 러셀의 두 개의 근본 개념, 즉 "또는"과 "아니다"가 한 개의 상항 "…도 아니고 …도 아니다"*로 정의될 수 있다는 것을 발견했다. $\sim q$는 $q \mid q$로 정의되고 $p \vee q$는 $p \mid q \cdot \mid \cdot p \mid q$로 정의되었다. 러셀과 화이트헤드가 "$\sim$"과 "$\cdot$"가 항상 $\sim p \cdot \sim q$와 같이 $\sim \cdot \sim$의 순서로 배열되는 방식으로 《수학 원리》를 썼다고 상상해 보라. 그리고 그들이 부지불식간에 했던 것을 셰퍼가 발견했다고 하자. 셰퍼는 러셀과 화이트헤드가 이러한 방식으로 쓴 논리식의 어떤 측면으로 관심을

---

* 이것은 셰퍼 스트로크를 읽는 통상적인 한 방식이다.

모으고 있을 뿐이라고 말할 수도 있을 것이다. 두 개의 삼각형이 직사각형의 새로운 측면으로 간주될 수 있는 것과 마찬가지로 말이다.

강의 Ⅶ

측면이 수학적 증명에서 하는 역할을 살펴보기로 하자. 우리는 측면을 통해 도형을 보며, 그때 우리에게는 어떤 비시간적인 것이 갑자기 떠오른 것처럼 보인다.

어떤 대상이 부분들로 이루어져 있다는, 예컨대 별표가 정오각형과 다섯 개의 삼각형으로 이루어져 있다는, 그리고 의자는 등받이와 다리, 가로대 등으로 이루어져 있다는 진술에 대해 생각해 보자. "부분들로 구성되다"를 의미하는 "이루어져 있다"라는 낱말은 두 가지 상이한 방식으로 사용된다. 체스판이 32개의 하얀 정사각형과 32개의 검은 정사각형으로 이루어져 있다고 말하는 것은 어떤 사람에게 몰랐을 수도 있는 정보를 준다. "이루어져 있다"에 부여된 이러한 의미로 그는 체스판을 만들 수 있을 것이다.

한 사물의 부분들은 그것을 나누는 상이한 방식들에 달려 있다. 온갖 종류의 것들이 나누기나 합하기라고 불릴 수도 있는데, 그중 하나는 시각적 나누기이다. 도형은 상이한 주의 작용에 따라 상이하게 나누어질 수 있다. 우리가 ||||를 둘의 두 모둠으로 시각적으로 나눈다고 하자. 혹자는 이것이 2+2=4라는 것을 **봄**이라고 말할지도 모른다. 그러나 그 등식은 볼 수 없다. 2+2와 4가 동일한 것을 의미한다는 것을 봄이라는 어떤 현상도 존재하지 않는다. 그러나 어떤 측면들을 봄이라는 현상은 존재한다. 짝들로 이루어진 선들을 보는 것은 규칙 2+2=4를 **암시한다**. 어떤 기호법은 우리가 한 사물을 바라볼 때 우리에게 갑자기 떠오르는 어떤 측면과 잘 부합한다.

한 종족이 정사각형을 두 개의 교차하는 평행선들로 보았고 다른 종족은 이중 직각으로 ☐ 보았다고 하자: 시각적 측면에 따라 그들은 아마도 어떤 한 기술, 예컨대 "정사각형" 대신에 "이중 직각"의 사용을 수용하게 될 것이다. 그러나 기술이 **필연적으로** 측면과 밀접한 관련이 있는 것은 아니다. 그리고 그들이 그 기호법을 수용하기 때문에 정사각형을 그렇게 보아**야만 한다**는 것은 사실이 아니다.

우리는 "4"를 사용하지 않고 오직 "2+2"만을 사용하는 언어를 상상할 수 있다. 우리가 "2와 2 방식"으로 ❙❙❙❙ 를 바라보는 한, 우리의 그림은 2와 2로 나누는 것으로 이루어져 있다. 실제의 시각적 나누기는 시간적인 과정이고, 그 도형은 나누기의 현상이 지속하는 한, 두 개의 부분으로 나누는 것으로 이루어질 것이다. 그러나 2+2=4라는 등식은 비시간적이다. "2+2=4"라는 뜻에서 4가 2와 2로 이루어져 있다는 것은 **볼** 수 없다. 문법의 명제가 성립한다는 것을 봄이라는 현상은 존재하지 않는다.

시각적 나누기는 다른 여타의 것과 같은 현상이다. 만일 우리가 이를 인지하지 못하면 우리는 어떤 한 새로운 측면을 얻음으로써 그 사물의 본질 안으로 관통해 들어간다고 느낀다. 별표가 하나의 정오각형과 다섯 개의 삼각형으로 이루어진다는 사실에 주목할 때, 우리는 주목하든 그렇지 않든 존재하는 어떤 것을 보는 것처럼 보인다. 그렇지만, 그 별표가 이런 부분들로 이루어져 있다는 것은 우리가 별표를 이러한 측면으로 보는 한에서 지속된다. 반면에, 만일 우리가 "별표= 정오각형 더하기 다섯 삼각형"이라는 기하학적 표현을 수용한다면, 이것이 가리키는 것은 볼 수 없다. 그것은 규칙을 진술한다. 그리고 물론 그 규칙은 그것을 그렇게 봄에 의해 암시되었을 수도 있다. 이는 측면에 주목함으로써 증명에서 [[측면이]] 어떤 역할을 할 수 있는지를 보여준다. 앞에서 언급한 바와 같이, 셰퍼는 논리식 $\sim[\sim p \cdot \sim\{\sim r \cdot \sim q\}] \cdot \sim[\sim q \cdot \sim r]$에 관해서 한 개의 논리 상항이 두 개의 논리 상항 대신에 사용될 수 있다는 사실에 러셀의 주의를 환기했을지도 모른다. 이것은 설령《수학 원리》의 논리식들이 항상 "~"와 "·"를 이 순서로 사용했다 해도 못 볼 수 있는 측면이다. 이것을 보는 것은 또 다른 측면을 보는 것이다. 그리고 다른 측면에서 한 기호법을 바라보는 것은 그 기호법을 변화시키는 것에 해당한다. 그러나 새로운 경험을 얻을 때 #이 경험이 그 논리식의 본질, 내적인 본성에 관해 우리에게 어떤 것을 가르쳐준다고# 가정하려는 거대한 유혹이 있다. #그것은 우리에게 수학적 (또는 논리적) 진리를 가르치는 것으로 보이며, 이것은 문법의 규칙이 아니라 사물들의 본성에 관한 진리인 것처럼 보인다.#

그림 퍼즐이 한 사람 더하기 다른 선들로 이루어져 있다는 진술은 두 가지 다른 것일 수 있다. 즉 실제로 본 것에 대한 기술(여기에서 한 사람의 주목 활동은 분필로 하는 활동과 수준이 다르지 않다), 또는 그 **그림**이 "한 사람 더하기 다른 선들"을 의미하기 위하여 사용되어야 한다는 진술. 그 거대한 유혹이란 다음과 같이 말하는 것이다. 즉 만일 그 퍼즐이 이러한 종류가 아니라면 그것은 한 사람 더하기 다른 선들로 나누어질 수 없을 것이라고 말하거나, 만일 ⅠⅠⅠⅠⅠⅠ이 3인 부분들로 이루어져 있지 않다면 그것은 3과 3으로 나누어질 **수 없을** 것이라고 말하는 것. 이 말은 가령 3과 4로 나누는 것을 막는 방해물이 존재한다는 것, 그러한 나누기는 극복할 수 없는 난점을 보여줄 것이라는 점을 암시한다. 그러나 극복할 수 없는 난점은 없다. 그것이 3과 4로 나누어진다고 말하는 것은 그저 아무것도 의미하지 않을 뿐이다. 이러한 방식으로 나는 그것을 나눌 수 없다고 말하는 사람은 3과 4로 나눈다는 것이 무엇과 같은지를 설명해야만 한다. 그러나 당연하게도 그는 그럴 수 없는데, 왜냐하면 7로 하는 경우를 제외하고서는 "3과 4로 나누기"라는 기술을 그 스스로 용납하지 않기 때문이다.

어떤 사람이 1을 3으로 나누고 소수 전개에서 4가 나오는지를 알아
내려고 한다고 하자. 나는 그에게 "당신은 결코 4를 얻지 못할 것이다.
그것은 가망이 없다"라고 말하고 나서, 피제수와 나머지가 같다는 사
실에 그의 주의를 이끈다. 이 사실은 결코 그에게는 떠오른 적이 없을
수도 있다. 여기서는 이 사실에 주의를 끎으로써 우리가 연산을 수행
하지 않고 이미 있던 것을 보여주는 것처럼 보인다. 또한 이는 엄청나
게 큰 수 자리까지 나누기를 수행하고 4를 찾는 일이 가망이 없다고
결론 내리면서 보일 수 있는 것을 재빠르게 보여주는 방법인 것처럼
보인다. 4가 발견될 수 없다는 것을 지름길로 보여주는 규칙의 사용은
그 근방의 토양에서는 소나무가 자랄 수 없다는 말을 듣고 소나무를
찾는 일을 포기하는 것과 아주 닮아 보인다. 그러나 아주 거대한 차이
가 있다. 또한 엄청나게 큰 수 자리까지 나누기를 수행하는 것은 망원
경을 통해 3들의 긴 열을 보는 것과 유사하지 않다. 외관상의 유사성
이 무엇이든, 그것은 오류이다. 여기에서 우리에게는 동일한 것을 보는
또 다른 방법이 없다. 그렇지만 50번째 자리에 3이 있는가 하는 물음
에 대답하는 방법에는 두 가지가 있다. 즉 50자리들을 써나가는 것,
그리고 나눗셈 $\frac{1 \div 3}{1}$ 을 바라보고, 피제수와 나머지가 같다는 것을 본
다음, 긴 계산을 예견하는 것.[50]

#다음과 같은 연산을 상상하라: 0.25×0.25를[51] 반복해서 곱함으로
써 소수 0.625625625…를 구성하는 것. 그리고 "그 안에서 8을 찾으
시오"라는 지시에 대해 생각해 보자. 8을 찾으려고 시도하는 것은 어

---

50 원문에 나오는 표현은 "$\frac{1 : 3}{1}$"인데, 이를 "$\frac{1 \div 3}{1}$"으로 수정했다. $\frac{1 \div 3}{1}$ 은 1을 3으로 나누
었을 때 몫이 0.3이고 나머지가 1인 과정까지의 나눗셈을 뜻한다. 이때 피제수(즉,
1)와 나머지(즉, 1)가 같다는 것을 알아차리는 경우, 비트겐슈타인은 이를 $\frac{1 \div 3}{1}$ 으로
나타내고 있다. 참고: *Philosophische Grammatik*, p. 398n, pp. 427-429.
51 원문은 ".25×.25"이며, 소수를 쓰는 경우 모두 "0"을 첨가했다.

떤 모습일까? 8을 찾는 것은 어떤 모습일까? 나는 곱 284×379에서 8을 찾는 것은 희망할 수 있지만, 이 소수에서는 그렇지 않다. 어떤 한 결과를 찾는 일이 가망이 없다고 말하는 것은 **참으로 다음을 의미한다: 우리의 계산은 이미 그것이 잘못이라는 것을 보여주었다.** 또는 우리의 계산은 이미 **그것과 반대되는 결정**을 했다.#

강의 VIII

이 강의와 이어지는 강의들은 마거릿 맥도널드Margaret Macdonald의 노트와 비트겐슈타인의 강의 준비 노트들을 합한 것이다.

우리는 1을 3으로 나눌 때 결코 4가 나오지 않으리라는 것을 나머지가 항상 1이라는 사실에, 그리하여 그 결과가 항상 같다는 것에 주의를 환기함으로써 보여줄 수 있다고 말했다. 1 나누기 7에 대해 생각해 보자. #1÷7에는[52] 유한한 문제와 무한한 문제가 존재한다In 1 : 7 gibt es ein endlichs problem und ein unendliches.# 이제 나눗셈에서 나머지가 1이고 몫의 숫자들이 반복되는 때가 있다는 것을 알아차리지 못할지도 모른다.

$$
\begin{array}{r}
7) \ 1.0000000 \ (142857 \\
30 \\
20 \\
60 \\
40 \\
50 \\
10
\end{array}
$$

마치 우리가 그 수열이 반복되기 때문에 6을 찾는 일은 가망이 없다고, 6은 있을 수 없다고 예언할 수 있을 것처럼 보인다. 이와 유사하게, 어떤 사람이 중간 자릿수가 4인 곱셈의 값을 찾는다고 하고, 내가

---

[52] 원문은 "1 : 7"인데, 나눗셈 기호 ":"를 더 익숙한 "÷"으로 수정하였으며, 이하도 마찬가지이다.

"19에 34를 곱하시오"라고 말했다고 하자.

$$\begin{array}{r} 19 \\ \underline{34} \\ 76 \\ \underline{57} \\ 646 \end{array}$$

이 결과에서 5를 찾는 것은 어떤 모습일까? 어떤 책에서 5파운드짜리 지폐를 발견하는 것이 어떤 모습일지를 상상할 수 있지만, 이 곱셈의 결과에서 5를 발견하는 것이 어떤 모습일지를 나는 상상할 수 있는가? 나는 4를 지우고 5를 쓸 수도 있지만, 이는 충분하지 않을 것이다. 여러분은 내가 5를 **썼지** 5를 **발견하지** 않았다고 반대할 수 있을 것이다. 1 나누기 7에서 2를 발견하는 것을 여러분은 쉽다고 말할 수도 있다: 여기에 2가 있다. 그러나 2를 발견하는 것이 어떤 모습인지를 여러분이 아는 한, 여러분은 또한 [[잇달아 나오는]] 두 개의 2를 발견하는 것이 어떤 모습인지를 아는 것처럼 보인다. 그렇지만 "발견하기"는 옳은 계산에 의해서 발견하기를 의미해야 한다. 나무에 올라가서 미로를 내려다보고 나서 그 미로에서 어떤 물건을 발견한 사람은 그 놀이를 하는 게 아니라고 말해질 것이다. 즉 물건을 발견하는 것은 미로 안으로 들어가서 찾는 것을 의미한다고 말이다. 이와 유사하게, 나는 곱셈 19×34로, 그 곱에서 4를 발견하는 것이 무엇을 의미하는지를 여러분에게 보여주었다. 곱셈 과정, 즉 여타의 방법이 아닌 특정한 연산으로 4를 발견하는 것 말이다. $1 \div 7$의 몫에서 두 개의 2를 얻는 것이 어떤 모습인지를 기술하려면 여러분은 항상 잘못된 계산을 기술해야만 하는데, 그래서 그것은 두 번째 2를 발견하는 것이 아니다. "발견하다"는 옳은 계산에 의해 발견하는 것을 의미한다.

문제가 $1 \div 7$의 몫에서 10^{10}번째 자리에 나오는 수를 발견하는 것이었다고 하자. 한 사람은 그 수를 계산하려고 시도할 수도 있고, 다른 사람은 그것을 발견해내는 규칙을 제시하려고 할 수도 있다. #그렇게 보이는데, 여러분은 10^{10}번째 자리가 무엇**일지를** 지금 말할 수 있다. 어떻게 하나의 계산이 다른 계산의 결과를 예견할 수 있는가? 우리가 **올바르게** 발견하게 될 것을 예언한다는 것은 무엇을 의미하는가?# 우리는 그 두 개의 계산이 동일한 결과에 도달해야만 한다고 말해야 하는가? 우리가 말하는 것은 만일 두 경우에 동일한 결과에 도달하지 않는다면 둘 중 하나가 오류를 범했다는 것이다.

한 진술의 의미와 그 진술을 검증하는 것 사이의 연관은 무엇인가? 내가 옆방에 있는 사람을 발견하는 것이 어떤 모습일지를 물었다고 하자. 여러분은 옆방으로 가서 그를 보는 것이라고 말할 수도 있다. 여러분은 그것이 어떤 모습인지에 대한 기술을 제시했다. 이것은 옆방에 있는 사람을 발견하는 것이 무엇을 의미하는지 그 정의가 제시되었다는 것을 의미할 수도 있고, 또는 그저 여러분이 발화하는 문장과 다른 문장 간에 어떤 한 연관이 만들어진 것일 수도 있다. 그것은 옆방에 한 사람이 있는지를 발견하는 다른 방식들이 존재할 수도 있는 한에서 정의가 아니다. 내가 말하고 있는 것은 p와 다른 명제들 사이의 문법적 연관을 제시하는 것에 의해서 p가 참이라는 것이 어떤 모습인지를 내가 기술하고 있다는 것이다. 그러한 연관이 존재한다는 것은 필연적이지 않지만, 만일 내가 한 연관을 제시한다면 나는 p가 참이라는 것이 어떤 모습인지를 말하고 있다. 나는 그 명제의 문법에 관해서 무엇인가를 말하고 있다. 명제 p의 문법을 제시하는 것은 "p"와 잘 들어맞는 문장들을 주는 것이고 그 문장들이 어떤 방식으로 관련되어 있는지를 말하는 것이다.

강의 IX
우리는 수학적 사실과 경험적 사실에 대해 동일한 표현 형식들을 가지고 있다는 점 때문에 끊임없이 오도된다. 예를 들어 우리는 한 막대기가 다른 막대기보다 더 길다고 하고, 또 6피트는 5피트보다 더 길다고 말한다. 우리는 동일한 사실을 다른 상이한 방법들로 알아내는 것에 관해 이야기하고, 또 동일한 수학적 결과를 상이한 방식들로 발견하는 것에 관해 이야기한다. 그러나 이것들은 완전히 상이하다. 사실의 문제들은 항상 시간을 포함한다. 반면에 수학적 사실들이나 명제들은 그렇지 않다.

이 12개의 선분의 도표는 이 세 개의 넷들에는 네 개의 셋들이 있다는 것, 그리고 두 과정이 동일한 결과에 도달한다는 것을 보여준다. 동일한 결과를 얻지 않는 것은 어떤 모습일까? 우리는 옳은 결과를 제외하면 어떤 결과도 상상할 수 없다고 말하며, 상이한 방식은 상이한 결과에 도달해야만 한다고 말하지도 않는다. 이는 인간의 무능력 때문이 아니다. 나는 완전히 다른 결과를 상상할 수 있지만, 동일한 놀이에서는 아니다.

우리는 1÷7의 전개에서 2를 얻는 것이 어떤 모습인지를 볼 수 있다. 어떤 의미에서 우리는 2를 얻지 않는 것이 어떤 모습인지를 안다. 단순히 그것을 적지 않는 것 또는 계산을 아예 하지 않는 것 말이다. 그러나 이는 6을 대신 얻는 것과는 아주 다르다. 만일 내가 그 결과에서 6을 상상할 수 없다고 말한다면, 이는 2를 상상하는 것이 어떤 모습인지를 그 계산이 나에게 보여준다는 것을 의미하고 "나는 그 결과에서 6을 상상한다"라는 진술에 어떤 의미도 주지 않는다는 것을 의미한다. 두 가지 계산으로 동일한 결과에 도달하는 것도 이와 마찬가지이다. 내가 두 가지 계산이 동일한 결과에 도달하지 않는 것을 상상할 수 없다는 것은, 그것들이 동일한 결과에 도달한다는 것에 대한 증명이 그것들이 그러하다는 것이 어떤 모습인지를 보여준다는 것을 의미한다. 셋들과 넷들로 나누기하는 것은 두 가지 과정이 동일한 결과에 도달한다는 것을 보여주지 않으며, 오히려 두 가지 과정이 동일한 결과에 도달할 때 그 두 과정의 결과가 어떤 모습인지를 보여준다. 나는 다음의 도표가 우리가 두 사물의 만남이라고 부르는 것을 보여준다고 말할 수도 있겠지만, 그러나 이 도표는 두 사물의 만남을 보여주지 않는다: ⟶ ⟵

내가 옆방을 들여다보는 것이 가능해질 수도 있는 많은 방법이 존재한다. 벽을 허물어 버리는 것, 다이너마이트로 폭파하는 것, 투명하게 만드는 것, 문을 여는 것 말이다. 이 방법 중 어느 것도 결과에 도달함이라는 말로 의미하는 것에 속하지 않는다. 반면에, 10^{10}[[번째 자리에 나오는 수]]는 어떤 방식으로 도달한 수로 정의된다. 그리고 그 동일한 결과에 이르는 다른 방식도 존재할 수도 있을 것이다. 예를 들어 한 노예는 10^{10}[[번째 자리에 나오는 수]]를 [[얻기 위해]] 처음부터 차례대로 자릿수를 써야 할지도 모르고, 다른 사람은 공식에 의해 그 수를 즉시 얻을 수도 있을 것이다. 이는 동일한 것을 재빠른 방식과 긴 방식으로 하는 것처럼 보인다. 동일한 결과에 도달하는 것은 말하자면, 그 과정들의 **본성**에 있는 것처럼 보인다. 그러나 그 과정들 자체는 **해야만 한다**must에 관하여 아무것도 보여주지 않는다.

수학에서 동일한 결과에 도달하는 상이한 방식들을 발견하는 문제는 옆방을 들여다보는 상이한 방식들을 발견하는 것과 유사해 보일 수도 있다. 그 문제를 해결하는 어떤 방식이든, 산수의 규칙을 따르는 한에서 성립할 것이라고 말해질 수도 있다. 그러나 그 방법들은 산수의 체계에 따라 다를 것이다. 우리가 수학적 문제들이라고 부르는 것은 완전히 상이할 수 있다. 우리가 어린아이에게 내주는, 예컨대 그

아이가 배웠던 규칙들에 따라 대답을 하는 문제들이 있다. 그러나 또한 해결 방법 없이 진술되는, 수학자들이 대답을 찾으려고 시도하는 그러한 문제들도 있다. 그것들은 동화 속에서 왕이 공주에게 벌거벗지도 않고 옷을 입지도 않은 채 오라고 말하자 공주가 어망을 입고 왔다는, 동화 속 왕이 만들어낸 문제와 같다. 어망을 입은 것은 벌거벗지도 않고 옷을 입지도 않은 것이라고 불렸을지도 모른다. 왕은 공주에게 시키려고 했던 것이 무엇인지를 실제로는 몰랐지만, 공주가 그렇게 왔을 때 그것을 받아들이도록 강요받는다. 그 문제는 "내가 벌거벗지도 않고 옷을 입지도 않았다고 부르는 데로 기울게 될 어떤 것을 하라"라는 형식으로 되어 있었다. 수학적 문제도 마찬가지이다. 비록 지금 나는 그것이 어떤 모습일지를 모르지만, 내가 해결이라고 받아들이는 데로 기울게 될 어떤 것을 하라.

강의 X

마치 하나의 계산은 주어진 규칙에 따라 다른 계산에서, 즉 천 개의 자리를 실제로 계산하는 것에서 나와**야만 하는** 결과를 우리에게 말해주는 것처럼 보인다. "존재**해야만 한다**"와 "존재**한다**" 사이에는 차이가 존재하는가? 그 "해야만 한다"는 항상 아직 만들어지지 않은 방법과 계산이라고 거칠게 불릴 수도 있는 것을 가리킨다. 이는 사전에 알려지는 어떤 것이 존재한다는 것을 암시한다. 그러나 여러분은 8이 여섯 번째 자리에 나올 거라고 미리 말할 수 있고, 다른 수가 나올 수도 있다. 과정의 결과라는 말로 무엇이 의미되는가? 수증기를 어떤 온도로 가열하는 것의 결과와 분필 조각을 그것이 멈추는 데서 끝날 때까지 움직이는 것의 결과를 비교하라. 첫 번째 경우에 그 과정은 수소와 산소로 분해하는 경험적 결과를 기술함 없이 기술될 수 있다. 두 번째 경우에는, 그 과정의 결과, 즉 여기에서 끝나는 것은 그 과정의 부분이고, 그 과정을 기술하는 것은 그 결과를 기술하는 것을 포함한다. "결과"는 두 가지 상이한 방식으로 사용된다.

수학적 과정은 하나의 과정이면서 결과가 다를 수 있는 그런 것이 아니다. [[수학에서]] 과정이 어떤 결과를 산출한다고 말하는 것은 그 결과를 산출한다는 것을 의미한다. ♯한 가지 뜻에서 여러분은 그 결과를 알지 못하고서는 그 과정을 알 수 없다. 왜냐하면 그 결과는 그 과정의 **끝**이므로. 계산은 실제로 수행되었는지와는 별개로 수학적으로 어떤 결과에 이른다. 다른 뜻에서 여러분은 한 과정을 알 수 있지만 그 결과는 알 수 없다. "무슨 뜻에서 **수학적** 과정이 이르는 곳을 알지 못하는 것이 가능한가? 수학적 과정이 어느 곳으로 이르게 **될지** 모르는 것은 가능하지만, 그것이 이르는 곳을 모르는 것은 가능하지 않다고 우리는 대답할 수도 있다."*♯

어떤 사람이 곱셈을 한 번 해내었고 그러고 나서 그 곱이 다시 필요했을 때 곱셈을 다시 새롭게 해냈다고 하자. 그가 곱셈을 한 번 했고 동일한 결과를 얻을 수밖에 없다고 말할지도 모른다. 여러분은 한 사람이 이것을 보지 못하고 그리하여 매번 새롭게 그 결과를 얻어야만 하는 것을 상상할 수 있는가? 어떤 사람이 다섯 개의 선분 |||||을 처음에는 한쪽 끝에서부터 세고 그러고 나서 다른 쪽 끝에서부터 센다고 하자. 그는 항상 동일한 결과를 얻어야만 하는가? 여기에는 경험적 물음이 포함되어 있지만, 또한 경험적이지 않은 것도 있다. 시각적인 다섯에서 우리는 각각의 선분을 숫자 1, 2, 3, 4, 5와 대응시켰다. 그 수열은 그것이 어떤 방식으로 세어지든지 간에 동일한 수를 주어

---

* 비트겐슈타인의 다음의 글을 편집자가 번역한 것이다: In welchem Sinne ist es möglich nicht zu wissen wohin ein mathematischer Vorgang führt? Man könnte antworten. es ist möglich nicht zu wissen wohin er führen wird aber nicht, nicht zu wissen wohin er führt.

야만 하는가? 그 순서가 결과를 변화시키지 않는다는 것은 어떤 종류의 사실인가? 만일 그가 다른 쪽 끝에서 시작했다면 무슨 차이를 만들 수 있을까? 그는 그러한 차이는 있을 수 없다고 동의할 수도 있으며, 또는 다시, 동의하지 않을 수도 있다. 어떤 사람이 여러분이 1, 2, 3, 4, 5를 세었을 때 숫자를 하나 빠뜨리지 않았다는 것을 어떻게 아는지 묻는다면, 여러분은 그러한 오류를 어떻게 발견할 수 있는가 하고 응수할 수도 있다.

1÷7에서 순환성을 최초로 발견한 사람은 처음 1000자리들에서 6이 나오는지 여부를 발견하는 방법을 알아냈다. 처음에는 그가 처음 1000자리들을 하나하나 계산해 나가려고 했는데, 순환성을 발견했고 그래서 그 문제에 관해서 생각이 바뀌었다고 하자. 만일 그의 문제가 **그가** 처음 1000자리들에서 6을 쓰게 될지를 알아내는 것이었다면, 그는 계산을 해서 실제로 발견할 것을 봄으로써만 그 문제를 해결할 수 있었을 것이다. 순환성의 발견을 포함하는 두 번째 방법은 그가 이 문제를 해결하는 데 도움이 되지 않을 것이다. 그러나 그 방법은 그가 무엇을 발견하는 것이 **옳을지**를 결정하게 될 것이다.

혹자는 그 두 개의 방법이 동일한 결과에 이른다는 것이 [[수학적]] 귀납에 의해 **증명될** 수 있다고 말할지도 모른다. 귀납에 의한 증명은 이런 식으로 나아가야만 한다고 항상 말할 수 있는 그러한 것이다. 우리는 그 계산들이 실제로 적혀 있는 것을 봄과 항상 이런 식으로 나아가야만 한다는 것을 봄을 구분해야만 한다. 우리는 순환성을 1÷7의 전개에서 6이 나오지 않을 것이라는 증명으로 인정해야만 하는가? 그렇지 않다. 한 사람이 그것이 그 방식으로 나아가야만 한다고 보아야 하는 어떤 이유도 없다. 그는 이것을 미래의 경우를 위한 증명으로 받아들일 수도 있고, 또는 그러지 않을 수도 있다. 우리는 그가 새로운 증명을 인정하도록 만들 수 없다. 어떤 면에서는 모든 사람이 1÷7을 계산해서 동일한 수를 발견하리라는 것은 경험의 문제이다. 비록 그것이 중요한 경험의 사실일지라도 말이다. 수학에서 우리가 두 가지 방법이 동일한 결과를 주어야 한다는 것을 인정해야만 한다는 것은 경험의 사실이 아니라 오히려 규칙이다. 그러나 우리는 모든 계산에서 동일한 결과를 얻는다는 것을 발견하기 때문에 그 규칙을 받아들인다.

1÷3의 전개에서 4가 나올 수 있는가? 알아내는 방법은 나누기를 하는 것일 것이다. 그러나 얼마나 오래 계속해야 하는가? 이를 알지 못한다면, 우리는 어떤 질문도 받지 않은 것이다. 그렇게 되면 공식을 발견하고 4가 나올 수 없다는 것을 봄으로써, 우리는 무한에 이르는 지름길을 발견한 것처럼 보인다. [[반면에]] 실제로 우리가 한 것은 그 공식을 그 물음과 대답에 대한 해석으로 받아들인다는 것이다. 증명은 발견되지 않고 구성된다. 순환성은 동일한 수나 수들의 여러 반복과 같은 것을 의미하지 않으며, 오히려 피제수와 나머지들 사이의 새로운 계산체계를 만든다. 이 계산체계가 없더라도 나눗셈은 어떤 점에서도 불완전하지 않다. 순환성을 받아들일 때 여러분은 그 물음에 대한 새로운 해석과 그것에 대답하는 새로운 방법을 받아들인다. 그러나 바보가 아니라면 여러분은 그 순환 결과를 받아들**여야만 하는** 것처럼 보인다.

강의 XI

|ıııı|ıııı|ıııı| 와 "우리는 긴 선분들 사이에 있는 네 개의 작은 선분들을 몇 번 셀 수 있는가?"라는 물음에 대해 생각해 보자. 그 대답은 3이다. 이에 관해 우리는 다음 두 가지를 말할 수 있다. 즉 우리가 3을 얻는다는 것, 그리고 3에 이르러**야만 한다**는 것. 동일한 결과에 이르는 두 가지 독립적인 과정이 있는 것처럼 보이는데, 하나는 3을 발견하는 과정이고 다른 하나는 그 결과가 무엇이어야만 하는지를 정하는 과정이다. 3을 발견하는 것은 모종의 수학적 경험인 것처럼 보인다. 만일

두 기둥 사이에 끈 한 쪼가리를 놓고 그것이 맞는다고 말한다면, 여러 분은 들어맞도록 만들었기 때문에 그것이 맞는다는 것을 깨닫는다. 여기에서 우리는 어떤 것이 어떤 것과 들어맞는다는 것이 어떤 모습인지에 대한 그림을 갖는다. 빈 주형이나 실린더에 대해서도 마찬가지인데, 어떤 딱딱한 대상을 그것에 들어맞게 하거나, 진흙 덩어리를 그것에 들어맞게 할 수 있는 것 말이다. 두 개의 증명이 일치하는 모든 경우에는 동일한 결과에 이르는 두 가지 독립적인 과정이 있는 것처럼 보이며, 우리가 두 과정이 동일한 결과에 이르게끔 만들었다고는 보이지 않는다. 하나의 과정을 통해 끝을 발견하고 다른 과정을 통해 그것에 도달한 것처럼 보인다. 그리고 마치 우리가 그것에 도달한 것에 놀라야 할 것처럼 보인다.

체스 게임에서 두 선수가 한 수move, 가령, 만일 비숍을 어떤 사각형으로 움직이면 그 결과는 외통수라는 것에 관하여 단순한 진리를 모르고 있다고 말할 수도 있다. 그러나 그들은 어떤 진리를 모르는가? 나무 조각들에 관한 진리는 아니다. 이것들로 하는 움직임들moves은 실험으로 간주될 수도 있을 것이며, 이 경우에 그 결과는 예측될 수 없을 것이다. 그 조각들은 부서지고 타버리고 등등 할 수 있다. 우리가 의미하는 것은 그 과정이 항상 이 결과에 이르러야만 한다는 것을 그들이 모른다는 것이다. 하나의 결과를 갖는 과정과 자기 자신의 결과가 되는 과정 사이에는 차이가 있다.

두 개의 과정이 동일한 결과에 이르러야만 한다면, 두 과정이 동일한 결과에 이르는 것을 보여주는 것은 확증이라고 말할지도 모른다. 그러나 그것이 하나의 확증인지 아닌지는 의심할 수 있다. ‡1000÷3이 333에 이르러야만 한다는 것을 여러분이 본 후에, 계산을 하고 그러하다는 것을 보는 것은 확증인가? 한 계산이 다른 계산의 결과를 확증한다고 말하는 것은 무엇을 의미하는가?‡

1을 7로 나누면서 [[소수점 이하]] 30자리들로 나아갈 때, 우리는 이를테면, 다섯 순환마디를 얻는다. 한 사람이 실제로 일정 수의 반복들을 적는다는 것은 자연의 사실이다. 그러나 우리는 또한 다섯을 얻어야만 한다고 말한다. 그 계산을 적을 때 30자리들에서 다섯 번의 반복이 나온 것을 우리는 수학적인 우연의 일치라고 불러야 하는가?* 또는 5가 17번째 자리에 나와야만 한다는 것도 그런가? 1÷7이 17번째 자리에서 5에 이르러야만 한다는 증명은 다음 두 가지 중 하나일 수 있다. (1) 실제로 적혀 있는 자릿수들의 열, (2) 17번째 자릿수를 산출하는 방법이라고 부를 수 있는 것. 후자는 온갖 종류의 방식으로 해석될 수 있다. 비록 우리가 사실상 그것을 온갖 종류의 방식으로 해석하지 않을 수도 있지만 말이다. 동일한 결과에 이르는 것을 보여줄 수도 있는 그 많은 방법에 관해 그것들이 동일한 결과에 이르러**야만 한다**고 말하는 것은 예언처럼 보이지만, 실제로는 우리가 한 결단resolution 이다. 그것들이 동일한 결과에 이른다는 것은 물리적 사실이다. 결단은 이를 예언하지 않았지만, 우리는 우리가 한 결단에 따라 연산을 했다.

만일 누가 우리에게 묻는다면, 아마도 우리는 모두 "큰", "작은", "뜨거운", "차가운"과 같은 낱말들이 상대적이며 절대적인 용어가 아니라고 말할 것이다. 그러나 일상생활에서는 그러한 낱말들에 대한 절대적인 사용이 존재한다. 감각으로서 '**뜨거운**'은 '**차가운**'의 높은 정도가 아니고, 또 '**차가운**'은 '뜨거운'의 낮은 정도가 아니다. 그리고 '**유쾌한**'과 '**불쾌한**', 또 '큰'과 '작은'도 마찬가지이다. 우리는 항상 무한을 아주 거대하거나 아주 미세한 것으로 생각한다. 한 점으로 수렴한다는 생각은 무한하게 작은 것으로의 수렴이라는 생각이다. 그러나 무한은 크기와는 전혀 관계가 없다. 우리가 나눗셈에서 나머지가 피제수와 동일하

---

* #수학에는 우연이 존재하는가?Gibt es einen Zufall in der Mathematik?# 이 강의를 위한 비트겐슈타인의 준비 노트에서 가져옴.

제Ⅲ부. 1934-35년 강의 315

다는 것을 발견할 때 엄청나게 큰 외연을 그리려는 끊임없는 유혹이
존재한다. 우리는 이를 무한한 순환성에 대한 기준이라고 간주하고,
그 결과는 무한하게 반복될 수 있다고 말한다. 그리고 마치 어떤 초인
간은 비록 우리는 그럴 수 없을지라도 그 무한한 외연을 조망할 수도
있을 것처럼 보인다. 가장 거대한 수수께끼는 수행되지 않은 계산(가
령 17번째 자리까지의 나눗셈)이 어떤 기묘한 방식으로 마치 행해진
것처럼, 마치 전체 외연이 주어진 것처럼 보인다는 것이다.* 우리는
그 전개를 실제적인 열거인 것으로 생각하는 경향이 있다. 만일 엄청
나게 큰 외연이라는 이 그림이 포기되면 우리는 무한이 [유한과는] 전
적으로 다른 수준에 있다는 것을 알게 된다. 그 차이는 결승선이 있는
경주와 결승선이 없는 인내력 경주 사이의 차이와 같다. 나는 이렇게
말하면서 무한이 "비실재적"이라고 의미하지 않는다. "무한한"이라는
낱말은 그것의 사용을 지니고 있다. 예를 들어 1÷7의 무한 전개에서
6이 나오지 않는다고 말하는 것은 6이 그 순환마디에 있지 않다는 것
을 의미하며, 그게 전부다. 그것은 단지 이 계산체계에서 뜻을 지닐
뿐이다. 이것이 그렇게 오해된 것은 어째서인가?

---

* 〈황색 책〉에서 이 점은 다음과 같이 보충되고 있다:
  주어진 수열 1, 1+*a*, 1+2*a*, …에서 "등등"은 점점 작아지면서 뒤에 나오는 네 개의
  수를 조용히 말하는데, 이 경우에 우리가 갖는 것은 끝에 도달하는 수열이다: 세
  개의 수들은 큰 소리로 말했고, 점점 소리가 작아지는 네 개의 수가 다음에 나온다.
  이러한 "점점 작아짐trailing off"이라는 생각은 "등등"에 대한 문법에서의 차이를
  깨닫지 못하게끔 만든다. 그것은 우리가 셈을 했고 또 하지 않았다는 환상을 창조한
  다. 우리는 마치 점점 소리가 작아진 수들이 고정되어 있었던 것처럼, 그것들이 비록
  말해지지는 않았지만 **뜻해진** 것처럼 행동한다. 그러나 만일 그것들이 말해지지 않았
  다면 여러분은 그것을 뜻했는가? 나는 적혀 있지 않은 수는 적혀 있지 않다고 말하
  고 있을 뿐이다. 우리는 사실상 세 개의 수와 "등등"을, 각각 그것들 자신의 문법과
  함께 가지고 있다.
    무한을 나타내는 "등등"의 사용에 대한 논의로는 *Philosophische Grammatik*, 제2
  부, II장, 10절을 볼 것.

강의 XII

π의 무한 전개에는 세 개의 연이은 7이 존재하는가? 사실상 그 무한 전개에서 세 개의 7이 존재해야 한다거나 존재할 수 없다는 것을 보이는 어떤 방법도 없다. 우리가 이 물음을 던질 수 있고 그 대답을 발견하는 어떤 방법도 가지고 있지 않다는 것은 기묘하다.

π의 무한 전개에 관해서 이야기할 때 우리는 전개해 나가는 어떤 것의 그림을, 그것이 점점 더 길게 자라나는, 한없이 뻗어 나가는 그림을 사용한다. 우리는 거대한 제한된 선택과 비교되는 것으로서, 제한되지 않은 선택에 관해 이야기한다. 마치 그것은 동일한 종류이지만 단지 더 거대한 어떤 것인 것처럼 말이다. 우리는 10억은 [1000보다] 무한에 더 가깝다고 생각한다. 그러나 무한은 크기와는 아무런 상관이 없다.

만일 내가 "$35 \div 161$의 무한 전개에서 8이 존재하는가?"라고 질문하면, 여러분은 순환마디가 나타날 때까지 전개한 다음 8이 나오면 그렇다고 대답할 것이다. 여러분이 아는 것은 경우에 따라 순환마디에서 그것이 나타나거나 나타나지 않는다는 것이다. 그 물음은 순환마디 없이 계산하는 경우에 제기되는 동일한 물음과는 다르다. 이 경우에는 그 물음은 다음과 동등하다: 무한 전개에서 8이 존재하는지를 말할 수 있게 할 계산체계를 찾으시오. 우리는 그 물음들이 같지만, 단지 한 경우에는 도구를 가지고 있고 다른 경우에는 그렇지 않다고 말할지도 모른다. 마치 "이 책을 반으로 자르시오"라는 명령에 대해, 한 경우에는 여러분이 적당한 칼을 가지고 있고, 다른 경우에는 그렇지 않은 것처럼. 그러나 그 물음들이 아주 같지는 않은데, 왜냐하면 그 책을 자르는 것과 관련 있는 물리학적 물음에 대응하는 어떤 심리학적 물음이 여기에는 존재하지 않기 때문이다. 우리는 "무한 전개"라는 용어가 사용되는 문장들을 점검해야만 한다. 우리가 그 문장들에 어떤 의미를 주었는지를 알아내기 위해서 말이다. 우리가 무한 전개라고 부르는 것은 그것을 산출하는 우리의 방법과 밀접한 관련이 있다.

π를 구성했기 때문에, 우리는 그것의 모든 귀결을 구성한 것이라고 말할 수 있을 것이다. 이와 유사하게, 우리는 어떤 공리들을 받아들인 후에 어떤 한 방향으로 계속 나아가도록 논리학이 우리를 강제한다고 말할지도 모른다. 자, 이것은 어떤 종류의 강제인가?

우리는 "2×2"를 "4"와 동일한 것을 의미하는 방식으로 사용한다. 따라서 "그는 2 곱하기 2개의 사과를 먹었다"고 말하는 것은 그저 그가 사과를 4개 먹었다고 말하는 것이고, "그는 4의 제곱근 개의 사과를 먹었다"는 그저 그가 사과를 2개 먹었다고 말하는 것이다. 4, 2×2, 그리고 2에 관한 이 진술들과 "위즈덤 씨는 이 의자에 앉아 있다" 그리고 "그 시지윅 윤리학 강사는 이 의자에 앉아 있다"를 비교하라. 이 두 개의 문장은 의미가 같지 않다. 비록 우연히 그 문장들이 동일한 사람에 관한 것일지라도 말이다. 그러나 4가 π의 전개에서 **우연히** 두 번째 자리인 것은 아니다. 4는 π의 두 번째 자리**이다.** 수학에는 어떤 것에 대한 기술과 그것의 이름 같은 것은 존재하지 않는다. 다시 말해 35와 45의 곱, 그리고 우연히 기술된 수가 되는 1575와 같은 것은 없다. 35와 45의 곱, 그리고 1575는 동일한 수이다. 이 예에서 우리는 수학에서 과정은 그 결과를 포함한다는 사실을 밝혀내는 또 다른 방법을 얻는다.

어떤 사람이 "π의 무한 전개에는 9가 존재하는가?"라고 묻는다고 하고, 우리가 다섯 번째 자리에서 9를 계산해서 발견한다고 하자. 그러면 여러분은 다섯 번째 자리에 9가 있으므로 무한 전개에 9가 존재해야만 한다고 말할지도 모른다. 자, 만일 여러분이 그것을 규칙으로 만들고 싶다면 그것에는 아무런 잘못도 없다. 그러나 여러분은 무엇을 말했는가? 여러분이 π의 무한 전개에 9가 존재한다고 주장하는 것이 정당하다고 말하는 것은 $1 \div 7$의 무한 전개에서 어떤 특정한 수, 가령 8이 존재한다고 말할 수 있는 자격을 주는가? 만일 여러분이 한 가지 맥락에서 ["무한 전개에서 어떤 x"에] 어떤 한 의미를 부여했다면, 여러분이 그 의미를 반드시 모든 맥락에 부여한 것은 아니다. 무엇을 해야 하는지를 알려주기 전까지는 아무것도 묻지 않은 것이다.

강의 XIII

만일 한 사람이 어떤 수의 무한 전개에서 7이 존재하는지를 묻는다면, 순환성에 따라 그는 대답을 할 것이다. 여러분이 순환마디로 계산을 하고 있고 "무한 전개에 7이 존재한다"를 "순환마디에는 7이 존재한다"로 정의한다고 하자. 이는 유용할 것이다. 그러나 만일 그 순환마디에는 7이 존재하고 그러므로 무한 전개에도 7이 존재한다고 말한다면, 여러분은 유용한 문구로부터 의미가 없는 언어적 문구로 결론을 내리고 있다. 무한 전개에 7이 존재한다는 것에 대한 두 가지 기준이 있다. 즉 (1) 7을 발견하기, (2) 순환마디에서 7을 발견하기. 만일 그 수가 [크기에 관해] 한 유리수와 비교되어야 한다면, 유리수의 전개에서 순환마디가 어디에서 끝날 것인지를 보여주는 것에 대한 기준 또한 우리에게 있어야만 한다. 만일 순환마디의 길이를 결정하는 어떤 방법도 없다면, 어떤 수가 순환소수라고 말하는 것은 "순환소수"의 뜻을 완전히 변화시켜 버린다. 언제 순환마디가 반복되는지는 말할 수 없지만 어떤 수가 순환소수라는 것을 발견했다고 한 사람이 주장한다고 하자. 그는 그것이 유리수여야만 한다고 말할 것이다. 그러나 **어느** 유리수인가?

우리가 2의 제곱근을 전개하는 법을 배웠고 그렇게 해서 소수들의 수열 1.4, 1.41, 1.414, 1.4142…를 얻는다고 하자. 여러분은 그 경우에 2의 제곱근을 하나의 수라고 부르는 이유를 갖게 될까? 여러분은 그것이 이 소수들을 전개하기 위한 규칙이라고 말하는 데로 더 기울게 될 것이며, 여러분은 그렇게 되면 2의 제곱근에 한 지표, 가령 5를 주는 것 $\sqrt[5]{2}$ 에 관해 이야기할 수도 있을 것이다.[53] 우리는 $\sqrt{2}$ 에 관해 그것이 수라고 이야기하는데, 왜냐하면 우리는 어떤 주어진 유리수보다 그것이 더 큰지 또는 더 작은지 여부를 발견하는 방법을 구성할 수 있기 때문이다.

우리는 수 기호 $\sqrt{2}$ 에 대응하는 무한한 길이의 수열을 지니는 것처럼 이야기한다. 이제 $\sqrt{2}$ 는 무한정한 전개를 위한 규칙들이 존재하는 기호이다. 내가 여러분에게 새로운 무리수를 제시한다고 하자. 이 수는 $\dfrac{7 \rightarrow 0}{\sqrt{2}}$ 로 기호화되며, $\sqrt{2}$ 의 전개에서 7이 나올 때마다 0으로 대체해서 구성된다. 이것을 하나의 실수라고 부르는 것에 대해 어떤 이의가 있는가? 내가 7에 도대체 도달할지를 모른다고 말할 수도 있고, 또는 어떤 7도 존재하지 않는다는 것이 증명될 수도 있는데, 이 경우에는 $\dfrac{7 \rightarrow 0}{\sqrt{2}}$ 는 $\sqrt{2}$ 로 정의될 것이다. $\sqrt{2}$ 에 대응하는 전개가, 설령 우리가 그것을 모를지라도, 존재한다는 생각이 있다. 그러나 $\sqrt{2}$ 가 계산되기 전에 우리는 $\sqrt{2}$ 와 1.414의 연관을 지니고 있지 않았다. 우리가 지니는 것은 무리수들 사이에 더 크고 더 작은 수들의 계산체계가 구성될 수 있다는 그러한 종류의 규칙들이다. "7을 0으로 대체하라"라는 지시는 규칙을 준다는 것을 제외하면 아무런 뜻도 없다. 그 규칙은 7을 0으로 대체하기 전에 얼마나 오래 계속 나아가야 하는지 우리에게 말하지 않는다. 우리가 설정했던 것을 제외하면 $\sqrt{2}$ 에 관해 알아야 할 것은 아무것도 없다. 우리가 모르는 알아야 할 어

---

[53] " $\sqrt[1]{2}$ "은 1, " $\sqrt[2]{2}$ "는 1.4, " $\sqrt[3]{2}$ "은 1.41, " $\sqrt[4]{2}$ "는 1.414, " $\sqrt[5]{2}$ "는 1.4142이다.

참고: *Philosophical Remarks*, pp. 224-225.

떤 것이 존재하는 것이 아니라, 오히려 그것에 대해서는 아직 어떤 계산체계도 없다.

어떤 유리수가 우리가 알지 못하는 순환마디를 가지고 있다고 말하는 것은 낱말들을 전적으로 다른 방식으로 사용하는 것이다. 만일 우리에게 어떤 한 순환마디가 존재한다는 증명이 있다면 그 순환마디는 존재**해야만 한다**고 말할지도 모른다. 나는 이렇게 말하는 것은 대단히 오도적이라고 말하고자 한다. 한 수학적 증명과 그 결과가 진술된 말 사이의 관계는 아주 느슨하다. 증명과 증명이 증명하는 것을 표현하는 말 사이의 관계는 증명의 종류에 따라 대단히 상이하다. π의 무한 전개에서 7이 존재한다는 증명은 온갖 종류의 것을 의미할 수도 있다. 어떤 한 수의 **유일한**the 무한 전개인 전개가 존재하고, 우리의 문제는 무한 존재자나 신이 이미 전부 알고 있는 것을 알아내는 간접적인 방법을 발견하는 것이라고 하는 오래된 단순한 불합리에 굴복하기란 쉽다. (우리는 무한수열에 대해 직접적 면식direct acquaintance[[에 의한 지식]]을 가지고 있지 않고 오히려 기술에 의한 지식knowledge by description을 가지고 있다는 러셀의 오도적인 주장과 비교하라.)

계산의 결과가 표현되는 한국어(또는 독일어 등등) 낱말들과 증명 사이의 관계는 증명에 따라 매우 상이하다. 우리는 $26 \times 13 = 338$이라는 증명이 존재한다고 말하고 이 증명과 m, n, 그리고 r이 어떤 수들에 의해 대체될 때 $m \times n = r$이라는 증명 사이의 연관이 존재한다고 말한다. 여러분은 이 증명이 무엇인지를, 즉 곱셈이라는 것을 알고 있다. 그러나 만일 자와 컴퍼스로 한 각을 삼등분하는 것이 불가능하다는 증명에 대해 말한다면, 여러분은 그 증명이 무엇인지를, 그것이 증명들의 한 체계에 속하는지를 안다는 뜻에서는, 모른다. 여러분은 그 증명이 그러그러한 것이 불가능하다는 증명들의 집합에 속한다고 말할지도 모른다. 그러나 이것은 아주 거친 기술이며, 곱셈 증명들과는 아주 다르다. 만일 어떤 사람이 26×13=338이라고 증명했다면, 우리는 그가 무엇을 했는지 안다. 그러나 만일 내가 어떤 한 순환마디가 존재한다는 증명이 존재하는데 그 순환마디가 어디에서 시작되는지를 모르겠다고 말한다면, 나는 그것이 어떤 종류의 증명인지를 알지 못한다. 화학적 과정의 경우에는, 우리는 그 과정이 산출하는 것을 알기 위해 과정을 바라보지 않고 그 결과를 바라본다. 그러나 수학적 증명에서는 그 과정이 산출하는 것을 알기 위해 그 증명을 바라보아야만 한다. 그 증명의 공식은 증명들의 한 목록을 주거나 주지 않을 수 있다. 곱셈이나 나눗셈의 경우에 증명의 공식은 [[그러한 목록을]] 준다.

여러분은 증명의 결과가 물체의 끝 표면과 같은 것이라고 상상할 수 있다. 어떤 폭과 길이를 지니는 실린더들이 있고, 실린더들은 모두 길이가 같지만 폭은 다르다고 하자. 우리는 실린더들의 끝 표면들을 이용해 그것들의 목록을 만들 수 있을 것이고, 어떤 실린더든 그 끝 표면을 바라봄으로써 그것의 부피를 발견할 수 있을 것이다. 그러나 길이가 변화한다면 우리는 끝 표면만으로는 실린더들의 목록을 만들 수 없을 것이다. 만일 폭의 변화에 대해 길이가 1인치가 변한다면 우리는 끝 표면들을 이용해 다시 목록을 만들 수 있을 것이다. 우리는 그 결과를 증명의 끝 표면이라고, 그리고 그 증명을 그 물체라고 부를 수 있을 것이다. 26×13=338과 같은 증명들은 모두 그것들의 끝 표면에 의해 분류될 수 있을 것이지만, 반면에 "자와 컴퍼스로 각을 삼등분하는 것은 가능하지 않다"라는 끝 표면은 그 증명을 목록화하는 데 전혀 도움이 되지 않는다. 우리는 이 증명을 7각형을 작도하는 것이 불가능하다는 증명과 같은 다른 증명들과 함께 분류할 수 있을 것이다. 그렇게 되면 그 증명의 결과는 우리가 그 증명이 무엇인지 말하는 데 도움이 될 수도 있다. 이것이 일어날 때 나는 그 증명의 결과는 수학적 방식으로 그 증명과 밀접한 관련이 있다고 말한다. 그렇지 않다면 증명의 결과는 그 증명과 아주 느슨하게 연결된 산문 문장이어서 다른 많은 산문 문장들이 연결되어 있을 수도 있다.

어떤 언어적 형식들은 한동안 오도적이다가 오도적이지 않게 되는데, 예를 들면 허수를 나타내는 기호들이 그렇다. 허수라는 관념이 처음 도입되었을 때 그러한 생각에는 어떤 오도적인 것이 있을 수도 있었지만, 그러나 지금은 완전히 무해하다. 그것은 누구도 오도하지 않는다. 이와 대조해서, "무한 전개"라는 명칭이 오도적이라고 말하는 것은 옳은데, 물론 어떤 사람이 계산을 할 때 그를 오도하는 것은 아니지만 말이다. 그 명칭은 사람들이 한 것에 대해 잘못된 관념으로 오도한다. 무한이 어떤 거대한 것이라는 관념은 몇몇 사람들을 매료시키지만, 그들의 관심은 단지 그러한 연상 탓일 뿐이다. 그들은 아마도 인정하지 않겠지만 말이다. 그러나 그러한 관념은 그들이 하는 계산과는 아무런 관계도 없다. 체스는 판, 기물 등이 없었다면, 그리고 아마도 전투 중인 군대와의 연관이 없었다면 발명되지 않았을 것이라고 나는 말할 수도 있다. 판과 체스 기물 없이 기물들의 움직임을 기술하면서 연필과 종이로 하는 놀이를 발명하는 것을 아무도 꿈꾸지 않았을 것이다. 그런데도 그 놀이는 둘 중 한 방식으로 할 수 있다. 이는 수학에서도 마찬가지이다. 계산체계를 가치 있는 것처럼 보이게 하는 것은 그 계산체계의 연상들이다. 그러나 이것들은 그 계산체계와 아주 다르다. 때로는 그 연상들은 실천적 적용과 관련 있고, 때로는 그렇지 않다. 그러나 거대한 것을 연상하는 일이 없다면, 아무도 무한에 추호도 관심을 갖지 않을 것이다.

《마인드》에서 발표된 최근 논문*에서 만일 어떤 사람이 π의 전개에서 [[잇달아 나오는]] 세 개의 7이 존재한다고 가정하는 것이 자기-모

---

* "Finitism in Mathematics I", *Mind*, XLIV, no. 174, by Alice Ambrose.

순적이지 않다고 증명했다면 그가 그렇게 함으로써 세 개의 7이 존재한다는 것을 증명했다고—비록 그 증명이 우리에게 그 무한 전개에서 세 개의 7을 발견하는 어떤 방법도 주지 않을지라도—말해야 하느냐 하는 물음이 제기되었다. 우리가 다음 두 가지 표현을 구분해야만 한다고 제안되었다. (1) (러셀의 표기법으로 쓰면) $(\exists x)\phi x$, 즉 세 개의 7이 시작하는 어떤 한 자리가 존재한다는 것은 참이다. (2) $\sim(x)\sim\phi x$, 즉 모든 자리에서 세 개의 7이 존재하지 않는다는 것은 참이 아니다. 저자는 다음의 두 가지 증명 방법이 존재한다고 제안했다: (1) 그 전개에서 두 자리 사이에 세 개의 7을 보이는 것, (2) 세 개의 7이 존재하지 않는다는 것이 자기-모순임을 보이는 것. $(\exists x)\phi x$(세 개의 7이 나왔을 경우)는 한 증명의 결과로서 주어져야 하고, (세 개의 7이 존재하지 않는다는 것이 자기-모순임을 의미하는) $\sim(x)\sim\phi x$는 다른 증명의 결과로서 주어져야 한다. 그러나 이것은 아무런 해결도 아니다. 그것은 책 때문에 말싸움하고 있는 두 사람에게 "보시오, 이렇게 하면 당신들의 언쟁은 해결될 것이오. 한 사람은 제목을 가지고 다른 사람은 그 책의 나머지를 갖도록 하시오"라고 말하는 것과 같다. 물론 이는 그들을 만족시키지 않을 것인데, 왜냐하면 제목은 그 책의 일부이고, 그 책에 속하기 때문이다. 그렇게 말하는 것은 사람들이 나누기가 존재할 수 없다고 말할 곳에서 나누기를 하고 있다. 나는 우리가 이와 같이 나눌 수 없다[[(1)과 (2), 두 가지 표현으로 구분할 수 없다]]고 의미하는 게 아니다. 단지 만일 우리가 그렇게 한다면, (2)에 대한 일상적인 표기법을 가정할 어떤 이유도 없다는 것을 말하고 있을 뿐이다. 그 둘은 분리 불가능한 것으로 여겨진다. 만일 내가 한 증명이 (1)을 증명한다고 말한다면, 그것은 (2)를 증명한다. 만일 내가 그것들[[(1)에 대한 증명과 (2)에 대한 증명]]이 동일한 것을 증명한다고 말하고 싶지 않다면, 거기서 나누기를 하는 것은 아무런 소용도 없다. 제안된 방식으

324

로 그 둘을 분리하는 것은 이중주택double house을 한 사람에게는 집과 부엌을 주고 다른 사람에게는 식당과 그 집의 나머지를 주면서 나누는 것과 같다. 이는 부엌과 식당이 붙어 있기 때문에 용납할 수 없다고 말할 것이다. 정상적인 언어가 분리에 반기를 드는 곳에서 분리하는 것은 아무 쓸모도 없다. 만일 내가 "그 이중주택을 나누어서 한 사람은 집 한 채를 가지고 다른 사람은 다른 집 한 채를 갖게 하시오"라고 말했다면, 이는 다를 것이다. 우리는 이 표현 중 하나를 소유하고 있는 사람은 누구든지 그렇게 해서 다른 표현도 소유하게 된다고, 그리고 그 분리는 분명 다른 방식으로 이루어진다고 말할 수도 있다. 그렇게 되면 우리는 한 증명이 그러그러한 것의 존재를 증명한다고 말하기 위해서 무슨 근거를 지니고 있는지를 진술해야만 한다.[54]

강의 XIV

지금까지의 논의를 보면 수학적 진술은 참 또는 거짓으로 증명되기 전에는 어떤 뜻도 지니지 않는 것처럼 보인다. π에 세 개의 7이 존재한다는 진술의 경우에는 그것이 자기-모순적이라는 어떤 증명도 존재하지 않으며 세 개의 7이 존재하는지도 우리는 모른다. 그 질문을 하는 것은 우리가 질문에 대답하는 어떤 수단도 가지고 있지 않기 때문에 뜻이 없는 것처럼 보인다. 그렇지만 우리가 [[잇달아 나오는]] 세 개의 7을 발견한다고, 또는 세 개의 7이 존재해야 한다는 것이 자기-모순이라는 증명을 고안한다고 하자. [[이제]] 그 물음은 대답되었고 또 뜻이 있는 것처럼 보인다. 그 가능한 대답들에 대한 이러한 설명은 우리가 일상적으로 명제라고 부르는 것과 상반된다. 왜냐하면 한 명제가

---

54 《마인드》에 발표된 앰브로즈의 논문 〈수학에서의 유한주의Finitism in Mathematics I〉과 관련된 일화에 대해서는 레이 몽크(2019), 남기창 옮김, 《비트겐슈타인 평전》, 필로소픽, pp. 494-495를 참고할 것.

참이거나 거짓인지를 알기 전에 그 명제는 뜻을 지녀야만 한다고 우리는 말하기 때문이다.

유한한 외연과 π의 무한 전개 사이의 유사성에서 시작해, 우리는 둘 다에 관해서 동일한 것을—이 경우에는 π에 세 개의 7이 존재하거나 존재하지 않는다고—계속 말하고 싶은 유혹을 느낀다. 이는 몇몇 논리학자들이 말하는 그런 것이다. 존재하거나 존재하지 않는다는 것. 그러나 왜 그들은 배중률을 되풀이하는가? 그것은 무엇을 말하는가? 그것은 동어반복이다. 왜 그들은 배중률을 강조하고, 예를 들어 모순율을 강조하지 않는가? 그들은 어떤 한—말하자면, 무한에서 잃어버린 어떤 것의—특정한 이미지를 떠올리기 위해서 그렇게 한다. 개를 끌고 갈 때, 목줄이 길수록 개에게 더 많은 자유를 준다는 사실에 대해 생각해 보자. 이제 내가 그 줄이 무한하게 길다고 말한다고 하자. 그러면 나는 내가 그 개를 전혀 이끌지 않고 있다고 말하는 게 나을 것이다. 이와 유사하게, 만일 내가 "이 무한수열에는 [[잇달아 나오는]] 세 개의 7이 존재하는가?"라고 묻는다면, 나는 그 물음이 물음 자체를 상쇄해 버린다고 말하는 게 나을 것이다. 그것의 문법은 그것이 물음이 아니라는 것이다.

우리는 이 물음을 두 가지 상이한 방식으로 바라볼 수 있다. (1) 만일 외연의 관점에서 생각한다면, π의 무한 전개에서 [[잇달아 나오는]] 세 개의 7이 존재하느냐 하는 물음은 뜻을 지닌다고 생각될 것인데, 왜냐하면 어떤 유한 전개에서도 세 개의 7이 존재하느냐 하고 묻는 것은 뜻이 있고, 유한과 무한 사이의 차이는 단지 정도의 문제이기 때문이다. 우리가 알든 모르든 π의 두 번째 자리가 4인 것과 마찬가지로,[55] 우리가 알든 모르든 π의 어떤 자리들은 777이다(또는 777이 아

---

55 원문을 그대로 옮기면 "π의 세 번째 자리가 4인 것과 마찬가지로"인데, 이는 이스터 학기 강의 XII에 나오는 내용과 다르다. 그리하여 "세 번째 자리"를 "두 번째 자리"로

326

니다). π의 외연에 집중하는 사람들은, 우리가 그 물음에 대답하는 어떤 수단을 가지고 있든, 또는 설령 어떤 수단도 가지고 있지 않을지라도, 그 물음이 뜻을 지닌다고 말한다. 그들은 적용할 수만 있다면 우리에게 결과를 가져다주는 방법을 상상한다. 우리가 그 결과에 어떻게든 근접하기 위해서 일련의 술수를 쓸 필요가 있다는 것은 문제가 되지 않는다. 이는 단지 우리가 유한한 피조물이고 그 난점은 순수하게 심리학적이기 때문이다.

그 물음을 바라보는 또 다른 방식이 있는데, 이는 다른 난점을 초래한다. 이 관점 (2)에 따르면, π에 세 개의 7이 존재한다고 말하거나, 실행 불가능한데도 마치 알아내는 어떤 방법이 있는 것처럼 행동하는 것은 뜻이 없다. 인내력 경주에서 어떤 목표도 정해지지 않은 것처럼, [[π에서 세 개의 7을 찾는]] 어떤 방법도 정해져 있지 않다. 그러므로 π에 세 개의 7이 존재한다는 것, 또는 존재하지 않는다는 것에 대한 유일한 기준은 결국 증명이다. 알아내는 방법이 있으며, 단지 그 방법은 우리에게 완전히 실행 불가능할 뿐이라는 한 관점이 있다. 그러나 그 방법은 존재하고, 그 물음에 뜻을 준다. 우리는 신이 직접적으로 도달할 수 있는 동일한 결과에 도달하는 간접적인 방법을 지니고 있을 뿐이다. 다른 관점에 따르면, 그러한 방법은 없으며, π의 전체 외연을 보는 신에 관한 이러한 주장은 아무것도 의미하지 않는다. π에 세 개의 7이 존재한다는 것, 또는 존재하지 않는다는 것의 대한 유일한 기준은 (만일 증명이 존재한다면) 실제 증명이다. 내포적인 관점 (2)는 우리가 π에 세 개의 7이 존재한다는 증명을 지니거나 π에 세 개의 7이 존재할 수 없다는 증명을 지닌다는 것이다. 여전히 제3의 선택지, 즉 어느 쪽이든 증명을 지니지 않는다는 선택지가 있는 것처럼 보인다. 브라우어

수정했다.

가 배중률이 항상 성립하는 것은 아니라고 말할 때 그는 내포적 관점을 취하고 있다.

그러나 이러한 [[내포적]] 관점은 또 다른 난점을 창조한다. 이제 그 물음은 아무 뜻도 지니지 않는 것처럼 보인다. 우리가 명제라고 부르는 것은 참이거나 거짓이고 이는 우리가 참인지 거짓인지를 아는 것과 무관하다는 점을 강조하는 첫 번째 관점과 대조해서, 두 번째 관점은 참이거나 거짓인지 우리가 알기 전까지는 어떤 뜻도 지니지 않는 명제들이 있는 것처럼 보인다는 어려운 관점이다. 그 난점은 다음과 같은 방식으로 제시될 수 있다. 한 명제가 존재하는 곳에서는 어디에서나 한 물음이 존재해야만 한다고 우리는 말한다. 예컨대 "그 사람은 흑인이다"와 "그 사람은 흑인인가?"와 같이 말이다. 그리고 "π에는 세 개의 7이 존재하는가?"에서 우리는 물음이라고 불러야 하는 어떤 것을 지니는 것처럼 보인다. 난점은 이 물음을 물음이라고 부르기 위해서는 대답이 있어야 한다는 것이다. 그러나 이는 모든 수학적 명제들의 특징이 아닌가? 다음의 이유 때문에 말이다. 만일 어떤 명제, 가령 $26 \times 13 = 419$를 택한다면, 만일 그것이 419가 아니라면 그 결과가 419라고 상상될 수 없으며 또 만일 그것이 419라면 그 결과가 419와 다른 것이라고 상상될 수 없다고 우리는 말할 수 있다. 이는 수학적 명제들이 우리가 일상적으로 명제들이라고 부르는 것과 다르다는 것을 곧바로 보여준다.

우리가 내포적 관점으로 기울 때의 난점은 한 가지 아주 단순한 사실의 문제에서 기인한다. 즉 우리가 수학에서 명제라고 부르는 것, 그리고 물음이라고 부르는 것은 온갖 종류의 완전히 상이한 것들일 수 있다는 것. 예를 들어 명제 $26 \times 13 = 419$는 기본적으로 명제들의 체계(수식 $a \times b = c$에서 주어지는 체계)의 한 명제이고, 그 대응하는 물음은 물음들의 체계의 한 물음이다. 26×13이 419와 같은가 하는 물음은 그것에 대답하는 한 가지 특정한 **일반적 방법**과 밀접한 관련이 있다. 그 물음의 대답인 명제를, 이와는 전적으로 다른 명제인 대수학의 기본 법칙, 즉 모든 방정식은 해를 지닌다는 명제와 비교해 보자. 이것은 명제의 형식을 지니고 있고 일상적인 한국어 문장으로 씌어 있다. 그러나 그것은 곱셈 명제와는 전적으로 다른 위치에 있으며, 후자와는 달리 따로 동떨어진 명제인 것처럼 보인다. 또한 그것은 증명으로부터 뜻을 얻는 것처럼 보이지만, 반면에 한 곱셈에서 그 곱이 무엇인지를 진술하는 명제는 그러지 않는 것처럼 보인다. "모든 방정식은 해를 지니는가?"라는 물음에 대한 대답이 무엇이든, 그 대답은 그 증명이 제시하는 것보다 어떤 것도 더 말하지 않을 것이다. 한 방정식에 근들이 존재한다는 증명이라고 부르는 것에 의해서 우리는 어떤 명제가 증명되었는지를 실제로 알게 되며, 그 물음에 대한 대답을 알게 된다. 만일 그 대답에 그 물음이 가지고 있던 것보다 훨씬 더 많은 것이 있다고 내가 말한다면 여러분은 내 말을 이해하겠는가? 통상적으로는 그렇지 않다.

26과 13의 곱에 관한 물음의 경우에, 경험적인 물음인 것처럼 보이게 만드는 것이 있다. 내가 정원에 사람이 있는지 묻는다고 하자. 나는 사람이 있는지 없는지를 알아내는 복잡한 방법을 사전에 기술할 수 있을 것이다. 이 물음과 그 곱셈 물음 간에는, 여러분이 알아내기 전에 내가 여러분에게 어떻게 알아내는지를 말할 수 있다는 점에서 유사점이 있다. 그러나 우리가 "모든 대수 방정식은 근을 지니고 있는가?"라고 물을 때, 그 물음은 거의 어떤 내용도 지니고 있지 않다. 그 물음은 우리에게 우리가 무엇을 해야 하는지에 관한 일종의 힌트를 주는데, 그러나 그 증명이 그 물음에 내용을 제공한다. 따라서 그 물음의 대답인 명제는 $a \times b = c$ 형식의 명제와는 전적으로 종류가 다르다. 내가 이러한 비교를 제기한 이유는 "π에는 세 개의 7이 존재한다"

라는 명제가 어떤 종류인지 생각해 보기 위해서다.

어떤 사람이 모든 대수 방정식들이 근들을 지니는지 묻고, 주어진 방정식에 대입할 때 양변을 동일하게 만드는 실수 또는 허수로 근을 정의한다고 하자. 그 물음은 만일 여러분이 근을 그러한 방식으로 정의하고 싶다면 명백한 뜻을 지닌다. 아마도 모든 수가 존재하고 신은 그중 어느 것이든 양변에 동일한 것을 산출하는지를 보기 위해 모든 수들을 시험할 수도 있을 것이다. 만일 수학적 신의 가설이 폐기되면, 우리는 "모든 방정식이 근을 지닌다는 것에 대한 기준은 무엇인가?"라는 물음에 대답해야만 한다. 우리는 **무엇**이 증명될 것인지를 말할 수 있을까? 여기에서 난점은 π에 세 개의 7이 존재한다는 것을, 또는 그렇지 않다는 것을 증명하는 경우와 같다. 우리는 그 증명이 어떤 모습일지를 전혀 알지 못한다. 이러한 관점에서 π에 관한 물음과 모든 방정식이 근을 지니는가 하는 물음은 유사하고, 그 물음들은 다음과 같은 물음들, 즉 "26×13의 결과는 무엇인가?", "그 곱에는 4가 존재하는가?", "1÷7의 순환마디에는 7이 존재하는가?", "1÷27에는 7이 존재하는가?"와는 유사하지 않은데, 이것들은 "예" 또는 "아니오"로 대답할 수 있다. 이 후자의 물음들은 물음들의 한 전체 체계에 속한다. 우리는 그 물음들에 대답하는 방법을 가지고 있고, 대답들의 체계 내에서 그 대답들은, 그 물음들을 결정하는 방법을 제시할 수 있다는 관점에서 일상적인 경험적 명제들과 같다. 만일 우리가 π에 세 개의 7이 존재하느냐 하는 물음뿐만 아니라 가령 1, 9, 5, 6과 같은 어떤 주어진 모둠이 나오는지 또 얼마나 자주 나오는지 하는 물음에 대해서도 대답하는 방법을 가지고 있다면, π에 관한 그 물음은 곱셈에 관한 물음과 거의 같은 종류일 것이다. 그 명제는 우리가 일상적으로 명제라고 부르는 것과 다소 같을 것이다. 반면에 우리가 어디에 나오는지를 보여주지 않은 채 세 개의 7이 존재한다는 것을 증명했다고 주장하는 어떤 것을 지니고 있다면, 우리는 한 체계의 다른 명제들과 비교할 수 있는 명제를 갖지 않을 것이며, 그것을 증명이라고 불러야 하는지 의심스러워진다. 혹자는 우리가 증명들의 결과를 기술하기 위해 사용하는 수학에서의 언어적 표현들이 매우 은유적으로 사용되고 있다고 말할지도 모른다. 그 표현들은 한 방법에서 엄밀한 뜻을 얻을 뿐이며, 그 방법이 진화하면 그 체계에서의 물음들은 일상적인 경험적 물음들과 아주 유사해진다.

"26×13의 곱에는 4가 존재하는가?"라는 물음과 "π의 처음 100개의 자릿수에는 4가 존재하는가?"라는 물음을 비교하라. 여기에서 우리는 형식적으로는 비슷하지만 동시에 상이한 두 개의 물음을 지니게 된다. 이제 우리가 π의 처음 100자리들을 전개하고 만일 그 후에 세 개의 7을 발견하면 π의 첫 번째 자릿수를 4로 대체한다고 하자. 그러고 나서 "처음 100자리들에는 4가 존재하는가?"라고 묻자. 우리는 이제 그 물음에 대답하기 위해 무엇을 해야 하는지 전혀 모르게 된다.

우리가 명제라고 부르는 것은 한 사물이 아니며, 동떨어져 고립된 것도 아니다. "π에는 세 개의 7이 있는가?"라는 물음이 뜻이 있는지 아니면 무의미한지 물을 때, 사람들은 어떤 조건에서 "세 개의 7이 존재한다"를 명제라고 부를 것인지를 말해야 하는 난점에 직면한다. 그것은 어느 정도 곱셈의 경우와 같으며 또 어느 정도 대수학의 기본 법칙과 같은가? 정상적인 뜻에서 물음인 것, 또는 명제인 것은 단독으로는, 물음이나 명제로서 지니는 것처럼 보이는 모든 특성을 잃어버리는 것이 된다. "π에는 세 개의 7이 존재하는가?"는 물음들의 거대한 체계에 속하지만, 오직 증명만이 그것이 어떤 체계에 속하는지를 보여줄 것이다. 오직 그 증명이 증명들의 한 체계의 구성원인 한에서만 그 증명의 결과를 표현하는 한국어 문장은 정당화된다.

강의 XV

만일 내포적 관점을 취한다면, 한 물음이나 명제는 증명, 또는 증명의 방법을 제시하기 전에는 뜻을 지니지 않는다고 우리는 말했다. 우리는 "명제"에 대한 이러한 사용과 일상생활에서의 사용 사이에는 모순이 존재한다고 말할 수도 있다. 모든 사람은 수학에 관해서보다는 달걀이나 베이컨 그리고 테이블에 관해서 더 많이 이야기하며, 그러한 것에 관한 진술에 "명제"라는 낱말을 사용하는 것은 우리가 훈련받고 익숙해진 것이다. 이제 수학에서의 "명제"의 용법 중 어떤 것은 가장 흔한 용법과 전혀 상충하지 않는다. 우리는 그 낱말을 정상적으로는 어떤 명제에 대해서든 그것과 밀접한 관련이 있는 물음이 존재하는 그러한 방식으로 사용한다. 만일 증명이 그 물음에 뜻을 주는 것이라면, 이는 우리가 명제라는 말로 의미하는 것과 모순되는 것처럼 보인다.

수학적 물음이 일상적인 물음과 비슷한 경우는 우리에게 물음에 대답하는 일반적인 방법이 있는 경우이다. 예컨대 우리가 $m \times n = r$인지를 결정하는 일반적인 방법을 가지고 있기 때문에, $26 \times 13 = 1560$인가 하는 물음은 일상적인 물음과 비슷하다. 비록 만일 그것이 거짓이라면 그 대답이 참이라는 것이 어떤 모습일지, 또는 만일 그것이 참이라면 그 대답이 거짓이라는 것이 어떤 모습일지를 우리가 상상할 수 없기 때문에 일상적인 물음과 다르지만 말이다. 우리는 수학에서 물음이라는 관념은 계산에서의 오류라는 관념과 밀접한 관련이 있다고 말할 수도 있을 것이다. 내가 "$26 \times 13 = \text{sine } a$인가?"라고 묻는다고 하자. 이것은 물음인가 아니면 오류인가? 대체로 우리는 그것을 오류라고 부르지 않을 것이다. 왜냐하면 오류라고 부르는 것을 우리는 소수의 것들로 제한하기 때문이다. 우리는 그것을 무의미라고 부르는 데로 기울 것이다. 한 표현이 뜻을 지니느냐 여부는 계산체계에 달려 있다. 나는 $26 \times 13 = 1560$이라고, 또는 4가 π의 첫 번째 자릿수라고 말하게 할 오류의 종류를 상상할 수 있으며, 그리하여 나는 그것들에 대응하는 물음들이 진정한 물음이라고 말할 수도 있을 것이다.

그 물음에 뜻을 주는 것이 증명이라고 말하는 것은 우리가 일상적으로 물음이라는 말로 의미하는 것과 모순되는 것처럼 보인다. 그러나 $1 \div 7$의 전개에서 순환마디를 발견한 후에는, 무한 전개에서 4가 존재하는가 하는 물음은 우리가 그 답을 알아내기 위해 얼마나 많이 전개해야 하느냐 하는 물음을 더 이상 제기하지 않는다는 점을 주목하라. 무한 전개에 관한 물음은 전혀 중요하지 않게 된다. 마치 그 물음의 **강조점**이 "무한"이라는 낱말에서 벗어난 것처럼 보인다. 순환성은 [[그 물음에 대답하는]] 방법에 속하고, 발견된 순환마디는 대답뿐만 아니라 물음에도 포함되어 있다.

그[[$1 \div 7$의 무한 전개에 4가 존재하는가 하는]] 물음에 뜻을 주는 것이 증명이라고 말하는 것은 불합리한데, 왜냐하면 이는 "물음"이라는 낱말을 오용하기 때문이다. 그러나 그 물음에 대답하는 한 방법을 제시하는 것은 증명이며, 이러한 방식으로 그 물음에 뜻을 준다고 말하는 것은 불합리하지 않다. 그 물음은 이렇게 해서 물음들의 한 체계에 구현되어 있으며, 그러한 체계에 대응하는 대답들의 한 체계가 존재한다.

"그러그러하다는 증명이 존재한다고 하자"라고 종종 말해진다. 이러한 종류의 가정은 그 증명에 관해서 말해진 것보다 조금도 더 많이 말하지 않는다. 그것은 "$26 \times 13 = \text{sine } a$인 체계가 존재한다고 하자"라고 말하는 것과 같다. 이렇게 말할 때 나는 그러한 체계를 가리키지 않는다. 나는 그저 "$26 \times 13 = \text{sine } a$"라고 쓰고 있을 뿐이다. 수학자들은 한 증명에서 숨은 모순이 존재할 가능성에 관해 이야기한다. 그러나 모순을 발견하는 것이 가능하다고 가정할 때 그들은 그들이 적었던 것보다 더 많이 가정하지는 않았다. 오직 세 개의 개별자만을 포함하는 우주가 존재한다는 램지의 가정도 이와 유사하다. 이것은 만일 방에 의자가 여섯 개가 아니라 세 개가 있다면 그 방이 어떤 모습일지를 상상하는 것, 또는 만일 지구에 오직 하나의 도시만 존재한다면 지구가 어떤 모습일지를 상상하는 것과 같지 않다. 그가 상상하는 것은 그가 적는 것이고 그 밖의 아무것도 아니다. 그는 그 가정의 사용이 무엇일 수 있는지에 대해 아무것도 말하지 않았다. 만일 세계가 세 개의 개별자로 이루어져 있다면 세계가 어떤 모습일지에 대해 우리는 어떤 것도 전혀 결론 내릴 수 없다.

이제 π의 무한 전개에서 세 개의 7이 나온다는 증명이 존재한다는 가정에 대해 생각해 보자. 여러분은 "글쎄, 만일 증명이 존재한다면, 나는 그것은 그러그러한 것과 같은 증명일 것이라고 가정한다"라고 언급할지도 모른다. 그 대답으로 나는 그 가정의 배후에는 아무것도 없으며, 하지만 그 앞에 어떤 것, 즉 그 가정에 대한 여러분의 사용이 있을 뿐이라고 말할 것이다. 심리학적으로 우리가 한 가지 종류의 연관을 만들 준비가 다른 연관을 만드는 것보다 더 되어 있을 수도 있지만, 그 연관이 만들어지기까지는 우리는 어떤 한 특정한 방식으로 한 연관을 만드는 데로 내몰리지 않는다. "그러그러하다는 증명이 존재한다고 하자"와 같은 말은 그 말이 말해진 이후에 행해지는 것에 의해서만 정당화된다. 내가 π에는 [[잇달아 나오는]] 세 개의 7이 존재하지 않는다는 것을 상상한다고 주장했다고 하자. 여러분은 내가 [[수학적]] 귀납에 의해 나아가는 증명과 함께, π가 자릿수들의 덩어리들로 나뉘는 것을 상상하고 있었다고 말할지도 모른다. 나는 무엇을 상상했는가? 나는 π에는 세 개의 7이 존재하지 않는다는 증명에 관해 어떤 것을 말하고 있는 것처럼 보이며, 이는 내가 증명을 가지고 있지 않기 때문에 기묘하다. 나는 "세 개의 7이 존재하지 않는다는 증명"이라는 표현으로 조작 외에는 아무것도 하지 않았다.

가정을 한다는 것은 일반적으로는 가정되는 대상의 종류에 대한 모종의 그림을 지닌다는 것이다. 만일 내가 이 방이 지금보다 더 높다고 가정한다면, 나는 그 방이 어떻게 보일지를 묘사하는 그림을 가지고 있을 수도 있으며, 그 가정의 귀결들, 예컨대 그 방은 난방하기가 더 어렵게 될 것이라는 귀결과 같은 다른 것들도 가지고 있을 수 있다. 그러나 만일 내가 "…라는 증명을 내가 가지고 있다고 가정하자"라고 말한다면, 나는 그저 그 말만 가지고 있을 뿐이다. 그다음에 오는 것, 즉 그러고 나서 내가 말하는 것은, 그 가정을 이루는 모든 것들이다. "나에게 이보다 1피트 더 높은 방을 만들어 주시오"라는 나의 말을 듣는 건축가는 정확하게 무엇을 해야 하는지 안다. 그리고 그가 무엇을 해야 할지 아는 것은 그의 앞에 방의 도면이 있는 것에 있을 수도 있다. π에 관한 가정으로는 나는 어떤 도면도 지니고 있지 않으며 제공할 수도 없다. 그리고 내가 하나도 제공할 수 없어야 한다는 것은 본질적이다. 이는 우리가 수학에서 가정이라고 부르는 것이 일상생활에서 가정이라고 부르는 것과 전적으로 다르다는 것을 보여준다. 낱말 "명제"와 "증명"의 사용 사이에서와 마찬가지로 그 두 가지 맥락에서 "가정"의 사용 사이에는 동일한 모순이 존재한다.

어떤 사람이 π에는 세 개의 7이 존재할 수 없다는 증명을 발견했다고 말하고, 다른 어떤 사람은 세 개의 7을 발견했다고 주장한다고 하자. 그 증명은 후자의 증명에 대해서 어디에서 그가 오류를 범했는지를 보여줄 것인가? 또는 그것은 어떤 차이도 전혀 만들지 않는가? 만일 여러분이 그 증명은 그에게 어디에 오류가 있는지를 보여줄 필요가 없다고 말한다면, 그것은 우리가 일상적인 한국어에서 증명이라고 부르는 그 어떤 것과도 완전히 다른 것이 될 것이다.

제IV부
수학자들을 위한 철학

비트겐슈타인의
1932-33년 강의
앨리스 앰브로즈의 노트에서

Philosophy
for Mathematicians

수학자들을 위한 철학
1932-33

1. 수학의 토대가 되는 기층substratum이 존재하는가? 논리학은 수학의 기초인가? 나의 견해로는 수리 논리학은 단순히 수학의 부분이다. 러셀의 계산체계는 기초가 아니다. 그것은 그저 또 다른 계산체계일 뿐이다. 기초가 놓이기 전에 하나의 학문에 잘못된 것은 아무것도 없다.

나는 행운이나 경험에 의해 해결될 수 있는 물음을 모두 배제할 것이다.

"수 2란 무엇인가?"라는 물음과 수를 술어의 술어로 정의하는 것에 대해 생각해 보자. 이제 온갖 종류의 술어가 존재하고, 2는 한 술어의 속성이고, 물리적 복합체의 성질은 아니다. 수에 관해서 러셀이 말한 것은 부적절한데, 첫째로 《원리》에서 그가 동일성을 사용하는 것에 대한 기준이 언급되어 있지 않기 때문이고, 둘째로 일반성에 대한 표기법이 혼동되고 있기 때문이다. 이 표기법은 물리적 대상들을 기술하는 명제들과 같은, 일상 언어의 주어-술어 명제들에 대한 유사성을 바탕으로 구성된다. "$(\exists x)fx$"에서 "x"는 **사물**thing, 기체substrate를 나타낸다. 그리고 상이한 문법들을 지니는 명제들, 수학적 명제들과 비수학적 명제들—예컨대, "모든 사람은 죽는다", "이 방에 있는 모든 사람은 모자를 가지고 있다", "모든 유리수는 크기에 관해서 비교 가능하다"—은 동일한 방식으로 다루어진다.

우리는 수들을 상이한 많은 술어들과 관련하여 사용한다. 러셀은 3이 모든 삼중체triads에 공통적인 속성이라고 말했다. 수가 집합의 속성이라고 말함으로써 의미된 것은 무엇인가? 그것은 ABC(집합)의 속성인가 아니면 그 집합을 특징짓는 형용사의 속성인가? ABC가 3이라고 말하는 것에는 어떤 뜻도 없다. 이것은 하나의 동어반복이고 그 집합이 외연으로 주어질 때 아무것도 말하지 않는다. 그러나 그 방에 세 사람이 있다고 말하는 것에는 뜻이 있다. 수는 한 집합을 정의하는 함수의 성질이다. 그것은 그 외연의 속성이 아니다. 함수와 목록은 구분되어야 한다. 러셀은 목록 외에도 또 다른 "존재자"를 얻기를 원했다. 그리하여 그는 수를 정의하기 위해서 동일성을 사용하는 함수를 제시했다. 집합 **a**에 대해 생각해 보자. 러셀은 그것을 정의하는 함수로서, 동일성을 사용하면서 $x=a$를 제시했다. 일상적으로, 함수를 목록(집합)으로 대체하는 것은 오류다. 우리가 외연으로 주어진 집합에 관해 이야기할 때, 또 속성을 정의함으로써 주어지는 집합에 관해 이야기할 때, 우리는 상이한 것을 말한다. 내포와 외연은 상호 교환 가능하지 않다. 왜냐하면 예를 들어 "나는 의자에 앉아 있는 그 사람을 증오한다"와 "나는 스미스 씨를 증오한다"라고 말하는 것은 동일하지 않기 때문이다. 그러나 수학에서는 다르다. 수학에서는 방정식 "$x^2-2x+1=0$"[1]의 근들과 목록 $\begin{bmatrix} 1 \\ 1 \end{bmatrix}$ 사이에, 또는 "$x+2=4$를 만족하는 수"와 "2" 사이에 어떤 차이도 없다. 그 근들과 2는 그 사람이 "그 의자에 앉아 있는 사람"이라는 기술을 만족하는 사람이라는 방식으로 기술되어 있지 않다.

---

1 원문은 "$x^2+2x+1=0$"이지만 곧바로 다음에 나오는 목록에 맞추기 위해 "$x^2-2x+1=0$"으로 수정했다.

2. 함수와 목록을 상호 교환하려는 시도의 유해한 귀결은 무한한 목록과 관련이 있다. 무한한 목록, 예컨대 두 변항의 함수의 값들의 목록에 관해 이야기하는 것은 무슨 뜻을 지니는가? "무한한 목록"이라는 문구는 일상적인 뜻에서의 "목록"과 완전히 다른 의미가 부여되지 않는다면 아무런 의미도 없다. 이는 "무한"에 대한 어떤 사용들이 합당하지 않다고 말하는 것이 아니다. 어떤 알려진 법칙에 따라 물체들에 의해 끌어 당겨지는 추에 대해서 생각해 보자. 우리는 유한한, 또는 무한한 수의 끌어 당기는 물체들이 존재한다는 것에 따라 그 추의 진자운동 방식을 계산할 수 있다. 그리하여 그 추가 무한한 수의 물체들에 의해 끌어 당겨진다는 진술에 의미가 부여될 수 있다. 그 법칙에 의해 물체들의 수를 결정하는 것은 그것들을 세는 것과는 전적으로 다르다. "무한한 수"는 "유한한 수"와는 전적으로 다른 문법을 가지고 있다. 우리는 "무한한 수"를 정의할 필요가 없다. 오히려 우리는 그 용어가 어떻게 사용되는지를 말해야만 한다.

"π의 전개에 나오는 유한한 수의 수들"과 "π의 전개" 사이의 차이는 철도 기차와 철도 사고 사이의 차이와 같다. 그 두 개의 표현은 명백하게 관련이 있지만 전적으로 상이한 의미들을 지닌다. 어떻게 우리는 이 두 개의 문구를 배우는가? "π의 전개"를 설명하기 위해서는 단일한 수를 쓸 필요는 없지만, 반면에 "π의 일곱 자리들의 전개"를 설명하기 위해서는 우리는 그 수들을 쓴다. 법칙과 외연은 완전히 다르다.

이 두 개의 소용돌이는 더 크고 더 작다는 관계를 맺고 있다. 그러나 소용돌이에 대한 법칙과 이 소용돌이 중 하나는 그런 관계를 맺고 있지 않다. 그리고 기수의 수열이 1, 2, 3, 4보다 **더 길다**고 말하는 것은 1, 2, 3, 4, 5가 1, 2, 3, 4보다 더 길다고 말하는 것과는 어떤 다른 것을 말하고 있다.

3. 러셀의 수의 정의로, 또 그 정의에 나오는 비슷함similarity, 즉 일대일 대응의 관계로 돌아가자. 우리가 길이 1피트를 그리니치 [[표준]] 피트와 어떤 관계에 있는 길이로 정의할 수 있는 것과 마찬가지로, 러셀은 모든 삼중체는 각각 "그리니치 [[표준]] 삼중체"와 대응될 수 있다고 말했다.

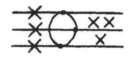

러셀의 정의에서 한 가지 난점은 일대일 대응이라는 개념에 있다. 이 개념은 모호하다. 그의 설명에서 대응은 동일성의 관념을 사용함으로써 달성된다. A와 B의 대응은 함수 $x = A \cdot y = B$에 의해 주어지는데, 왜냐하면 이 논리곱을 만족하는 것들은 오직 x에 대해서는 A이고 y에 대해서는 B이기 때문이다. 《수학 원리》에는 동일성의 두 가지 의미가 있다. 동일성 기호에 대한 한 가지 사용은 정의에서, 즉 $1 + 1 = 2 \ Df$라는 약칭에서 나타난다. 나는 정의를 일차적 등식, 즉 시작하는 등식이라고 부르고자 한다. 만일 $3 + 4 = 4 + 3$과 $3 \times 4 = 4 \times 3$이 한 계산체계에서 나오고 이 체계에서 이 교환 법칙들이 정의들*이라면, 한 기호는 다른 기호 대신에 적힐 수 있다. 그러나 "$1 + 1 = 1 + 1$"에 의해서는 무엇이 의미되는가? 우리가 이 수식을 쓸 수 있는 것은 "="의 문법의 일부이다. 그러나 그것은 어떻게 사용되는가? 수식 "$a = a$"는 특수한 방식으로 동일성 기호를 사용한다. 왜냐하면 우리는 a가 a에 대입될 수도 있다고 말하지 않기 때문이다. 그런데도 우리는 [[수학적]] 귀납에서 $a = a$와 같은 것으로 시작한다. 동일성 기호에 대한 또 다른 사용은 《원리》에서 "함수 f를 만족하는 오직 하나의 사물이 존재한다"에 대한

---

* 이 정의들과 $13 \times 14 = 14 \times 13$을 비교하라. 이 등식의 양변에는 다른 계산이 나온다.

표기법에서, 즉 $(\exists x):fx.(y).fy \supset (x=y)^2$에서 나타난다. 이러한 사용으로부터 "$x=x$"라고 쓰는 것이 뜻이 있다는 것이 따라 나오는가?

"$=$"에 대한 이러한 사용은 외관 변항이 나타나는 경우들에 한정되며, 상이한 사물들에 대해서는 상이한 상징들을 사용함으로써 제거될 수도 있다. $(\exists x):fx.(y).fy \supset (x=y)$ 대신에 $(\exists x)fx:\sim(\exists x,y).fx.fy$를 쓰라. 여기서 후자는 하나의 사물이 존재하고 두 개의 사물이 존재하지 않는다고 말한다. 러셀은 "오직 a만 f를 만족한다"를 $(\exists x)fx.x=a$로 쓸 것이다. 나는 그것을 $fa.\sim(\exists x,y).fx.fy$로 쓸 것이다. 동일성 기호에 대한 러셀의 사용은 무의미한 표현들 $a=a$, $a=b$, $(\exists x).x=x$에서와 같은 사용이다. 이것들은 동일성에 대한 합법적인 사용이 퇴화한 경우들이다. $a=a$와 $a=b$가 [[수학적]] 귀납에 의한 증명들의 시작에서 사용된다는 것은 참이다. 나는 그것들을 귀납에서 사용하는 것을 전혀 시사하고 있지 않으며, "$1+1=1+1$"이 이러한 특정한 놀이에서 어떤 것을 의미하도록 허용하는 것을 시사하고 있지도 않다. "$=$"에 대한 러셀의 사용에 관해 말하자면, "$=$"은 "이 방에는 **오직 한 사람만 있다**"라는 표현에서 나타나는데, 이 표현은 일상적인 한국어에서는 관계 $x=y$를 가리키지 않는다.

러셀은 모든 속성을 공통으로 가진다면 a와 b는 동일하다고 말했다. 마치 이 말이 a와 b가 결코 모든 속성을 공통으로 가지지 않을 것이라는 느낌과 연결된 일종의 물리 법칙인 것처럼 말이다. 속성[[이라는 말]]이 충분히 명료한 것은 아니다. 물리적 대상의 속성은 수학에서 수, 직선 등의 속성과 무관한 유사성이 있을 뿐이다. 일상적 맥락에서 속성 용어들은 기체가 **갖는다**, 또는 **갖지 않는다**고 말하는 것이 뜻을 지니는 성질을 나타내야만 한다. 한 사물에, 만일 그 사물이 한 속성

---

2 $(\exists x)\{fx\&((y)(fy \supset x=y))\}$로 표기할 수 있다.

을 지닌다고 **정의**되었다면, 그 속성을 귀속시키는 것은 무의미하다. "색깔 빨강은 무슨 속성들을 지니고 있는가?"라는 물음에 대한 대답들을 비교해 보자. (1) 어떤 것이 빨강을 지니고 있다는 것은 빨강의 한 속성이다. (2) 빨강이 분홍보다 더 짙다는 것은 빨강의 한 속성이다. "**빨강은 분홍보다 더 짙다**"와 같은 어떤 명제도 없는데, 왜냐하면 그것을 부정하는 명제가 없기 때문이다. "빨강은 분홍보다 더 짙지 않다"는 무슨 의미를 지니는가? 빨강이 분홍보다 더 짙다고 말하는 것은 빨강의 한 속성에 관해 이야기하는 것이 아니라 오히려 낱말 "빨강"의 문법에 관해 이야기하는 것이다. 이와 유사한 생각이 "이 강의실에서 강사가 가지고 있는 것은 수 1의 속성이다"라는 진술과 "1 < 2라는 것은 1의 속성이다"라는 진술에도 적용된다. 《원리》에서 러셀은 일상 언어를 모델로 삼아 개별자들과 속성들에 관해 이야기한다.

4. 일대일 대응에 의한 집합 상등성 정의는 그 집합들이 동일한 수를 지니기 위해서 사실상 범례와 대응되어야 하느냐, 또는 단지 가능하기만 하면 되느냐 하는 물음을 제기한다. 그것들을 대응시키는 **가능성**이 존재한다는 것에 대한 기준이란 무엇인가? 여러분이 시도하면 성공할 것이라는 것인가? 만일 그러하다면, 예를 들어 만일 세 개의 가위표를 범례와 대응시킬 **수 있다면** 그 세 개의 가위표가 존재한다는 것은, 그 가위표들을 **가설적으로** 대응되게 한다. 따라서 대응 가능성의 기준은 그것들이 실제로 대응된다는 것이다.

　무한 집합에 대한 데데킨트Richard Dedekind의 정의에는 기묘한 것이 있다. 그의 정의에 따르면 한 집합은 자신의 진부분 집합과 일대일 대응될 수 있다면 무한하고, 그럴 수 없다면 유한하다. 한 기준을 준다는 것은 우리가 그것을 사용할 수 있다는 것을 전제하고, 이는 우리가 그 기준을 사용하려고 **시도**할 수 있다는 것을 함축한다. 그러나 한 진부분 집합을 그 [[전체]] 집합과 대응시키려고 시도한다는 것은 무엇을 의미하는가? 데데킨트는 유한 집합과 무한 집합을 구분하기 위해 우리가 **사용**할 수 있는 기준을 제시하지 않는다. 무한 집합이 진부분 집합과 대응될 수 있는 그러한 것이라고 말하는 것은 무의미해 보인다. 우리는 이러한 뜻에서의 대응을 시도하지 않았고, 시도할 수도 없었다. [[여기서]] **시도한다는 것은 어떤 뜻도 없다.** 우리가 기수들의 무한 집합을 홀수들과 대응시키는 것에 대해 말할 때 우리는 "대응"이라는 말로 완전히 다른 것을 의미한다. "대응"은 어떤 한 새로운 뜻에서 사용되고 있다. 그 점은 다음과 같은 방식으로 표현될 수도 있다: 한 무한 집합과 그것 자신의 일부를, 예컨대 1, 2, 3, 4…와 1, 3, 5, 7…을 대응시키는 것은 "등등"이라는 말이 첨가될 때에는 다른 대응이다. 우리는 1, 2, 3과 1, 3, 5를 기존의 방식으로 대응시키고 게다가 한 법칙을 준다. 비슷함과 상등성은 둘 다 여기에서는 상이한 것을 의미한다. 비록 유사점들이 존재하지만 말이다. 사실상 비록 상징 1, 2, 3, 4…는 1, 2, 3, 4와 전적으로 다르지만, 그것을 적는 방식에 의해 명시되는 바와 같이 유사점들이 존재한다. 그 규칙 중 어떤 것은 유한 집합들과 무한 집합들에 공통적이다. 그리고 물론 어떤 것—1, 2, 3…= 1, 2, 3, 4…—은 다르다.

만일 우리가 모든 기수에 대해 성립하는 하나의 법칙을 가지고 있다면, 그리하여 전체 수열을 관통해 나아감으로써 검사할 수 없는 법칙을 가지고 있다면, 우리가 그 검사를 수행할 수 없다는 것은 때때로 인간의 약점에 기인한 것이라고 말해진다. 나는 우리가 너무 약해서 그 기수들을 관통해 나갈 수 없다고 주장하는 것은 전혀 아무런 의미도 지니지 않는다고 말하고자 한다. 이렇게 주장할 때 우리는 모든 기수를 쓰는 것과 작은 백지 조각에 백만 개의 기수를 쓰는 것을 비교하고 있는 것이다. 그 둘은 두 가지 전적으로 상이한 뜻에서 불가능한데,

전자는 우리가 무의미에 대응하는 어떤 것을 수행할 수 없기 때문에 불가능한 것이다. 이제 하나의 수열은 만일 측정의 방법이 존재한다면 무한한 길이를 갖는다고 말할 수 있다. 이 진술의 뜻은, "이 막대기는 길이가 3야드이다"라는 진술과 같이, 우리가 그것의 길이를 어떻게 결정하느냐에 달려 있으며, 측정하는 방법에 따라 다르다. 그 진술이 뜻을 지닐 수 있기 위해서는 먼저 측정 방법이 주어져야 한다. 검증할 수 없는 명제들, 예컨대 "한 혜성은 만 년 동안 포물선을 그린다"와 같은 명제가 반드시 쓸모없는 것은 아니다. 그러나 사람들이 그만큼 오래 살지 못하기 때문에 "그 혜성은 포물선을 그린다"에 대한 어떤 최종적인 검사도 없다고 말하는 것은 어떤 뜻도 지니지 않는다. 그 전체 경로를 검증하는 어떤 수단도 제공되지 않은 것이다. "그것은 3년 동안 포물선을 그린다"라는 진술이 "그것은 포물선을 그린다"라는 진술과 얼마나 다른지를 주목하라.

5. 하나의 산수를 구성할 때 우리는 그것이 **수**의 일반 개념과 **홀수**와 **짝수**의 개념을 다루는 명제들을 포함할 것이라는 관념을, 또 이것들을 전혀 언급하지 않는 산수는 불완전할 것이라는 관념을 지닌다. 특히 만일 우리가 숫자들과 곱셈들을 지니는 계산체계를 지니고 있다면 어떤 한 새로운 경우로 나아가기 위해 어떤 한 **일반적인** 법칙이 존재해야만 할 것이고, 그 일반 법칙은 명백하게도 "기수"라는 용어를 포함할 것이라는 관념을 지닌다. 그러나 계산하는 방법에 대한 설명은 일반 표현을 요구하지 않는다. 어린아이들에게 산수를 가르칠 때 우리가 **수**라는 일반 개념을 언급할 필요가 없다는 점을 주목하라. 우리는 **특정한** 수들을 가지고 가르치며, 계산하는 방법을 설명할 때 어떤 일반적인 표현도 언급할 필요가 없다. 일반적인 표현들이 없는 계산체계가 덜 완전한 것은 아니다. 그것은 그저 다른 놀이일 뿐이다. (혹자는 "놀

이"라는 낱말이 나오지 않는, 여러 놀이에 관한 책을 쓸 수 있을 것이다.)
체스는 어떤 복잡한 것을 더하지 않아도 완전하다. 복잡한 것이 더해
지면 새로운 놀이가 된다.

6. "그러그러한 것을 만족하는 수가 존재한다" 또는 "그러그러한 속성
을 지니는 수가 존재한다"와 같은 형식의 문장들은 무엇을 뜻하는가?
그리고 [[수학적]] 귀납에 의한 증명은 어떤 뜻에서, 예컨대 "모든 기
수에 대해서 그러그러한 것은 성립한다"와 같은 일반 명제에 대한 증
명인가? 이런 종류의 물음을 고려하기 위해 표기법 $(\exists x)fx$와 $(x)fx$를
사용하는 문장들로 시작할 필요는 없다. 하나의 표기법이 다른 것보다
도 더 정확한 것은 아니다. 한 표기법은 더 우아할 수 있지만 더 정확
하지 않을 수도 있다. 한 표기법이 정확하다는 것을 안다는 것은 그것
이 무엇을 할 수 있는지를 아는 것이다. "$1 \div 3 = 0.333\cdots$이라는 증명
은 무엇을 증명하는가?"라는 물음에 대해 고찰하기 위해, 1을 3으로
나누는 나눗셈에 대한 일반적인 표기법으로 시작하기로 하자. 이 물음
에 대한 한 가지 대답은 무한한 수의 3이 나오리라는 것, 또는 3을 제
외한 어떤 다른 수들도 나오지 않으리라는 것을 그 증명이 증명한다는

것이다. 그 증명은 나머지=피제수이다. 나눗셈 $\dfrac{3)1.0\ (.3}{\underline{9}}_{1}$ 에서 1이 반

복해서 나온다는 것은 3이 계속해서 나옴을 보여준다. 이 반복적 나타
남을 전혀 알아차리지 못하고, 어떤 사람이 "3이 항상 나오게 될 것인
가, 아니면 어떤 다른 수가 언젠가 나타나게 될 것인가?"라고 물었다
고 하자. 그 반복적 나타남을 알아채지 못한다면 우리에게는 이 물음
에 대답하는 어떤 방법도 없을 것이다. 자, 반복되는 피제수의 발견은
어떤 뜻에서 항상 3이 나올 것이냐 하는, 무한한 외연과 관련된 물음
에 대한 대답일 수 있는가? 그 대답은 무한한 외연에 관해서는 아무것

도 말하지 않는 것처럼 보인다. 무슨 방법으로 증명 $\frac{1\div3}{1}$을 아는 것은 그 탐구에 종지부를 찍는가?[3] 그것은 끝나야만 하는가? 물론 우리는 오류를 범해서 나누기를 계속하고는 4를 얻을 수도 있을 것이다. 4가 나오지 않을 것이라고, 4를 얻는다면 그것은 오류일 것이라고 우리가 예언할 수 있는 것은 어째서인가? 그리고 "4는 나오지 않을 것이다"라는 진술은 증명과 별도로 뜻을 지니는가, 아니면 증명이 그 진술에 뜻을 주는가?

우리가 현재 다루고 있는 예는 특정한 수들을 배우면서 **홀수와 짝수**의 개념을 얻는 것과 유사하다. 전에는 알아채지 못했던 어떤 것에 주의를 기울임으로써 우리는 어떤 새로운 것을 파악한다. 우리가 순환성의 개념 없이 나눗셈을 배웠다고 하자. 우리는 순환성 개념 없이 완전한 계산체계를 지니게 될 것이지만, 1이 반복해서 나온다는 것을 알아차릴 때 나머지=피제수라는 법칙에 대해 상징 $\dot{3}$을 쓰는 것은 전적으로 새로운 것을 도입한다. 실제로 우리는 $\dot{3}$에서 하나의 새로운 상징을 얻는다.[*] $\left(\dfrac{1\div3}{1}\right)$은 새로운 연산이고 $\frac{1}{3}$과는 다른 뜻에서 결과를 갖는다.[4] $0.333\cdots$은 외연 $(0.3, 0.33, 0.333 \cdots)$을 가리키는 것으로 보이

---

3   비트겐슈타인의 기호법에 따르면, 다음은 1을 3으로 나누어서 몫으로 처음 0.3을 얻은 계산을 간단히 나타낸 것이다.

$$\frac{1\div3}{1}$$

반면에 비트겐슈타인은 나머지 1과 피제수 1이 같다는 것을 알아차리는 경우, 다음과 같이 밑 선을 그어 이 점을 표시하고 있다.

$$\frac{1\div3}{\underline{1}}$$

참고: *Philosophical Grammar*, p. 398, 427.

[*]   *Philosophische Grammatik*, p. 404를 보라.

4   원문에 나오는 표현 $\left(\dfrac{1\div3}{1}\right)$을 가독성을 위해 $\left(\dfrac{1\div3}{1}\right)$으로 수정했다. 또한 이 계산을

지만 반면에 $0.\dot{3}$은[5] 그렇지 않다. 후자는 외연이 아니다. [또한 축약도 아니다.*]

π가 무리수라는 증명이 존재하기 전에, π의 전개에서 반복해서 나타나는 것이 있느냐 하는 물음은 우리가 그것을 결정하는 방법을 지니기까지는 분명하지 않았다. 전혀 어떤 방법도 지니지 않았던 사람들, 예컨대 $1 \div 3$이 계속해서 되풀이된다는 것에 심지어 놀랐던 사람들의 경우에는, $\frac{1}{3}$이 순환소수인지 하는 물음과 π가 순환소수인지 하는 물음은 같다. 만일 이 물음들을 외연, 즉 수많은 소수를 가리키는 것으로 생각한다면, 우리는 계속 계산하는 방법을 좋은 방법이라고 생각하게 될 것이다. 그러나 그것은 **항상** 반복해서 나타날 것인지를 결정하는 방법은 되지 않을 것이다. 항상 반복해서 나타날 것이냐 하는 물음의 뜻은 그 물음에 대한 대답에서 도출된다. "$1 \div 3$은 순환적인가?"는 대답이 있지만, "π의 전개는 순환적인가?"는 우리의 방법이 그 무한 전개에서 순환마디를 찾는 것인 한 아무런 대답도 없다. 이 방법은 순환마디를 찾는 것과 유한한 구간에서 순환마디를 찾는 것을 혼동하고 있다.

만일 무한 외연과 관련된 것으로 보이는 "3은 항상 계속해서 나올 것인가?"라는 물음에 대한 대답으로 나머지와 피제수가 같다는 법칙을 제시함으로써 $1 \div 3$이 순환한다고 증명하는 것이 기묘하다고 생각되지 않는다면, 그 이유는 이러하다: $\frac{1 \div 3}{1}$이[6] 무한 외연에서 3이 반복해서 나타난다는 것의 징후라고 간주된다는 것. 황달이 간에 이상이 있다는

둘러싼 원은 특별한 의미가 있는 기호가 아니다. 아마도 비트겐슈타인이 강의를 하면서 이 계산을 가리키는 과정에서 둘레에 동그라미를 그렸을 것이다.

5 원문에는 "0.3"이 나오지만 명백하게 오자이므로 "$0.\dot{3}$"으로 수정했다.

* *Philosophische Grammatik*, p. 428.

6 원문에는 "1 : 3"이 나오지만 명백하게 오자이므로 " $\frac{1 \div 3}{1}$ "으로 수정했다.

것의 징후로 간주되듯이 말이다. 이것들은 유사한가? 어떤 방식으로 우리는 $\frac{1 \div 3}{1}$ 이[7] [[무한 외연에서 3이]] 계속 반복해서 나온다는 것의 징후라고 말하는가?[8] **그것이 하나의 징후라는** 것을 곧바로 보지 못한 사람에게 여러분은 무엇이라고 말할 것인가? 그 설명은 다음과 같을 것이다: 1을 3으로 나누면 1이 남고, 이것은 시작하는 수와 같은 수이기 때문에 3으로 나눌 때 1이 남을 것이고 **등등**and so on. 고딕체로 표시된 표현은 $\frac{1 \div 3}{1}$ 과 반복해서 나타남 사이의 연관을 보여주는 설명의 두 번째 부분이다.* 그러나 이 설명은 그 외연을 제공하지 않는다.†

우리가 어떤 사람이 1을 3으로 나누는 것을 관찰한다면, 그가 항상 3을 쓸 것이냐 하는 물음은 물리학의 물음과 같다. 한 혜성이 항상 포물선을 그릴 것이냐고 묻는 것과 같이 말이다. 그가 나누기를 계속할 때 등식 $1 \div 3 = 0.33\cdots$의 우변이 어떤 모습일까 하는 물음과 대조해서, 3이 반복해서 나오느냐 하는 수학적 물음은 **전체 등식**에 관한 물음이다. $1 \div 3$이 순환하는 3을 **산출한다**고 말하는 것은 $0.33\cdots$의 운명에 관한 어떤 것을 말하는 것이 아니라 $\left(\frac{1 \div 3}{1} \right)$의 계산에 관해 말하는 것이며, 바로 이것에 의해 "순환성"이라는 말로 의미하는 것이 정의된다. 한 수학적 증명의 결과는 그 증명으로부터 의미를 얻는다.

$1 \div 3$이 순환적이라는 증명과 $\sqrt{2}$ 가 무리수라는 증명을 비교하는

---

7 원문에 나오는 표현 "$\frac{1 \div 3}{1}$"은 부적절하다고 판단하여 "$\frac{1 \div 3}{1}$"으로 수정하였으며, 이하도 마찬가지이다.

8 참고: "우리는 한 분수, 예컨대 $\frac{1}{3}$ 의 순환성이, 무한 소수의 외연이라고 불리는 어떤 것이 오직 3들만을 포함한다는 사실에 있다고 간주한다. 우리는 이 나눗셈에서 나머지가 피제수와 동일하다는 사실을 그 무한 외연의 이러한 속성의 한갓 징후로 간주한다."(*Philosophical Grammar*, p. 427.)

* *Philosophische Grammatik*, pp. 283-284를 보라.

† ibid., pp. 427-429.

것은 유용하다. $1 \div 3$과 $1 \div 5$의 경우에 순환성에 관한 물음은 동일하지만, $\sqrt{2}$의 경우에는 아주 다르다. $\sqrt{2} = 1.414\cdots$가 주어질 때, 만일 어떤 사람이 "14는 순환하는가?"라는 물음을 던진다면, 여러분은 "어떤 경우에 당신은 그것이 순환한다고 말할 것인가?"라고 되물을 수 있다. 여러분은 [[그렇게]] 물음으로써 그 사람에게서 그의 물음이 뜻했던 바를 알게 될 것이다. 만일 그가 "만일 다음 숫자가 1이 아니라면 그것은 순환하지 않는다고 나는 말할 것이다"라고 대답한다면, 여러분은 그가 그의 물음으로 의미한 것을 알게 된다. 그는 어떻게 그의 물음이 대답되어야 하는지를 여러분에게 말해 주어야 할 것이다. 만일 그 물음이 **어떤** 순환마디든 존재할 것이냐 하는 것이라면, 어떤 뜻도 주어지지 않았기 때문에 그것에는 어떤 뜻도 없게 될 것이다. 그것은 0부터 무한정한 길이까지 변하는 자로 측정될 때 어떤 것의 길이를 묻는 것과 같다. 비록 이 물음은 14가 순환하느냐 하는 물음과 같이 잘못된 대답을 갖지 않지만 말이다. 이제 $0.33\cdots$의 경우에 여러분은 3이 순환한다는 진술의 참과 거짓에 대해 기준들을 제시했다. 즉 (a) 참에 대한 기준으로는 $\left(\frac{1 \div 3}{1}\right)$ (비록 이것은 실제로 "항상 3이 나올 것인가?"라는 물음의 대답에 대한 기준은 아니지만), 그리고 (b) 거짓에 대한 기준으로는 어떤 다른 수, 가령 4의 나타남. 그러나 만일 4가 나온다면 여러분은 만족하지 않을 것이며, 그 계산이 옳게 이루어졌느냐고 질문하게 될 것이다. 4는 **옳은** 계산에 의해서 나와야만 한다. 그리고 그것이 옳은 계산인지를 결정하기 위해서는 $\left(\frac{1 \div 3}{1}\right)$의 구성을 바라보아야만 하며, $0.33\cdots$을 바라보아서는 안 된다.

만일 우리가 항상 3이 나올 것이라는 명제의 증명을 고정한다면, 우리는 두 가지 가능성, 즉 우리의 결과 "항상 나올 것이다"와 그것의 부정 "나오지 않을 것이다" 사이에서 결정했어야 한다. 전자에 대한 대답은 첫 번째 나머지=피제수라는 것이고, 후자에 대한 대답은 그렇지 않다는 것이다. 우리는 이제 $\sqrt{2}$ 와 $1 \div 3$ 사이의 유사성을 찾을 수 없는데, 왜냐하면 그 두 가지 경우에 계산이 완전히 다르기 때문이다. 유일한 유사성은 그 등식들의 우변이 약간 유사하다는 것이다. 만일 "$1 \div 3$은 순환하는 3을 산출한다"라는 진술에 우리가 어떤 의미를 부여했다면, $\sqrt{2}$ 가 무리수라는 증명이 주어지기 전에 우리는 $\sqrt{2}$ 가 순환하는 14를 산출한다는, 또는 그렇지 않다는 진술에 어떤 의미도 부여하지 않은 것이다. 한 진술의 의미를 정의하기 위해서는 우리는 그 진술의 부정을 정의해야만 한다. 우리는 여기에서 비순환성이라는 말로 우리가 의미하는 것이 무엇인지를 알고 있다고 생각하는 경향이 있는데, 왜냐하면 우리는 마음속에 유한한 수열 $\dfrac{3434343}{3435678}$ 을 지니고 있기 때문이다. $\dfrac{1}{3}$ 의 경우에 우리는 단지 몇몇 숫자들을 지닐 뿐이며, 하지만 순환성은 $\dfrac{1 \div 3}{1}$ 에 의해서 정의된다. 그렇지만 $\sqrt{2} = 1.414\cdots$의 경우에는, $\left(\dfrac{1 \div 3}{1}\right)$ 의 구성에 의해 주어지는 순환성과 비순환성 사이의 그러한 구분을 우리는 끌어들이지 않았다.

7. 곱하기를 배운 사람은 $16 \times 16 = 256$이라는 것을 확신할 수 있다. 그는 $256 \div 16 = 16$임을 알고 있는가? $\dfrac{256}{16} = 16$이[9] 바로 $16 \times 16 = 256$을 의미하지 않는다면, 그는 아는 것이 아니다. 어떤 사람이 두 순환소수의 곱셈, 예컨대 $0.424242\cdots \times 0.3636\cdots$을 배운다고 하고, 그 답이 곱셈들 0.42×0.36, 0.4242×0.36 등의 결과라고 하자. 되풀이되는 소수의 가운데 부분은 이 곱셈들의 과정에서 변하지 않는다. 비록 끝자리들에는 되풀이되는 수가 없지만 말이다.[10] 순환소수들의 곱셈을 배운 후에,

---

9 원문에는 "$\dfrac{256}{16} = 16$"이 아니라 "$\dfrac{256}{16}$"으로 되어 있다. 이는 명백하게 오자이므로 수정했다.

10 $0.42 \times 0.36 = 0.1512$, $\quad 0.4242 \times 0.36 = 0.152712$, $\quad 0.424242 \times 0.36 = 0.15272712$,

문제가 반대로 바뀌어 1을 3으로 나누면 순환소수가 되는지 물었다고 하자. 등식 1÷3= ···의 우변은 어떤 뜻이 부여되지 않았다. "순환소수" 가 계산 0.4242···×0.3636···, 즉 이 소수들을 곱했던 계산[[0.42×0.36, 0.4242×0.36 등의 곱셈들]]에서만 의미를 지니는 한 말이다. 소수 곱셈은 전혀 도움이 되지 않을 것이다.

0.333···×3.0이 1÷3이 순환한다는 증명이 되지 않는지 하는 물음이 제기되었다. (순환소수들의 곱셈을 배울 때 0.333···×3=1.0이고 0.999···가 아니라고 배웠다고 가정하라.) 만일 여러분이 이런 종류의 대답을 받아들인다면, 그것은 하나의 대답**이다.** 그러나 이는 한 사람이 1을 3으로 나눌 수 있음을 의미하지 않는다. 우리는 여기서 두 가지 상이한 계산체계를, 그리하여 두 가지 결과를 갖는다. 여기서 제기된 물음의 요점은 만일 우리가 곱셈을 통해 순환적인 **나눗셈**의 결과에 도달할 수 있다면, 이는 순환적인 나눗셈의 결과가 그 과정과 밀접하게 관련되어 있다는 나의 진술과 모순이라는 점이다. 우리는 여기에서 다른 방식으로 동일한 결과를 얻은 것 같다. 즉 "1÷3은 순환적인가?"라는 물음은 겉보기에는 두 가지 방식으로 대답된다. 그러나 나는 그것이 **동일한** 물음에 대한 대답이라는 것을 부정한다. 유사한 것, 즉 14×15=210과 210÷14=15에 대해 생각해 보자. 나눗셈을 해서 답이 주어지는 물음은 다른 물음이다. 전자가 후자로 표기될 수 있다고 가르치는 것은 우리에게 나눗셈을 가르치지 않았고, 나누기의 결과인 답도 가르쳐주지 않았다. "14×15=210"은 계산에서 뜻을 얻는다. 동일한 것을 증명한다고 말해지는 증명들은 보통 그 결과에서만 만나며 그 지점 이전에는 아무런 밀접한 관계가 없다.

만일 우리가 1÷3만을 배웠다면, "$a \div b$는 순환소수인가?"라는 물

0.42424242×0.36=0.1527272712에서와 같이, 끝자리들 "15"와 "12"는 그대로이지만, 가운데 부분 "27"은 되풀이된다.

음은 $a=1$이고 $b=3$인 경우를 제외하면 어떤 뜻도 없다. 1을 3으로 나누는 순환적인 나눗셈을 배웠다고 하자. 그러면 그것과 관련된 다음 네 개의 물음은, 각각의 물음에 대해서 기준이 존재하므로, 모두 대답할 수 있다. (1) 순환마디가 존재하는가? (2) 그것은 무엇인가? (3) 그것은 이 순환마디인가? (4) 그것은 무질서한 소수인가? 우리에게 $1÷7=0.14$라는 것만 주어졌다고 하자. 여러분은 어떤 계산체계도 지니고 있지 않기 때문에 질문 (1)을 할 수 없으며, 또 그것이 무질서한 소수인지도 물을 수 없다. 우리는 같은 물음이 모든 경우에 뜻이 있게 제기될 수 있다고 가정하는 경향이 있다. 여기에서 우리는 계산체계가 그 대답에 뜻을 주지 않은 경우를 갖게 된다. 여러분은 "순환마디가 존재하는가?"라고 물을 수 없고, 단지 "14는 반복해서 나올 것인가?"라고 물을 수 있다. 이는 여러분의 지식에 있는 틈새가 아니라 여러분의 계산체계에 있는 틈새에서 기인한다. 한 순환마디를 찾는 방법을 알게 된 사람은 누구나 하나의 새로운 계산체계를 배운다. 일반적으로 우리는 $1÷b$가 무질서하게 전개되는지 아닌지를 ($1÷b$가 순환적인지를 묻는 또 다른 방법이 아니라면) 물을 수 없다. $1÷3=0.\dot{3}$이[11] 네 개의 물음에 모두 대답한다는 사실은 그 물음들의 뜻을 보여준다. **그 물음들의 뜻은 해결 방법에 의해 결정된다.** 물음에는 대답을 발견하기 위한 일반 법칙이 대응된다.

만일 여러분이 측정이라는 말로 의미하는 것을 설명하고자 한다면, 나에게 측정에 착수하는 여러분의 방법을 말하라. 다음에 의해

---

11 원문에는 "$0.\dot{3}$"이 아니라 "0.3"이 나오는데 이는 명백하게 오자이므로 수정했다.

$\sqrt{2}$를 작도하는 것은 밑 선에서 길이를 측정하는 방법이다. 사람들은 0으로부터 유리수의 거리가 아닌 직선 위의 한 점을 발견했다고 말한다. 그 관념이란 $\sqrt{2}$가 그 작도의 결과, 즉 특정 길이라는 것이며, 반면에 그것은 작도이다. $\sqrt{2}$가 밑 선 위의 그 길이라고 말하는 것은 불합리한데, 왜냐하면 그 길이는 $\sqrt{2}$가 측정하는 것이기 때문이다. 따라서 정확성은 들어오지 않는데, 왜냐하면 정확성은 측정자들과 관련이 있기 때문이다. $\sqrt{2}$는 근사치도 아니다. 이것과 같은 작도는 계산이고 기호법이다.

8. 하디G. H. Hardy는 $\sqrt{2}$를 정의하는 특수한 경우를 설명하면서 실수에 대한 일반적인 정의에 대해 다음과 같이 논의를 시작한다.

> 어떤 유리수든 그 제곱은 2보다 더 작거나 더 크다. 우리는 그러므로 양의 유리수를 (⋯) 두 개의 집합으로, 즉 제곱이 2보다 더 작은 수들을 포함하는 한 집합과 제곱이 2보다 더 큰 다른 집합으로 나눌 수 있다. 우리는 이 두 개의 집합을 **집합 L**, 또는 **하계 집합**, 또는 **왼편 집합**, 그리고 **집합 R**, 또는 **상계 집합**, 또는 **오른편 집합**이라고 부를 것이다. (⋯) R의 모든 원소는 각각 L의 모든 원소보다 더 크며, 제곱한 것과 2의 차이가 우리가 원하는 대로 작은 L의 한 원소와 R의 한 원소를 찾을 수 있고, L은 가장 큰 원소를 갖지 않고 R은 가장 작은 원소를 갖지 않는다. (⋯) 양의 유리수 x를 두 개의 집합, 즉 한 집합의 원소들에 대해서는 $x^2 < 2$인 집합과 다른 집합의 원소들에 대해서는 $x^2 > 2$인 집합으로 나누는 이러한 방식은 (⋯) 절단section이라고 불린다. (⋯) 우리는 그렇게 정의된 절단 또는 수를 기호 $\sqrt{2}$로 지칭한다. (⋯) 유리수들의 한 절단은, 여기서는 두 개의 집합이 존재하고 하계 집합은 가장 큰 원소를 가지고

있지 않은데, 실수라고 부른다.*

무한한 유리수들을 두 개의 집합으로 나누는 것과 관련해서, 분할의 원리가 주어질 때 우리는 어떤 수들의 제곱(또는 세제곱, 네제곱)이 어떤 주어진 수보다 더 작다고 말할 수 있다. 그러나 낱말 "절단"은 예컨대 $x^3 < 2$와 같이 특정한 몇 제곱과 특정한 수들을 넘어서면 어떤 의미를 지니는가? 하디의 예들은 단지 초보자를 위한 것이고, 그리하여 우리는 이 예들 없이도 일반적인 계산체계를 얻을 수 있을까? 그 예들은 **본질적**인가? [절단에 대한 그의 일반적인 논의에서는 세 가지 상호 배타적인 가능성, 즉 R이 가장 작은 r을 지니고, L은 가장 큰 l을 지니고, R과 L 둘 다 가장 작거나 가장 큰 원소를 지니지 않는다는 가능성이 열거된다.] 이 일반적인 용어들 R, r, L, l은 주어진 예들, 즉 $x^2 < 2$와 $x^2 > 2$로부터만 그것들의 의미를 얻는다. 한 절단으로서 우리에게 설명된 것 전부는 이 함수들을 만족하는 수들이다. 또한 만일 어떤 예도 주어지지 않는다면, 모든 유리수에 속하는 속성을 지칭하는 상징 "P"에는 무슨 뜻이 있는가?[12] 하디는 한 가지 속성, $x^2 > 2$를 제시하고 나서 "다른 속성들"에 관해 이야기하는데, 그의 계산체계는 그 속성, 예를 들어 "유리

---

* G. H. Hardy(1928), *Pure Mathematics*, Cambridge University Press, 5th ed., pp. 7-19. 강의에서 이 인용문 또는 비슷한 내용을 발췌해서 읽었다.

12 이 부분은 하디의 다음 논의를 살펴보아야 이해할 수 있다. "P와 Q가 상호 배타적인 속성들이고, 모든 양의 유리수가 그중 하나의 속성을 가져야만 한다고 하자. 그리고 P를 갖는 모든 수는 Q를 갖는 모든 수보다 더 작다고 하자. 그렇게 되면 P는 속성 '$x^2 < 2$'이고 Q는 속성 '$x^2 > 2$'일 수도 있다. 이때 우리는 P를 갖는 수들을 하계 또는 왼편 집합 L이라고 부르고, Q를 갖는 수들을 상계 또는 오른편 집합이라고 부른다. 일반적으로 두 집합은 모두 존재할 것이다. 그러나 특수한 경우 하나는 존재하지 않고 그래서 모든 수가 다른 것에 속할 수도 있다. 예를 들어 만일 P(또는 Q)가 유리수임이라는 속성이거나 양수임이라는 속성이라면 명백하게도 그런 일은 일어나게 될 것이다. 하지만 당분간은, 우리는 그 두 집합이 모두 존재하는 경우들로 논의를 제한하겠다."(G. H. Hardy(1928), *Pure Mathematics*, pp. 1-2.)

수임"에 어떤 의미도 부여하지 않았다. 유리수임이라는 속성은 무엇인가? 무엇과 대조해서 유리수인가? 아마도 기수와 대조해서.

수학적으로 하디는 다음 두 가지 중 하나를 했다. (1) 그는 "P"에 그 예가 제시하는 의미를 부여했다. 이 경우에 우리는 단지 이해하기 어려운 언어를 지닌다. 또는 (2) 우리는 이 일반 용어 P, Q, L, R과 함께 완전히 새로운 계산체계를 지닌다. 마치 그 예들이 어리석은 사람들을 위한 것인 양 시작하고 그러고 나서 모든 유리수를 집합 L과 R로 나누면서, 일반적으로 나아가는 것에 관해 이야기하는 것은 아무런 뜻이 없다. 일반적인 용어 L과 R은 우리가 출발하는 영역을 확장하지 않는다. 그것들은 새로운 유형의 용어이다. 우리는 이 일반적인 용어들과 함께 새로운 계산체계를 지니며, 그 새로운 계산체계는 더 큰 영역의 발견을 묘사하지 않는다. 우리는 새로운 영역을 지닌다. 만일 예들이 본질적이지 않다면 낱말 "속성", "절단", "상계", "하계"를 새로운 낱말들로 대체할 수 있는데, 왜냐하면 우리는 친숙한 낱말을 사용할 때 혼동하게 되기 때문이다. 그렇게 되면 우리는 $x^2 < 2$, $x^2 > 2$를 지니는 다른 계산체계와 더불어 그 새로운 낱말들을 지니는 계산체계를 갖게 될 것이다.

하디가 상호 배타적인 세 가지 가능성에 관해 이야기할 때, 한 가지 가능성은 어느 부분section[[절단의 어느 집합]]도 가장 작거나 가장 큰 원소를 지니지 않는다는 것인데, 이는 일반적인 고찰과 함께 "실수"의 정의가 초보자에게 단지 예들만으로 주어질 수도 있다는 인상을 준다. 그러나 어떤 가장 큰 원소도 없는 한 집합과 어떤 가장 작은 원소도 없는 다른 집합을 설명하기 위해서 $\sqrt{2}$ 라는 예를 제시하지 않는다면, 우리는 "실수"를 정의할 수 없다. $\sqrt{2}$ 를 도입하기 전에 기수와 관련하여 그러한 집합을 이야기하는 것은 무의미하게 될 것이다.

일반적인 접근은 특정한 경우들이 하나의 관념의 예들인 것처럼 보이게 만들 수 있지만, 반면에 그 예들은 그 관념을 설명하기 위해 반드시 필요하다. 예들이 필요한 미분 계산체계에서 만일 우리가 sine x, cosine x 등이 무엇인지를 가르치고 나서 $f(x)$가 이것들이나 이런 다른 것 중 하나라고 말하면서 함수 $f(x)$를 정의했다면, $f(x)$는 이것들에 대한 약칭이다. 만일 예들이 필요하지 않다면, $f(x)$는 어떤 특정한 함수와도 독립적으로 설명될 수 있고, cosine x 등에 관해 한번도 들어본 적이 없는 사람에게 의미를 지녀야만 한다.

어떤 유리수도 유리수들의 분할의 한 방식이기 때문에 어떤 유리수에든 절단을 대입시킬 수 있다는 하디의 진술을 살펴보자. 예를 들어 $\frac{1}{2}$은 $\frac{1}{2}$에 의해 산출된 절단(한 쌍의 집합)에 의해 대체될 수 있을 것이다.[13] 이제 그 수를 절단으로 대체하는 것은 무엇을 의미하는가? 단지 비교하기 위해 기수 0, 1, 2, 3, 4…와 또 3이라고 부르게 될 절단, 즉 3 다음에 나오는 (또는 3을 포함하면서 다음에 나오는) 부분에 대해 생각해 보자. 3 대신에 우리가 절단을 나타내는 새로운 종류의 수를, 즉 두 개의 다른 수와 점들을 더한 수를 도입한다고 하자. 3= 3, 4, 5…이다. 3×6의 계산은 3, 4, 5… × 6, 7, 8…= 18, 19, 20…이 될 것이다. 그렇게 되면 이 새로운 수들은 기존의 것과 동일한 계산체계를 지니게 될 것이다. 3, 6, 그리고 18 다음에 나오는 수들은 그저 쓸모없는 것으로 간주될지도 모른다[그리하여 3, 6 등을 새로운 수들로 대체하는 일은 실제로는 없었고, 우리는 단지 3과 6으로 계산한다]. 만일 하디가 유리수들을 가지고 하는 것과 마찬가지로 그 집합들을 가지고 계산할 수 있다고 말한다면, 실제로는 어떤 대입도 없었던 것이다. 계

---

13 하디에 따르면, 가령 x가 양의 유리수일 때 $x \leq \frac{1}{2}$, $x > \frac{1}{2}$ 또는 $x < \frac{1}{2}$, $x \geq \frac{1}{2}$ 이라는 절단은 유리수 $\frac{1}{2}$에 대응한다. 참고: ibid. p. 12.

산은 단지 그 유리수들로 이루어져 있다. 그러나 그가 어떤 유리수도 대응하지 않는 절단에 관해 이야기할 때, 우리는 '더 크다'와 '더 작다'라는 개념이 우리의 유리수 체계에서의 그 개념들과 비슷한 한에서만 우리의 체계를 일반화할 수 있다.

"한 유리수는 다른 모든 유리수와 비교할 수 있다"라는 진술에 대해 생각해 보자. 이는 그것을 알아내는 방법이 존재한다는 것을 의미한다. 이제 "한 유리수와 비교할 수 있는 **어떤 것**anything에 대해 생각해 보자"를 검토해 보자. 이는 아무것도 의미하지 않는데, 왜냐하면 우리는 "비교할 수 있음"을 유리수에 대해서만, 예컨대 4와 3, 그리고 분수 $\frac{3}{4}$과 $\frac{1}{2}$에 대해서만 정의했기 때문이다. $\sqrt{2}$가 어떤 유리수보다 더 작거나 더 크다고 말하는 것은 "비교할 수 있음"에 대한 새로운 정의를 요구한다. $x^3 < 2 = x < \sqrt[3]{2}$는 "더 작다"에 대한 하나의 새로운 정의이다. "더 작다"라는 기존의 개념이 등장하는데, 그러나 어떤 다른 것도 들어온다.

하디는 "$\frac{1}{2} < \frac{1}{3}$"이 초등 산수의 진술로, 또는 유리수들의 절단에 관한 진술로 해석될 수도 있다는 점에서 애매하다고 말한다. 나는 "$a > b$"라는 수식을 해석하는 것은 그것을 둘러싼 계산체계라고 말하고자 한다. "a"와 "b"에 새로운 해석을 부여하는 것은 그것들을 새로운 환경에 놓는 것이다. 그리고 사실상 우리가 어떤 한 새로운 해석을 다루고 있는지를 보기 위해서 그 계산체계를 바라보라. 만일 그 계산체계가 동일한 것이라면, 우리는 어떤 새로운 해석도 지니고 있지 않다. (우리가 3=3, 4, 5…라고 놓을 때, 그 두 개를 가지고서 하는 계산들이 동일한 한에서 3과 3, 4, 5…는 상이하지 않다.) 하디는 "$\frac{1}{2}$"이 나타나는 맥락은 그 해석을 고정시키기에 충분할 수도 있다고, "$\frac{1}{2} < \sqrt{\frac{1}{3}}$"

에서 "$\frac{1}{2}$"은 실수 $\frac{1}{2}$이어야만 한다고 말했다. 나는 변화한 것은 기호 "$<$"의 의미라고 말하고자 한다. 새로운 기호 "$\ll$"에 대한 다음과 같은 나의 대략적인 정의는 "$<$"과의 관계를 보여준다. $x \ll \sqrt{\frac{1}{a}} \stackrel{Df.}{=} x^2 < \frac{1}{a}$

앞의 예에 적용하면 다음과 같다. $\frac{1}{2} \ll \sqrt{\frac{1}{3}} = \left(\frac{1}{2}\right)^2 < \frac{1}{3}$

우리가 모든 유리수를 무한한 (순환)소수로 썼다고 하자. 즉 유리수를 근사 과정으로 대체했다고 하자. [[예를 들면]] $\frac{1}{2} = 0.4999\cdots$으로 말이다. 우리는 그것을 어떤 다른 **존재자**entity로 대체했는가? 아니다. 우리는 단지 다른 표기법을 가질 뿐이다. 다음과 같은 두 개의 선에서

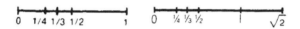

전자는 유리수들을 지니고 있고 후자는 실수들을 지니고 있어서, 그 두 개의 선은 상이한 존재자들로 이루어져 있고, 후자는 기존의 것과 새로운 것의 혼합이 아니라고 주장된다. 두 개의 선 위에 있는 0과 1 사이의 존재자들은 대응되지만 동일하지는 않다고 말해진다. 이와 유사하게, 소수 중에서 어떤 것은 종결되고 어떤 것은 순환적이다. 후자에는 두 가지 종류가 있는데, 예컨대 $0.4\dot{9}$와 $0.\dot{3}$이다. 대답으로서, 나는 0.5와 근사치 $0.4\dot{9}$는 다른 것이 아니라고 말하고자 한다. "$0.4\dot{9}$"는 그저 다른 표기법이다. 우리가 0.5와 $0.4\dot{9}$를 사용하는 **일반적인** 증명에서 어떤 한 새로운 일반적인 표기법이 요구된다. $\frac{1}{2} = 0.5 = 0.4\dot{9}$는 어떤 한 다른 관념을 **암시**하지만, 우리는 여기에서 다른 것들을 지니지 않는다. 한 계산체계에서 2가 2+(0×i)로 대체되듯이, 한 수가 다른 것에 의해 대체될 수 있는 곳에서는 **어디든지** 그 수와 대체된 것은 동일한 것이다. "어떤 소수든"을 언급하는 증명이면서 $0.4\dot{9}$와 0.5

에 관한 증명이 아닌 그러한 증명은 둘 다에 똑같이 적용될 수 있을 것이다. 0.5를 **가지고 하는** 증명은 0.49를 가지고 하는 증명과 동일해야 하는데, 왜냐하면 $\frac{1}{2}$에 대응하는 어떤 근사치도 모두 $\frac{1}{2}$의 산술적 속성들을 지녀야만 하기 때문이다. 그러나 0.49에 **관한** 증명은 0.5에 관한 증명과 다를 수도 있는데, 왜냐하면 그 두 개의 증명은 상이한 일반적 표기법을 암시하기 때문이다.

하디는 유리수에 적용된 방법을 **실수의** 집합에 적용한다. [실수들의 절단에 대해서 이제 "분할의 방식"이 설명되어야 하고, 예들이 그 일반적인 계산체계에 본질적인가 하는 물음이 다시 제기된다.] 그 분할의 방식은 (1) 분할의 방식이라는 말로 의미하는 것으로 $\sqrt{2}$와 같은 예를 들면서, 또는 (2) 그 설명이 그 일반적인 이론에 포함되어 있다는 것으로 설명될 수 있다. 하디는 "실수들의 분할 방식"을 $\sqrt{2}$라는 실수로 예를 들면서 설명한다. P와 Q는 어떤 실수든 갖게 되는 상호 배타적인 속성들이다. P는 $x \leq 2$일 수 있고, Q는 $x > 2$일 수 있다. 여기서 L은 가장 큰 원소 l을 지니거나 R은 가장 작은 원소 r을 지니는데, 하지만 이 두 가지 가능성은 모두 유리수들의 절단과 같은 방식으로는 일어날 수 없다. 이를 보이기 위해서는 단지 $\frac{l+r}{2}$을 계산하면 된다.*

---

* [만일 L이 가장 큰 원소 l을 지니고 **또한** R이 가장 작은 원소 r을 지닌다면, 그러면 $\frac{l+r}{2}$은 L의 모든 원소보다 더 크게 될 것이고 R의 모든 원소보다 더 작게 될 것이며 따라서 둘 중 어떤 집합에도 속할 수 없을 것이다. 하디에 따르면, 유리수들의 절단이 유리수에 항상 대응되는 것은 아니지만 때때로 대응된다는 뜻에서, 실수들의 어떤 절단도 실수에 대응할 것이다. 중요한 차이는 유리수들의 절단이라는 관념은 수에 대한 새로운 관념, 즉 실수에 대한 관념, 다시 말해 유리수에 대한 관념보다 더 일반적인 관념으로 이끌었다는 것이다. 반면에 실수들의 절단이라는 관념은 수에 대한 더 일반적인 관념으로 이끌지 않는다. (…) 실수들의 집합은 산술적 연속체라고 불린다.] 이 언급들은 *Pure Mathematics*에 나오는 실수에 대한 하디의 설명에서 가져온 것이며[[pp. 27-28에 나오는 내용을 편집자가 요약한 것이다]], 대부분 그의 용어로 되어 있다. 비트겐슈타인의 논평에 맥락을 제공하기 위해 추가했다.

나는 그렇게 손쉽게 연속성이 탐구되고 있다는 점에 놀랐다. 우리는 실제로는 어떤 추론이나 예 없이 연속체에 도달한다.

한 실수를 정의하는 과정에서 **선험적으로** 가능성을 열거하는 것과 관련하여, 즉 L 집합이 가장 큰 원소를 갖거나 R 집합이 가장 작은 원소를 갖거나 어느 집합도 가장 큰 원소나 가장 작은 원소를 갖지 않을 가능성과 관련하여, 어떤 가능성이 실현되는지를 지적하는 것은 아무런 뜻도 없다. 왜냐하면 우리는 여기서 특정한 사례들에서 실현되는 가능성의 경우를 지니지 않기 때문이다. 오직 $\sqrt{2}$가 도입될 때에만 우리는 어떤 한 집합이 첫 번째 원소도 지니지 않고 다른 집합이 마지막 원소도 지니지 않는다는 가능성에 뜻을 준다. 어떤 유리수든지 유리수들의 분할 원리라고 불릴 수 있다는 것은 분명하다. 그러나 L이 가장 큰 원소를 지니지 않고 R이 가장 작은 원소를 지니지 않을 때 분할은 아주 다른 문제이다. [한 실수가 집합들 사이의 분할 원리일 때] 한 가지 가능성이 배제되는, 가능성들의 **선험적인** 열거는 아무런 의미도 없다. 낱말 "분할"은 하나의 비유를 도입한다. 분할은 케이크를 나누는 것과 같지 않다. 그것은 어디까지 사용될 수 있는가?

하디가 유리수들에 했던 것처럼 실수들의 집합에 동일한 분할의 방법을 적용할 것이라고 말할 때, [그렇게 함으로써 유리수들의 분할 개념을 실수들로 확장했을 때], 사용된 그림은 다음인데

여기에서 | | 은 유리수들이고 | 은 분할이며 •••은 유리수들 사이의 틈을 채우는 실수들이다. ["직선의 속성들이라는 우리의 상식적인 개념,

우리의 초등 기하학과 초등 대수의 요건들은 똑같이 L의 모든 원소보다 더 크고 R의 모든 원소보다 더 작은 수 x가 존재하고 직선 위에서 이것과 대응하는 점 P가 존재한다는 것을 요구하는데, 여기서 P는 L의 원소들에 대응하는 점들과 R의 원소들에 대응하는 점들을 나누는 점이다."[*] 그렇지 않다면 우리는 그 직선 위에서 빠져나가는 한 점이 존재해야만 한다는 생각을 하게 된다.[†] 만일 사람들이 항상 붓으로 기하학적 도형을 칠했다면, 그리하여 색깔들을 나누는 선이 선이고 교차하는 것이 점이라면 결코 점들의 집합이라는 개념을 얻지 못했을 것이다. 다음의 도형들은

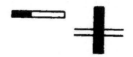

이런저런 집합에 속하는 한 점을 암시하지 않지만, 반면에 점들은 그러할 것이다. 점들의 집합들을 나눈다는 비유는 점들과 선들을 그리는 우리의 특이한 방식과 관련이 있다. 만일 우리에게 위의 첫 번째 그림에 의해 주어진 관념이 없다면, 우리는 하디가 제안하듯이 동일한 분할 방법을 다시 실수에 적용하는 것이 가능하다고 말하지 않을 것이다.

9. 동전을 던질 때 뒷면이 나오면 왼쪽에 있는 구간을 양분하고 앞면이 나오면 오른쪽에 있는 구간을 양분하는 규칙에 따라 선분 AD를 나누기로 하자. 예를 들면 다음과 같다.

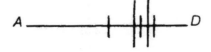

여기에서 우리는 동전을 반복해서 던져 매번 점이 있을 영역을 줄이

---

[*] G. H. Hardy, *Pure Mathematics*, p. 9.

[†] *Remarks on the Foundations of Mathematics*, Oxford, and Cambridge, Mass., 1967, p. 151를 보라.

기 때문에, 점이 있을 구간들을 계속 줄여 나감으로써 그 점을 결정하게 될 것이라고 믿는다. 또한 우리는 그 점은 불규칙한 무한 소수에 대응한다고 간주한다. 그러나 구간을 줄이기 위해 동전을 던질 때, 우리는 반복해서 동전을 던짐에 따라 이루어진 절단으로 한없이 접근하는 점을 결정한 것이 아니다. 실제로는 일련의 구간들이 있고, 구간들은 항상 구간으로 남는다. 매번 던진 후에 그 점은 여전히 무한히 미결정이다.* 난점은 우리의 심상에 있다.

우리는 동전 던지기의 집합과 선택을 하는 방법, 즉 단순 선택과 규칙을 구분해야만 한다. 후자는 한 무리수를 정의한다. 무리수는 과정이지 결과가 아니다. 우리는 $\sqrt{2}$에 의해 산출된 한 가지 결과, 즉 무한한 소수가 존재한다고 생각하는 경향이 있다. $\sqrt{2}$는 일련의 결과들을 산출하며, 어떤 단일한 결과도 산출하지 않는다. $\sqrt{2}$는 소수를 계산해 내는 **규칙**이지 외연이 아니다. 이제 동전을 반복해서 던짐으로써 한 소수를 구성하는 규칙과 $\sqrt{2}$의 자릿수들을 계산하는 규칙 사이에는 이러한 차이가 존재한다. 즉 우리는 어떤 유리수에 대해서도 $\sqrt{2}$보다 더 큰지 아니면 더 작은지를 결정하는 고정된 방법을 가지고 있다. $\sqrt{2}$, 즉 규칙은 한 점이다. 하지만 이는 단지 우리가 이 방법을 지니고 있고 이 방법으로 유리수들과 마찬가지로 계산할 수 있기 때문일 뿐이다.†·14

10. x, y, z가 0부터 100까지의 범위 안에 놓일 때, $x^n + y^n = z^n$이 성립할 때에는 항상 1을 쓰고, 성립하지 않을 때는 0을 씀으로써 이진법

---

* *Philosophische Grammatik*, p. 477.

† 이 비교에 대한 자세한 논의를 보려면 *Philosophische Grammatik*, pp. 484-485를 참조하라.

14 여기서 비트겐슈타인은 브라우어가 받아들인 '선택 열choice sequences'의 개념을 비판하고 있다. 참고: M. Marion(1998), *Wittgenstein, Finitism, and the Foundations of Mathematics*, Oxford Philosophical Monographs, pp. 202-212.

소수가 구성된다고 하자. 그리고 어떤 사람이 0.11000⋯이 0.11보다
더 큰지 아니면 같은지를 물었다고 하자. 여기에 대해서는 아무런 대
답도 존재하지 않는데, 왜냐하면 대답할 어떤 방법도 준비되어 있지
않기 때문이다. 소수들primes의 분포를 발견하는 문제에 대해서도 상황
은 같다. 만일 한 물음이 제기되었는데 해결 방법이 존재하지 않는 물
음이라면, 그 물음은 의미를 지니는가? 나는 아니라고 말했고, 수학적
증명의 결론을 실린더의 끝 표면에 비유했었다. 그 증명된 명제는 그
증명의 끝 표면, **그것의 일부**이다. 이와 유사하게, 한 작도의 결과는 그
단독으로는 아무것도 아니며, 그 작도는 작도의 결과에 본질적이다. 예
를 들어 밑 선 위의 한 길이의 측정값으로서 $\sqrt{2}$를 작도하는 것을 살
펴보자.

$\sqrt{2}$의 작도가 없다면 $\sqrt{2}$는 그 길이가 아니다. 이 길이는 근사치가
아니다. 그것은 피트 규칙에 따른 측정과는 아무런 관계도 없다.

　무슨 뜻에서 우리는 수학에서 한 물음이 아무런 뜻도 지니지 않는
다고 말할 수 있는가? 만일 그것이 뜻을 지니지 않는다면, 우리는 그
대답이 어디에 있는지 결코 알 수 없을 것처럼 보일 것이다. 여러분
자신에게 물어보라. 그 물음에 대한 사용이란 무엇인가? 그것은 수학
자가 하는, 시도함, 손댐이라는 어떤 활동을 나타낸다. 만일 그 물음이
어떤 것을 나타내지 않는다면, 우리는 활동의 **어떤 종류**를 기대하게
될 것이다. 그렇게 되면 그 물음은 그러한 의미를 지닌다. 손댐이 지
니는 만큼 많은 의미를 말이다. 수학자의 활동은 어떤 한 특정한 영역
에서 수행된다. 한 물음은 한 계산체계의 부분이다. 그것은 여러분에

게 무엇을 하도록 촉구하는가? 대답할 어떤 방법도 존재하지 않는 물음이 던져질 때, 우리는 물음에 대한 대답이 충족해야만 하는 어떤 요구조건들을 알고 있다. 한 가지 뜻에서 이렇게 말하는 것은 참이지만, 이는 오도적이다. 하디가 자신은 골드바흐의 정리[15]를 믿는다고 말할 때, 나는 이 정리에 대한 그의 믿음이 그를 어디로 이끌고 가는지를 묻게 될 것이다. 그는 무엇을 하고 있는가? 골드바흐의 정리는 그것을 증명하는 시도로 하디를 이끌었을 수도 있으며, 이는 다른 정리가 이런 활동을 일으키지 않았던 한에서 **어떤** 의미가 그 정리에 결부된다는 것을 보여준다.

두 사람이 같은 문제가 주어졌지만 상이한 해결을 얻었다고 하자. 그러면 한 사람이 다른 사람에게 두 증명이 동일한 결과에 이르러야 한다는 것을 보여주기 위해서는 어떻게 그 계산체계들이 만나는지를 보일 필요, 즉 한 가지 계산체계가 만들어질 필요가 있을 것이다. 두 개의 증명이 동일한 언어적 형식을 증명한다는 것은 무엇을 뜻하는가? 여러분은 **면밀하게** 살펴보면서 그것들이 비슷한 것들을 증명한다는 것을, 하지만 동일한 것은 아니라는 것을 발견할 수도 있다. 그것들이 동일한 것을 증명했는지는 어떻게 결정되어야 하는가? 여러분은 결정하기 위해서 그 증명들을 바라보아야만 한다.

우리가 모든 방정식은 근을 가지고 있다고 말하는 체계는 무엇인가? 이것이 성립하지 않을 수도 있는 체계가 존재하는가? n차 방정식에는 n개의 근이 **존재한다**는 증명, 설령 우리가 그 근들을 발견하는 어떤 방법도 가지고 있지 않을지라도 그 근들이 존재한다는 증명은 기묘한데, 이는 오각형 작도의 증명이 만일 우리에게 어떻게 오각형을

---

15 골드바흐의 추측은 2보다 큰 모든 짝수는 두 개의 소수의 합으로 나타낼 수 있다는 추측이며, 현재 정수론의 미해결 문제이다.

작도하는지를 말해 주지 않는다면 기묘해질 것과 같은 방식으로 그렇다. 여기에서 "존재의 증명"이라는 문구는 그러한 방법이 존재할 때 그 문구가 갖는 뜻과는 다른 뜻을 지니고 있다. "'10차 방정식의 근'이라는 말로 무엇을 의미하는지를 우리는 안다고 생각한다"라고 우리는 말한다. 그러나 우리는 그러한가? "근"은 그것이 기능하는 증명과 관련해서 의미를 지닌다. ["(…) '이 방정식은 n개의 근을 가지고 있다'라는 명제는 내가 구성된 근들을 열거함으로써 증명한 경우에는 다른 방식으로 증명한 경우와 **동일한 의미**를 지니고 있지 않다. 만일 내가 한 방정식의 근에 대한 공식을 발견한다면, 나는 하나의 새로운 계산체계를 구성한 것이다. (…)"*]

한 증명의 결과에 대한 표현이 그 증명을 목록화하는 방법이라는 것을 우리는 살펴보았다. [[증명을]] 마무리하는 **산문** 문장은 어떤 한 특정한 뜻에서 그 증명의 약칭이다. 그것은 책의 본문과 확정적인 관계가 있는 제목과 같을 것이다. 만일 한 증명에 대해서 제목, 즉 끝 결과가 합당하다면 그 결과는 그 증명을 나타낸다. 그럴 때 한 증명의 마지막 문장은 고유 명사와 같지 않으며, 그렇지 않을 때 마지막 문장은 그 증명의 이름이 될 것이다. 그것은 그 증명의 부분, 즉 끝이며 그 증명은 그것을 새로운 계산체계로 합병한다. 만일 증명이 결론과 맺는 관계가 검증들이 스미스는 자기 방에 있다는 진술과 맺는 관계와 같다면, 우리는 그 증명을 그 결론의 일종의 징후라고 부를 수 있을 것이다. 그러나 수학에서 증명은 징후가 아닌데, 왜냐하면 증명된 명제는 증명의 부분이기 때문이다. 마무리하는 산문 문장은 언어 체계의 일부가 됨으로써 그 증명을 목록화하는 데 이바지할 수 있다. 만일 여러분이 증명의 결과라고 불리는 것의 기능을 알고자 한다면, 그 결과가 얼

---

* *Philosophische Grammatik*, p. 373.

마나 그 증명을 목록화하는지를, 아니면 이름일 뿐인지를 보라. ["이른
바 증명된 명제의 언어적 표현은 대부분의 경우 오도적인데, 왜냐하면 그
것은 그 증명의 실제 취지—그 증명 자체에서 완전히 분명하게 볼 수 있
는—를 은폐하기 때문이다."*]

11. 러셀의 유형 이론으로 나아가게 했던 생각들을 살펴보기로 하자.
다음과 같이 놓자.

$f(a)$=U의 코트는 빨갛다

F(a)=U의 코트는 무지개의 한 색이다

F(f)**16**=빨강은 무지개의 한 색이다.

이제 F(F)는 의미를 지니는가? 러셀은 "무지개의 한 색은 무지개의 한
색임이라는 속성을 지닌다"가 의미를 갖지 않으며, 일반적으로 "$f(f)$"
는 의미를 지니지 않는다고 말할 것이다. 이제 만일 유형 이론이 모순
을 방지하기 위해 하는 것과 같이, 한 가지 대입을 배제하는 문법의
규칙을 만든다면, 우리는 그 규칙이 상징을 제외한 어떤 것의 속성에
의존하게 만들어서는 안 된다. 우리는 그럴 수 없게 하는 형식적인 기
준을 제시해야만 한다. 즉 "$f(x)$"를 도입할 때 우리는 그렇게 함으로
써 "$f(f)$"에 의미를 부여하는 것이 허용되지 않는다. ～$f(f)$＝F(f)에
대해서, 그리고 "f"를 "F"로 대체함으로 얻어지는 표현, 즉 "자기 자신
을 속성으로 지니지 않음이라는 속성은 그것 자신을 속성으로 지닌다"
에 대해 생각해 보자. ～$f(f)$＝F(f)로부터 모순 ～F(F)＝F(F)가 귀결
된다. 그 모순의 근원은 한 함수를 그것 자신의 함수로 만드는 데 있다.

---

* *Philosophische Grammatik*, p. 370.

16 원문은 "$\phi(f)$"로 되어 있으나 이는 오기이므로 "F(f)"로 수정했다. 원문에 "ϕ(F)"로
된 것은 "F(F)"로 수정했다.

그 결과가 모순이라는 것은 "f"가 "$f(x)$"에서 논항으로 사용될 수 없다는 것을 뜻한다.* 그러나 여러분이 가지고 출발한 것이 어떤 명제도 아니라면, 왜 그것은 이러한 방식으로 나와서는 안 되는가?* 모순율이 위반되었다고 말하는 것은 옳지 않은데, 왜냐하면 이는 만일 여러분이 명제들에 관해 이야기하는 경우에만 성립할 수 있기 때문이다. 우리는 단지 여기서 모순처럼 보이는 어떤 것으로 이끄는 놀이를 지니고 있을 뿐이다. 여러분은 "$f(f)$"는 의미가 없다거나, 아니면 괄호 바깥에 있는 "f"는 더 높은 차수의 함수를 나타낸다고 말할 수 있다.[17]

하디는 상이한 차수의 실수가 있다면 이는 참을 수 없는 일일 것이라고 말했다. 실수들의 열의 상계는, 상계가 그것이 한계인 총체를 가리킴으로써 정의되기 때문에 다른 차수를 지닌다는 그의 논의를 보라. 이와 유사한 예는 한 곡선의 모든 점 중에서 가장 높이 있는 점으로 정의된, 그 곡선의 최댓값이다. 환원 가능성 공리는 더 높은 차수의 수는 더 낮은 차수의 수를 정의하는 과정들에 의해 계산될 수 있다고 말한다. 이 공리는 물리학의 한 명제와 같다. 그것은 **참**인 것처럼 보인다. 그런데 우리는 특수한 경우에 의해 입증되어야 할, 또는 입증될 수 있는 공리를 가질 수 없다. 수에 관한 수학적 공리는 우리가 따라 나아가는 공준이나 규칙이다. 환원 가능성 공리는 더 낮은 차수의 수가 존재한다고, 비록 그것을 계산하는 어떤 방법도 존재하지 않을지라도 그러하다고, 예컨대 한 곡선의 최댓값인 무리수는 존재한다고, 비록 그것을 구성하는 어떤 규칙도 존재하지 않을지라도 그러하다고 진술한다. 나는 묻는다, 한 실수의 특성이란 무엇인가? 만일 그것이 소

---

* *Remarks on the Foundations of Mathematics*, p. 178과 *Zettel*, Ludwig Wittgenstein, Schriften 5, Suhrkamp, Frankfurt am Main, 1970, p. 424를 보라.

17 참고: 박정일(2020), 《**논리-철학 논고 연구**》, 10장(비트겐슈타인과 환원 가능성 공리), 11장(전기 비트겐슈타인과 러셀의 역설).

수를 무한하게 전개하는 방법이라면, 상이한 차수라는 생각을 위한 어떤 여지도 없다. 소수를 전개하는 과정들은 1차이다. 그리하여 π와 e는 1차 수로 간주될 수도 있고, π^e는 2차 과정으로 간주될 수도 있다. (π는 유리수들의 한 수열로서, 그리고 π^e는 무리수들의 한 수열로서). 유리수들의 한 수열이 1차 무리수인 것과 마찬가지로, 무리수들의 한 수열은 2차 무리수이다. 이제 우리는 π를 전개하는 것과 마찬가지로 π^e를 전개하는 과정을 지닌다. 그리고 2차 과정이라고 부를 수도 있는 것을 갖는 것을 어떤 방식으로도 반대할 수 없는데, 비록 그것의 전개를 쓸 수 있기 때문에 그것을 1차 과정이라고 부르는 편이 더 나을지라도 그러하다. 십진법 체계에서 한 전개를 쓸 수 있는 곳에서는 어디든 우리는 1차 과정을 지닌다. 마치 난점이 그 전개 과정보다 **먼저** 등장하는 것처럼 보인다. 환원 가능성 공리는 어떤 전개 과정도 발견되지 않았음에도, 가령 한 무리수의 전개, 예컨대 한 곡선의 최댓값이 존재한다고 말한다. 우리가 어떤 전개 방법도 가지고 있지 않은 수는 다른 뜻에서 수이다. 전개가 없는 무리수의 경우에 우리는 아마도 한 기술을 지니는데, 이 기술에 대응해서, 전개 방법을 찾음으로써 발견될 수 있는 수가 존재하며 이 수는 기술된 무리수일 것이다. 이 수의 발견은 발견의 탐사를 하는 것과, 또는 한 기술에 대응하는 어떤 것을 발견함으로써 물리학에서의 문제를 해결하는 것과 유사하게 다루어진다. 그러나 그 유비는 오도적이다.

수학에서 중요한 것은 씌어 있는 것이다. 상징은 확실히 직관주의자에게도 관심사인데, 그들은 수학이 상징에 관한 학문이 아니라 의미에 관한 학문이라고 말한다. 동물학자가 동물학은 "사자"라는 낱말에 관한 학문이 아니라 사자에 관한 학문이라고 유사하게 말할 수 있는 것처럼 말이다. 그러나 이 점에 관해서는 수학과 동물학 사이에 어떤 유사성도 없다. 직관주의자는 어떻게 "의미"가 작동하는지를 보여 달라는 질문을 받게 될 것이다. 프레게는《산수의 기초》II장에서 형식주의를 공격한다. 그러나 형식주의에 관해서 상당히 옳은 것이 있다. 즉 만일 수학자가 추론을 제시한다면 우리는 심리적 과정에 관해서는 탐구하지 않는다.

기체적인gaseous 부분을 제외하면 수학에는 퇴보가 없다. (여러분은 몇몇 수학은 흥미롭지 않다는 것을—칸토어Georg Cantor의 낙원은 낙원이 아니라는 것을—발견할 수도 있다.)

수학자들이 수학을 떠나면 그들의 말은 불합리하게 된다. 하디가 수학을 우리 정신의 창조물이 아니라고 기술하는 것이 그 예다. 그는 철학을 수학과 과학의 견고한 실재들을 둘러싼 하나의 장식물, 또는 분위기로 생각한다. 한편에서는 이런 학문들이, 다른 한편에서는 철학이 방의 필수품과 장식물과 같은 것으로 생각된다. 하디는 철학적 견해들에 관해 생각하고 있다. 나는 철학을 사고를 명료하게 하는 활동이라고 생각한다.

비트겐슈타인의 강의, 케임브리지 1932-1935

초판 1쇄 발행 | 2024년 3월 30일

지은이 | 루트비히 비트겐슈타인
엮은이 | 앨리스 앰브로즈
옮긴이 | 박정일
펴낸이 | 이은성
편 집 | 구윤희
디자인 | 백지선

펴낸곳 | 필로소픽
주 소 | 서울시 창덕궁길 29-38, 4-5층
전 화 | (02) 883-9774
팩 스 | (02) 883-3496
이메일 | philosophik@naver.com
등록번호 | 제2021-000133호

ISBN 979-11-5783-333-7 93100

필로소픽은 푸른커뮤니케이션의 출판 브랜드입니다.